Bauen für Kinder

best of DETAIL

Building for Children

Edition DETAIL

Impressum • *Credits*

Diese Veröffentlichung basiert auf Beiträgen, die in den Jahren von 2010 bis 2016 in den Fachzeitschriften **DETAIL** und **DETAIL**green erschienen sind.
This publication is based on articles published in the journals **DETAIL** *and* **DETAIL**green *between 2010 and 2016.*

Redaktion • *Editors:*
Christian Schittich (Chefredakteur • *Editor-in-Chief*);
Steffi Lenzen (Projektleitung • *Project Manager*)
Heike Messemer, Melanie Zumbansen

Lektorat deutsch • *Proofreading (German):*
Carola Jacob-Ritz, München

Lektorat englisch • *Proofreading (English):*
Stefan Widdess, Berlin

Zeichnungen • *Drawings:*
Institut für internationale Architektur-Dokumentation GmbH & Co. KG, München

Herstellung/DTP • *Production/layout:*
Simone Soesters

Druck und Bindung • *Printing and binding:*
Kessler Druck + Medien, Bobingen

Herausgeber • *Publisher:*
Institut für internationale Architektur-Dokumentation GmbH & Co. KG, München
www.detail.de

Bibliografische Information der Deutschen Nationalbibliothek
Die Deutsche Nationalbibliothek verzeichnet diese Publikation in der Deutschen Nationalbibliografie; detaillierte bibliografische Daten sind im Internet über <http://dnb.d-nb.de> abrufbar.

Bibliographic information published by the German National Library
The German National Library lists this publication in the Deutsche Nationalbibliografie; detailed bibliographic data is available on the Internet at <http://dnb.d-nb.de>.

ISBN 978-3-95553-310-6 (Print)
ISBN 978-3-95553-311-3 (E-Book)
ISBN 978-3-95553-312-0 (Bundle)

FSC www.fsc.org MIX Papier aus verantwortungsvollen Quellen FSC® C004192

FSC www.fsc.org MIX Paper from responsible sources FSC® C004192

Inhalt • *Contents*

theorie + typologie • *theory + typology*

in der praxis • *in practice*

projektbeispiele • *case studies*

anhang • *appendices*

Vorwort • *Preface*

Bei aller Reformdiskussion über Schulsysteme, Unterrichtsformen, über Betreuungseinrichtungen im Kleinkindalter oder individuelle Fördermöglichkeiten stehen in der Regel pädagogische Ziele im Vordergrund. Je häufiger es jedoch um Fragen von Ganztagsunterricht oder Inklusion geht, desto wichtiger werden Raumkonzepte und ästhetische Aspekte. Ergebnisse internationaler Leistungstests und Erkenntnisse der Entwicklungspsychologie zeigen den beträchtlichen Einfluss den eine qualitätvolle Architektur und der professionelle Umgang mit Design, Farbe und Licht auf das Lernvermögen sowie das selbstbestimmte Lernen und Arbeiten haben. Daher ist es höchste Zeit für Architekten, sich der Thematik zu widmen und sich mit entsprechenden Entwurfsprinzipien vertraut zu machen.
Der aktuelle Band aus der Reihe »best of DETAIL« liefert neben knappen theoretischen Exkursen eine Vielzahl von realisierten Projektbeispielen, die von der Krippe bis zum Gymnasium, vom Kulturhaus für Kinder bis zum Jugendzentrum faszinierende Lösungen für das breite Spektrum an Bauaufgaben für Kinder und Jugendliche aufzeigen.

In all debates on school system reform, teaching methods, care facilities for young children or individual funding opportunities, educational objectives are almost always at the fore. The more often issues of all-day schooling and inclusion come to the fore, the more important spatial concepts and aspects of aesthetics become. Results of international performance tests and findings from the field of developmental psychology have revealed the considerable influence that quality architecture exerts – from professional handling of design, colours, light and more to one's ability to learn, including self-determined learning and working.
Therefore, the time has come for architects to deal with these issues and to familiarise themselves with the appropriate design principles. In addition to brief theoretical asides, the latest volume from the "best of Detail" series provides a wide range of completed projects – from crèche to high school and community centres for children to youth centres – that demonstrate fascinating solutions for diverse construction projects for children and adolescents.

Die Redaktion / *The Editors*

theorie + typologie
theory + typology

Orte für das Lernen und Leben – Anforderungen an die moderne Ganztagsschule

Places of Learning and Living – Requirements for Modern Full-Time Schools

Otto Seydel

1

»Der Ganztag findet von 13.30 bis 16 Uhr im Anbau statt.« – dieser Aushang am Schwarzen Brett einer deutschen Schule zeigt eine merkwürdige Begriffsverwirrung. Es handelt sich hier um eine Schule, bei der das pädagogische Angebot deutlich zwischen zwei Hälften, Vormittag und Nachmittag, getrennt wird. »Ganztag« meint hier ein Zusatzangebot meist außerschulischer Träger, das es den Kindern ermöglichen soll, sich den ganzen Tag unter Betreuung in der Schule aufzuhalten. Dem Laien könnte der Begriff »Ganztagsschule« allerdings etwas anderes verheißen: eine Schule, in der die Schüler ein pädagogisch sinnvolles, auf den ganzen Tag ausgelegtes ganzheitliches Programm vorfinden. Warum ist das eine in Deutschland (noch) der Regelfall, das andere die Ausnahme? Zunächst ist eine Klärung der Bezeichnungen nötig.

Formen der Ganztagsschule
Vollgebundene Ganztagsschule: Alle Schüler sind verpflichtet, an mindestens drei Wochentagen für jeweils mindestens sieben Unterrichtsstunden an den ganztägigen Angeboten der Schule teilzunehmen. Dieser Ganztagsschultyp ist z. B. in Frankreich oder England der Regelfall, in Deutschland bislang eher die Ausnahme.
Teilgebundene Ganztagsschule: In jeder Klassenstufe gibt es nur eine Klasse (oder mehrere), in der alle Schüler dieser Klasse am Ganztagsprogramm verpflichtend teilnehmen. Die anderen Klassen sind Halbtagsklassen.
Offene Ganztagsschule: Die Schüler haben die Möglichkeit, sich individuell zu dem Ganztagsprogramm anzumelden, an dem sie dann das Schuljahr über verpflichtend teilnehmen. Die anderen Schüler bleiben Halbtagsschüler, in einer Klasse sind zugleich Ganztags- und Halbtagsschüler.
Offener Beginn: Die Schüler können unangemeldet bereits eine halbe Stunde (oder auch länger) vor Beginn des eigentlichen Unterrichts in die Schule kommen und werden dort betreut.
Verlässliche Schule: Die Schule garantiert, dass ihre Schüler verlässlich von der ersten bis zur letzten Stunde des regulären Stundenplans betreut werden, und zwar auch dann, wenn der ursprünglich vorgesehene Lehrer durch Krankheit oder Fortbildung nicht verfügbar ist. Dadurch wird verhindert, dass die Kinder unvorhergesehen früher nach Hause kommen und allein vor verschlossener Tür stehen. An fast allen Gymnasien, zum Teil auch an den Realschulen, gibt es einen »faktischen Ganztag«, ohne dass dafür eine entsprechende Infrastruktur bereitgestellt wird: Mit Nachmittagsunterricht, 36 und mehr Wochenstunden in den oberen Klassen, Zusatzangeboten und Arbeitsgemeinschaften wie Chor, Theater und Orchester, verbringen viele Schüler den ganzen Tag in der Schule, ohne formell Ganztagsschüler zu sein und damit ohne Anrecht auf die entsprechenden räumlichen Ressourcen.

Ganztagsschule in Deutschland
»Vormittagsschule ist schon Schule genug«, »am Nachmittag will ich meine Kind bei mir haben«, »Geigenstunde, Malkurs, Reitunterricht, dafür brauche ich mein Kind am Nachmittag zu Hause«– Argumente wie diese und die Tatsache, dass der erste Ganztagsschultyp – die vollgebundene Form – sich nur langsam durchsetzt, könnten vermuten lassen, dass es in Deutschland mit der Akzeptanz der neuen Schulform nicht weit her ist. Das Gegenteil aber ist der Fall. Seit einigen Jahren zeichnet sich ein deutlicher Einstellungswandel ab: Einer Allensbachstudie zufolge stieg der Anteil der Befürworter einer Ganztagsschule von 49 % (29 % Gegner) im Jahr 2003 auf 61 % (19 % Gegner) im Jahr 2011 [1].
Mit zunehmender Berufstätigkeit beider Eltern wächst auch die Nachfrage nach Ganztagsschulplätzen, vor allem für Schüler der unteren Klassen (bis Klasse 6/7) und in Großstädten. Eine Ganztagsschule sichert nicht nur die Unterbringung der Kinder und Jugendlichen am Nachmittag, sie hilft auch, Bildungsgerechtigkeit für alle herzustellen. Eine Erhöhung der Bildungsgerechtigkeit hat wiederum positive Auswirkungen auf die Gesellschaft insgesamt: Je höher die Bildungsabschlüsse in einer Gesellschaft sind, desto mehr wird die Gesellschaft in ihren wirtschaftlichen und sozialen Ausgangslagen gestärkt. Im Ganztag haben alle Kinder und Jugendlichen die Chance, Bildungsangebote wahrzunehmen, die zu Hause keineswegs allen zur Verfügung stehen. Gerade Schüler aus bildungsfernen Elternhäusern können über das Ganztagsangebot breite Förderung erfahren. Ebenso profitieren aber auch leistungsstarke Kinder von einem erweiterten Angebot. Denn neben die veränderten gesellschaftlichen Anforderungen an die Schule tritt ein weiterer Treiber für diesen Strukturwandel: Neue Lehr- und Lernkonzepte erfordern neue Zeitstrukturen in der Schule. Lernen braucht als aktives Lernen mehr Zeit und mehr Raum: selbst entdecken, selbst ausprobieren, selbst etwas darstellen, all das braucht Zeit. Zeiten und Räume zum Bewegen, Spielen, Verweilen in einer anregenden Umgebung sind genauso wichtig wie Zeiten und Räume zum kognitiven, sozialen oder ästhetischen Arbeiten im engeren Sinne. Erstere sind Voraussetzung für Letztere. Und auch in Pausen wird Wichtiges gelernt: Streiten und Vertragen, Bewegung und Ruhe, Reden und Zuhören.

Ganztag versus zwei halbe Tage
Man möchte meinen, dass angesichts dieses Anspruchs (der sich in den Bildungsprogrammen fast aller politischen Parteien in ähnlicher Weise wiederfindet), das »Integrationsmodell« der Normalfall sein müsste: eine Schule, in der die Schüler ein pädagogisch sinnvolles, auf den ganzen Tag ausgelegtes, organisch rhythmisiertes, ganzheitliches Programm vorfinden. Häufiger ist jedoch das »Separationsmodell« in Verbindung mit einem offenen Ganztag anzutreffen.
Beim Separationsmodell werden zwei halbe Tage addiert, ungleich groß und ungleich gewichtet. Dabei wird auf drei Ebenen separiert – zeitlich, personell und räumlich. Das bedeutet vormittags strenger, akademischer Unterricht, nachmittags »weiche« Betreuung. Ab dem Mittagessen werden die

1 Erweiterung Munkegaard Skole, Gentofte 2009, Architekten: Dörte Mandrup Arkitekter; fließender Übergang zwischen Halle, Fachräumen und Selbstlernzentrum
2 Diagramm Erweiterung Raumprogramm; Struktur und Erscheinungsbild (Architekt: Arne Jacobsen, 1957) wurden beibehalten
3 Selbstlernzentrum mit Lesenischen und Arbeitsplätzen

1 Extension of Munkegaard School, Gentofte, 2009; architects: Dörte Mandrup Architects; flowing transition between hall, specialist spaces and self-study centre
2 Diagram of spatial programme for extension; the structure and form (architect: Arne Jacobsen, 1957) were retained
3 Self-study centre with reading corners and work-places

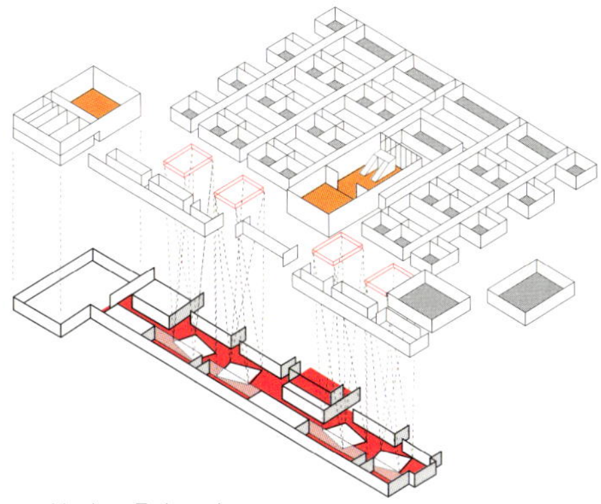

Neubau Erdgeschoss
New construction: ground floor
Umnutzungen/Einbauten
Conversion/insertion of new elements
Sanierungen
Refurbishment

2

3

Schüler von den Lehrern an pädagogische Kräfte übergeben. Die Unterrichtsbereiche und die Ganztagsbetreuung befinden sich in der Regel in getrennten Räumlichkeiten. Für das Nachmittagsangebot werden separate Gruppenräume – oftmals der frühere Hort – zur Verfügung gestellt, teilweise wird auf Werkräume, Turnhalle, oder Aula zurückgegriffen.
Nachteilig wirkt sich aus, dass gerade die Schüler, die einen besonderen Nutzen haben könnten, weil ihnen die häusliche Förderung fehlt, nicht erreicht werden. Sie melden sich nicht an oder werden pädagogisch nicht angemessen begleitet, denn das betreuende Personal verfügt nicht immer über eine ausreichende Qualifikation. Oftmals unterstehen die Ganztagskräfte auch einem anderen Träger und nicht der Schule. Darüberhinaus kann die Chance, andere Zeitrhythmen für neue Unterrichtsmethoden zu erschließen, nicht genutzt werden, wenn Vormittags- und Nachmittagsprogramm nicht integriert geplant werden. Unterrichtsräume bzw. Betreuungsräume stehen jeweils die Hälfte des Tages leer – angesichts der Flächenknappheit, über die viele Schulen zu Recht klagen, ein geradezu absurder Zustand.
Trotz der Einsicht, dass es das pädagogisch und gesellschaftspolitisch wirkungsvollere Konzept ist, setzt sich das Integrationsmodell nur langsam durch, denn es kostet – im Personaletat – mehr Geld. Land (verantwortlich für Lehrer und Curriculum) und Kommunen (Schulträger) ringen um Zuständigkeiten und Zuschüsse. Außerdem definieren sich Lehrer – vor allem in der Sekundarstufe – häufig als Vertreter ihres Fachs und sehen Erziehungsaufgaben, die mit dem Ganztag verstärkt auf sie zukommen, weniger bei sich als bei sozialpädagogisch ausgerichteten Sonderkräften. Die anfängliche Skepsis vieler Eltern gegenüber der Ganztagsschule hielt die Nachfrage auf einem niedrigen Niveau, das an vielen Orten den offenen Ganztag nahelegte. Die hastigen Schulbaumaßnahmen der vergangenen Jahre (provoziert durch den Zeitdruck der Förderprogramme) führten an vielen Orten zu separierenden Anbau-Lösungen, ohne dass der Entscheidung eine gründlich durchdachte pädagogische Planung zugrundelag. Die zitierte Allensbach-Studie liefert jedoch einen deutlichen Indikator für einen gesellschaftlichen Wandel. Außerdem gibt es einen regelrechten Run auf gute private Ganztagsschulen.

Ein anderer Umgang mit der Zeit
Viele erfolgreiche Schulen gestalten den Schulalltag nicht mehr im 45-Minuten-Takt, sondern suchen Lösungen, die sich an der benötigten Zeit der Lernvorgänge und nicht an vorgegebenen engen Schablonen orientieren. Erkennbar werden Profile, in denen der Tag in längere Einheiten eingeteilt wird. Sie erlauben die notwendige Variation der Unterrichtsmethoden und verschiedene Formen des aktiven Lernens. Fragen nach den Bio- und Lernrhythmen der Lernenden, die nicht ganztägig Stoff aus vielen Fächern aufnehmen können, rücken in den Fokus. Das Zeitprofil einer integrierenden Ganztagsschule setzt sich aus acht Bausteinen zusammen, die in ihrer zeitlichen Abfolge und Gewichtung von Schule zu Schule variieren: Gleitzeit zum Ankommen, individuelle Übungs-/Vertiefungsphasen, instruierender/schüleraktiver Unterricht im Wechsel, Bewegung- und Erholung, Essen und Trinken, individuelle Interessen-/Neigungsbildung, gemeinsame Projekte/Präsentationen, Gleitzeit zum Verlassen der Schule. So wird der Ganztag in lernphysiologisch verträgliche Phasen rhythmisiert, konzentrierende und entspannende Phasen sind organisch über den Tag verteilt. Die klassischen häuslichen Hausaufgabenkonflikte entfallen (weitgehend), wenn die Funktion der Hausaufgaben durch die in den Schulablauf integrierten individuellen Übungs- und Vertiefungsphasen in Verantwortung der Fachlehrer abgedeckt wird.

Ein anderer Umgang der Pädagogen
Rhythmisierung allein macht noch keine gute Ganztagsschule aus. Lehrer, Sozialpädagogen, Erzieher und pädagogische Helfer (z. B. Eltern) bilden ein gemeinsames Team. Es gibt Orte, Zeiten und Verfahren für Absprachen und Austausch. Dabei kann sichgerade die Unterschiedlichkeit der Sichtweisen der beteiligten Professionen auf die einzelnen Kinder und Jugendlichen und auf die pädagogischen Prozesse als fruchtbar werden. Lehrer haben definierte Arbeitszeiten mit ihren Schülern nicht nur in klassischen Unterrichtssituationen, sondern auch im Rahmen von Hausaufgabenbetreuung, Arbeitsgemeinschaften, Schullaufbahn- und Berufsberatung etc. Und umgekehrt sind Sozialpädagogen phasenweise unterstützend auch im Unterricht beteiligt, beim Streitschlichterprogramm oder Sozialtraining.

Ein anderer Umgang mit dem Raum
Welche Räume braucht eine Schule, in der sich alle Schüler an jedem Wochentag von 8 bis 16 Uhr, manchmal sogar länger, aufhalten (sollen)? Verbindliche Vorgaben gibt es dafür bislang in keinem Bundesland. Es reicht auf alle Fälle nicht, Mensa und Sporthalle zur Verfügung zu stellen – so wie es die Förderprogramme der vergangenen Jahre suggerierten. Ohne Zweifel kommt der Mensa nicht nur im Zusammenhang mit dem Gesundheitsthema eine Schlüsselstellung zu. Eine ausgewogene Ernährung braucht ein abwechslungsreiches, hochwertiges Mittagessen und eine gesunde Pausenversorgung. In manchen sozialen Brennpunkten sichert erst eine kostenlose Frühstücksversorgung der Schule die notwendige morgendliche Mahlzeit. Die Mensa soll aber nicht nur gesundes (also weitgehend frisch) zubereitetes Essen bereitstellen können. Der Ess- und Aufenthaltsbereich muss geräumig, atmosphärisch einladend gestaltet und vor allem auch akustisch gedämpft sein. In vielen großen Schulen wird das Kernprogramm »Essen« um weitere Nutzungsbausteine erweitert: Cafeteria (geöffnet auch außerhalb der Essenszeiten für den offenen Beginn, Freistunden etc.), Leselounge, Internetcafé, Aufenthalts- und Ruhebereich, Beratungsraum der Jugendhilfe, offener Spieletreff. Sofern möglich, sollte die Mensa über einen zugeordneten Freibereich verfügen.

[1] Allensbachstudie der Vodafone Stiftung, Schul- und Bildungspolitik, 2011: vodafone-stiftung.de/publikationmodul/detail/24.html

Literatur / *Literature*:
- Montag Stiftungen Jugend und Gesellschaft / Urbane Räume (Hrsg.): Schulen planen und bauen. Grundlagen und Prozesse. Berlin / Seelze 2012
- Schule umbauen: Lernräume gestalten, in: Lernende Schule, 03/2012
- Internetdatenbank über modernen Schulbau: www.lernraeume-aktuell.de
- Otto Seydel: Pädagogische Perspektiven für den Schulbau, Symposium für einen leistungsfähigen Schulbau, 2012: www.schulentwicklung-net.de/veroeffentlichungen.html#Schulbau
- weiterführende Links / *Related links:* www.deutscher-schulpreis.de www.schuleninbewegung.de www.ganztaegig-lernen.de www.umweltschulen.de

4 offene Lernlandschaften und Rückzugsorte: Ørestad College, Kopenhagen, 2007, Architekten: 3XN
5 Aula Bildungshaus Westpark, Augsburg 2011, Architekten: Hausmann Architekten
6 Lernlandschaft mit Ateliercharakter: Schulhaus Leutschenbach, 2009, Architekt: Christian Kerez

4 Open learning landscape with places of retreat; Ørestad College, Copenhagen, 2007; architects: 3XN
5 Hall in Westpark Education Centre, Augsburg, 2011; architects: Hausmann Architects
6 Learning in studio environment: Leutschenbach School, 2009; architect: Christian Kerez

4

Welche Räume benötigt die Ganztagsschule?
Um diese Frage beantworten zu können, ist zunächst zu klären, was Schülerinnen und Schüler (und Lehrer) im Tagesverlauf in einer Ganztagsschule tun. Dabei stößt man auf Tätigkeiten, die neu oder zumindest deutlich anders oder umfangreicher sind als in der Halbtagsschule. Diese erfordern entsprechende räumliche Ausformulierungen.

- *essen und trinken:* Mensa, Cafeteria, Garderobe, Wasserspender, überdachte Sitzplätze, Kiosk mit überdachtem Vorplatz
- *sich mit anderen treffen:* Foyer, Cafeteria, Teestube, Computerraum, Raum zum Ausleihen und Spielen von Spielen, Rückzugsecken, überdachte Zonen, Grillplatz, Sitzgruppen und -stufen, vom Schulhof aus zugängliche Toiletten, bei außerschulischen Partnern Veranstaltungsräume und Jugendklubs
- *sich bewegen:* Räume für Spiel und Bewegung (Billard, Tischfußball etc.), überdachte Zonen für Tischtennis, Torwand, Streetball, Slackline, Beachvolleyball, Kletterwand u. a., Aktivspielplatz für Grundschule (Feuerplatz, Wasserstelle, Bauschuppen), bei außerschulischen Partnern Sporthallen und -plätze
- *sich zurückziehen, ausruhen, nichts tun:* Bibliothek, Lesenischen, Aquarium, Raum der Stille (Meditationsraum), Pausen- und Ruheraum mit Matten etc., Krankenzimmer; Schaukeln, Liegewiese, Schlenderweg, Sitzgruppen
- *Hausaufgaben erledigen:* Bibliothek, Internetarbeitsplätze, Arbeitsräume
- *herstellen, gestalten, erforschen:* Werkstätten (Fahrrad, Videoschnitt, Schulradio, Holz, Metall, Keramik, Elektronik, Modellbau, Textil, Küche, Proberäume), Schulgarten, Teich, Kleintierzoo, Voliere, bei außerschulischen Partnern Proberäume in der Musikschule, wenn sie in der Schule untergebracht ist
- *darstellen, zeigen, vorführen:* Foyer (Ausstellungswände), Aula (Bühne), Garderobe, Toiletten, Licht- und Tonregie, Puppenbühne, akustisch geschützter Bandraum, grünes Klassenzimmer, Freilichtbühne, Skulpturenweg
- *Feste feiern:* Verbindung von Mensa und Aula, Disco
- *sich Hilfe holen können:* Sozialpädagogenstation, Beratungslehrerbüro, Krankenstation, Streitschlichterraum, Elternsprechzimmer
- *sich mit Lehrern treffen:* individuelle Lehrerarbeitsplätze mit Ablagefächern, Netz- und Druckeranschluss, Besprechungsbereich, informelle Treffpunkte für Lehrkräfte

5

Diese Zusammenstellung liefert Beispiele – selbstverständlich sind auch ganz andere Antworten auf diese Anforderungen denkbar. Und um gleich einem Missverständnis vorzubeugen: nicht alle genannten Räume dieser Liste müssen vollständig und perfekt bereitgestellt werden, um sich als gute Ganztagsschule zu qualifizieren. Das wäre unrealistisch, weil kaum bezahlbar. Entscheidend ist vielmehr, dass alle zehn Funktionen qualitativ abgedeckt werden. Statt eines vermeintlich idealen Baus, der am Ende doch nicht alle Wünsche befriedigen kann, gibt es für viele Funktionen durchaus räumliche Äquivalente und reizvolle Provisorien. Entscheidend aber ist, dass alle Funktionen bedacht werden, sonst suchen sich die Schülerinnen und Schüler über kurz oder lang Wege, die mit den pädagogischen Prinzipien der Schule möglicherweise nicht vereinbar sind.

Raumqualitäten in der Ganztagsschule
Eine gute Ganztagsschule ist nicht nur als Arbeitsbereich konzipiert, sondern auch als Lebensbereich, der Lernenden wie Lehrenden nicht nur Instruktionsräume, sondern auch eine ansprechende Umgebung mit unterschiedlichen Aktions- und Rückzugsflächen bietet – und dies nicht einfach als eine bloße Addition von Räumen, sondern als ein organisches Ganzes. Eine große Schule muss zugleich in Bereiche aufgeteilt sein, die den Lernenden und Lehrenden den Rahmen für eine überschaubare und einladende, keinesfalls anonymisierende Lebenswelt vermitteln. Übersteigt die Größe einer sozialen Einheit in einer Schule 120 Personen, verstärkt sich der Prozess der Anonymisierung, der Verantwortungsdiffusion, des nicht mehr kontrollierbaren Vandalismus. Dieser Zusammenhang zwischen Anzahl der Personen und Qualität des Sozial- und Arbeitsklimas hat erhebliche Konsequenzen für den Schulbau.
Die Lösung liegt in der Bildung von teilautonomen Untereinheiten – z. B. in Form von Clustern, »kleinen Schulen in der großen Schule« – die Schülern wie Lehrern räumlich und sozial eine Beheimatung erlauben und zugleich die beschriebene Variabilität der Unterrichtsorganisation und die Integration von Ganztagsfunktionen ermöglichen. Diese Cluster werden von handlungsfähigen Lehrerteams (sechs bis zwölf Kollegen) organisiert – sei es als Jahrgangsteams, sei es als Fachteams. Eine Fläche von 2 m^2 pro Schüler in einem konventionellen Klassenraum galt in der Vergangenheit als ausreichend, um Unterricht als Frontalunterricht zu organisieren. Das Cluster kann die pädagogisch nutzbare Fläche mindestens verdoppeln, ohne dass es zu erheblichen Mehrkosten kommt. Dabei werden zwei bis sechs Klassen- oder Lernräume sowie ein Teil der Ganztagsflächen zu einer räumlichen Einheit zusammengefasst. Multifunktional zugeordnet sind Erschließungsflächen und Gruppenräume mit einsehbaren Zwischenräumen und Nischen, Sicht- und Geräuschzonierungen, der klassische Flur wird zum Arbeitsflur und schafft – entsprechend ausgeweitet –

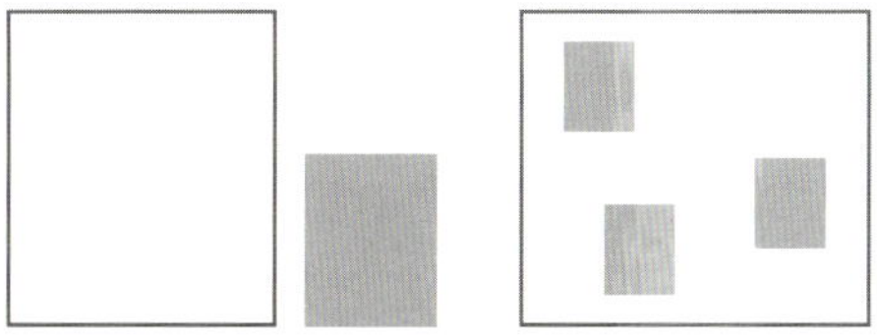
7

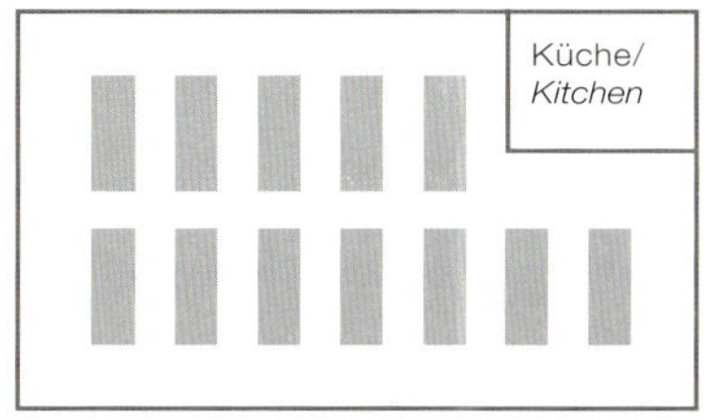

8

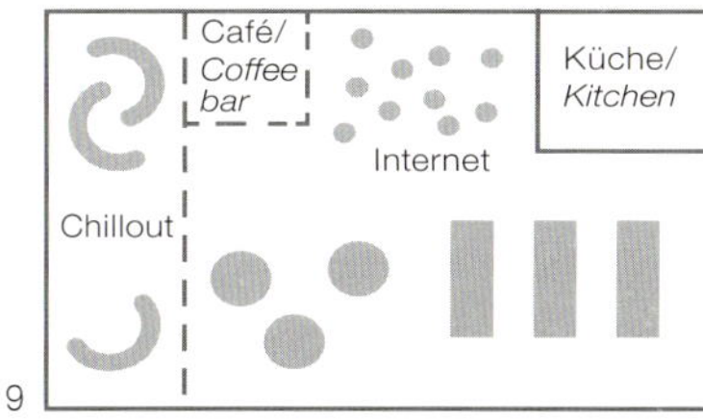

9

7 Separations-/Integrationsmodell: Ganztagsbereich im Anbau (links) bzw. in den Lernorten (rechts)
8 Mensa als reiner Essensausgabeort
9 Mensa mit unterschiedlichen Bereichen als Treffpunkt oder Aufenthaltsbereich

7 Separative model / integrative model: full-time area in annex (left) and within main teaching centre (right)
8 Refectory solely as a place for taking meals
9 Refectory with different realms; also used as a meeting place and recreation area

Otto Seydel, Leiter des Instituts für Schulentwicklung in Überlingen, bis 2001 Lehrer und Mitglied der Schulleitung der Schule Schloss Salem. Arbeitsschwerpunkt: Beratung von Schulträgern bei der Grundlagenplanung für einen Schulbau (»Phase Null«). Für weitere Informationen siehe: www.schulentwicklung-net.de

Otto Seydel is head of the Institute for School Development in Überlingen; until 2001, teacher and member of executive committee of Salem Castle School; Key activities:Consultancy on basic design of school buildings ("phase zero"). For further information see: www.schulentwicklung-net.de

eine gemeinsame Mitte für die anliegenden Klassen. Zugeordnet sind ebenfalls: Sanitäranlage, Eingangszone, Außenbereich sowie ein Lehrerstützpunkt mit Besprechungstisch und Arbeitsplätzen. Gegebenenfalls teilen sich mehrere Cluster sogar ein Auditorium. Das Clusterkonzept ist nutzbar für ganz unterschiedliche Organisationsprinzipien einer Schule: es kann Jahrgangsstufen oder jahrgangsübergreifende Klassenfamilien aufnehmen, aber auch ein Fachraumprinzip lässt sich mit diesem Konzept verbinden.

Räumliche Verschränkung, Synergieeffekte
An eine gute Ganztagsschule – wie an jede andere Schule auch – sind nun aber nicht nur funktionale, sondern auch ästhetische Anforderungen zu stellen. Das Gebäude braucht atmosphärische Dichte, haptische Erfahrbarkeit, ausgeprägte Materialität und räumliche Vielfalt. Wer bei einem konventionellen Verständnis von Unterricht stehen geblieben ist, könnte meinen, es ginge darum, den Freizeitwert der Schule im Sinne einer Verwöhnpädagogik auf ungebührliche Weise zu steigern. Das Gegenteil ist der Fall. Die weitgehende räumliche Verschränkung von Unterrichts- und Ganztagsbereichen erlaubt erhebliche, Kosten sparende Synergieeffekte: Klassenräume mit den dazugehörigen Gruppenräumen werden zumindest teilweise mit den Aufenthalts- und Ruhebereichen für den Ganztag zu einer identifizierbaren Einheit zusammengefasst. Ein Teil der Flächen, die z.B. nach dem neuen Lernhauskonzept der Stadt München für den Ganztag zusätzlich geöffnet werden, können auf diese Weise gleichzeitig den Raum erweitern, der gerade auch für Differenzierungsmaßnahmen und individualisierendes Arbeiten im Unterricht dringend gebraucht wird. Denn moderner Unterricht verlässt immer wieder den Klassenraum für unterschiedliche schüleraktive Prozesse, individualisierend oder in Kleingruppen, er muss rhythmisieren, konzentrierende und entspannende Phasen organisch über den Tag und die Räume verteilen, und er setzt einen räumlichen Rahmen voraus, in dem Lehrer, Sozialpädagogen, Erzieher und pädagogische Helfer echte Teams bilden können. Diese Verbindung von Klassen- und Gruppenräumen mit den Aufenthalts- und Ruhebereichen wird je nach Altersstufe unterschiedlich aussehen. In jedem Fall erweitern einige Bereiche, die für jeden Ganztag zusätzlich geschaffen werden müssen, die Flächen, die für Differenzierung und Individualisierung im Unterricht zusätzlich benötigt werden. Erst mit einem Integrationskonzept – also Rhythmisierung, Zusammenarbeit der Pädagogen und unmittelbare Verschränkung der Orte für das Lernen und Leben – ist der pädagogische Mehrwert des Ganztags dauerhaft zu sichern.
DETAIL 03/2013

On the noticeboard of a German school, one might read: "Full-time (school) takes place from 1.30 p.m. to 4 p.m. in the annex", a statement that reveals a strange confusion of terms. The school is one where the educational input is clearly divided into two parts – mornings and afternoons. "Full-time", in this case, means an additional offer, made largely by extracurricular providers and meant to allow children to spend the whole day at school under supervision.

In Germany, the majority of schools offer tuition from about 8 a.m. to lunchtime. Full-time schooling is the exception and does not imply the holistic programme of teaching one knows from many other countries. Full-time schooling is nevertheless gradually finding greater acceptance in much of Germany, where it exists in various forms; for example, compulsory full-time schools require pupils to attend all-day tuition for at least three days a week and for at least seven hours on those days. Other forms include partial full-time schools and open full-time schools, where pupils can register themselves individually for the all-day programme. Another scheme in this context is the "open start". With this system, pupils can arrive at school half an hour or more before teaching proper begins, and they will be looked after there.
To avoid situations where children return home earlier than expected and find themselves locked out, there is a system that guarantees reliable supervision from the first to the last hour of the scheduled timetable, even when the relevant teacher is absent through sickness or attending a course.
In many schools, a virtual full-time programme exists, with afternoon activities that result in pupils in the higher classes spending 36 or more hours a week receiving tuition or being

6

10
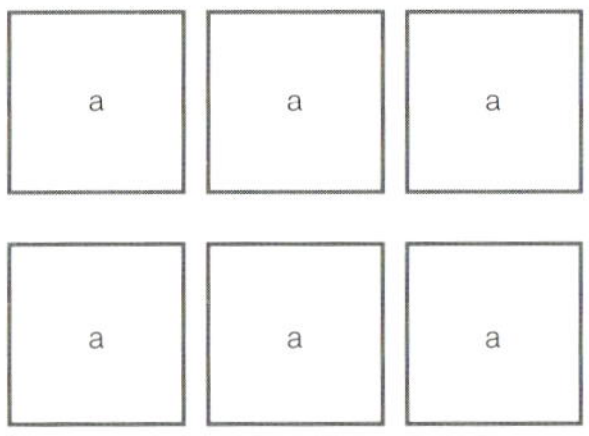

11
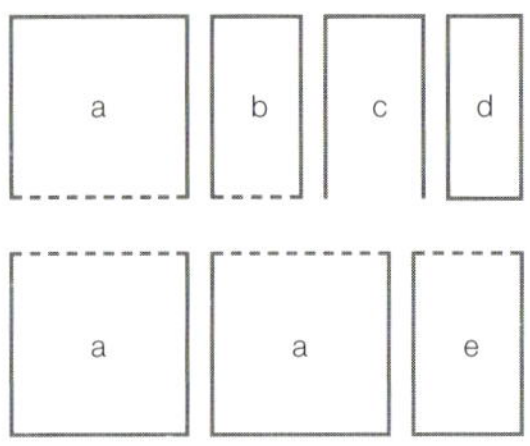

10, 11 typische Flurschule versus Clustermodell
12 Klassenzimmer, Schulhaus Im Birch, Zürich 2004, Architekten: Peter Märkli, Gody Kühnis
13 Klassenzimmer Bildungshaus am Westpark, Augsburg 2011, Architekten: Hausmann Architekten
14 Computerarbeitsplätze, SBW Haus des Lernens, Romanshorn 2007, Gestaltung: Fratton Raumgestaltung

10, 11 Typical corridor layout vs cluster model
12 Classroom in Im Birch school building, Zurich, 2004; architects: Peter Märkli, Gody Kühnis
13 Classroom in Westpark Education Centre, Augsburg, 2011; architects: Hausmann Architects
14 Computer workplaces, SBW House of Learning, Romanshorn, 2007; design: Fratton Spatial Design

a Unterrichtsraum b Differenzierungsraum
c Ganztag d Sanitärraum e Team

a Classroom b Differentiated learning
c Full-time d Sanitary space e Team meetings

subject to supervision, plus an offer of further activities such as choir, theatrical and orchestral training.
For some years now, a marked change of attitude towards full-time schooling has been discernible in Germany. According to a study made by the Allensbach Institute for public-opinion research [1], the proportion of people who support full-time education rose from 49 % in 2003 (with 29 % opposed to it) to 61 % in 2011 (19 % opposed).
Nowadays, children's parents are increasingly involved in professional activities, so that the demand for places in full-time schools is growing, especially in the lower classes (up to 6th–7th year) and above all in cities. Full-time schools not only look after young people in the afternoon. They also help to sustain educational equality and fairness. Pupils from underprivileged families can enjoy broad support; but even children with high performance levels profit from the extended facilities, for in addition to the changed demands imposed by society on schools of this kind, there is a third force behind this structural change.
New educational concepts call for new time structures in schools. As learning becomes an active pursuit, it requires more time and space for discovering things, trying things out, representing things. Time and space are needed for young people to move about, to play and to relax in a stimulating environment. These things are just as important as cognitive, social and aesthetic work. Even in periods of relaxation, there are important things to be learned: arguing and getting on together, moving and resting, talking and listening.
In view of these perceptions, one might think that the "integrative model" would be the norm: a school in which pupils find a pedagogically sensible, organically rhythmic, "holistic" programme extending over the whole day. The "separative model" – in combination with an "open full-time" offer – is more common, however. The term "separative model" implies two half days – of different length and weight – that are added together. A separation is made on three levels: temporally, personally and spatially. What that means is strict "academic" teaching in the morning and "soft" support in the afternoon. After lunch, pupils are handed over to other pedagogic staff. As a rule, regular teaching and full-time supervision take place in separate rooms. For the afternoon programme, different group spaces – often those formerly used for day care – are made available, or workshops, gyms and school halls are used in part. Unfortunately, precisely those pupils who might derive special benefit from these measures are not reached. They don't apply to participate, or they are not supported in an adequate form. In many cases, the full-time staff are employed by a different institution, not by the school. In addition, the potential for creating various rhythms with new teaching methods cannot be exploited if morning and afternoon schedules are not integrated. Rooms for teaching or supervision stand empty for half the day – a truly absurd situation in view of the lack of space of which many schools rightly complain.
Despite the fact that it is recognised as the more effective educational and sociopolitical concept, the "integrative model" is asserting itself only slowly, for it is more expensive in terms of staff. The federal states (responsible for teachers and the curriculum) and the municipalities (responsible for the schools) are battling over competence and subsidies. Hastily planned school construction measures have also led to separative solutions in many places: the construction of annexes, without such decisions being subject to properly considered pedagogic planning. The Allensbach study mentioned above [1] is a clear indicator of social change, however, and today, there is a veritable run on good full-time private schools.
Many successful schools no longer plan their everyday activities to follow a 45-minute rhythm. Models exist in which the day is divided into longer units. These allow for the necessary variations to accommodate different teaching methods and forms of active learning. Attention is being focused on questions relating to the biological and learning rhythms of pupils.
The time pattern of an integrative full-time school comprises eight components: flexitime for arrival; individual exercise or consolidation phases; alternate instruction and pupil-active learning; movement and recreation; eating and drinking; the development of individual interests and penchants; mutual projects and presentations; and a flexitime system for leaving school. In this way, the time span spent at school can be "rhythmicised" so that periods of concentrated work and relaxation are spread over the whole day.
Lending a rhythm to the learning process in this way does not in itself ensure a good full-time school, of course. Teachers, social-education workers, care staff and people who provide educational support (including parents) make up a team. There are places,

12

13

times and procedures for consultation and exchange; and the different ways in which things are regarded in the various professions can have a positive effect on young people as well as on pedagogic processes. Teachers have specified times for working with their pupils, not only in classical teaching situations, but also in the context of supervising homework or working groups, furthering school careers, providing vocational guidance, etc.
What kind of spaces does a school need where all pupils are meant to be present every day of the week from 8 a.m. to 4 p.m. and sometimes longer? It is not adequate simply to provide a refectory and a sports hall, as support programmes drawn up in recent years would often seem to suggest.
Doubtless a refectory plays a crucial role: a balanced diet presupposes varied, nutritious meals and healthy snacks and refreshments during breaks. In some socially deprived areas, the school may even have to provide a free breakfast to ensure a much-needed morning meal. Dining and recreation areas should be spacious and have an inviting atmosphere with subdued acoustics. In many large schools, "dining", as a core activity, is extended by other user elements: a cafeteria that is accessible outside dining hours (for the open start to the day, during free periods, etc.), a lounge for reading and relaxation, an internet cafe, a space for counselling for youth-welfare services and an open play-cum-meeting area. Wherever possible, the refectory should have a nearby external area at its disposal.
The spaces a full-time school requires will depend on what pupils (and teachers) actually do all day. New activities have developed that require an appropriate spatial formulation. The following is a list of some of the main functions and the relevant spaces.

- Eating and drinking: *refectory, cafeteria, hats and coats, water dispenser, covered sitting area, kiosk with covered forecourt, etc.*
- Meeting other people: *foyer, cafeteria, tea room, computer room, room for borrowing and playing games, barbecue area, sitting corners and steps; and for external partners: spaces for staging events and for youth clubs*
- Sport and movement: *spaces for playing games, covered zones for table tennis, beach volleyball, etc.; and for external partners: a hall and other areas for sport*
- Withdrawal, resting, simply doing nothing: *library, reading corners, aquarium, meditation space, swings, sunbathing lawn, etc., plus a sick room*
- Doing homework: *library, workrooms, internet workplaces*
- *Spaces for handiwork, creative activities, research; workshops for using various materials and technologies, kitchen, rehearsal rooms, school garden, pond, zoo, aviary*
- *Spaces for exhibiting, demonstrating and presenting things and for celebrating; scope for finding help, e.g. socio-pedagogic station, teachers' advisory office, infirmary, conflict-mediation space, consultation room for parents; plus teachers' workplaces, meeting spaces and other facilities.*

The list is long, but by no means exhaustive. Not all the spaces described have to be perfect and complete to make a good full-time school. That would scarcely be fundable. It is important that all the functions are taken into account and given a qualitative treatment, otherwise pupils will ultimately seek expedients that may not be compatible with the educational principles of the school. A good full-time institution will not be conceived simply as a working place, but as a living realm that pupils and teachers alike regard as an attractive environment. It should not be just a collection of spaces, but an organic whole. At the same time, a large-scale school has to be divided into various sectors that communicate to pupils and members of staff the feeling of a comprehensible, inviting living environment – one that is not anonymous. If the size of a social unit in a school exceeds 120 persons, the degree of anonymity increases, as does the diffusion of responsibility and the amount of vandalism. This relationship between numbers of people and the quality of the social and working climate has far-reaching consequences for the construction process. With large schools, the solution lies in the creation of semi-autonomous units; e.g. in the form of a cluster of "small schools within a larger school". This allows the generation of a warm, accommodating environment with which teachers and pupils alike can identify, while at the same time facilitating flexibility in the organisation of teaching and the integration of full-time functions. Clusters of this kind are organised by teams of teachers (six to twelve) who have the power to take decisions. In conventional classrooms in the past, an area of two square metres per pupil was regarded as sufficient to implement a frontal style of teaching. A cluster system can double the usable area without resulting in any great additional costs. Between two and six classrooms or spaces for learning, as well as part of the full-time areas, can be combined to create a spatial unit. Circulation areas and group rooms (with intermediate spaces and recesses, visual and audio zoning) are arranged in a multifunctional form. The classical corridor thus becomes a working area and – appropriately expanded – forms a focus for the adjoining classrooms. Also attached are sanitary facilities, an entrance zone, outdoor areas and a teachers' base with workplaces and a table for discussions. A number of clusters may share a lecture hall or auditorium. The cluster concept can be used with quite different organisational principles. It can cater for more than one school year or for groups of classes that extend over a number of years. It can also be combined with a system of specialist spaces *(see page 38ff.).*

14

In a good full-time school, aesthetic as well as functional requirements must be met. The building should radiate an atmosphere of concentration and offer haptic experiences. It should have pronounced material qualities and provide spatial variety. People who cling to a conventional understanding of teaching might think that an inadmissible attempt was being made to increase leisure values in the school, in the sense of pedagogic indulgence. In fact, the opposite is the case. The extensive spatial links created between teaching and full-time realms help to achieve synergetic effects and major cost savings. Classrooms, together with the associated group rooms, can be combined, at least in part, with full-time and recreational areas to form a recognisable unit. Part of the areas that have been additionally opened for full-time purposes, (based, for example, on the new "house of learning" concept of the city of Munich) can extend the space that is so urgently needed for differentiation purposes and the process of individualisation in teaching. Modern teaching departs from the classroom more and more to pursue different paths – paths that require the active participation of pupils.
As part of a "rhythmicising" process, organically structured phases of concentration and relaxation are spread over the entire day and about the various spaces. All this presupposes a spatial framework in which teachers, social-education workers, care workers and teaching assistants can form genuine teams. Classrooms and the relevant group rooms can, at least in part, be joined with the recreation and rest areas of the full-time realm to form identifiable units. These combinations will vary according to age level. At all events, some of the realms that have to be newly created for every full-time school extend the scope of these new methods of teaching. Only with an integrative concept – including the process of rhythmicising, collaboration between members of the teaching profession, and the creation of close links between locations for learning and living – can the additional pedagogic value of the full-time concept be guaranteed.

Moderne Kindertagesstätten – Architektur zum Anfassen

Modern Child Care Centres – Hands-On Architecture

Bettina Rühm

1

Alle Grundrisse Maßstab 1:750

1, 3 Verschattung und geschützte Außenbereiche durch verschiebbare Screens: Kinderhaus in Unterföhring 2012, Architekten: Hirner & Riehl
2 Riegel mit den Qualitäten eines Atriumtyps: Grundriss Obergeschoss
4 Erweiterung des Gruppenraums ins Freie: Kindergarten in Malans 2009, Architekten: Ruprecht Architekten mit Roman Singer

All layout plans scale 1:750

1, 3 Shading and sheltered outdoor areas created with sliding screens: child care centre in Unterföhring, 2012; architects: Hirner & Riehl
2 Strip development with the qualities of an atrium type; upper-floor plan
4 Extension of group space into open air; kindergarten in Malans, Switzerland, 2009; architects: Ruprecht Architects with Roman Singer

Aktuelle Tendenzen
Einen Kindergartenplatz zu ergattern, ist für viele Eltern ein Glücksfall, denn für die Betreuung von Kleinkindern fehlten 2012 laut Statistischem Bundesamt in Deutschland rund 220000 Plätze. Trotz des seit August 2013 geltenden Rechtsanspruchs für Kinder ab einem Jahr auf einen Platz in einer Kindertagesstätte wird in vielen Familien zumindest ein Elternteil seine Berufstätigkeit zugunsten der Kinderbetreuung weiterhin unterbrechen müssen. Die Großeltern wohnen im Gegensatz zu vorangegangenen Generationen in vielen Fällen nicht am selben Ort oder sind aus beruflichen oder gesundheitlichen Gründen nicht in der Lage, sich ganztägig der Kinderbetreuung zu widmen. Vor diesem Hintergrund finden immer mehr private Elterninitiativen, die selbst eine Kindertagesstätte einrichten, kreative und unkonventionelle Lösungen. Meist bedeutet dies jedoch für berufstätige Eltern einen großen zeitlichen Aufwand, und das bei Kosten für die Kinderbetreuung, die oft deutlich höher sind als in öffentlichen Einrichtungen.

Kindertagesstätten als Orte der Begegnung
Zunehmend werden in Kindertagesstätten auch die Eltern und manchmal die ganze Familie miteinbezogen. Immer öfter ergänzen Räume, in denen sich Eltern treffen können oder Familienberatungen oder Sprachkurse stattfinden, die geforderten Raumprogramme. Kindertagesstätten, die zusätzliche soziale Funktionen erfüllen, benötigen daher abtrennbare Bereiche, die z.B. für Feiern oder Gymnastikkurse, aber auch als Stadtteil- oder Seniorentreff genutzt werden können (Abb. 22). Manchmal werden sie sogar zum sozialen Mittelpunkt eines ganzen Stadtviertels.
Ähnliche Ansätze findet man im Ausland, wenn auch in unterschiedlicher Form und Ausprägung. In England beispielsweise haben sogenannte Sure-Start-Kinderzentren die Aufgabe, die soziale, emotionale und gesundheitliche Entwicklung von Kleinkindern aus sozial benachteiligten Familien zu fördern und gleichzeitig deren familiäre und nachbarschaftliche Beziehungen zu stärken. Hierfür sind Gebäude erforderlich, in denen eine Beratungsstelle, eine Kindertagesstätte, ein Elterncafé oder Gemeinschaftsräume und kleine Veranstaltungsräume integriert werden können.
Der Typus der Brede School in den Niederlanden ist dagegen ein Zentrum für Familienbildung und -beratung, an dem Kinder bis zu zwölf Jahren ein vielfältiges Betreuungsangebot vorfinden und Eltern bei unterschiedlichen Problemen beraten werden. Räumlich sind diese Zentren an Grundschulen angegliedert.
In der Schweiz hingegen sind Kindertagesstätten räumlich und konzeptionell den dortigen Primarschulen zugeordnet, und der Kindergartenbetrieb richtet sich nach dem jeweiligen kantonalen Lehrplan. In manchen Kantonen werden Kindergartenkinder und Grundschüler sogar in einer probeweise eingeführten Basisstufe gemeinsam unterrichtet.

Krippe, Kita und Schule in einem Gebäude
Wertvolle Synergieeffekte können sich immer dann ergeben, wenn Kindergarten, Hort und Grundschul nebeneinander oder in einem gemeinsamen Gebäude untergebracht sind. Räume mit Sonderfunktionen können für gemeinsame Aktionen von Kindern der unterschiedlichen Einrichtungen genutzt werden, wodurch das Sozialverhalten der älteren Kinder gefördert wird und die Kleinen wie selbstverständlich mit dem System »Schule« in Berührung kommen. Spontane Begegnungen werden bewusst herbeigeführt, wie z. B. im Haus der Kinder am Tivoli in Innsbruck, wo nur eine Eingangshalle die Krippe von den Kindergartenkindern trennt und sich nur ein Geschoss höher der Hort befindet (Abb. 15). Durch die gemeinsame Nutzung kann das Raumprogramm insgesamt reduziert werden. Besonders wirtschaftlich ist es, wenn Kinder mehrerer Einrichtungen durch eine gemeinsame Großküche im Gebäude versorgt werden. Und nicht zuletzt stellt es auch für Eltern eine große Erleichterung im Alltag dar, wenn sie Geschwisterkinder in nur eine Einrichtung bringen müssen.

Sinneserfahrungen durch natürliche Materialien
Kindertagesstätten werden heutzutage zunehmend als Bildungsstätten angesehen. Kreativität, Selbstständigkeit und soziale Kompetenz sind die wichtigsten Ziele in der Elementarbildung. Die gesamte Persönlichkeitsentfaltung des Kindes steht dabei im Mittelpunkt der pädagogischen Bemühungen, Architektur und Raumgestaltung müssen dafür den passenden Rahmen bieten. Bei der Planung von Kindertagesstätten ist daher die Zusammenarbeit von Architekten, pädagogischem Personal und dem Träger der Einrichtung entscheidend. Eine einladende Baukörperform, ein klarer Grundriss und die Verwendung unterschiedlicher Materialien im Innen- und Außenbereich tragen dazu bei, dass die natürliche Neugierde von Kindern angeregt wird und sie selbstständig auf Entdeckungstour gehen können. Kinder nehmen ihre Umwelt über alle Sinne wahr und lernen in erster Linie durch eigenes Handeln. Was Kinder anfassen, riechen, sehen, hören und schmecken können, prägt sich ihnen langfristig als Erfahrung ein. Deshalb sollten besonders die für eine Kindertagesstätte verwendeten Materialien möglichst naturbelassen und vielfältig sein.

Spannende Raumerlebnisse
Aus der italienischen Reggio-Pädagogik stammt die Idee vom »Raum als drittem Erzieher«. Damit wird sehr treffend die besondere Bedeutung von Architektur und Raumgestaltung beschrieben. Elementarbildung bedeutet in diesem Zusammenhang, Kindern die Möglichkeit zu bieten, sich selbst zu bilden, und zwar durch Experimentieren in allen Bereichen: ob beim konzentrierten Spiel mit Bauklötzen, beim Malen, Basteln, Klettern und Herumtoben, beim Rollen- und Puppenspiel oder auch bei gemeinsamen Kochprojekten. Freie Wandflächen und tiefe Fensterbänke bieten Platz für die individuelle Gestaltung, unterschiedliche Raumhöhen ermöglichen Kindern eine abwechslungsreiche räumliche Wahrnehmung.
Auch die Belichtung eines Raums kann zu spannenden Raumerlebnissen beitragen. Natürlich sollte möglichst viel Tageslicht in

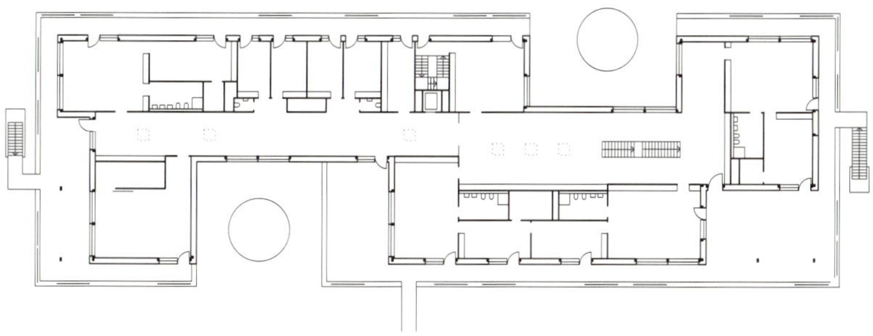

2

4

den Gruppenraum gelangen, doch eine zu gleichmäßige Belichtung ist dabei nicht unbedingt vorteilhaft. Kinder schätzen auch etwas dunklere Raumbereiche, in die sie sich gerne zurückziehen, wenn sie das Bedürfnis nach Ruhe haben. Entscheidend für das Wohlbefinden von Kindern und Erziehungspersonal ist ein effektiver Sonnenschutz. Auf der Südseite bietet ein Dachvorsprung große Vorteile, weil dann nicht die ganze Fensterfläche verschattet werden muss und die Kinder auch an heißen Tagen nach draußen schauen können (Abb. 1–4). Für Schlafräume, aber auch für z. B. Experimente mit Licht und Schatten sind Verdunklungen notwendig. Beim Einsatz Verwendung von Kunstlicht empfinden Kinder punktuelle Lichtquellen oft als angenehmer als eine gleichmäßig helle Deckenbeleuchtung. Leuchten im Fußbodenbereich können helfen, einen Raum zu gestalten und zu gliedern.
Ein wichtiger Aspekt für den stressfreien Ablauf in einer Kindertagesstätte ist eine gute Raumakustik, denn ein hoher Geräuschpegel stellt generell eine große Belastung dar. Akustikelemente an Decken und Wänden sind unverzichtbar und das Vermeiden harter Oberflächen verringert den Geräuschpegel zusätzlich. Bei der Planung einer Kindertagesstätte muss immer auch die Nachhallzeit berechnet werden.

Geschlossene, halboffene und offene Gruppen
Geschlossene pädagogische Konzepte sehen vor, dass die Kinder in festen, entweder altersgemischten oder altersgetrennten Gruppen betreut und gefördert werden, wie in der MAN-Betriebskindertagesstätte in Karlsfeld (Abb. 7). Die meisten Aktivitäten erfolgen im Gruppenraum, dessen Gestaltung daher besonders gut durchdacht werden muss.
Bei halboffenen Konzepten spielt der Gruppenraum zwar auch eine wichtige Rolle, weil hier der gemeinsame Tag beginnt und verschiedene gruppenbezogene Aktivitäten stattfinden, jedoch ist er nicht mehr der einzige Aufenthaltsbereich der Kinder. Im Laufe des Tages wird die Gruppe geöffnet und die Kinder können entweder im gesamten Haus spielen, wenn die Erschließungsflächen und das Foyer entsprechend gestaltet sind, oder sich in sogenannten Funktionsräumen beschäftigen. Im evangelischen Kinderhaus »Arche Noah« bietet die zweigeschossige Halle solche erlebnisreichen Spielflächen (Abb. 11).
Beim offenen Konzept dagegen gibt es gar keine Gruppenräume mehr, sondern nur noch Funktionsräume und gemeinsame Aufenthaltsbereiche. Diese Bereiche müssen dann entsprechend großzügig gestaltet und auch gegliedert sein und einen besonders guten Schallschutz aufweisen. Eines der wenigen realisierten Beispiele ist die Kindertagesstätte »Gummibärchen« in Karlsruhe, wo sich um die zentrale zweigeschossige Halle anstelle von Gruppenräumen auf zwei Ebenen Krabbelnester, Projekträume, Ateliers, eine Werkstatt, eine Küche und Schlafräume gruppieren (Abb. 5).
Im Idealfall steht vor der Planung bereits fest, ob offene oder geschlossene Kindergruppen vorgesehen sind, sodass der Architekt einen maßgeschneiderten Entwurf ausarbeiten kann. Wenn der zukünftige Träger einer Kindertagesstätte jedoch noch nicht bekannt ist, erweist sich ein flexibel nutzbarer Grundriss als unabdingbar.

Gruppenräume
Die vorgeschriebenen Mindestgrößen für Gruppenräume sind, abhängig von Alter und Anzahl der Kinder, in den einzelnen Bundesländern zum Teil unterschiedlich festgelegt. In Bayern sind z. B. bei einer Gruppenstärke von 25 Kindern pro Kind mindestens zwei m² vorgsehen. In den östlichen Bundesländern sind es dagegen teilweise 2,5 m². Diese Mindestmaße reichen jedoch nicht aus, um ein unbeschwertes Spielen der Kinder zu gewährleisten, vor allem weil im Gruppenraum auch noch Tische, Stühle und Regale untergebracht werden müssen. Halten sich viele Kinder gleichzeitig und den ganzen Tag in einem Gruppenraum auf und gibt es für spezielle

3

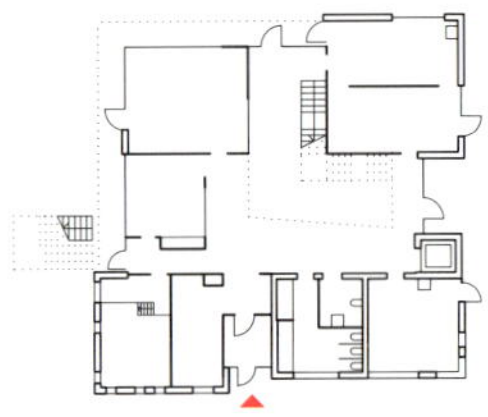

5

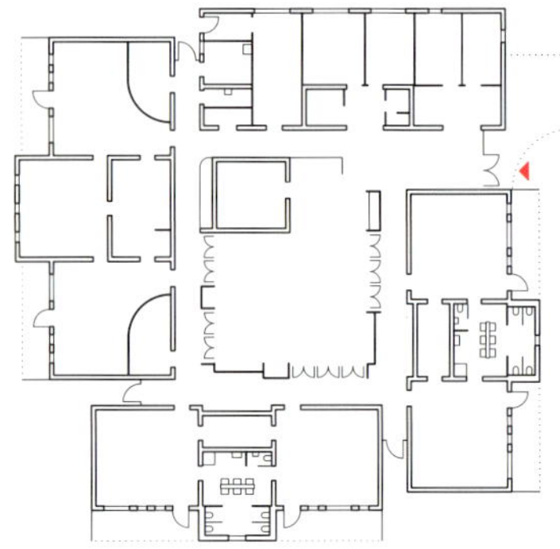

6

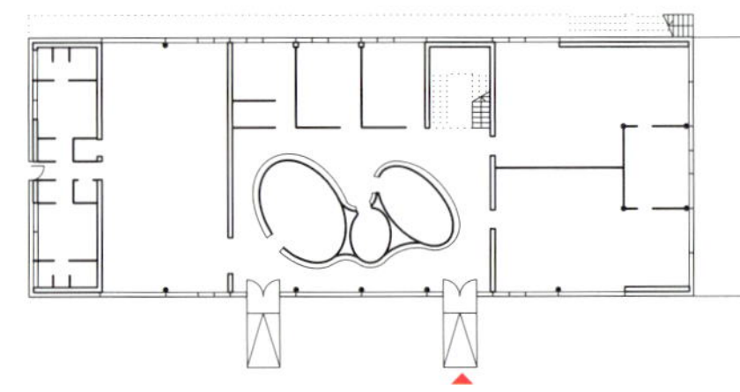

7

Aktivitäten und für das Mittagessen keine separaten Räume, kann es sehr schnell eng werden. Deshalb ist es sinnvoll, größere Flächen als nur die Mindestmaße einzuplanen oder Ausweichmöglichkeiten außerhalb der Gruppenräume vorzusehen, wie bei der Krippe mit Kindergarten auf dem LuO-Campus in Darmstadt. Hier sind die Gruppenräume in Standardgröße über Schiebetüren mit der Erschließungs- und Mehrzweckhalle gekoppelt (Abb. 18). Galerien bewähren sich in diesem Zusammenhang besonders gut. Sie bieten nicht nur zusätzliche Spiel- oder Rückzugsflächen, sondern erlauben den Kindern auch, den Raum aus einer anderen Perspektive wahrzunehmen. Und der Platz unter einer Galerie wird dann häufig in eine Höhle verwandelt oder dient als geschützter Bereich für ruhigere Spiele (Abb. 13, 17). Bei ausreichend großen Gruppenräumen ergeben sich auch deutlich mehr gestalterische Möglichkeiten der Untergliederung mit Einbaumöbeln oder festen Einbauten.
Sinnvoll ist es, Gruppenräume nebeneinander anzuordnen und sie mit breiten Flügeltüren miteinander zu verbinden, sodass bei geöffneten Türen durch die entstehende Raumfolge eine flexible Nutzung möglich ist und sich die Erzieherinnen bei Bedarf auch einmal gegenseitig bei der Aufsicht aushelfen können. Glaswände oder Innenfenster zwischen Gruppenraum und Spielflur erlauben Kindern spannende Blickbezüge und den Erzieherinnen einen guten Überblick (Abb. 14). Wichtig ist auch, dass die Gruppenräume optimal belichtet und besonnt sind, idealerweise über einen direkten Zugang zur Terrasse. Diese sollte durch ein tiefes Vordach wettergeschützt sein, damit sich die Kinder unabhängig von der Witterung draußen aufhalten können (Abb. 4).

Funktionsräume – Kletterraum, Kinderküche und Malatelier
Der Tagesablauf findet häufig nicht mehr nur in einer festen Gruppe und in einem bestimmten Gruppenraum statt, sondern die Kinder verteilen sich im Verlauf des Tages auf einzelne Funktionsräume. So können beispielsweise in einem Malatelier die Kinder konzentriert und ungestört mit Farben und Materialien experimentieren oder sich im Kletterraum körperlich austoben (Abb. 25). In einem separaten Raum für Rollenspiele erproben sie ihre kreativ-sozialen Fähigkeiten. In Funktionsräumen kommen sich die Kinder nicht gegenseitig in die Quere und werden außerdem entsprechend ihres jeweiligen Entwicklungsstands von den Pä-dagogen besser gefördert. Welche Verwendung die einzelnen Räume erfahren sollen, hängt unmittelbar mit dem jeweils praktizierten pädagogischen Konzept zusammen. Deshalb ist es wichtig, Funktionsräume möglichst neutral zu gestalten, damit sie vielfältig und variabel nutzbar sind. Helle, nicht festgelegte Räume bieten den Kindern Möglichkeiten für eigene kreative Gestaltungsideen. Durch die Kinder selbst werden die Räume bunt und farbenfroh. Separate Räume für die gemeinsamen Mahlzeiten können wertvolle Ergänzungen des Raumprogramms darstellen (Abb. 20). Häufig finden Kinderküchen zu wenig Beachtung, und anstelle einer eigenen Küche wird nur eine Küchenzeile in einem Gruppenraum vorgesehen. Dabei haben Kochprojekte eine besondere soziale Bedeutung, weil sie z.B. die Kinder mit natürlichen Lebensmitteln und gesunden Ernährungsweisen vertraut machen können (Abb. 24). Auch Werkstätten, geflieste Matschräume und Räume der Stille ermöglichen vielseitige Aktivitäten.

Eingangsbereich und Garderobe
Der Vorbereich einer Kindertagesstätte sollte großzügig überdacht sein, damit Kinder und Eltern vor Regen geschützt sind. Eingangsbereiche und Garderoben dienen der Kommunikation, freie Wandflächen für Infokästen sowie Sitzgelegenheiten unterstützen hier den Informationsaustausch. Garderoben müssen genügend Platz bieten, denn oft kommen viele Kinder gleichzeitig an, sodass leicht Gedränge entstehen kann. Die üblichen Mindestmaße, denen häufig ein Abstand von 30 cm zwischen den Kleider-

8

9

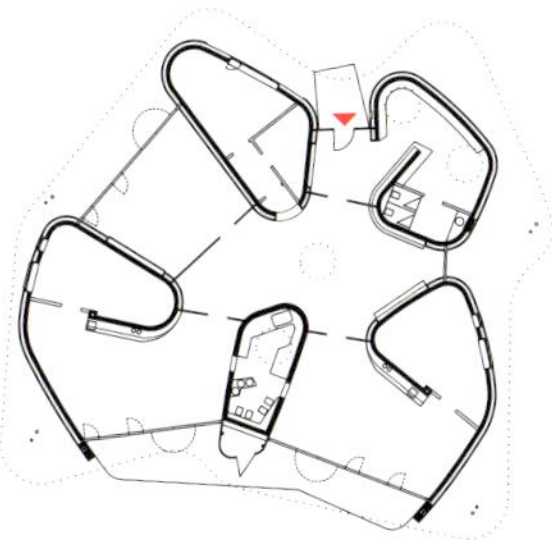

10

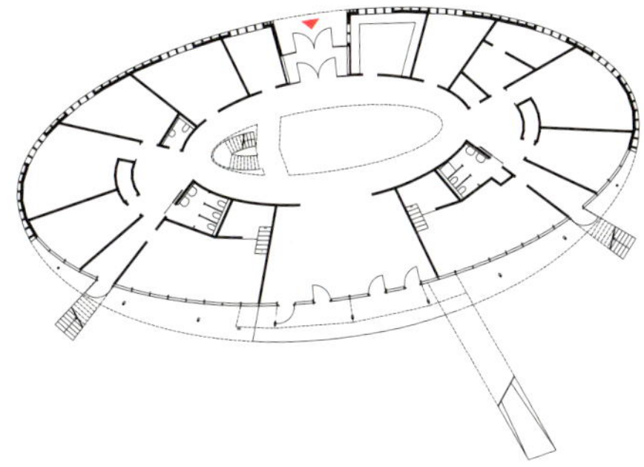

11

5 offenes Konzept ohne Gruppenräume: Kinderhaus »Gummibärchen« in Karlsruhe-Grünwinkel 2008, Architekten: PIA Architekten
6 abtrennbare zentrale Mehrzweckhalle zur Generationenbegegnung: »Kinderinsel Emmaus« in Leipzig 2009, Architekten: Grün Architekten
7, 9 geschlossenes Konzept: MAN-Betriebskindertagesstätte in Karlsfeld 2009, Architekten: Girnghuber Wolfrum
8 Halle mit Oberlichtband: Betriebskindertagesstätte Siemens Industriepark in Karlsruhe 2012, Architekten: Klinkott Architekten
10 Geborgenheit durch gekrümmte Wände: Betriebskindertagesstätte »Holzwürmchen« in Rosenheim 2009, Architekten: wulf architekten
11 halboffenes Konzept: zweigeschossige Halle als Spielbereich: Kinderhaus »Arche Noah« in Deizisau 2008, Architekten: Burkle und Hahnemann
12 Betriebskindertagesstätte »Metrosternchen« in Düsseldorf 2007, marc eller architekten
13 Galerie als Erlebnisraum: Kindergarten in Übersee 2012, Architekten: Hirner & Riehl

haken zugrundeliegt wird, reichen hierfür nicht aus. Außerdem ist für genügend Ablagefächer zu sorgen (Abb. 9). Idealerweise haben die Garderoben einen direkten Zugang ins Freie. Werden die Garderoben in den Fluren angeordnet, sind zusätzliche sogenannte Matschschleusen für die Aufbewahrung von Gummistiefeln und Regenjacken hilfreich, über die die Kinder, wie beim Kindergarten in Espoo, direkt in den Garten gelangen (siehe S. 30ff.).

Foyers und Verkehrsflächen
Wenn Erschließungsflächen großzügig angelegt, mit warmen Materialien ausgestaltet und natürlich belichtet sind, können die Kinder sie als kommunikative Treffpunkte und Schlechtwetterspielplatz nutzen. Treppen sind für Kinder aller Altersstufen besonders attraktiv, weil sie interessante Beobachtungsposten in unterschiedlichen Höhen bieten (Abb. 12). Besonders bewährt haben sich Treppen mit kurzen Läufen und breiten Podesten, denn sie werden gerne zum Spielen und zum Vorlesen genutzt. Zugleich helfen kurze Treppenläufe, das Unfallrisiko zu minimieren.

Sanitärräume
Ob Sanitärräume einzelnen Gruppenräumen zugeordnet sind oder zentral über den Flur erschlossen werden – sie sollten Kindern auch die Möglichkeit bieten, Wasserspiele oder Malaktionen mit Fingerfarben zu veranstalten. Dafür wird in der Raummitte etwas mehr freie Fläche benötigt als normalerweise üblich, rutschfeste Fliesen, eine Dusche, ein warmer Fußboden mit Bodenablauf sowie Fenster für eine natürliche Belichtung. Wasserspielplätze sind in allen Kindertagesstätten von der Krippe bis zum Kindergarten eine große Bereicherung. In Raummitte frei stehende, individuell entworfene Waschbecken ermöglichen, dass sich die Kinder beim Waschen und Spielen gegenseitig sehen können (Abb. 23).

Gute Orientierung: Grundrisstypen
Der Grundriss einer Kindertagesstätte sollte ein ausgewogenes Verhältnis aus kommunikativen Gemeinschaftsbereichen, Ruhebereichen und Nebenräumen aufweisen. Ist der Grundriss übersichtlich und funktional gestaltet, fördert das die Selbstständigkeit der Kinder: Einerseits ist es damit für sie leichter, sich im Haus zu orientieren, andererseits können die Erzieherinnen die Kinder besser beaufsichtigen und ihnen so mehr Freiräume zugestehen. Gleichzeitig ist es wichtig, durch die Art der Raumanordnung und durch die Raumgestaltung den Kindern ein Gefühl von Geborgenheit zu vermitteln. Räume, Flure und Foyers müssen einander sinnvoll zugeordnet sein. Dazu gehört auch, dass der Weg von der Garderobe zum Gruppenraum nicht wieder durch den Straßenschuhbereich führt, Schlafräume nicht an das laute Foyer grenzen und Sanitärräume im Aufsichtsbereich der jeweiligen Erzieher liegen.

Lineare Grundrisse
Langgestreckte Gebäude mit linear aneinandergereihten Räumen bieten den Vorteil, dass alle Gruppenräume zu einer idealerweise ruhigen und besonnten Seite orientiert sein können, während die Nebenräume nach Norden oder an der Straßenseite liegen. Der dazwischen verlaufende Flur kann zu einem Foyer oder einer Halle ausgeweitet werden und bietet ideale Möglichkeiten für die Gestaltung eines kommunikativen Gemeinschaftsbereichs. Häufig reichen einige Vor- und Rücksprünge oder flache Stufen aus, um diese oft relativ großen Raumbereiche zu gliedern und für die Kinder spannend zu gestalten (Abb. 15, 19). Die Belichtung eines innen liegenden Flurs oder einer Halle kann bei eingeschossiger Bauweise über Dachoberlichter erfolgen. Eine weitere Möglichkeit besteht darin, die Räume einbündig zu erschließen, d.h., den Flur entlang der Außenwand anzuordnen und ihn über Fenster oder Glasfassaden zu belichten. So kann der Flur, wenn er breit genug angelegt ist, die Garderoben aufnehmen, als Spielflur dienen oder sogar zu einem lichtdurchfluteten Mehrzweckbereich werden (Abb. 18).

12

13

5 Open concept without group rooms: "Gummibärchen" child care centre in Grünwinkel, Karlsruhe, 2007; architects: P.I.A. Architects
6 Separable central multipurpose hall for contact between different generations: "Kinderinsel Emmaus" in Leipzig, 2009; architects: Grün Architects
7, 9 Closed concept: MAN company child care centre in Karlsfeld, 2009; architects: Girnghuber Wolfrum
8 Hall with top-light strip: company child care centre, Siemens Industrial Park, Karlsruhe, 2012; architects: klinkott architects
10 Sense of security created by curved walls: "Holzwürmchen" company child care centre, Rosenheim, 2009; architects: wulf architects
11 Semi-open concept: two-storey hall as play area; "Arche Noah" child care centre in Deizisau, 2008; architects: Burkle and Hahnemann
12 "Metrosternchen" company child care centre in Düsseldorf, 2007; architects: marc eller architects
13 Gallery as adventure space; child care centre in Übersee, 2012; architects: Hirner & Riehl

Bettina Rühm, Dipl.-Ing. (Arch.), studierte Architektur an der TU München. Nach ihrer Tätigkeit in Architekturbüros arbeitet sie heute als Autorin von Büchern und Zeitschriftenbeiträgen zur Architektur sowie als Fachlektorin in München. Sie hält Vorträge zum Thema »Bauen für Kinder« und ist u. a. Autorin des Fachbuchs »Kindergärten, Krippen, Horte. Neue Architektur, aktuelle Konzepte«, München 2011.

Dipl. Ing. Bettina Rühm studied architecture at the University of Technology, Munich, and has worked in various architects' offices. Based in Munich, she is an author and technical editor of architectural books and magazine articles and gives lectures on the topic of "building for children". Among the works she has written is the textbook "Kindergärten, Krippen, Horte. Neue Architektur, aktuelle Konzepte", Munich, 2011.

14

Kompakte Grundrisse

Bei kompakten Gebäuden sind die meisten Räume häufig um einen zentralen Bereich angeordnet und entlang der Fassade über Fenster belichtet. Der Vorteil liegt bei dieser Anordnung darin, dass in dem oft auch »Piazza« genannten Bereich in der Mitte vielfältige Nutzungen möglich sind. Als kommunikatives Zentrum der Einrichtung kann hier z. B. der Speisesaal oder ein Mehrzweckraum für Sport oder Musik untergebracht werden (Abb. 20), und auch großzügig angelegte Garderoben finden Platz. Entscheidend dabei ist, dass der zentrale Bereich natürlich belichtet werden kann. Dies gelingt entweder über Oberlichter (Abb. 8) oder über große Glasfassaden zwischen den Einzelräumen (Abb. 5). Selbst bei zweigeschossiger Bauweise kann genügend Tageslicht über Dachoberlichter bis ins Erdgeschoss gelangen, wenn die Räume im Obergeschoss über eine umlaufende Galerie erschlossen werden (Abb. 11).

Eine weitere Möglichkeit ist es, den mittigen Bereich bei Bedarf über Schiebetüren in einen eigenen Raum zu verwandeln und vom umlaufenden Flur abzugrenzen. So kann das so entstandene Atrium, wie in der »Kinderinsel Emmaus« in Leipzig, z. B. als Seniorentreff oder für den Kindergarten als Mehrzweckraum genutzt werden. Stehen die Schiebetüren offen, ergibt sich zusammen mit den Fluren ein großzügiger und heller Innenbereich (Abb. 6).

Bei besonders großen Einrichtungen mit tiefen Grundrissen, wie der »Crèche de l'Europe« im schweizerischen Sierre, können in der Gebäudemitte sogar separate Funktionsräume untergebracht werden, die über große Glasflächen zum Atrium und zusätzlich über Oberlichter Tageslicht erhalten (siehe S. 63ff.). Bei kleineren, mehrgeschossigen Einrichtungen wie der Kindertagesstätte in Täscherloch in Liechtenstein, die kompakt angelegt sind, kann anstelle eines Atriums der gesamte Erschließungskern im Zentrum des Grundrisses angeordnet werden, um den sich die Aufenthaltsräume gruppieren.

Organisch gestaltete Grundrisse

Organisch gestaltete Grundrisse bieten oft besonders anregende Raumerlebnisse. Konkave Wände wirken beschützend, konvexe können den Bewegungsdrang der Kinder fördern. Im oval angelegten Foyer des Kinderhauses »Arche Noah« in Deizisau finden die Kinder auch auf der Galerie im Obergeschoss viele Möglichkeiten zum Herumtoben. Selbst die Elternabende, die im zentralen Oval stattfinden, erfreuen sich wegen der räumlichen Qualität des Foyers großer Beliebtheit (Abb. 11). In einer Krippe spielt der Aspekt der Geborgenheit eine besonders große Rolle. Wenn die Wände in den Gruppen- und Schlafräumen gebogen sind, fühlen sich gerade die ganz jungen Kinder besonders beschützt und geborgen (Abb. 10).

Aber auch lineare Grundrisse ermöglichen spannende Räume. Im Kindergarten in Heidenau führt der geschwungene Flur an der Ostfassade in einen Tunnel innerhalb der Böschung, die die gewellte Dachfläche fortsetzt, und mündet schließlich in den Garten (Abb. 22).

Fazit

Der Stellenwert, den eine Gesellschaft ihren Kindern zugesteht, drückt sich auch in der Qualität der errichteten Kindertagesstätten aus. In Deutschland fand in den vergangenen Jahren eine positive Entwicklung statt. Kindergärten werden derzeit in großem Umfang gebaut und der ganzheitliche Aspekt der Persönlichkeitsförderung des Kindes rückt mehr und mehr in den Mittelpunkt. Die vielfältigen Grundrisstypologien spiegeln die städtebaulichen Rahmenbedingungen, das pädagogische Konzept und das jeweils individuelle Raumprogramm wider. Im Idealfall wird in Zukunft nicht nur Wert auf eine ausreichende Anzahl von Betreuungsplätzen gelegt, sondern auch darauf, dass neu gebaute Kindertagesstätten sorgfältig auf die Bedürfnisse von Kindern abgestimmt sind. Hier tragen alle am Bau einer Kindertagesstätte Beteiligten eine große Verantwortung: die Politiker, die Träger und die Betreiber von Einrichtungen – und ganz besonders die Architekten. DETAIL 03/2013

For many parents in Germany, finding care for their child in a kindergarten is a matter of luck, since about 220,000 further places are needed at present. Despite being legally entitled to day care, in many families at least one parent still has to forgo his or her regular work to look after their children. More and more private initiatives are being set up by parents who organise their own childcare in a creative and unconventional form. Increasingly, they are drawn into the activities of the care centres themselves. As a result, the spatial programme is also complemented by additional spaces where parents can meet, where advice is given, or where other activities take place. Such centres can become a social focus for an entire urban district (ill. 22).

Similar approaches exist in other countries, too. In Britain, for example, so-called "sure-start" children's centres support the social and emotional development and the health of infants, while at the same time strengthening family and neighbourly ties. For this purpose, buildings are needed that can accommodate many additional activities.

The Brede School type in the Netherlands is an educational and advisory centre for families where children up to the age of 12 enjoy a wide range of care facilities and parents can obtain advice on various matters. Centres of this kind are usually attached to primary schools. In Switzerland, too, childcare centres are spatially and conceptionally linked to primary schools. In some cantons, a trial system has been introduced whereby kindergarten children and primary school pupils are taught jointly at a basic level.

Valuable synergetic effects can be achieved when a kindergarten, crèche and primary school are located next to each other or in a single building complex. Spaces with special functions can be used for activities in which the children of the different institutions participate jointly. This, in turn, strengthens the social behaviour of the older children, while infants are brought into contact with the school system. Spontaneous contacts are promoted, as in the Children's House at Tivoli in Innsbruck, where the crèche is separated from the kindergarten only by the entrance hall, and

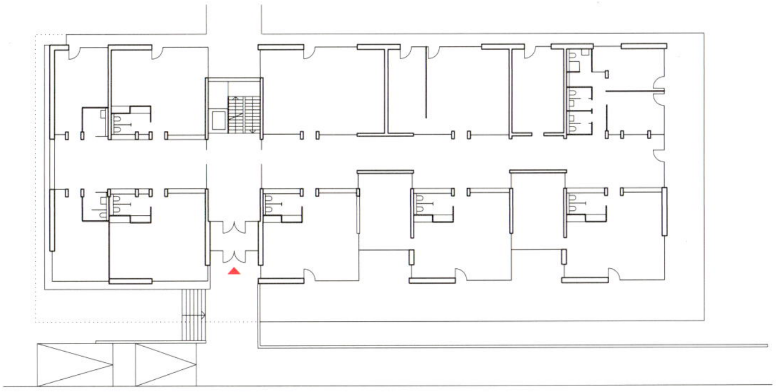

15

16

where the care centre is situated one storey higher (ill. 15). The joint use of facilities can help to reduce the overall spatial programme; and it is particularly economical when the children of the various sections are served by a common kitchen.
Nowadays, childcare centres are increasingly seen as educational institutions. Creativity, independence and social competence are the most important goals in elementary education and efforts to develop children's personalities. In planning childcare centres, therefore, the collaboration between architects, pedagogic staff and sponsors is all-important. A building with an attractive form and a clear layout and where a variety of materials are used in a more or less natural state will help to arouse the curiosity of children and encourage them to undertake tours of discovery on their own. Children perceive their environment via all the senses, and they learn in the first instance through their own actions.
The idea of space as a third factor of education comes from the Italian Reggio Emilia pedagogic approach. In this context, elementary education means allowing children scope to learn and develop on their own through a process of experimentation in all realms. Free wall areas and deep window sills, for example, offer space for individual creative activities; and different room heights allow children a varied, changing spatial perception.
Lighting can also provide exciting spatial experiences. As much daylight as possible should enter a group room, of course, but lighting that is too even is not always of advantage. Children appreciate darker areas to which they can withdraw when they feel the need for peace and quiet. A decisive factor for the sense of well-being of children and educational staff alike is an effective form of sunscreening. A projecting roof on the south face of a building can be of great advantage, since extra shading will not be required for the entire window area, and children will be able to look outside even on hot days (ills. 1–4). Children often find point sources of artificial lighting more pleasant than bright, even ceiling lighting. Light fittings at floor level can also help in the design and articulation of a space.
Good acoustics are essential for a stress-free environment in childcare institutions, since a high noise level generally causes great strain. The reverberation time should, therefore, always be calculated as part of the planning.
Closed pedagogic concepts provide for the care and support of children in fixed groups – either mixed in age or separated according to age – and in group rooms. The MAN group's childcare centre in Karlsfeld (ills. 7, 9) is based on this principle.
Group rooms also play an important role in semi-open concepts, because it is here that the children begin their day together and where various group-related activities take place. But this is no longer the sole place where the children spend their time. In the course of the day, the group will be opened up, and the young people can either play throughout the building if the circulation areas and foyer are appropriately designed; or they can occupy themselves in so-called "function-

17

14, 15 Sichtbezug zwischen Gruppenraum, Nebenraum und Freibereich, Grundriss Erdgeschoss: Krippe, Kindergarten und Hort, »Haus der Kinder« am Tivoli in Innsbruck 2008, Architekten: reitter_architekten
16 Gemeinschaftszone als Aktionsfläche mit abteilbaren Vorzonen vor den Gruppenräumen: Ganztagsgrundschule »Dualingo« mit integrativer Kindertagesstätte in Jena 2008, Architekten: Gildehaus Reich Architekten
17 Filzbox mit darüberliegender Spielgalerie: Krippe und Kindergarten »Ingeborg-Ortner-Kinderhaus« in Garching 2012, Architekten: Hermann Kaufmann mit aichner kazzer architekten

14, 15 Visual links between group room, ancillary space and open area: crèche, kindergarten and child care facilities in "Children's House" at Tivoli in Innsbruck, 2008; architects: reitter_architekten
16 Communal zone as activities area with anteroom outside group rooms that can be divided off; "Dualingo" full-time primary school with integral childcare centre in Jena, 2008; architects: Gildehaus Reich Architects
17 Felt box with play gallery above: child care centre and kindergarten, "Ingeborg-Ortner-Children's House" in Garching, 2012; architects: Hermann Kaufmann in collaboration with aichner kazzer architects

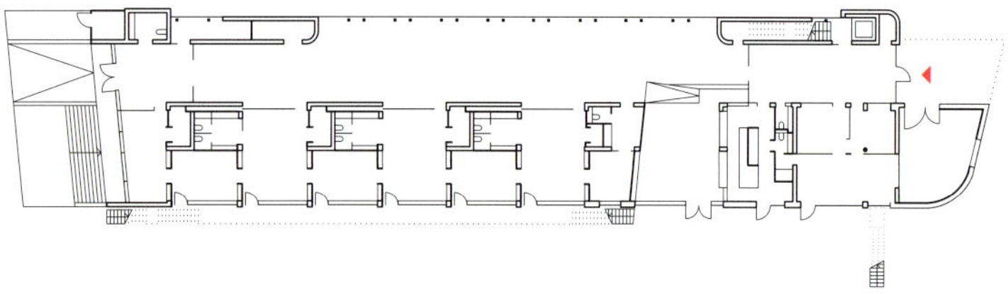

18

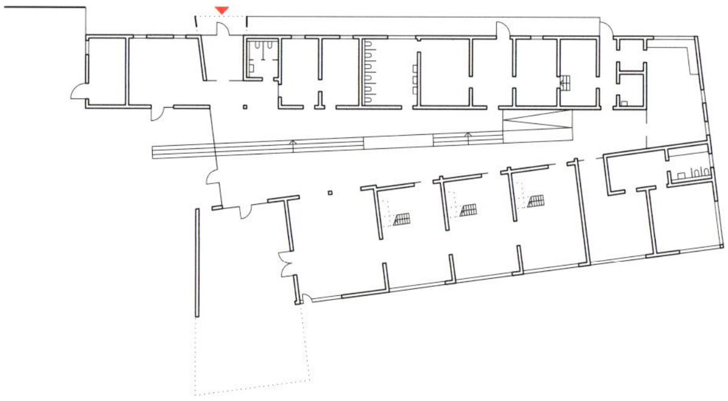

19

al spaces". In the Protestant house for children in Deizisau, known as "Noah's Ark", the two-storey hall contains play areas of this kind that offer a wealth of experiences (ill. 11).
With open concepts, in contrast, there are no group rooms, only spaces for specific functions and commonly used areas. These have to be amply dimensioned and articulated in a suitable form. Especially good sound insulation is also needed. One of the few examples of this kind to have been implemented to date is the "Gummibärchen" (Jelly Baby) childcare centre in Karlsruhe. Laid out on two levels around a two-storey central hall are facilities for toddlers, project spaces, studios, a workshop, a kitchen and sleeping spaces instead of the usual group rooms (ill. 5).
If large numbers of children are present simultaneously in group rooms throughout the day, and if there are no separate areas for special activities and for lunch, conditions can quickly become cramped. It makes sense, therefore, to plan more spaces of larger size than simply to adhere to the prescribed minimum areas; or one should provide alternative spaces outside the group rooms, as one finds in the crèche with kindergarten on the LuO campus in Darmstadt, where sliding doors allow the standard-size group rooms to be combined with circulation areas and the multipurpose hall (ill. 18). Gallery spaces are especially useful in this respect. They provide additional play areas and zones for withdrawal, and they also allow children to perceive the space from a different perspective. The area beneath the gallery may be turned into a cave-like environment, or it can serve as a sheltered area for quieter play (ills. 13, 17). It makes sense to locate group rooms next to each other and to allow them to be joined together by means of doors. The sequence of spaces can then be used in a flexible manner, and supervision is simplified. Glass walls or internal fenestration between group rooms and corridor play areas afford exciting visual links for children as well as allowing the staff a clear view for supervisory purposes (ill. 14). Group rooms should enjoy optimum natural lighting and sunlight; and ideally they should have direct access to a sheltered outdoor terrace.
In many cases, the events of the day no longer take place in a single group and in a fixed group room. The children may find themselves moving about between different functional areas. For example, in a painting studio, they can experiment with colours and materials; or they can expend themselves physically in a space designed for climbing (ill. 25); and they can test their creative, social abilities in a separate room for role-playing. Functional spaces should be as neutral as possible, so that they are variable and versatile, allowing scope for the children's own creative ideas. Areas where meals can be taken together are a valuable addition to the spatial programme (ill. 20); and too little attention is paid to providing separate children's kitchens. Cooking projects have a special social significance because they can acquaint children with natural foodstuffs and healthy eating habits (ill. 24).
Entrance areas and cloakrooms serve the purpose of communication and the exchange of information. Cloakrooms should be adequately dimensioned, since large numbers of children arrive at the same time, and a crush can quickly occur. Standard minimum dimensions, based on a spacing of 30 cm between coat hooks, are not really sufficient. Space should also be allowed for depositing things (ill. 9), and ideally, cloakrooms should be designed with direct access to the open air.
Stairs are particularly attractive for children of all ages because they offer interesting observation points at different levels (ill. 12). Stairs designed with short flights and broad landings are of special value as play areas and places where one can read aloud. Short flights also minimise the risk of accidents.
Whether sanitary spaces are attached to individual group rooms or located centrally, with access via a corridor, they should also allow children scope to take part in games with water or activities in which they can paint with their fingers. Wet play areas are a great asset in all childcare centres, from the crèche to the kindergarten (ill. 23).
The layout of a childcare centre should show a balance between areas for communication, rest zones and ancillary spaces. Rooms, corri-

18 Aktionshalle als Ergänzungsfläche zu Gruppenräumen: Kindertagesstätte auf dem LuO-Campus in Darmstadt 2011, Architekten: dbn/parc
19 Eingangshalle als Erlebnisbereich, Jenoptik Betriebskindertagesstätte »Saaleknirpse« in Jena-Göschwitz 2007: Sittig Architekten
20 Speisesaal Kindertagesstätte in Kramsach 2008, Architekten: Adamer Ramsauer
21 Foyer als Aktionsfläche: Kindergarten St. Florian in Döbeln 2005, Architekten: Reiter & Rentzsch
22 Foyer und WC als abtrennbare Einheit: Städtische Kindertagesstätte »Am Stadtpark« in Heidenau 2008, Architekten: Reiter & Rentzsch
23 Waschbereich als Fläche für Wasserspiele, Haus der Familie in Vaterstetten 2010: Strunz Architekten
24 Kinderküche Kindertagesstätte Täscherloch in Triesenberg, Liechtenstein 2007, Architekten: Pitbau und Lampert
25 Kletterraum: Kindertagesstätte »Crèche de l'Europe« in Sierre 2008, Architekten: Giorla & Trautmann

18 Activities hall as complementary area to group rooms: crèche and kindergarten on LuO campus in Darmstadt, 2011; architects: dbn/parc
19 Entrance hall as adventure area; Jenoptik company child care centre "Saaleknirpse" in Göschwitz, Jena, 2007; architects: Sittig Architects
20 Refectory in child care centre, Kramsach, 2008; architects: Adamer Ramsauer
21 Foyer as activities hall with cloakroom; St Florian Protestant child care centre in Döbeln, 2005; architects: Reiter & Rentzsch
22 Foyer and WC as separable entity: municipal childcare centre Am Stadtpark in Heidenau, 2008; architects: Reiter & Rentzsch
23 Washing area as place for wet play; House of the Family, Vaterstetten, 2010; Strunz Architects
24 Children's kitchen in child care centre, Täscherloch Triesenberg, Liechtenstein 2007; architects: ARGE Pitbau and Lampert
25 Climbing room: Crèche de l'Europe in Sierre, 2008; architects Giorla & Trautmann

20

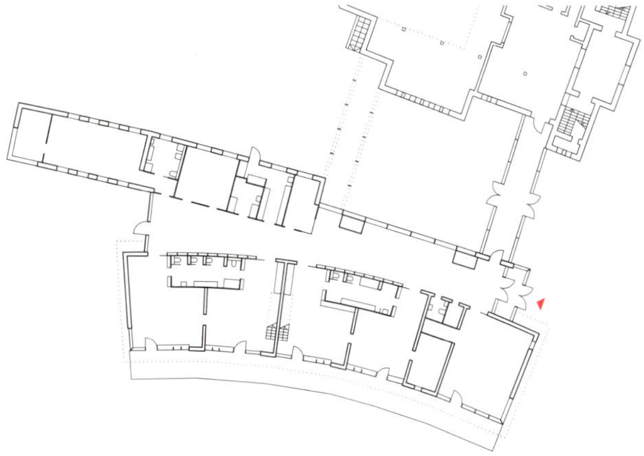

21

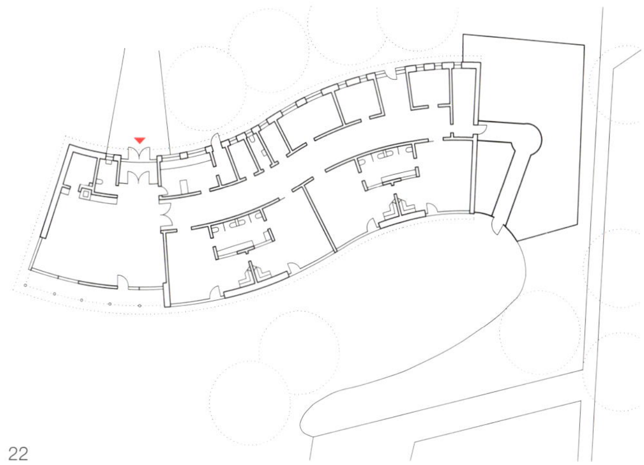

22

dors and foyers must bear a sensible relationship to each other. For example, the route from the cloakroom to the group room should not lead through areas where outdoor shoes are worn.
Elongated buildings with spaces laid out next to each other in linear fashion have the advantage that all group rooms can enjoy a single aspect. Ideally, this should be quiet and sunlit, while the ancillary spaces can be laid out facing north or overlooking the street. The corridor between the two can be enlarged to form a foyer or hall which may serve as a realm for communication. In many cases, recesses and projections or shallow steps are sufficient to articulate such large spaces and make them more exciting for the children (ills. 15, 19). In single-storey buildings, the natural lighting of an internal corridor or hall can be achieved via roomflights. Another possibility is to create access to the spaces from one side via a corridor along the outer wall, with glazed areas that allow the entry of daylight. If the corridor is wide enough, it can also accommodate the cloakrooms; it can act as a play area, or it can even be designed as a bright multipurpose space (ill. 18).
With compact floor plans, most of the rooms will be laid out about a central area and daylighted via windows along the outer facade. In the central area, a lot of different uses are possible. Here, at the communicative focus of the institution, the refectory or a multipurpose space for sport or music can be situated, for example (ill. 20). Even generously dimensioned cloakrooms can be incorporated. A crucial factor is to ensure natural lighting of this area, which can be achieved either via toplights (ills. 8, 20) or via large glazed wall areas between the individual rooms (ill. 5). Even with two-storey structures, daylighting of the ground-floor area is possible via roof or top lights if access to the upper-floor spaces is provided via a peripheral gallery (ill. 11). Alternatively, the central area can be transformed by means of sliding doors into a separate space divided off from the peripheral corridor. The atrium thus created can be used as a meeting point for senior citizens or as a multipurpose space for the kindergarten – as in the "Kinderinsel Emmaus" in Leipzig. When the sliding doors are open, a generous, brightly lit internal realm is formed in combination with the corridors (ill. 6).
Large complexes with deep layouts, such as the Crèche de l'Europe in Sierre, Switzerland, can also be designed with separate functional spaces at the centre that receive daylight via extensive areas of glazing to the atrium as well as via top lights (see page 30ff.). With smaller, compact, multistorey developments, the entire access core can be located at the centre (instead of an atrium), with the rooms for the children grouped round it.
Organically designed layouts provide exciting spatial experiences. Concave walls have a protective effect, while convex walls may stimulate children to activity and movement. In the oval foyer of the "Arche Noah" centre in Deizisau, for example, children find plenty of opportunities for letting off steam – even on the upper-floor gallery. Parents' evenings, held in the central oval space, are very popular, too, not least because of the spatial quality of the foyer (ill. 11).
In a crèche, a sense of security plays a particularly important role. If the walls of the group spaces and sleeping rooms are curved, young children feel especially safe (ill. 10). But even layouts that are curved in linear form allow the creation of exciting spaces. In the kindergarten in Heidenau, the curved corridor leads to a tunnel in the sloping embankment at the eastern end, a tunnel that finally emerges in the garden (ill. 22).
The importance a society attaches to its children is reflected in the quality of the childcare centres it creates. A positive development can be seen in Germany, where the holistic aspect of furthering the children's personalities is coming to play an ever greater role. In future, importance will be ideally attached not only to an adequate number of childcare places, but also to ensuring that the newly built amenities are carefully attuned to children's needs. All those involved in the construction of such facilities bear a great responsibility – politicians, sponsors, the operators of such institutions and in particular the architects.

23

24

25

Kinderkrippe in Ourense

Crèche in Ourense

Architekten / *Architects*:
abalo alonso arquitectos, Santiago de Compostela
Elisabeth Abalo Díaz, Gonzalo Alonso Núñez
Tragwerksplaner / *Structural engineers*:
Carlos Bóveda Casado, Santiago de Compostela

Im Zuge der Erweiterung der Universität an der Peripherie der galizischen Stadt Ourense wurden zusätzliche Betreuungsplätze für Kleinkinder erforderlich. Struktur und Materialität des Gebäudes orientieren sich an den »Hórreos«, traditionellen auf Natursteinpfeilern aufgeständerten Scheunen zum Trocknen von Feldfrüchten.
Ein transluzenter Zaun aus Iroko-Holzlatten umhüllt den 19 × 19 m großen Kubus. Durch die weit auskragenden Boden- und Deckenplatten, die auf vier Wandscheiben aufliegen, scheint der Baukörper über dem Parkgelände zu schweben. Das erlebnisreiche Gefüge aus Höfen und geschlossenen Räumen lässt sich von außen nur von einem erhöhten Standpunkt aus an den mit Tonschieferplatten gedeckten Dachflächen ablesen. Durch den transluzenten Filter aus Holz grenzt sich das Gebäude von der Außenwelt ab. Gleichzeitig bezieht es die grüne Umgebung mittels vierer Bäum ein, die durch unterschiedlich große Aussparungen in den Boden- und Deckenplatten der Höfe wachsen. Der quadratische Grundriss ist klar gegliedert, indem sich Nebenräumen mit offenen Spiel- und Essbereichen streifenartig abwechseln. Die geknickten Wände lassen die Räume in Verbindung mit den Reflexionen verspiegelter Oberflächen großzügiger erscheinen. Durch die geschosshohen Verglasungen zu den Höfen, den variierenden Rhythmus der in verschiedenen Grüntönen gestreiften Innenwände und die sich aufweitenden und verengenden Räume ergibt sich – selbst bei dem für Nordspanien typischen Regenwetter – der Eindruck, im Freien unter Bäumen zu spielen. Die drei nach Altersstufen getrennten Gruppenräume lassen sich durch Aufschieben der Faltwände in einen großen Gemeinschaftsbereich verwandeln. Auch die vorgelagerte Südterrasse ist gemeinschaftlich nutzbar. Über dem weichen Kautschukboden der Pergola hängen Schaukeln und Hängematten. In Kontrast zu den Gruppenräumen sind die angrenzenden Schlafräume introvertiert gestaltet. DETAIL 03/2013

Anzahl Kinder / *No. of children*: 41 (8 + 13 + 20)
Alter / *Ages*: 4 Monate – 3 Jahre / *4 months to 3 years*
Anzahl Gruppen / *No. of groups*: 3
Anzahl Betreuer / *No. of staff*: 6
Öffnungszeiten / *Opening hours*: 8.00 – 18.00
Träger / *Client*: Universidade de Vigo / *University of Vigo*
BGF / *Gross floor area*: 327 m²
Größe Gruppenräume / *Size of group rooms*: 30 m² + 28 m² + 32 m²
überdachter Freibereich / *Covered open area*: 25 m²
Freifläche Garten / *Garden area*: 61 m²
Fertigstellung / *Completion date*: 2011
Baukosten brutto / *Gross construction costs*: 400 000 €

Lageplan	*Site plan*
Maßstab 1:10000	*scale 1:10,000*
Schnitte • Grundriss	*Sections • Floor plan*
Maßstab 1:500	*scale 1:500*

1	Eingang	*1*	*Entrance*
2	Verwaltung	*2*	*Office*
3	Küche	*3*	*Kitchen*
4	Technik	*4*	*Building services*
5	Mehrzweckraum	*5*	*Multipurpose space*
6	Schlafraum	*6*	*Sleeping room*
7	Wickelraum	*7*	*Baby-care room*
8	Garderobe	*8*	*Cloakroom*
9	Gruppenraum	*9*	*Group room*
10	Terrasse	*10*	*Terrace*

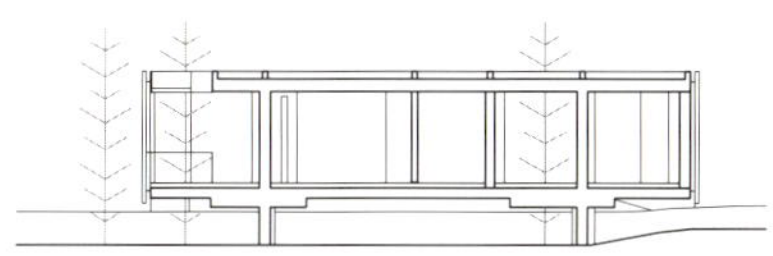

aa

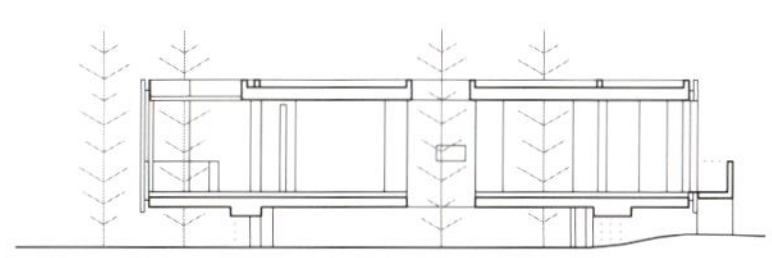

bb

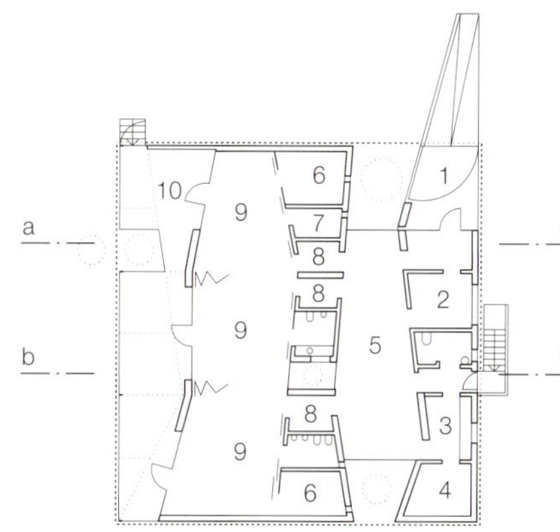

In the course of extending the university, additional care facilities for young children became necessary. The structure and materials used for this building were oriented to the Spanish "hórreos" – traditional barns raised on stone pillars and used for drying crops. The cubic form, 19 × 19 m on plan, is enclosed within a translucent screen of open iroko pales. Raised on four pier walls and with broadly cantilivered floor and roof slabs, the structure seems to hover above the park-like surroundings. The interplay of open courtyards and closed volumes – with their shale-covered roofs – is evident only when viewed from an elevated position. Although the building is separated from the outside world by the filter of iroko pales, the green surroundings are drawn into the interior in the form of four trees that grow through openings in the floor and ceiling.
The square layout is clearly articulated, with alternating strips of closed ancillary spaces and open play and dining zones. The angled walls, in conjunction with reflecting surfaces, lend the internal spaces a more generous scale. What is more, the storey-height glazing to the courtyards and the changing rhythms of the internal walls conjure a sense of outdoor life. The three group rooms – for children of different ages – can be transformed into a single large communal space by pushing aside the folding walls and also incorporating the south-facing terrace. The sleeping spaces, in contrast, are introverted.

Kindertagesstätte in Prince Alfred Hamlet, Südafrika

Child Care Centre in Prince Alfred Hamlet, South Africa

Architekten /*Architects*:
Studenten und Mitarbeiter am Lehrstuhl für Gebäudelehre / *Students and staff of the department for building typologies,* RWTH Aachen University
Tragwerksplaner /*Structural engineers*:
Lehrstuhl für Tragkonstruktion / *Department for structures,* RWTH Aachen University, Prof. Martin Trautz, Christoph Koj, Arne Künstler

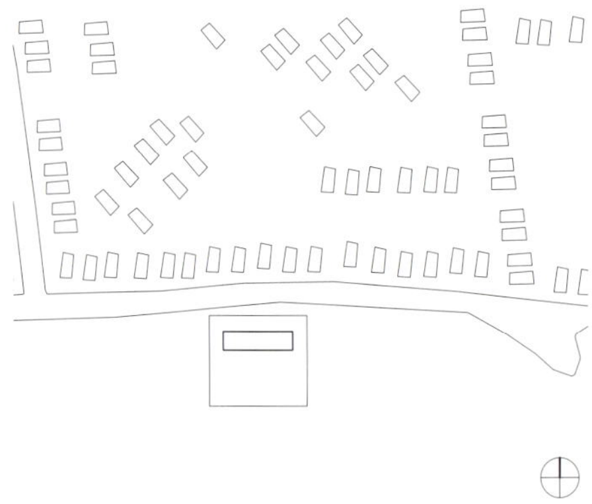

In einem Township 140 km nordöstlich von Kapstadt steht der Kindergarten »Hamlet Crèche«, das dritte Projekt, das im Rahmen des hochschulinternen Design.Develop. Build-Programms gebaut wurde. Das Raumprogramm haben die Studenten der RWTH Aachen gemeinsam mit Bewohnern der Township entwickelt und das Gebäude in Holzständerbauweise mit einheimischen Helfern errichtet.
Der Kindergarten bietet 80 Plätze für Kinder im Alter von drei Monaten bis fünf Jahren. Der 35,00 × 9,50 m große rechteckige Grundriss wird von einer hölzernen Dachkonstruktion überspannt, die mit ihrer Gliederung in fünf asymmetrische Giebel den Maßstab und Charakter der mit Blech gedeckten Wohnhäuser aufnimmt. Die wechselseitig angeordnete Faltung auf der Unterseite ist Bestandteil des Tragwerks, einer Spar-renkonstruktion mit Zugband, die elementweise vorgefertigt und anschließend auf die Stützen gesetzt wurde. Verwaltung und Sanitärräume sind als eigenes »Haus« durch einen Durchgang von den drei Gruppenräumen und der Küchegetrennt. Mit einer beweglichen Zwischenwand können zwei der Gruppenräume zu einem bisher fehlenden Versammlungsraum für die Dorfgemeinschaft zusammengeschlossen werden. Auf der sonnenabgewandten Südseite und zum Garten sind die Räume unterschiedlich tief gestaffelt unter dem Dach zurückgesetzt, sodass sich eine großzügige Loggia zum Spielen und als Essbereich bietet. Die nach Norden orientierte sonnenseitige Fassade wurde als passiver Solarabsorber mit verputzten selbstgefertigten Lehmziegeln ausgefacht. Sie ist in dem Gebäude ohne Heizung die einzige Wärmequelle während der kalten Winter mit Temperaturen bis unter 0 °C. Im Süden, Osten und Westen sind zwischen den Holzstützen Ziegel als Speichermasse gestapelt, die außen gedämmt und mit Brettern aus recycelten Obstkisten beplankt sind. Die von den Nutzern hinzugefügten bunten Kunststoffmöbel vertsärken die heitere Atmosphäre. DETAIL 03/2013

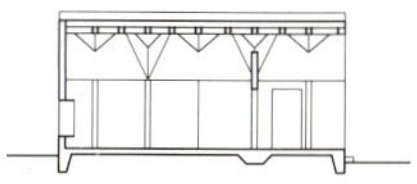
aa

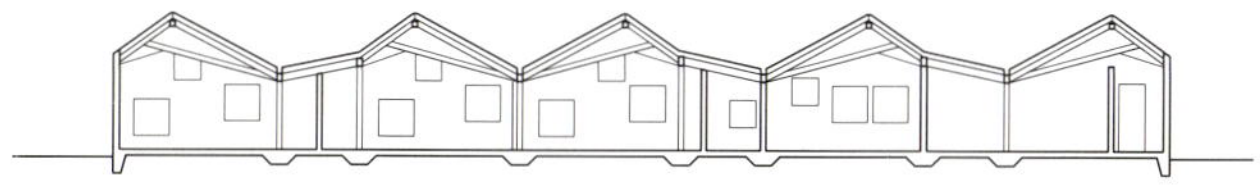
bb

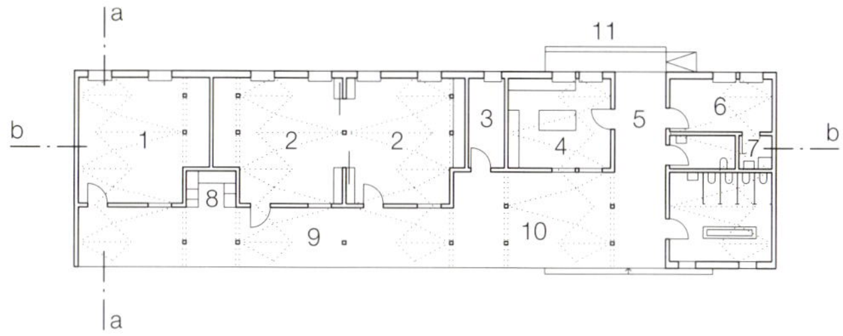

Lageplan
Maßstab 1:5000
Schnitte • Grundriss
Maßstab 1:500
Axonometrie

Site plan
scale 1:5,000
Sections • Floor plan
scale 1:500
Axonometric

Situated 140 km north-east of Cape Town stands the kindergarten "Hamlet Crèche", the third project to be realised as part of the university Design.Develop.Build programme of the RWTH in Aachen. Undertaken by students in conjunction with residents of the township, it was erected in a timber post-and-beam form of construction and provides space for 80 children ranging in age from three months to five years. The 35 × 9.5-metre rectangular structure is covered by a prefabricated timber roof, the articulation of which into five asymmetric gables adopts the scale and character of the local houses. The administrative and sanitary spaces are separated from the three group rooms and the kitchen in a section of their own. A movable partition allows two of the group rooms to be joined to form a larger space for village community meetings. On the south face, away from the sun and overlooking the garden, the spaces are set back to different degrees, creating a generous loggia that can be used as a play and dining area. The sunlit north facade, with an infill of clay bricks and a rendered finish, serves as a passive solar absorber. In a building devoid of heating, this is the only source of thermal energy during the cold winter months, when temperatures can sink below 0 °C. Stacked between the timber posts, the bricks provide a storage mass that is insulated externally and planked with wood strips from fruit crates.

Anzahl Kinder / *No. of children*: 80 (20 + 30 + 30)
Alter / *Ages*: 3 Monate – 5 Jahre / *3 months to 5 years*
Anzahl Gruppen / *No. of groups*: 3
Anzahl Betreuer / *No. of staff*: 5
Öffnungszeiten / *Opening hours*: 8.00 – 16.00
Träger / *Client*: NPO Badisa, Bellville, Südafrika / *South Africa*
BGF / *Gross floor area*: 340 m²
Größe Gruppenräume / *Size of group rooms*: 40 m²
überdachter Freibereich / *Covered open area*: 124 m²
Freifläche Garten / *Garden area*: 1860 m²
Fertigstellung / *Completion date*: 2010
Baukosten brutto / *Gross construction costs*: 100 000 €

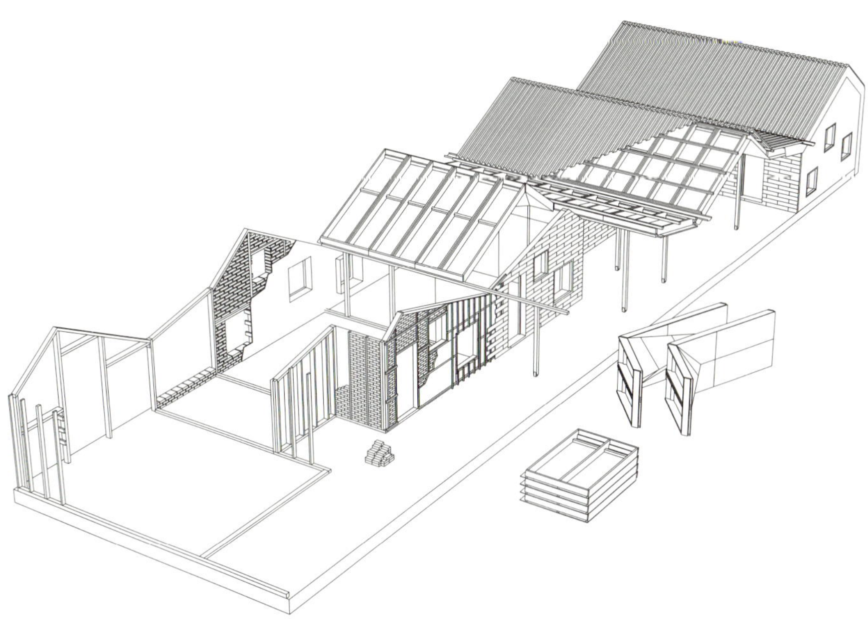

1 Gruppenraum Kindergarten
2 Gruppenraum Krippe
3 Lager
4 Küche
5 Eingang
6 Verwaltung
7 Waschküche
8 Sitz- und Spielnische
9 Loggia
10 Essplatz
11 Essensausgabe

1 Group room in kindergarten
2 Group room in crèche
3 Store
4 Kitchen
5 Entrance area
6 Office
7 Laundry space
8 Sitting and play alcove
9 Loggia
10 Dining area
11 Food distribution

Kinderkrippe und Kindergarten in Berlin

Crèche and Kindergarten in Berlin

Architekten / *Architects*:
Winkens Architekten, Berlin
Karl-Heinz Winkens
Tragwerksplaner / *Structural engineers*:
Ingenieurbüro Rüdiger Jockwer, Berlin

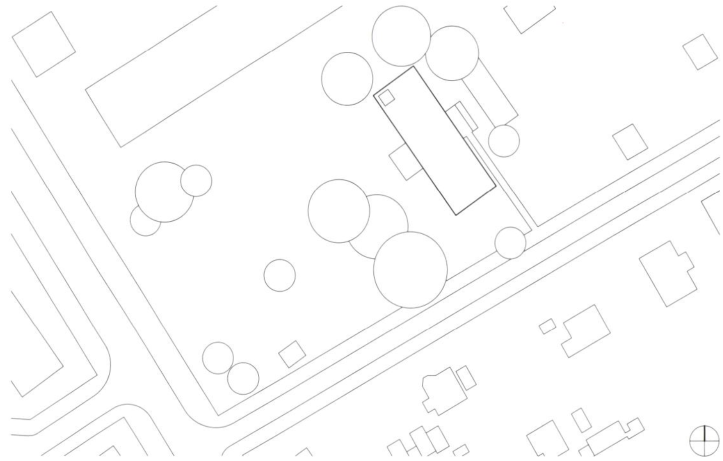

Lageplan
Maßstab 1:2000

*Site plan
scale 1:2,000*

»Forscherkindergarten Apfelbäumchen« nennt sich die Betreuungseinrichtung der Evangelischen Kirchengemeinde Bohnsdorf-Grünau, die sowohl Kinderrippe als auch Kindergarten umfasst. Das pädagogische Konzept, das sich hinter diesem Namen verbirgt, lässt sich mit »entdeckendem Lernen« zusammenfassen. Das Beobachten und Erkunden der Natur sowie das kreative Arbeiten mit den Händen spielen dabei eine große Rolle. Da die bisher angemieteten Räume nicht länger genutzt werden konnten, ergab sich die Gelegenheit, einen auf die Bedürfnisse des Kindergartens zugeschnittenen Neubau zu planen. Dabei erwies es sich als glücklicher Zufall, dass die Kirchengemeinde in der Nähe des alten Standorts – am Stadtrand von Berlin – ein weitläufiges Naturgrundstück mit altem Baumbestand zur Verfügung stellen konnte. Für diese geradezu ideale Umgebung entwarfen die Architekten ein langgestrecktes, pavillonartiges Gebäude, dessen Haupträume sich mit großen Fenstern zum Garten öffnen. Die beiden Bereiche Kindergarten und Krippe sind räumlich getrennt und schließen sich wie Wohnungen an die gemeinschaftliche Mittelzone an. Jeweils zwei miteinander verbundene Gruppenräume stehen den Kindern zur Verfügung – ergänzt durch einen Schlafraum (Krippe), einen Kreativraum (Kindergarten) und Nebenräume. Herzstück ist der große, in der Mitte liegende Mehrzweckraum für Kinder beider Altersgruppen, der unterschiedlich genutzt wird – etwa zum Turnen, für Andachten oder für Feste mit den Eltern. Eine Besonderheit stellen die beiden großen überdachten Terrassen an den Stirnseiten dar: Da sie ähnlich einer Veranda vor Sonne und Regen schützen, bieten sie eine echte Erweiterung der Innenräume; so können die Kinder auch draußen malen oder basteln. Die durchgehende Brüstung unterstreicht die Wirkung als »grünes Zimmer«. Ergänzend dazu bietet der Garten mit seinen Wiesen und Gehölzen viel Raum zum Toben und Spielen in der Natur. DETAIL 03/2013

Anzahl Kinder / *No. of children*: 45 (22 + 23)
Alter / *Ages*: 8 Wochen – 6 Jahre / *8 weeks to 6 years*
Anzahl Gruppen / *No. of groups*: 4 (2 + 2)
Anzahl Betreuer / *No. of staff*: 8
Öffnungszeiten / *Opening hours*: 6.30 – 17.00
Träger / *Client*: Evangelische Kirchengemeinde Bohnsdorf-Grünau / *Protestant Church Community of Bohnsdorf-Grünau*
BGF / *Gross floor area*: 550 m²
Größe Gruppenräume / *Size of group rooms*: 30 m²
überdachter Freibereich / *Covered open area*: 130 m²
Freifläche Garten / *Garden area*: 6000 m²
Fertigstellung / *Completion date*: 2011
Baukosten brutto / *Gross construction costs*: 775 000 €

The name adopted by this care centre of the Protestant parish of Bohnsdorf-Grünau might be translated as the "Apple Tree Research Kindergarten". In fact, it comprises both a crèche and a kindergarten. The pedagogic concept underlying the name could be summarised as "learning through discovery". Observing and exploring nature, together with creative work with one's hands, play a great role in all this.

When the rooms that had previously been leased for this purpose were no longer available, an opportunity presented itself to plan a new structure tailored to the specific needs of the children. By a happy coincidence, the parish near the former location – on the periphery of Berlin – was able to provide an extensive, untouched site with an old stock of trees.

For this well-nigh perfect location, the architects designed an elongated, pavilion-like structure, the principal rooms of which have large windows that open onto the garden. The two realms, kindergarten and crèche, are spatially discrete but adjoin a communal central zone, as one sometimes finds in sheltered housing developments. Two linked group rooms are available to the children in each case. These are complemented by a sleeping space in the crèche and a creativity space in the kindergarten, as well as by ancillary rooms. The heart of the development is the large, central multipurpose space for children of both age groups. This can be used in a number of different ways; e.g. for gymnastics, for prayers or for celebrations with parents. The two large, covered terraces at the ends of the building are a special feature. Protected from the sun and rain, these areas offer a genuine extension of the internal spaces, allowing the children to paint and work with their hands outdoors, for example. As on a veranda, the continuous parapet wall here heightens the effect of a verdant open-air space. In addition, the garden, with its grassy areas and groves of trees, provides a great deal of latitude for romping around and playing in natural surroundings.

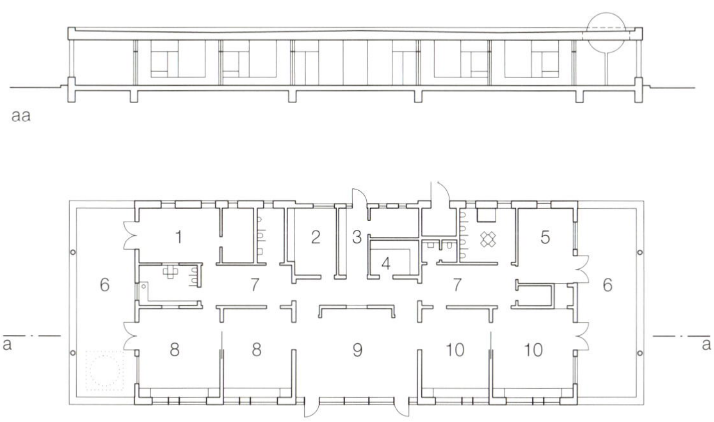

Schnitt • Grundriss
Maßstab 1:500

1 Schlafraum
2 Verwaltung
3 Eingang
4 Küche
5 Kreativraum
6 Terrasse
7 Garderobe
8 Gruppenraum Krippe
9 Mehrzweckraum
10 Gruppenraum Kindergarten

Section • Floor plan
scale 1:500

1 Sleeping space
2 Office
3 Entrance
4 Kitchen
5 Creativity space
6 Terrace
7 Cloakroom
8 Group room: crèche
9 Multipurpose space
10 Group room: kindergarten

Kindergarten in Guntramsdorf

Kindergarten in Guntramsdorf

Architekten / *Architects*:
g.o.y.a, Wien / *Vienna*
Tragwerksplaner / *Structural engineers*:
KS Ingenieure und g.o.y.a., Wien / *Vienna*

Lageplan
Maßstab 1:2000

Site plan
scale 1:2,000

Der Kindergarten der südlich von Wien liegenden Marktgemeinde Guntramsdorf ist eingebettet in ein Wäldchen mit alten Kastanien. Zwischen die imposanten Bäume ist der Baukörper gesetzt, in dem Verwaltung, drei Gruppenräume und ein Bewegungsraum untergebracht sind. Jede Gruppe erhält ihr eigenes kleines Haus, verbunden durch eine verglaste Erschließungszone als »Straße«. Diese weitet sich am Foyer zum Platz auf und bietet in alle Himmelsrichtungen Ausblicke in den Garten. Die Lärchenschalung der Häuser setzt sich von innen nach außen fort und steht im Dialog mit den mächtigen Baumstämmen. Das Foyer dient als Multifunktionszone, die an einen Gruppen- oder Bewegungsraum angegliedert werden kann. So ist die räumliche Abgrenzung von Spielen und Lernen oder angeleitetem und freiem Spiel möglich. Für Feste wird die mobile Trennwand des Bewegungsraums zum Foyer geöffnet, wodurch ein großer Veranstaltungsraum entsteht, der auch als Speisesaal genutzt werden kann. Meistens wird jedoch in den Gruppenräumen gegessen. Deren Zweigeschossigkeit in Verbindung mit den weiß lasierten Fichtenoberflächen lassen den Raum großzügig wirken. Zudem entsteht durch die großen Panoramafenster ein fließender Übergang zwischen innen und außen. Die seitlichen Fenster mit liegenden Formaten bieten sich durch ihre niedrige Brüstungshöhe als Sitzbank an. Ein besonderer Ort ist die Galerie, auf der die Kinder das Treiben der Gruppe oder durch ein breites Oberlicht die Baumkronen und den Himmel betrachten können. Jedem Gruppenraum ist eine eigene Freifläche mit Terrasse und Sandkiste vorgelagert. Stege verbinden diese Bereiche und laden zum Flanieren zwischen den Bäumen ein. Eine aus der Naturwiese gemähte geschwungene Fläche wird zum Zimmer im Grünen – jedes Jahr erhält es eine andere Form. Drei weitere Spielzonen im Garten bieten zu den Themen Balance, Farbe und Natur sowie Sand und Wasser Gelegenheit zum Forschen und Spielen. DETAIL 03/2013

Anzahl Kinder / *No. of children*: 60–75
Alter / *Ages*: 2½–6 Jahre / *2½ to 6 years*
Anzahl Gruppen / *No. of groups*: 3
Anzahl Betreuer / *No. of staff*: 7
Öffnungszeiten / *Opening hours*: 7.00–16.00
Träger / *Client*: Marktgemeinde Guntramsdorf / *Market town of Guntramsdorf*
BGF / *Gross floor area*: 888 m²
Größe Gruppenräume / *Size of group rooms*: 60 m² + 18 m² Galerie / *Gallery*
Freifläche Garten / *Garden area*: 1797 m²
Fertigstellung / *Completion date*: 2010
Baukosten brutto / *Gross construction costs*: ca. 1,6 Mio €

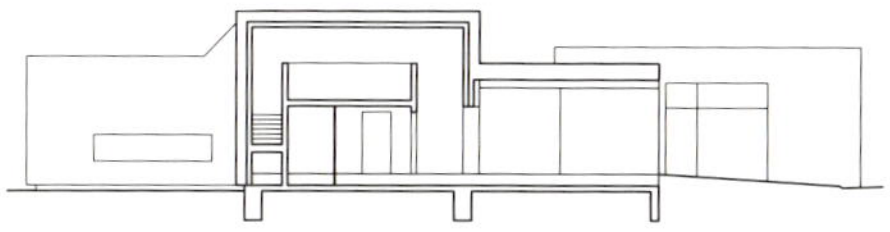

aa

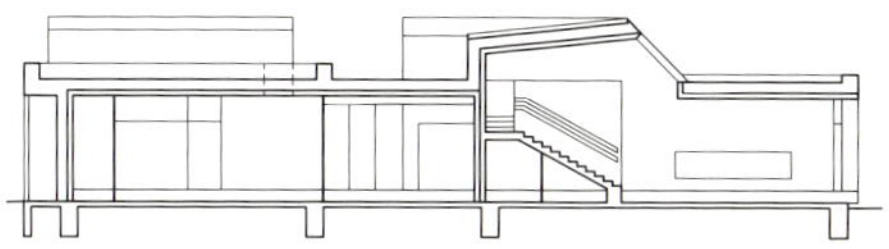

bb

This kindergarten south of Vienna stands in a wood of stately chestnut trees. The various sections of the complex, housing the administration, three group rooms and a space for physical activity, are linked by a glazed "street" that broadens at the foyer and affords views out to the garden. The volumes are clad internally and externally with larch boarding. Serving as a multipurpose zone, the foyer can be joined to a group room or to the exercise space, allowing the separation of recreation and learning activities or of organised and free play. The movable partition between the foyer and the exercise area can be opened to create a large hall for various events. The double-height group rooms, with their white-scumbled softwood finish, conjure a generous sense of space. In addition, large panorama windows form flowing transitions between indoors and outdoors. The gallery is a special location. From here, children can watch others playing below or see the treetops and the sky through a broad roof-light.
Each group room has its own external recreation area in the form of a terrace and sandpit. These zones are linked by walkways that invite children to stroll around between the trees. A mown area of the meadow forms an outdoor "room", while three further recreation zones in the garden provide scope for play and discovery based on the themes of poise and balance, colour and nature, sand and water.

Schnitte • Grundrisse
Maßstab 1:500
1 Windfang / Abstellplatz Kinderwagen
2 Verwaltung
3 Mehrzweckraum
4 Terrasse
5 Personalraum
6 Waschküche
7 Müllraum
8 Spielgeräte
9 Bewegungsraum
10 Foyer
11 Küche
12 Technik
13 Abstellraum
14 Gruppenraum
15 Garderobe / Zugang Garten
16 Galerie

Sections • Floor plans
scale 1:500
1 Vestibule / Pram store
2 Administration
3 Multipurpose space
4 Terrace
5 Staff room
6 Laundry / Utilities room
7 Refuse space
8 Play equipment
9 Exercise space
10 Foyer
11 Kitchen
12 Building services
13 Store
14 Group room
15 Cloakroom / Access to garden
16 Gallery

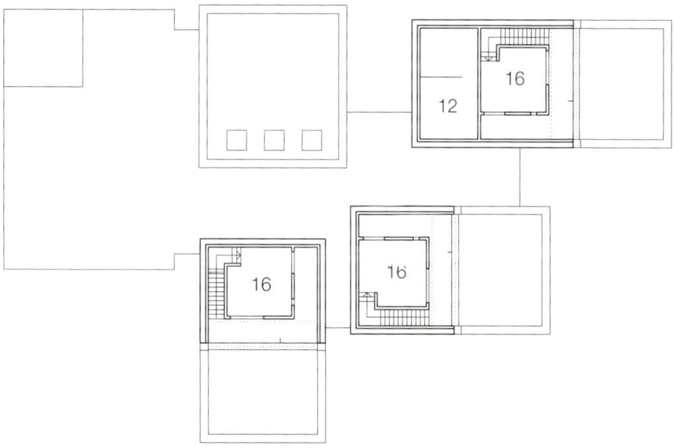

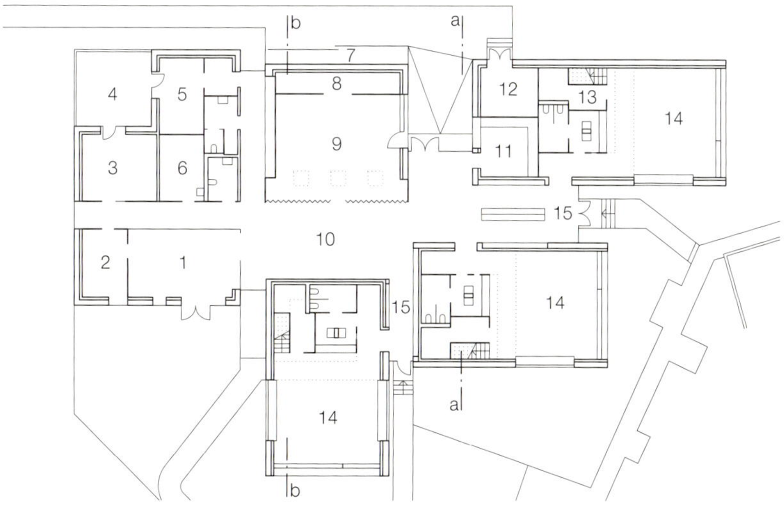

Kindergarten in Espoo

Kindergarten in Espoo

Architekten / *Architects*:
JKMM Architects, Helsinki
Samuli Miettinen, Asmo Jaaksi,
Teemu Kurkela, Juha Mäki-Jyllilä
Tragwerksplaner / *Structural engineers*:
Finnmap Consulting, Helsinki

Espoo ist mit rund 270 000 Einwohnern die zweitgrößte Stadt Finnlands. An Helsinkis östlichsten Bezirk angrenzend, erstreckt sich Espoo über 528 km². Nur 40 % davon sind bebaut – eine typisch finnische Stadt, deren mehrgeschossige Wohnhäuser locker im Nadelwald verteilt sind. Der Stadtteil Saunalahti, attraktiv in einer Bucht gelegen, wird seit 2003 entwickelt. Weil die günstigen Mieten vor allem junge Familien anziehen, ist der Bedarf an Kinderbetreuungsplätzen gestiegen. Zudem sind Finnlands Gemeinden verpflichtet, jedem Kind einen Kindergartenplatz anzubieten, wobei zwischen der Betreuung auf Finnisch und Schwedisch gewählt werden kann. Im neuen Kindergarten in Saunalahti wird finnisch gesprochen. Die Erzieherinnen mit Universitätsabschluss – auch das ist in Finnland Standard – betreuen 85 Kinder im Alter von zwei bis sieben Jahren. Weil das Spielen im Freien zu jeder Jahreszeit und bei jedem Wetter zum pädagogischen Konzept gehört, sind alle Eingänge mit einer Schmutzschleuse versehen. Wenn nötig, werden dort die in Regenkleidung gehüllten Kinder mit dem Schlauch abgespritzt, danach kommen die Kleider in den beheizten Trockenschrank. Hinter der Schleuse sind Straßenschuhe tabu. Auf den blitzsauberen Boden fällt Tageslicht durch die von dem Künstler Aimo Katajamäki gestalteten Oberlichter mit Motiven zu Weltraum, Erde und Meer, die den Gruppen auch ihre Namen geben.
In den Gruppenräumen schaffen raumhohe Fenster mit Dreifachverglasung den Bezug zum angrenzenden Wald, wobei die Anordnung der hölzeren Riegel auch kleinen Kindern freie Sicht gewährt. Allen Gruppen stehen zwei Räume zur Verfügung, was die Teilung der Gruppe vereinfacht. So können die Kleinen in Stockbetten schlafen, die aus Schränken geklappt werden, während die Großen nebenan malen und basteln. Ins Auge fällt die hochwertige Holzwand mit der von den Architekten gestalteten Perforierung. Sie ist Raumtrennung, Schrank und Akustikelement in einem.
Im Winter, wenn die Sonne nur einige Stunden scheint, wird durch die bodentiefen Fenster das wenige Licht ins Innere geholt. Dies gelingt auch an der gemauerten Lochfassade der Straßenseite mit ihren großen Verglasungen der Treppenhäuser. Hinter den kleineren Öffnungen liegen Büros und Personalräume, die aber nicht nur den Erwachsenen vorbehalten sind, sondern auch Spielbereiche, Malecken oder Basteltische enthalten. Selbst im Büro der Leiterin lädt eine Ecke mit Legosteinen Kinder zum Spielen ein. Das Verweben der Nutzungen findet sich auch in anderen Teilen des Gebäudes. So werden Turnhalle und Gruppenräume nach 17 Uhr auch von der Gemeinde für verschiedene Veranstaltungen genutzt. Offen für alle ist das Untergeschoss mit der Kindervorsorge. Dort erhalten Kinder aller Altersklassen kostenfreie Untersuchungen. So lernen junge Eltern den zukünftigen Kindergarten ihres Neugeborenen schon zu einem frühen Zeitpunkt kennen und schätzen.
DETAIL 03/2013

Anzahl Kinder / *No. of children*: 85
Alter / *Ages:* 2–7 Jahre / *2 to 7 years*
Anzahl Gruppen / *No. of groups*: 5
Anzahl Betreuer / *No. of staff*: 16
Öffnungszeiten / *Opening hours*: 6.30–17.15
Träger / *Client*: Stadt Espoo / *City of Espoo*
BGF / *Gross floor area*: 1750 m²
Größe Gruppenräume / *Size of group rooms*: 66 m²
Freifläche Garten / *Garden area*: 5522 m²
Fertigstellung / *Completion date*: 2011
Baukosten brutto / *Gross construction costs*: 5,7 Mio. €

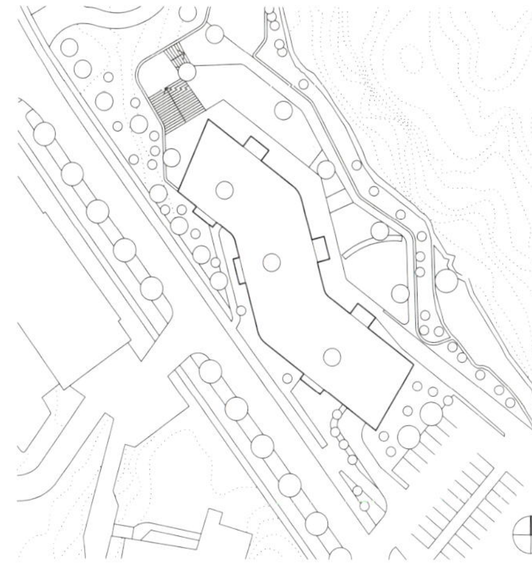

Lageplan
Maßstab 1:2000

Grundrisse
Schnitte
Maßstab 1:500

1 Eingang
2 Schmutzschleuse / Trockenschrank
3 Abstellraum
4 Garderobe
5 Foyer
6 Teamraum
7 Gruppenraum
8 Wickelraum
9 Spielfläche
10 Besprechung
11 Werkraum
12 Verwaltung
13 Küche
14 Turn- und Mehrzweckhalle
15 Technik
16 Waschküche
17 Personal / Umkleide
18 Kindervorsorge
19 Arztzimmer
20 Wartebereich
21 Müllraum

Site plan
scale 1:2,000

Floor plans
Sections
scale 1:500

1 Entrance
2 Dirt sluice / Drying cabinet
3 Store
4 Cloakroom
5 Foyer
6 Team space
7 Group room
8 Nappy-changing room
9 Play area
10 Discussion space
11 Workshop
12 Administration
13 Kitchen
14 Gym and multipurpose hall
15 Building services
16 Laundry room
17 Staff / Changing room
18 Child healthcare
19 Doctor's space
20 Waiting area
21 Refuse space

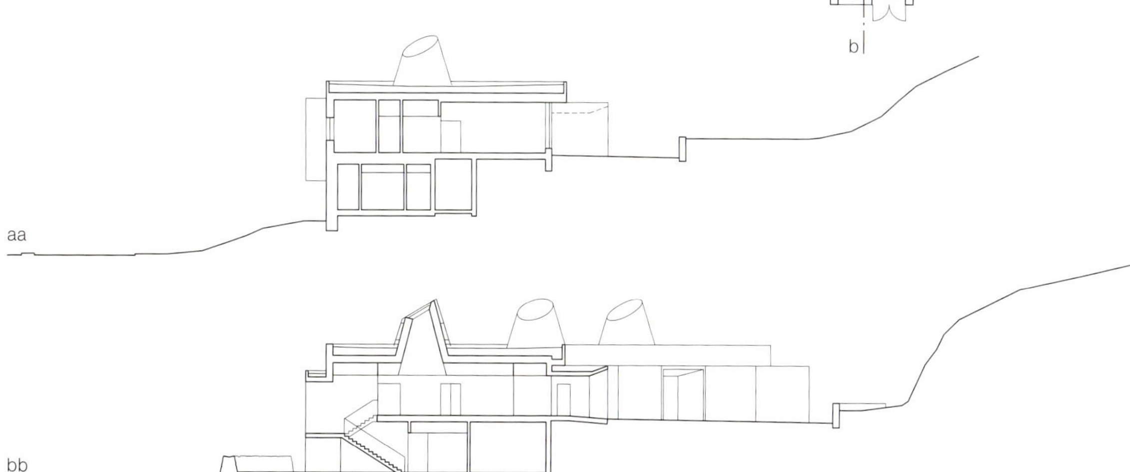

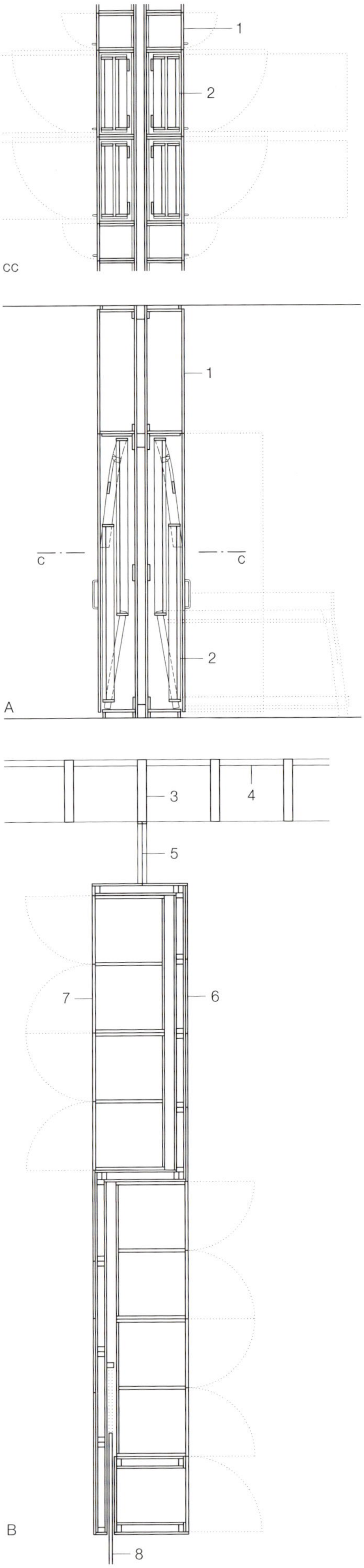

Situated close to Helsinki, Espoo has a population of 255 500 and is a typical Finnish town, with multistorey housing blocks scattered among coniferous woods. In view of its reasonable rents, the urban district of Saunalahti has become attractive to young families, so that there has been a growing need for childcare facilities. What is more, Finnish municipalities are obliged to offer every child a place in a kindergarten. The nursery staff of the present complex look after 85 children between the ages of two and seven. Since the pedagogic concept includes that children should be able to play outdoors in all weathers and at all times of year, a dirt sluice was incorporated at every entrance, so that children in rainwear can be sprayed clean and their clothing placed in a drying cabinet. Outdoor shoes are not allowed beyond this point. Daylight falls on the sparkling clean floor through rooflights designed by the artist Aimo Katajamäki, with motifs of outer space, earth and sea – from which the names of the groups are derived. Every group has two rooms at its disposal: while infants can sleep in bunk beds that fold out from cupboards, the older children can paint and make things with their hands in an adjoining space. One striking feature is a high-quality timber wall with slit openings that was designed by the architects. It acts as a spatial division, cupboard and acoustic element all in one.

In winter, when the sun appears for only a few hours a day, natural light can enter through windows that extend down to the floor. This also occurs on the street face, which has a brick facade with large areas of glazing to the staircases. Behind the smaller openings are offices and staffrooms, although these are not the domain of adults alone. They also contain play areas and corners for painting and handiwork. Multiple uses of this kind can be found in other parts of the building, too. For example, after 5 p.m., the gym and group rooms are used by the community for many different events; and the lower floor – with healthcare facilities and free check-ups for children of all ages – is open to everyone.

Schnitte Maßstab 1:50
1 Schranktür Birke massiv
2 Stockbett ausklappbar
3 Pfosten BSH
4 Dreifachverglasung
5 Glastrennwand
6 Bekleidung Birke massiv perforiert, Holzständerwand
7 Schranktür Birke massiv perforiert
8 Schiebeelement
9 Teppich
10 Holzständerwand, Furnierschichtholz gebogen, Teppich geklebt
11 Polster auf Unterkonstruktion Stahl

Sections scale 1:50
1 solid birch cupboard door
2 fold-out bunk bed
3 lam. timber post
4 triple glazing
5 glazed partition
6 solid birch cladding with slit openings; timber stud wall
7 solid birch cupboard door with slit openings
8 sliding element
9 carpet
10 timber stud wall; curved, laminated wood boarding; adhesive-fixed carpet
11 upholstery on steel supporting structure

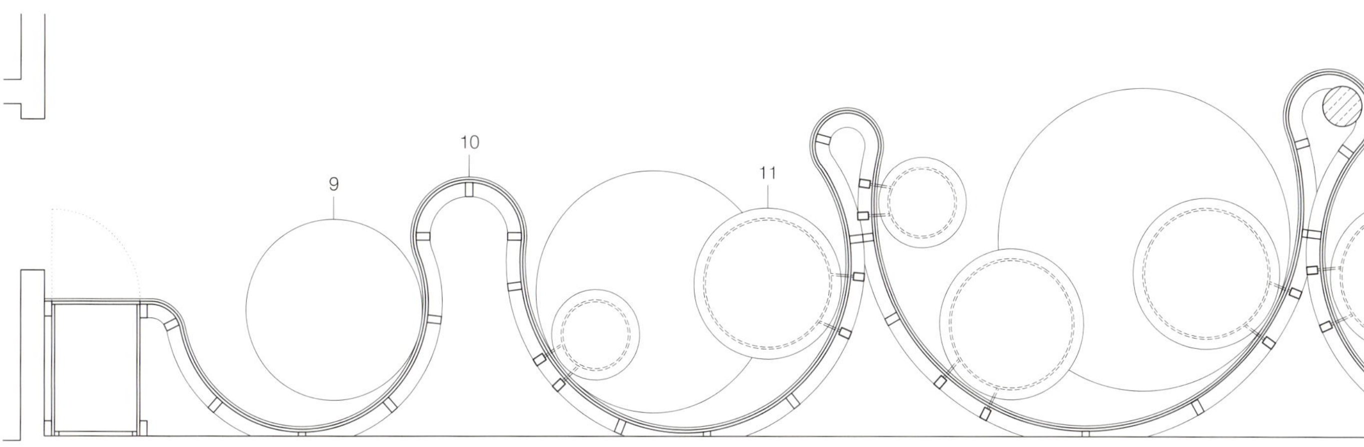

Kindergarten in Nîmes

Kindergarten in Nîmes

Architekten / *Architects*:
Tectoniques, Lyon
Atelier GA, Saint-Jean-du-Gard
Tragwerksplaner / *Structural engineers*:
Anglade Structures Bois, Port-Vendres

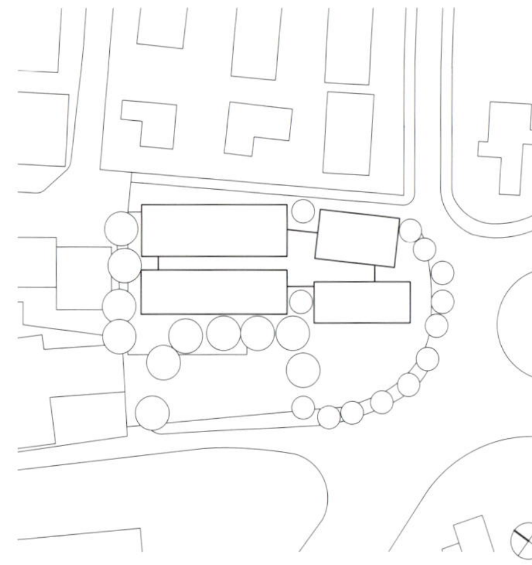

Südöstlich des Stadtzentrums von Nîmes befindet sich der neue Kindergarten Les Platanettes. Das Grundstück, umgeben von Wohnhäusern, wird durch große Platanen bestimmt. Zwei weit auskragende Bauteile an der Südfassade markieren den Haupteingang des pavillonartigen zweigeschossigen Gebäudes. Das schmale Foyer im Erdgeschoss führt direkt in den überdachten, nach Westen orientierten Freibereich, um den sich Speisesaal, Mehrzweckraum sowie Nebenräume gruppieren. Von hier aus gelangen die Kinder direkt auf die vorgelagerte großzügige Holzterrasse, die in eine Spielwiese im Schatten der Platanen übergeht.
Aufgeständert auf Stahlstützen und einer Reihe von Wandscheiben aus Naturstein sind die Gruppenräume ausschließlich im Obergeschoss untergebracht, unmittelbar umgeben vom Blattwerk der Bäume. Horizontale Sonnenschutzgitter sorgen im Sommer für ausreichend Verschattung.
Der kreuzförmige Grundriss teilt das Volumen in vier Bereiche und erlaubt klare Abläufe. Während sich die fünf Gruppenräume nach Westen öffnen, liegen Ruheraum, Bibliothek, Verwaltung sowie der Hort an der Ostfassade. Die farbigen und teilweise transparenten Trennwände zwischen den Gruppenräumen und den Erschließungsbereichen lassen spannende Blickbezüge zu.
DETAIL 03/2013

Two broad projections on the south face mark the main entrance to the two-storey, pavilion-like kindergarten Les Platanettes in Nîmes. A narrow foyer leads to a covered play area that is open to the west. From here, a broad wooden terrace and a playing field in the shade of large plane trees can be accessed. With its cruciform layout, the structure is divided into four distinct realms. Raised on steel columns and stone wall slabs on the upper floor, all five group rooms face west, whereas the crèche, sleeping spaces, computer and other rooms are laid out along the eastern side. Horizontal gratings provide sunshading. Partly transparent partitions create visual links between the group rooms and the circulation areas.

1 Foyer
2 Mehrzweckraum / Bewegungsraum
3 Freibereich überdacht
4 Terrasse
5 Speisesaal
6 Küche
7 Technik
8 Umkleide
9 Lager
10 Parkplatz Personal
11 Gruppenraum
12 Ruheraum
13 Bibliothek
14 Besprechungsraum
15 Verwaltung
16 Pädagogische Betreuung
17 Teeküche
18 Nachmittagsbetreuung
19 Mehrzweckraum Hort
20 Ruheraum Hort

1 Foyer
2 Multipurpose space / Recreation space
3 Covered outdoor area
4 Terrace
5 Refectory
6 Kitchen
7 Building services
8 Changing room
9 Store
10 Staff car park
11 Group room
12 Relaxation room
13 Library
14 Discussion space
15 Administration
16 Educational care
17 Kitchenette
18 Afternoon supervision
19 Multipurpose space for day care
20 Relaxation room for day care

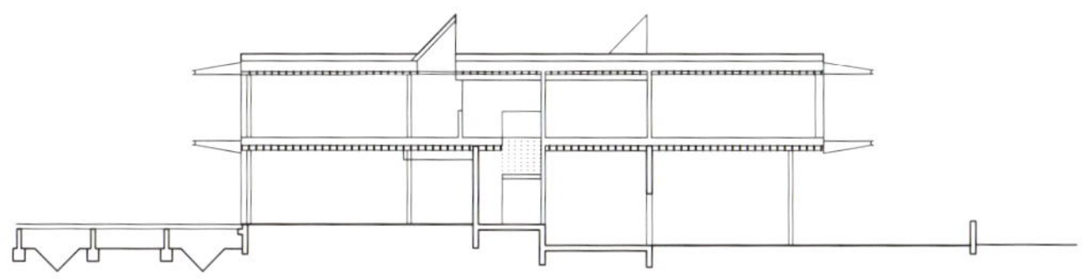

aa

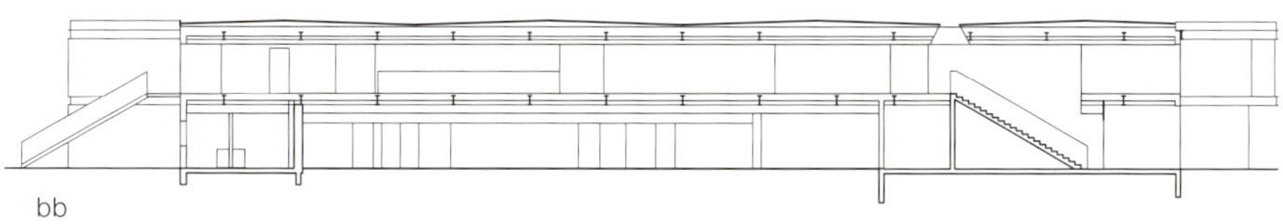

bb

Anzahl Kinder / *No. of children*: 130
Alter / *Ages*: 3–6 Jahre / *3 to 6 years*
Anzahl Gruppen / *No. of groups*: 5
Anzahl Betreuer / *No. of staff*: 10
Öffnungszeiten / *Opening hours*: 8.30–16.30
Hort / *After-school care*: 16.30–19.00, mittwochs ganztägig / *Wednesdays: all day*
Träger / *Client*: Stadt Nîmes / *City of Nîmes*
BGF / *Gross floor area*: 1750 m²
Größe Gruppenräume / *Size of group rooms*: 80 m²
überdachter Freibereich / *Covered open area*: 214 m²
Freifläche Terrasse / *External terrace area*: 385 m²
Fertigstellung / *Completion date*: 2011
Baukosten brutto / *Gross construction costs*: 3,05 Mio. €

Lageplan Maßstab 1:2000 / *Site plan scale 1:2,000*
Schnitte • Grundrisse Maßstab 1:500 / *Sections • Floor plans scale 1:500*

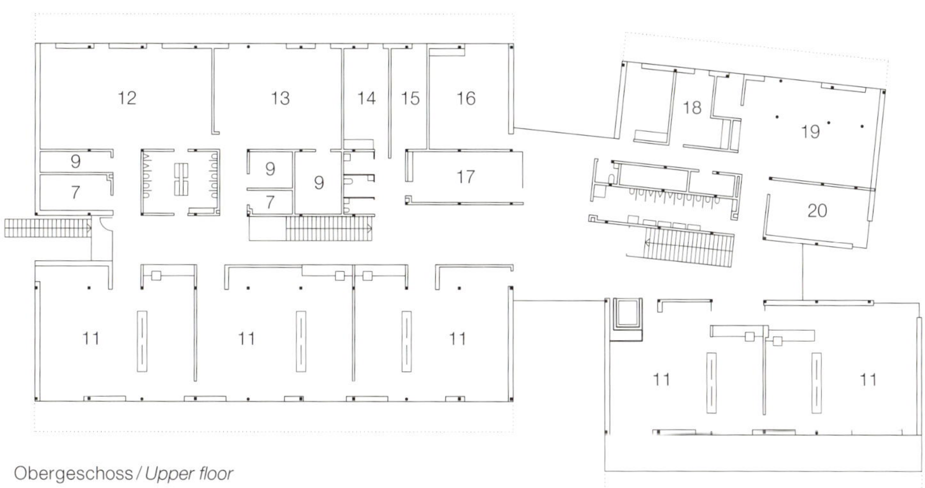

Obergeschoss / *Upper floor*

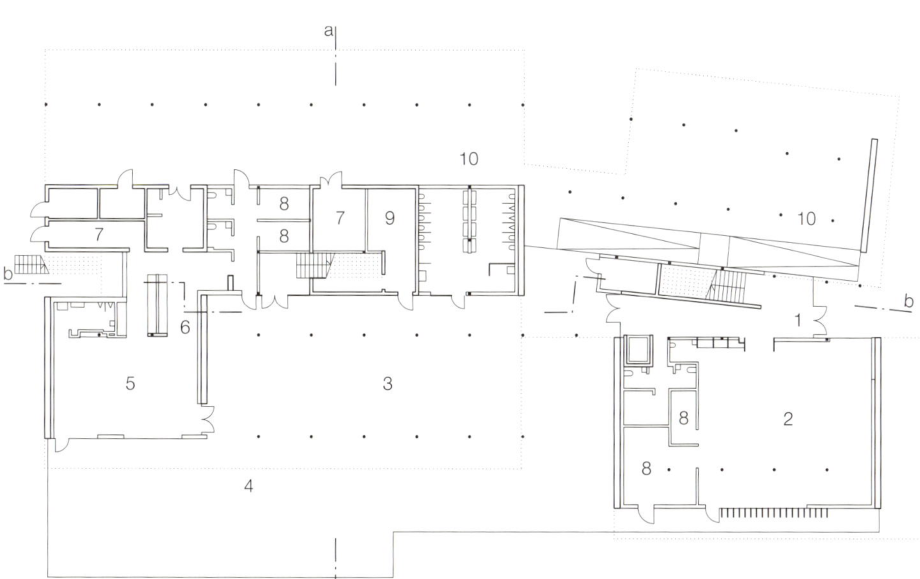

Erdgeschoss / *Ground floor*

Kinderkrippe, Kindergarten und Hort in Wien

Crèche, Kindergarten and Child Care Centre in Vienna

Architekten / *Architects*:
Kirsch architektur & freiraumplanung, Wien / *Vienna*
Tragwerksplaner / *Structural engineers*:
werkraum wien ingenieure, Wien / *Vienna*

Anzahl Kinder / *No. of children*: 133 (15 Krippe / *Crèche* + 25 Kindergarten + 93 Hort / *After-school care*)
Alter / *Ages*: 8 Wochen – 10 Jahre / *8 weeks to 10 years*
Anzahl Gruppen / *No. of groups*: 6 (1 Krippe / *Crèche* + 1 Kindergarten + 4 Hort, davon 2 Integrationsgruppen / *4 after-school care with 2 integrated groups*)
Anzahl Betreuer / *No. of staff*: 16 (2 Krippe / *Crèche* + 2 Kindergarten + 12 Hort / *After-school care*)
Öffnungszeiten / *Opening hours*: 6.00 – 18.00
Träger / *Client*: Stadt Wien / *City of Vienna*
BGF / *Gross floor area*: 1225 m²
Größe Gruppenräume / *Size of group rooms*: 70 m² Krippe / *Crèche*, 72 m² Kindergarten + 278 m² Hort / *After-school care*
Fertigstellung / *Completion date*: 2010
Baukosten brutto / *Gross construction costs*: 3,05 Mio. €

Das einstige Dorf Breitenlee ist heute Teil des 22. Bezirks und eines der wichtigsten Stadterweiterungsgebiete Wiens. Weil vor allem junge Familien dorthin ziehen, ist der Bedarf an Kinderbetreuungsplätzen hoch. So wurde die neue kommunale Einrichtung mit Passivhausstandard in nur sechs Monaten erbaut und beherbergt nun 133 Kinder. Das in Elementbauweise errichtete Haus basiert auf einem quadratischen Grundriss, dem eine »Filterschicht« vorgelagert ist. Sie besteht aus Nebenräumen, Außentreppen und Rankgewächsen, die gleichzeitig als Sonnenschutz fungieren.
Im Erdgeschoss sind die Krippenkinder in zwei separaten Gruppenräumen untergebracht, der breite Flur dient als weitere Spielfläche. Die räumliche Besonderheit aber findet sich im Obergeschoss. Nur ein Gruppenraum ist dort durch Glaswände geschlossen, während sich die Flächen für drei Gruppen zu einer großen Spielwiese zum Selbstgestalten vereinen. Dazu dienen vom Architekten entworfene Möbel, die Sitz, Truhe, Regal oder Raumteiler sein können. Die raumhohen Verglasungen machen den Sonnenstand erlebbar und geben den Blick in die Baumkronen frei. Um zwei Stufen erhöhte Spielkojen bieten Rückzugsmöglichkeiten oder sind »Beobachtungsposten« für das Treiben der Hort- und Kindergartenkinder in dem hellen, offenen Raum. DETAIL 03/2013

This new municipal structure provides facilities for 133 children. Built to passive-energy standards in a prefabricated form of construction, it has a quadratic layout with a "filtering" layer of ancillary spaces, stairs and climbing plants around the outside. On the ground floor, the crèche children are divided between two group rooms, with the wide hallway serving as an additional play area. On the upper floor, only one group room is enclosed – within glass walls – while the other areas for three groups have been merged to form a large play space with room-height glazing. Elevated recesses provide quiet corners from where the activities of other children can be observed in the bright, open space.

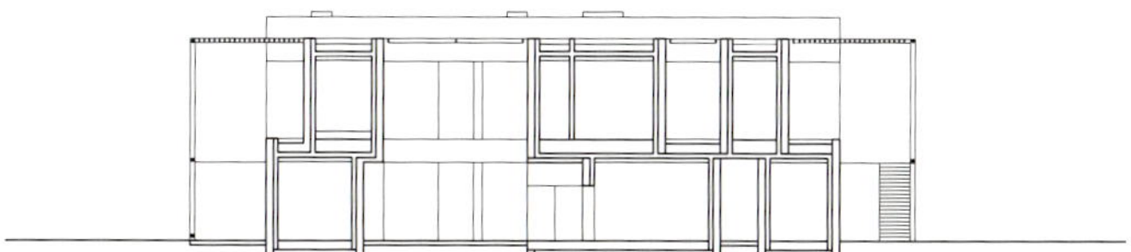

aa

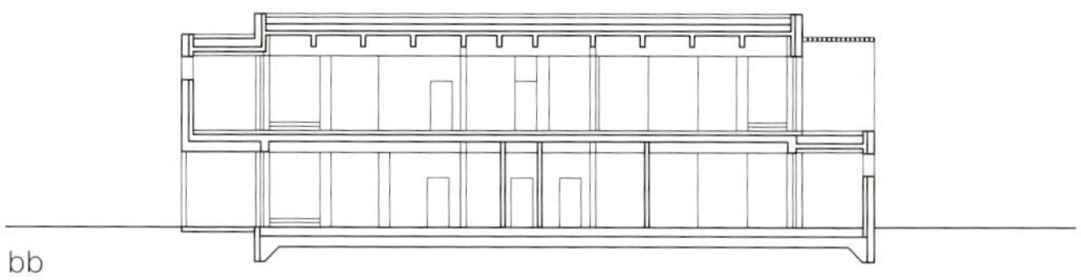

bb

Lageplan Maßstab 1:2000
Schnitte • Grundrisse Maßstab 1:500

1 Eingang
2 Abstellraum Kinderwagen
3 Verwaltung
4 Personalraum
5 Elternsprechraum / Therapie
6 Garderobe
7 Arztzimmer
8 Waschküche
9 Gruppenraum Krippe
10 Spielnische
11 Wickelraum
12 Abstellraum
13 Aufwärmküche
14 Speisesaal
15 Müllraum
16 Spielgeräte
17 Ruheraum
18 Spielbereich
19 Ruheraum

Site plan scale 1:2,000
Sections • Floor plans scale 1:500

1 Entrance
2 Pram store
3 Administration
4 Staffroom
5 Parent consultation / Therapy
6 Cloakroom
7 Doctor's surgery
8 Laundry room
9 Crèche group room
10 Play cabin
11 Nappy-changing room
12 Store
13 Kitchen for heating food
14 Refectory
15 Refuse space
16 Playground equipment
17 Relaxation room
18 Day-care play area
19 Multisensory (relaxation) room

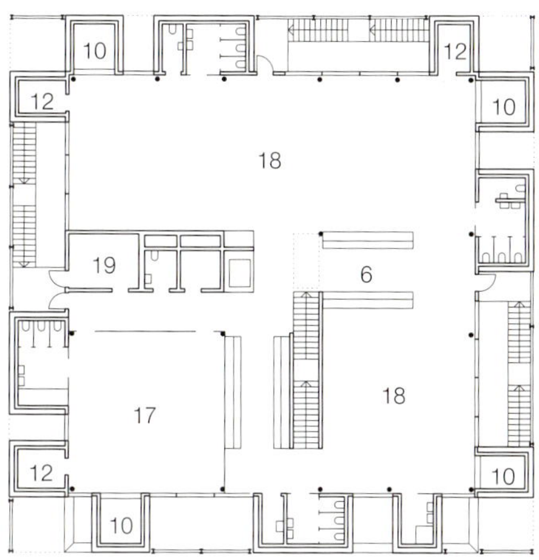

Bildungshaus am Westpark in Augsburg

Westpark Learning Centre in Augsburg

Architekten / *Architects*:
Hausmann Architekten, Aachen
Tragwerksplaner / *Structural engineers*:
Gailhofer und Bauer, Augsburg

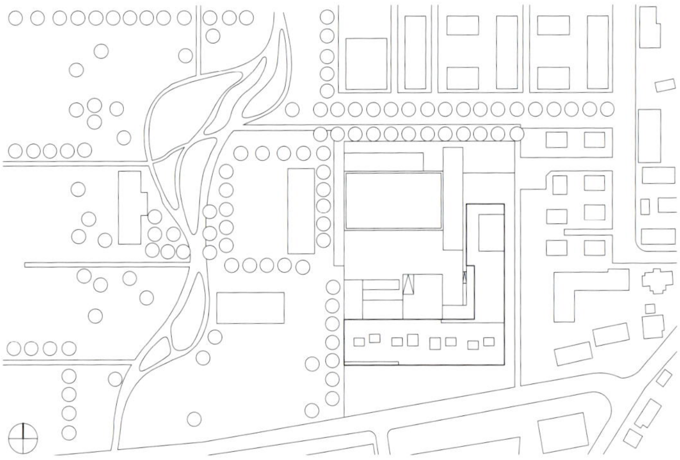

»Wir sind die Westparkkinder, wir sind sehr modern ... die Türen stehen offen ... bei uns da ist was los«, singen die Kinder auf der Einweihungsfeier und bringen damit das pädagogische Konzept auf den Punkt. Denn bei der städtischen Einrichtung für 422 Kinder handelt es sich nicht um eine gewöhnliche Grundschule, sondern um ein Bildungshaus: Krippenkinder spielen, lernen, essen unter demselben Dach wie Kindergarten-, Grundschul- und Hortkinder. Auch Erwachsene können in eigens dafür vorgesehenen Räumen Bildungsangebote nutzen, das Elterncafé besuchen oder zu bestimmten Zeiten Bücher aus der kleinen Bibliothek ausleihen. Voraussetzung für dieses übergreifende Konzept ist die Architektur, deren Typologie auf einer Studie der Universität Augsburg basiert und in einer Forschungsgruppe weiter ausgearbeitet wurde. Fließende Räume verbinden die einzelnen Einrichtungen miteinander und werden auch gemeinsam bespielt. Erschließungsflächen sind so ausgebildet, dass sie mehrfach nutzbar sind. Im Erdgeschoss bildet eine offene, abgesenkte Aula, der bei Bedarf ein Mehrzweckraum des Kindergartens zugeschaltet werden kann, das Herzstück des Gebäudes. Hier treffen Eltern, Kinder, Erzieher und Lehrer zusammen und tauschen sich aus. Direkt neben der Aula ist die Mensa angeordnet, in der frisch zubereitetes Mittagessen angeboten wird. Der innen liegende Raum wird über gläserne Atrien belichtet, die Blickbezüge über die beiden Geschossebenen hinweg schaffen.
Am deutlichsten sichtbar ist das offene Konzept in den Schulräumen im Obergeschoss. Die Klassen einer Jahrgangsstufe – zumeist vier – sind zu sogenannten Lernclustern zusammengefasst. Die Klassenzimmer gruppieren sich um einen gemeinsamen Bereich, die Lerninsel. Dieses zusätzliche Raumangebot ermöglicht neben dem raumbezogenen Unterricht auch weitere, klassenübergreifende Lernformen, mit oder ohne Lehrer, auf Sitzsäcken, Polsterwürfeln oder dem Boden sitzend. So können die Kinder zweier Klassen neu aufgeteilt werden und z. B. mit einem Lehrer am Whiteboard der Lerninsel Lesen üben oder mit dem anderen im Klassenzimmer Mathe wiederholen. Dort hängen an zwei Wänden fahrbare Tafeln, die einen flexiblen Unterricht ermöglichen. Die Zentrierung auf den Lehrer ist aufgehoben. Auch die Möblierung trägt dazu bei: Regale auf Rollen dienen als Trenn-

Anzahl Kinder / *No. of children*: 422 (360 Schule / *Primary school* incl. 25 Hort / *after-school care* + 50 Kindergarten + 12 Krippe / *crèche*)
Alter / *Ages*: 4 Monate – 11 Jahre / *4 months to 11 years*
Anzahl Gruppen Kindergarten/ *No. of groups*: 2
Anzahl Klassen / *No. of classes*: 16 (davon 4 Ganztagsklassen / *incl. 4 full-time classes*)
Anzahl Betreuer / *No. of staff*: 8 (2 Krippe / *Crèche* + 6 Kindergarten)
Anzahl Lehrer / *No. of teachers*: ca. 30
Öffnungszeiten / *Opening hours*: 7.00 – 17.00 (Krippe / *Crèche*, Kindergarten: 7.00 – 16.30, Mittagsbetreuung / *Day care*: 11.00 – 16.00, Hort /*After-school care*: 11.00 – 17.00)
Träger / *Client*: AWO Augsburg
BGF / *Gross floor area*: 8417 m²
Größe Gruppenräume / *Size of group rooms*: 72,5 m²
Größe Klassenräume / *Size of classrooms*: 70 m²
Freifläche / *Outdoor area*: 14800 m²
Fertigstellung / *Completion date*: 2011
Baukosten netto / *Gross construction costs*: 10,8 Mio. €

element. Statt schwerer Schulbänke hat jedes Kind einen kleinen dreieckigen Tisch, der mit einem Handgriff neu positioniert werden kann und so verschiedenste Arbeitsformen erlaubt. Auch die Lehrer sitzen an solchen Tischen, was den Ansatz verdeutlicht, die Kinder auf Augenhöhe zu unterrichten. Die Befürchtung, sie ließen sich durch das offene Konzept ablenken, scheint unbegründet – die Kinder sind konzentriert und haben augenscheinlich Spaß an der neuen Art zu lernen. Der Erfolg des Projekts ist zu einem Großteil dem Engagement einzelner Personen und vieler ehrenamtlicher Helfer zu verdanken. Nur so konnte aus einer öffentlich finanzierten Regelschule mit entsprechendem Budget ein pulsierendes Zentrum werden, von dem der ganze Stadtteil profitiert.
DETAIL 03/2013

Accommodating 422 children, this learning centre incorporates crèche, kindergarten, primary-school and day-care facilities. What's more, adults can visit the parents' cafe and borrow books from a little library. The architectural typology is based on a study made by the University of Augsburg and on ongoing research work. The heart of the building is formed by an open, sunken hall on the ground floor, to which the multipurpose space of the kindergarten can be attached. Here, parents, children, childcare workers and teachers meet briefly to exchange ideas. Situated immediately next to this space is a dining hall, where freshly prepared meals are served.
This interior space is daylighted by means of glazed atriums. On the upper floor, the four classes that make up each school year are grouped to form so-called "learning clusters". The classrooms are laid out about a common area, the "island of learning". This allows teaching in individual rooms as well as forms of study that are independent of classrooms. Two classes can thus be divided up in different ways: with a teacher at the whiteboard of the island of learning practising reading, for example, and another revising maths in the classroom. Shelving units on rollers act as dividing elements; and instead of heavy school desks, each child has a small triangular table that can be simply repositioned and converted to allow various uses. Even the teachers sit at tables of this kind, which underlines the aim of communicating with the children eye to eye. The fear that pupils could be distracted by this open concept seems to be unfounded. They work in a concentrated manner and evidently enjoy this new form of learning.

1 Klassenzimmer
2 Lerninsel
3 Atrium
4 Vorschulraum
5 Turnhalle
6 Geräteraum
7 Personalraum
8 Werkraum
9 Differenzierungsraum
10 Textilarbeit
11 Musiksaal
12 Lehrerzimmer
13 Verwaltung
14 Sozialpädagoge
15 Erste Hilfe / Besprechung
16 Informatikraum
17 Aufenthaltsraum / Mittagsbetreuung
18 Mensa
19 Küche
20 Hort
21 Aula
22 Hausmeister
23 Mehrzweckraum
24 Hof
25 Gruppenraum
26 Kinderkrippe
27 Fläche zum Spielen / Gestalten
28 Meditation
29 Bibliothek
30 Mülleinhausung

1 Classroom
2 Island of learning
3 Atrium
4 Preschool space
5 Gym
6 Equipment room
7 Staffroom
8 Workshop
9 Differentiated learning
10 Fabrics
11 Music room
12 Teachers' lounge
13 Administration
14 Social education workers
15 First aid / Discussion
16 Computer sciences
17 Lounge / Lunchtime supervision
18 Refectory
19 Kitchen
20 Day care
21 Assembly hall
22 Caretaker
23 Multipurpose space
24 Courtyard
25 Group room
26 Crèche
27 Play area / Creative work
28 Meditation room
29 Library
30 Refuse space

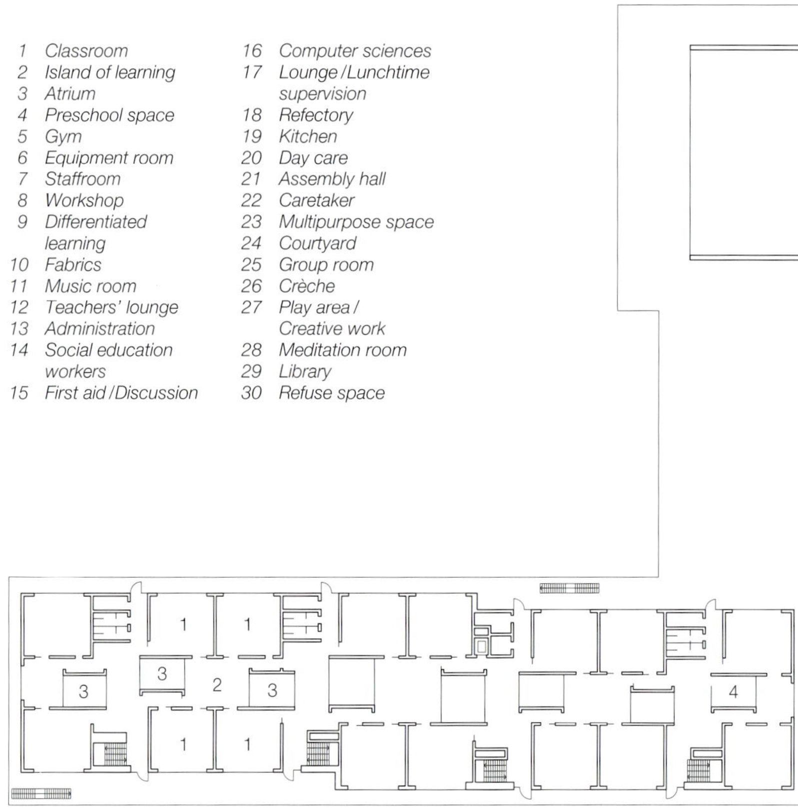

Grundrisse
Schnitt
Maßstab 1:1000

Floor plans
Section
scale 1:1,000

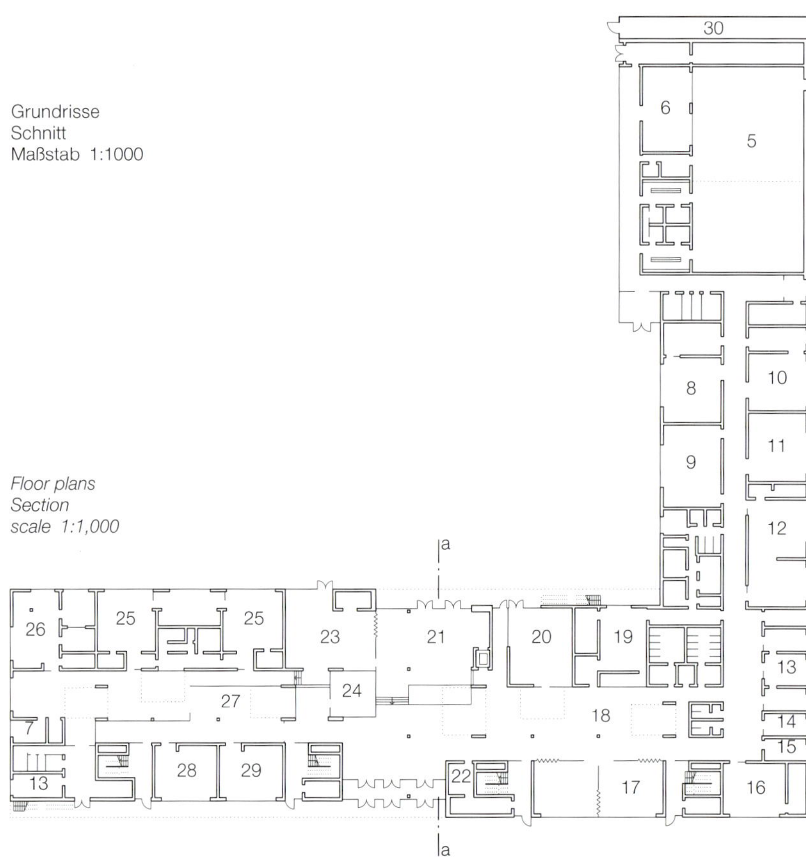

aa

Grundschule und Kindertagesstätte in Hamburg

Primary School and Child Care Centre in Hamburg

Architekten / *Architects*:
Spengler-Wiescholek Architekten Stadtplaner, Hamburg
Tragwerksplaner / *Structural engineers*:
Otto Wulff Bauunternehmung, Hamburg

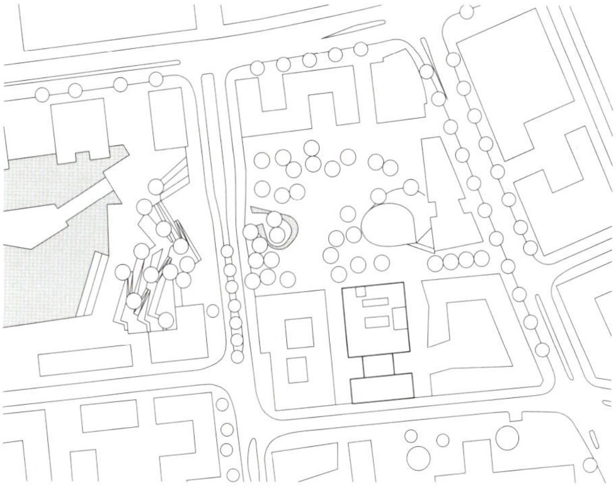

Lageplan
Maßstab 1:5000

Site plan
scale 1:5,000

Die neue Schule ist das erste öffentliche Gebäude in der Hamburger Hafencity. Sie liegt am Sandtorpark, umgeben von Büro- und Wohnhäusern. Unter einem Dach vereint der hybride Bau Wohnungen, Grundschule, Hort und Kindertagesstätte für insgesamt 330 Kinder im Alter von drei Monaten bis zwölf Jahren. Der Komplex besteht aus dem fünfgeschossigen Schulhaus mit Hort und einem achtgeschossigen Wohngebäude, in dessen beiden unteren Etagen die Krippe untergebracht ist. Ein eingeschossiger Verbindungstrakt beherbergt die Räume des Kindergartens, nach Osten ist ihm ein kleiner Spielhof vorgelagert. Als Freibereich für die Krippenkinder dient die Dachfläche des Zwischengebäudes mit direktem Zugang vom ersten Stockwerk. Eine Rutsche verbindet Dachterrasse und Kindergartenhof.
Die Hafencity-Schule macht aus der Not eine Tugend: Aufgrund der dichten Bebauung wird der Schulhof kurzerhand aufs Dach verlegt. Am Vormittag nutzen ihn die Schulkinder als Pausenhof, am Nachmittag die Hort- und Kindergartenkinder als Spielfläche. Ein 4 m hoher Zaun aus farbigen Stahlstützen und Edelstahlgewebe umgibt die Dachfläche und verhindert Klletterversuche der Kinder. Er ist zugleich Rankhilfe für Pflanzen, die dem Gebäude künftig eine grüne Krone aufsetzen werden. Der mehrfarbige EPDM-Belag bietet herumtobenden Kindern einen guten Fallschutz. Ein zweiter Schulhof, der auch bei Regen nutzbar ist, befindet sich ebenerdig unter der weiten Auskragung der Obergeschosse und grenzt an den kleinen Sportplatz an.
Die graue Klinkerfassade des Schulhauses unterscheidet sich optisch von den braunen Kunstfaserplatten des Wohntrakts. Mit schrägen Fensterlaibungen hebt es sich von den umliegenden Bürogebäuden ab und erhält so eine spielerische Note. Öffentliche Bereiche wie Aula und Mensa sind mit kräftigen Farben gestaltet, während sich Klassenzimmer und Gruppenräume bewusst zurücknehmen: farbliche Akzente setzen die Nutzer selbst.
Das Raumprogramm der Schule ordnet sich um ein zentrales, nach oben offenes Atrium, das alle innen liegenden Bereiche mit Tageslicht versorgt und eine gute Orientierung ermöglicht. Die Räume des Horts im vierten Stock sind identisch mit den Klassenräumen und können bei Bedarf für den Schulunterricht genutzt werden. Für die Hausaufgaben stehen die zum Atrium orientierten Lernboxen zur Verfügung. Eine Besonderheit ist die Lage der gemeinschaftlich genutzten zweigeschossigen Turnhalle, die im dritten Stock in das Gebäude integriert ist. Die separate Erschließung lässt die zusätzliche Nutzung durch Sportvereine zu. Für Veranstaltungen steht allen Einrichtungen die zweigeschossige Aula zur Verfügung; warme Mahlzeiten werden für alle Kinder in der Frischküche zubereitet. Die unmittelbare räumliche Nähe der verschiedenen Institutionen schafft eine Vielfalt von Synergien in einem zeitgemäßen, kompakten Ensemble mit breit gefächertem räumlichen Angebot.
DETAIL 03/2013

Grundrisse • Schnitt
Maßstab 1:1000

1 Eingang Schule
2 überdachter Pausenhof
3 Sportplatz
4 Aula
5 Atrium
6 Speisesaal
7 Frischküche
8 Gruppenraum
9 Gruppennebenraum
10 Freibereich Kindertagesstätte
11 Verwaltung
12 Teeküche
13 Eingang Kita
14 Schlafraum
15 Klassenzimmer
16 Lehrerzimmer
17 Konferenzraum
18 Bibliothek
19 Luftraum
20 Garderobe
21 Lernbox
22 Turnhalle
23 Geräteraum
24 Zugang Umkleide
25 Wohnung
26 Schulhof

Floor plans • Section
scale 1:1,000

1 School entrance
2 Covered playground
3 Sports area
4 Assembly hall
5 Atrium
6 Refectory
7 Kitchen for freshly cooked meals
8 Group room
9 Ancillary space
10 Outdoor area
11 Administration
12 Kitchenette
13 Day-care entrance
14 Sleeping space
15 Classroom
16 Teachers' room
17 Conference space
18 Library
19 Void
20 Cloakroom
21 Learning space
22 Gym
23 Equipment room
24 Access to changing room
25 Flats
26 Playground

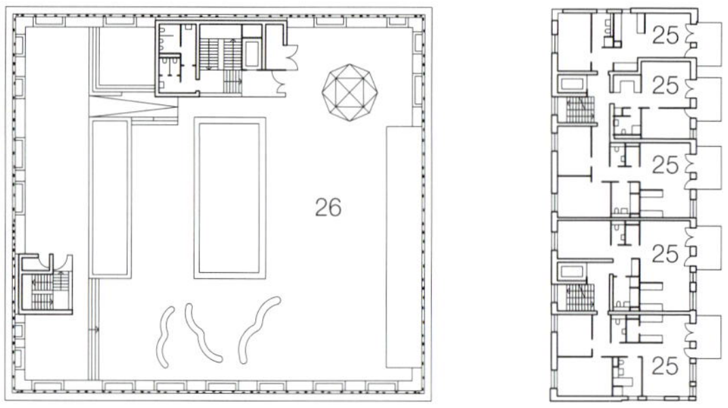

5. Obergeschoss/*Fifth floor*

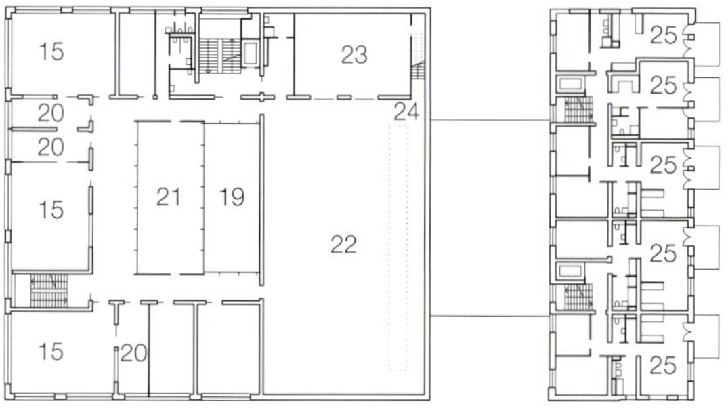

3. Obergeschoss/*Third floor*

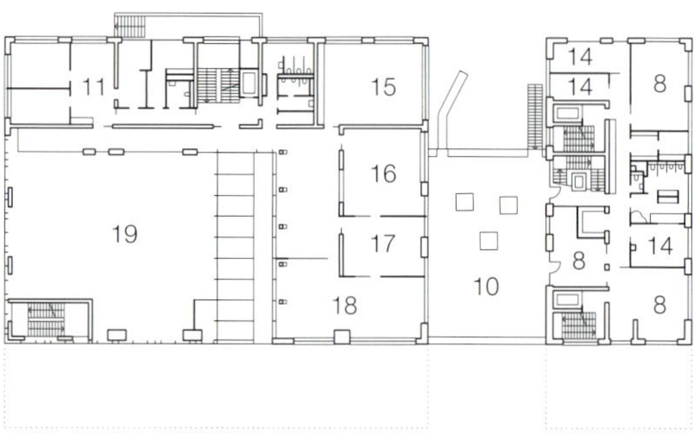

1. Obergeschoss/*First floor*

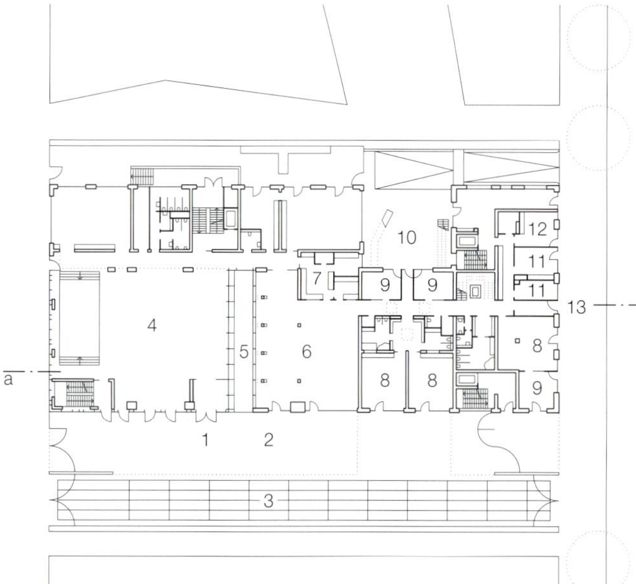

Erdgeschoss/*Ground floor*

Anzahl Kinder / *No. of children*: 330 (250 Schule / *school* + 80 Hort / *day care* + 80 Kita / *Nursery*)
Alter / *Ages*: 3 Monate – 12 Jahre / *3 months to 12 years*
Anzahl Gruppen / *No. of groups*: 5 (2 + 3)
Anzahl Klassen / *No. of classes*: 10
Anzahl Betreuer Kita / *No. of day care staff*: 14
Anzahl Lehrer / *No. of teachers*: 18
Öffnungszeiten / *Opening hours*: 6.00 – 19.00
Träger / *Client:* Stadt Hamburg / *City of Hamburg* (Schule / *School*), Kirchenkreis Hamburg Ost / *Church district of East Hamburg* (Kindergarten + Krippe / *Kindergarten and crèche*), pme Familienservice, Hamburg (Krippe und Hort / *Crèche and day care*)
BGF / *Gross floor area*: 6500 m² + 1071 m²
Größe Gruppenräume / *Size of group rooms*: 40 + 20 m²
überdachter Freibereich / *Covered open area*: 345 m²
Schulhof Dachfläche / *Rooftop playground*: 980 m²
Fertigstellung / *Completion date*: 2009
Baukosten brutto / *Gross construction costs*: 13,5 Mio. €

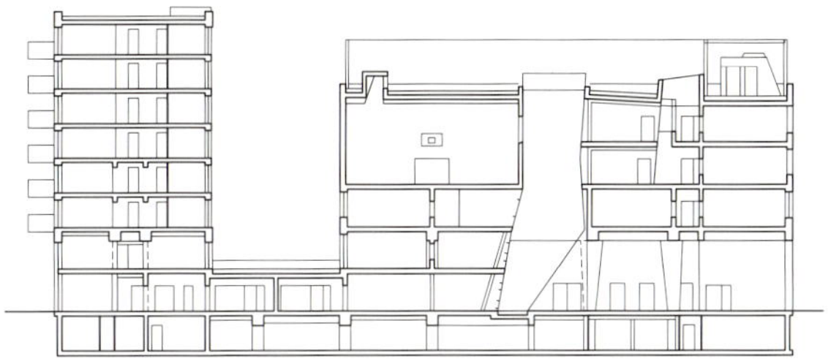
aa

Surrounded by office buildings and housing developments, this "hybrid" structure unites dwellings with a primary school, a day-care centre and a nursery for a total of 330 children ranging in age from three months to twelve years. The complex consists of a five-storey school building with day-care facilities, and a seven-floor housing block, on the lowest two levels of which is the nursery. The rooms for the kindergarten are in a single-storey linking tract with a small playground in front. The roof of this intermediate tract serves as an outdoor recreation area for the nursery children. Because of the density of the development, the main playground has been placed on the roof of the school block. Used by the schoolchildren during the morning, it serves as a recreation area for the crèche and kindergarten in the afternoon. The playground is enclosed within a four-metre-high protective fence that will act as a support for climbing plants and one day form a green crown to the building. The grey clinker-brick facade of the school building is visually contrasted with the brown synthetic-fibre sheeting of the housing tract. The raking lines of the window reveals also lend the complex a playful note and distinguish it from the surrounding office developments. Communal areas like the assembly hall and refectory were designed with a bold colouration, whereas the classrooms and group rooms are consciously more restrained.
The spaces of the school are set out about a central atrium that is open at the top, providing all internal areas with natural lighting and ensuring a good sense of orientation. The rooms for day care on the fourth floor are identical to the classrooms and can be used for normal teaching purposes if required.
A special feature is the position of the two-storey gym on the third floor. A separate means of access permits additional use by sports clubs. The two-storey hall is available to the various institutions to stage their own events. Last, but not least, the kitchen offers freshly cooked meals to all children. The close proximity of the various sections to each other results in synergetic effects within a modern, compact ensemble that provides a wide range of spatial facilities.

Kindergarten und Grundschule in Saint-Denis

Kindergarten and Primary School in Saint-Denis

Architekten / *Architects*:
AAVP, Paris
Vincent Parreira
Tragwerksplaner / *Structural engineers*:
Incet, Paris
Sylva conseil, Paris

1 Eingang
2 Foyer
3 Schuldirektion
4 Klassenzimmer
5 Gruppenraum Kiga
6 Mehrzweckraum
7 Schlafraum
8 Pausenhof
9 Freibereich überdacht
10 Hausmeister
11 Speisesaal
12 Eingang Turnhalle
13 Umkleide
14 Bibliothek
15 Hort
16 Betreuerzimmer
17 Lehrerzimmer
18 Dachterrasse
19 Turnhalle

1 Entrance
2 Foyer
3 School administration
4 Classroom
5 Group room: day nursery
6 Multipurpose space
7 Sleeping space
8 Playground
9 Covered open space
10 Caretaker
11 Refectory
12 Access to sports hall
13 Changing room
14 Library
15 Day care
16 Room for care staff
17 Teachers' room
18 Roof terrace
19 Sports hall

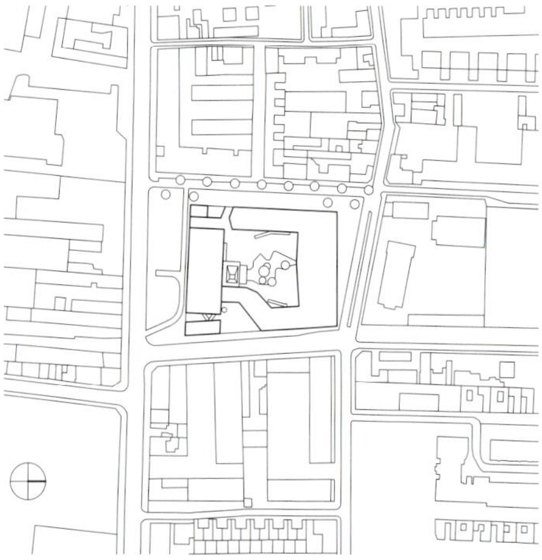

Auf einem ehemaligen Fabrikgelände im Norden von Paris steht der neue Schulkomplex Casarès-Doisneau, der eine Grundschule und einen Kindergarten für 600 Kinder der benachbarten Gemeinden Saint-Denis und Aubervilliers beherbergt. Das von zahlreichen Einwanderern aus Spanien und dem Maghreb bewohnte Quartier, befindet sich im Umbruch. Viele der kleinen Werkstätten und Vorstadthäuser stehen leer und weichen städtischen Wohnsiedlungen. Im Gegensatz zu dem eher vernachlässigten Viertel erscheint die Schule mit ihrer goldfarbenen Hülle aus perforierten Aluminiumblechen und der Verkleidung aus Lärchenholzlatten und gedrechselten Stäben wie eine kostbare Schmuckschatulle. Die Architekten wollten den sozialen Stellenwert der Schule durch eine auffallende, sorgfältig gestaltete Fassade betonen, die an die Muster arabischer Maschrabiyyas erinnert und zugleich das architektonische Erbe der Industriehallen des 19. Jahrhunderts ins Gedächtnis ruft.
Das Projekt umfasst mit seinen vier Gebäudeteilen einen ganzen Quartiersblock, anstelle eines Zauns schützend umschlossen von ornamentalen Paneelen. Im Norden befindet sich das u-förmige Hauptgebäude, dessen großzügiges Foyer Kindergarten und Grundschule trennt. Die differenzierte Farbigkeit der Flure stellt eine Orientierungshilfe für die Kinder dar. Ein Großteil der insgesamt 26 Klassen- und Gruppenräume öffnet sich über Glastüren zum umlaufenden Laubengang, von dem aus die Kinder über Holztreppen in den zweigeteilten Pausenhof gelangen. Zusätzliche überdachte Spielflächen bieten sich unter den aufgeständerten Bereichen.
Die anfängliche Idee, die ehemalige Fabrikhalle im Süden des Areals umzunutzen, konnte nicht realisiert werden. An ihrer Stelle wurden die neue Schulmensa und die darüberliegende Sporthalle errichtet. Ein separater Erschließungsturm mit Umkleiden ermöglicht deren Nutzung durch Vereine aus dem Quartier. Einzig ein verbliebener, restaurierter Schornstein aus Ziegel erinnert noch an die frühere Nutzung. DETAIL 03/2013

Lageplan
Maßstab 1:5000
Schnitt • Grundrisse
Maßstab 1:1000

Site plan
scale 1:5,000
Section • Layout plans
scale 1:1,000

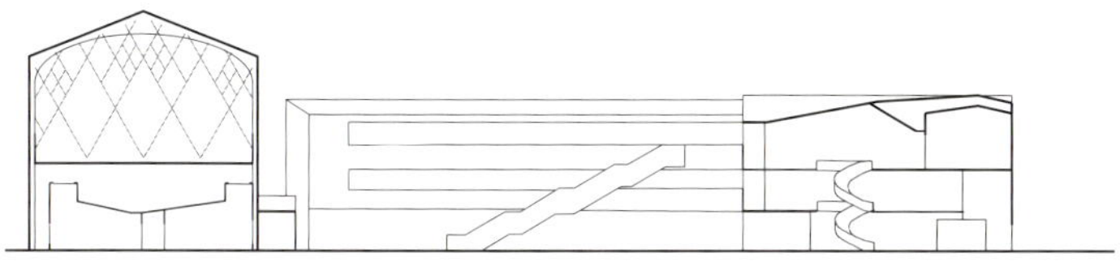

aa

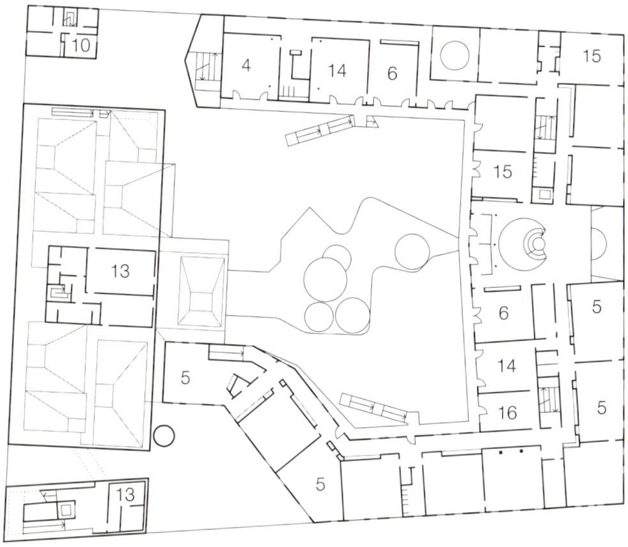

1. Obergeschoss/*First floor*

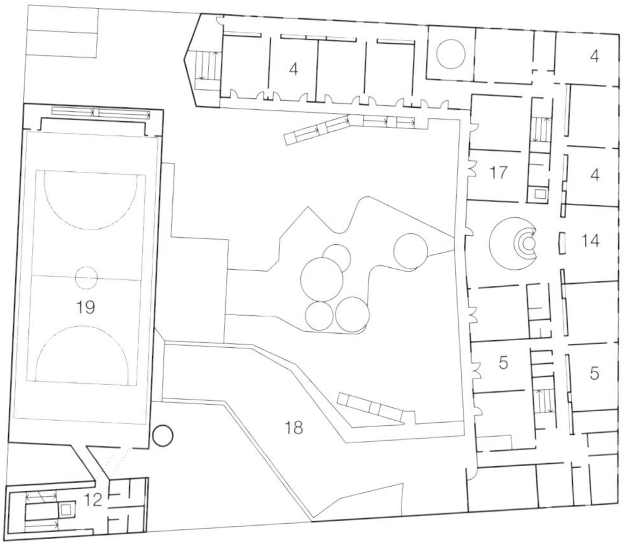

2. Obergeschoss/*Second floor*

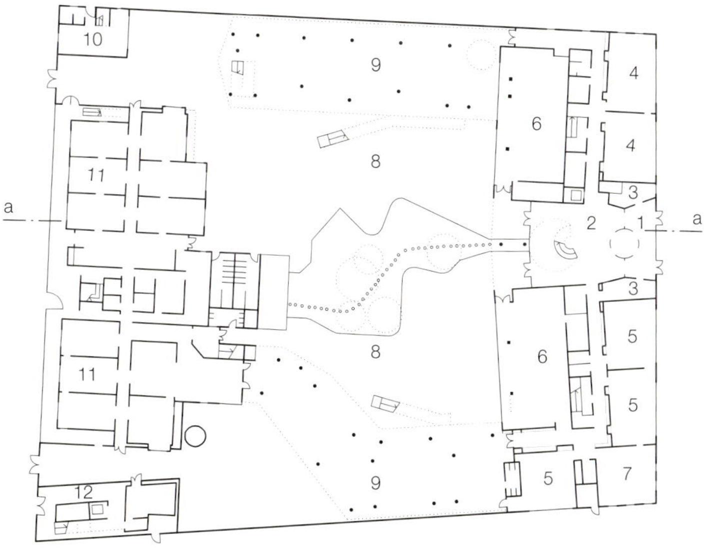

Erdgeschoss/*Ground floor*

Anzahl Kinder / *No. of children*: 573 (273 Kindergarten + 300 Grundschule / *Primary school)*
Alter / *Ages*: 3–10 Jahre / *3 to 10 years*
Anzahl Gruppen / *No. of groups*: 12
Anzahl Klassen / *No. of classes*: 14
Anzahl Betreuer / *No. of staff*: 12
Anzahl Lehrer / *No. of teachers*: 14
Öffnungszeiten / *Opening hours*: 8.20–16.20
Hort / *Day care*: 16.30–19.00, mittwochs ganztägig / *all day on Wednesdays*
Träger / *Client*: Stadt Saint-Denis und Aubervilliers *City of Saint-Denis and Aubervilliers*
BGF / *Gross floor area*: 7070 m²
Größe Gruppenräume / *Size of group rooms*: 50–60 m²
Größe Klassenzimmer / *Size of classrooms*: 50–60 m²
überdachter Freibereich / *Covered open area*: 880 m²
Freifläche Hof / *Courtyard area*: 1340 m²
Fertigstellung / *Completion date*: 2011
Baukosten brutto / *Gross construction costs*: 14 Mio. €

Situated on a former factory site in the north of Paris, the new Casarès-Doisneau educational complex comprises a primary school and a day-care centre for 600 children from the neighbouring communities of Saint-Denis and Aubervilliers. Inhabited by many immigrants from Spain and the Maghreb, the district is undergoing a process of radical change. A lot of the small workshops and suburban houses that formerly existed here now stand unoccupied and are giving way to new municipal housing developments.
In contrast to this somewhat neglected district, the school, with its golden outer face of perforated sheet aluminium and a cladding of larch strips and turned wooden members, resembles a precious jewellery box. The architects wished to stress the social significance of the structure through a striking, carefully designed facade that would recall oriental-Arabian mashrabiyas. In addition, the allegorical ornamentation is reminiscent of the architectural heritage of the 19th century industrial halls.
With its four sections, the development covers an entire street block. Instead of being enclosed within an outer fence, it is protectively faced with ornamental panels. On the northern side is the U-shaped main building, the spacious foyer of which separates the day nursery from the primary school. The varied colouration of the corridors serves as a means of orientation for the children. A large number of the 26 group rooms and classrooms open via glass doors onto the peripheral pergola-like structure, from where the children have access via timber staircases to the two-part playground. Additional covered play areas exist at the base beneath the sections that are raised on stilts.
It did not prove possible to implement the original idea of converting the former factory hall on the southern part of the site. In its place, a new school refectory was erected, with a sports hall above that is also used by local clubs. The adjoining access tower with changing facilities serves this section, too. As one reminder of the previous function, the old industrial brick chimney stack has been retained and restored, however.

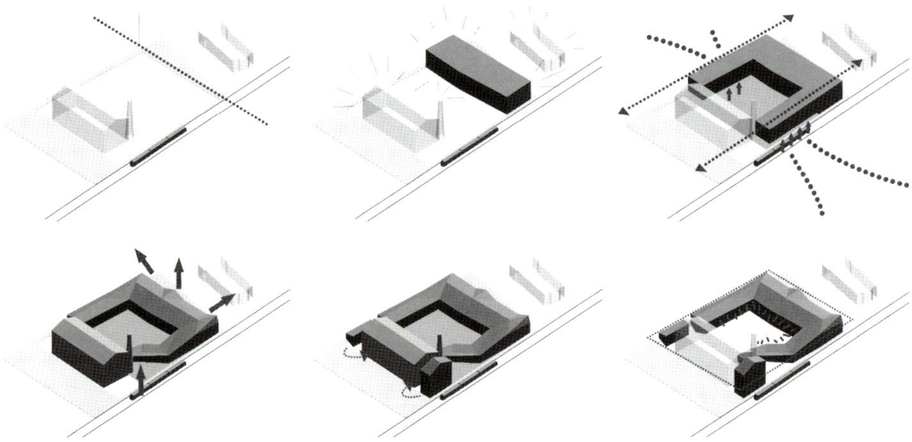

Sprachheilschule in Griesheim

Speech Therapy School in Griesheim

Architekten / *Architects*:
Ramona Buxbaum Architekten, Darmstadt
Tragwerksplaner / *Structural engineers*:
Schlör und Partner Ingenieurbüro, Darmstadt

Am Kiefernwäldchen 2 – selten gibt bereits die Adresse so deutlich das Leitbild für Architektur, Konstruktion und Atmosphäre eines Gebäudes vor wie bei der Sprachheilschule in Griesheim bei Darmstadt. Der Neubau für rund 110 Schüler wurde auf dem baumbestandenen Areal einer Grundschule aus den 1960er-Jahren errichtet. Die Architekten teilten das Raumprogramm – insgesamt 890 m² mit zehn Klassenzimmern, sechs Gruppenräumen, einem Mehrzweckraum sowie Lehrer- und Direktorinnenzimmer – in drei zweigeschossige »Baumhäuser« auf. Diese platzierten und formten sie dergestalt, dass die meisten Bäume auf dem Grundstück erhalten bleiben konnten. Die so entstandenen, polygonalen Grundrisse bieten überdies Vorteile für die Raumakustik. Auch die Gestaltung der Außenanlagen ist auf Bestandserhalt ausgerichtet: der Waldboden blieb unversiegelt. Die drei Häuser wurden in Holzständerbauweise errichtet, die Zwischendecken erhielten eine lose Kalksplittschüttung zur Verbesserung des Schallschutzes. Rundstützen aus Vollholz tragen die auskragenden Obergeschosse mit den Klassenzimmern und steifen sie gemeinsam mit den Treppenhauswänden aus. Haupteingang, Verwaltungsräume und der zentrale Aufzug befinden sich im mittleren Baumhaus. Auch die anderen beiden Häuser besitzen eigene Eingänge. Darüber hinaus verbinden offene, aber überdachte Stege die Baukörper barrierefrei miteinander. Als Fassadenverkleidung kamen lackierte Dreischichtplatten in drei Grüntönen zum Einsatz. Die Atmosphäre der Innenräume hingegen bestimmen helles, unbehandeltes Holz, gelochte, weiße Akustikdecken sowie dunkle Terrazzo- und grüne Linoleumböden. Mit einem Heizwärmebedarf von 16,6 kWh/m²a erreicht die Schule nahezu Passivhausstandard. Die Wärmeversorgung übernimmt die Heizzentrale der benachbarten Grundschule, die Be- und Entlüftung stellen je Baumhaus zwei bzw. drei dezentrale Lüftungsgeräte sicher.
DETAILgreen 01/2013

Schnitt und Grundriss Obergeschoss
Maßstab 1:600
Section and upper floor plan
Scale 1:600

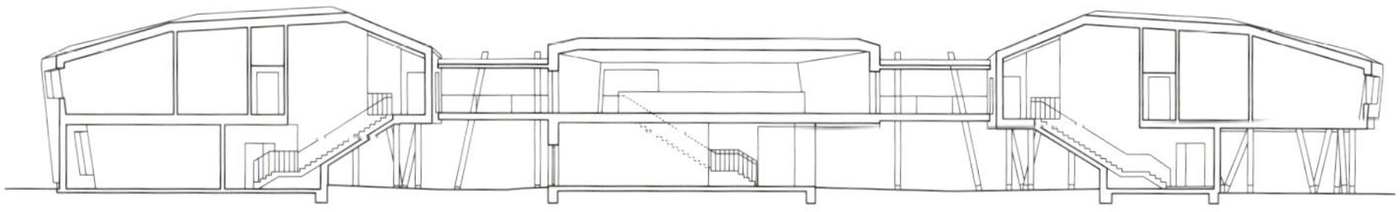

aa

The design for the new speech therapy school in Griesheim near Darmstadt is inspired by the pine trees scattered across the site. The 890 m² building consists of three polygonal, double-storey "tree-houses" and provides space for 110 students. The buildings were designed and placed to save as many of the existing trees on site as possible. They consist of a timber frame construction with round timber columns that support the cantilevered upper storeys. Covered bridges connect the three buildings and make them wheelchair-accessible. With a heating requirement of 16.6 kWh/m²a, the school almost meets the passive-house standard. Heat is supplied by the gas heating station of the neighbouring primary school; supply and exhaust ventilation is provided by 2–3 decentralised ventilation units for each treehouse.

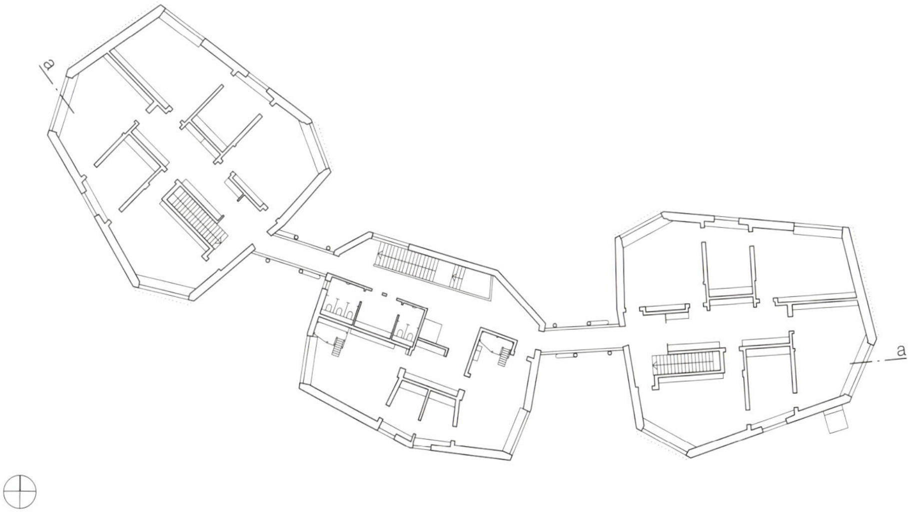

Kindertagesstätte in Völklingen

Child Care Centre in Völklingen

Architekten / *Architects*:
arus GmbH / Willi Latz, Püttlingen
Tragwerksplaner / *Structural engineers*:
Ingenieurbüro von Fragstein, Landau

aa

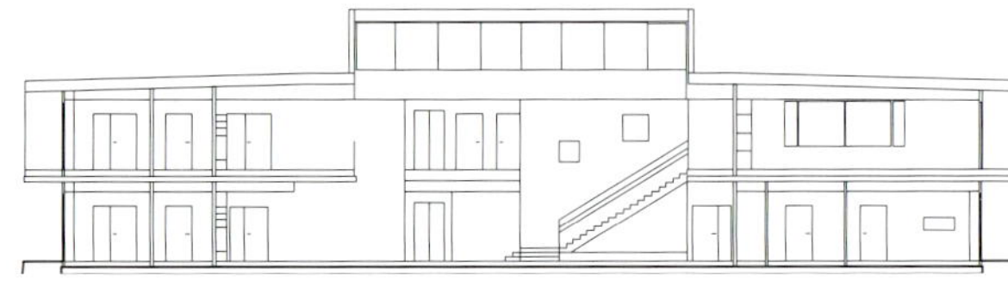

»Für uns ist quietschbunte Bauklötzchenarchitektur mit verspielten Dreiecksfensterchen und Spitztürmchen nicht das, was Kinder brauchen. Sie benötigen vielmehr eine Bauweise, die flexibel ist, die viele Möglichkeiten offenhält und trotzdem eine gewisse Logik und Klarheit beinhaltet«, beschreiben die Architekten ihre Haltung beim Bau der neuen Kindertagesstätte im saarländischen Völklingen. Die erste Passivhaus-Kindertagesstätte in Massivholzbauweise in der Region steht in einem heterogenen Umfeld aus Ein- und Mehrfamilienhäusern, Gewerbebauten und einem Krankenhaus. Als Reaktion hierauf entwarfen die Architekten einen zweigeschossigen Solitär mit sehr flachem Walmdach, umlaufenden Balkonen im Obergeschoss sowie einer teils grau, teils braun lasierten Außenbekleidung aus Furnierschichtholz. Für zusätzliche Farbakzente in den Fassaden sorgen die ockerfarben beschichteten Lüftungsklappen neben den Fenstern sowie die Eingangstüren ins zentrale Foyer und die ringsum angeordneten Gruppenräume. Im Gebäudeinneren setzten die Architekten auf einen ähnlichen Kontrast zwischen holzsichtigen Wänden, Decken und Brüstungen sowie einzelnen Bereichen, die mittels Lasuren und Beschichtungen farblich hervorgehoben wurden.

Die Grundrisse der beiden Geschosse sind zwiebelartig mit mehreren ringförmig umeinander gelagerten Raumschichten organisiert. Das Herzstück bildet die zweigeschossige, von oben belichtete Halle, die als zentraler Erschließungs-, Spiel- und Bewegungsraum fungiert. Die rundum verlaufenden Flure und Galerien sind in kräftigem Grün gehalten, die Garderobenbereiche vor den Gruppenräumen sowie die dort platzierten Einbaumöbel hingegen in warmem Gelb. Sechs Gruppenräume samt Nebenräumen – vier für den Kindergarten und zwei für die Krippe – verteilen sich auf die Gebäudeecken, hinzu kommt ein Speiseraum mit Kinderküche am Südostende des Obergeschosses. Er lässt sich über mobile Trennwände mit dem benachbarten Bewegungsraum zu einem großen Saal zusammenschalten.
Der Stadt Völklingen war für ihre neue Kindertagesstätte nicht nur eine energie-, sondern auch eine kosteneffiziente Bauweise wichtig. Daher entschieden sich die Architekten für einen Massivholzbau mit weitgehender Vorfertigung der einzelnen Elemente. Die Außenwände bestehen aus 85 mm dicken Brettsperrholztafeln. Davor wurden 300 mm starke Holzprofilträger gesetzt, außen eine hinterlüftete Furnierschichtholzschalung aufgebracht und der Hohlraum zwischen den Trägern komplett mit Zellulosedämmung ausgefüllt. Auf die gleiche Art und Weise ist auch die Dämmschicht im Dach hergestellt, nur dass die Profilträger (und damit die Dämmung) hier nun eine Stärke von 400 mm haben.
Die elementierte Bauweise und weitgehende Vorfertigung der Bauteile reduzierte die Montagezeit der tragenden Hülle auf eineinhalb und die Gesamtbauzeit auf elf Monate. Außerdem war es auf diese Weise möglich, das Baubudget von 3,5 Millionen Euro einzuhalten.
Das Haus verfügt über zwei Lüftungsgeräte mit Rotationswärmetauschern, die die besonnten Räume an der Südfassade und jene im Norden getrennt mit Frischluft versorgen können. Zudem lassen sich die Oberlichter in der Halle öffnen, um die Lüftung zu unterstützen und im Brandfall Rauch abzuführen. Heizwärme bezieht die Kindertagesstätte aus dem örtlichen Fernwärmenetz, in die Räume gelangt die Wärme über eine Fußbodenheizung. Auf der Südseite des nach Norden hin verglasten Sheddachs wurde überdies eine 10-kW-Photovoltaikanlage installiert, die ihren Ertrag ins öffentliche Netz einspeist.
DETAILgreen 02/2015

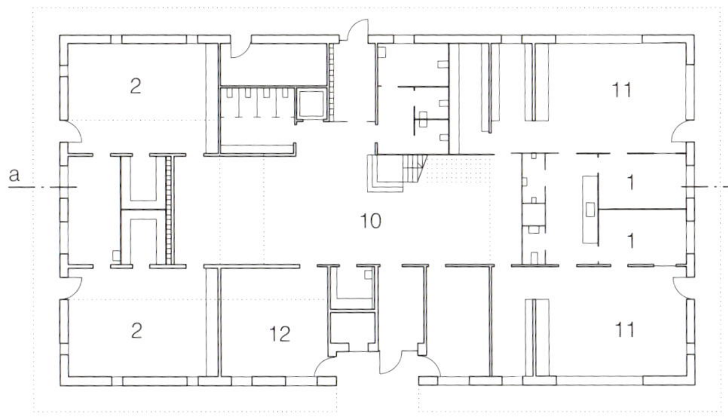

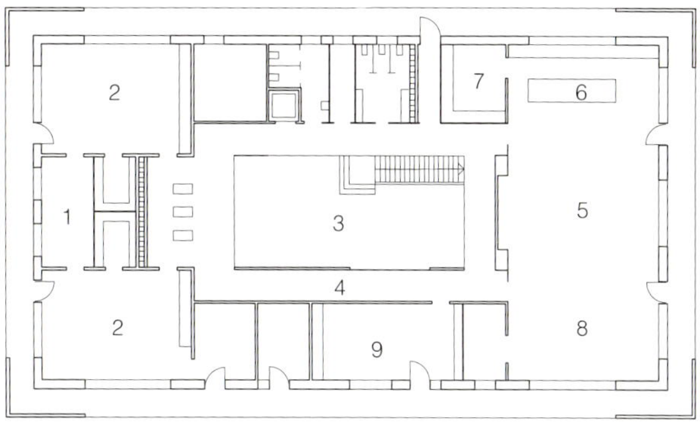

"An overly colourful and playful architecture with triangular windows and pointed towers is not what children need. Rather, they require flexible buildings that leave open many possibilities but nonetheless provide a certain logic and clarity." This is how the architects, arus, describe their design approach to the new childcare centre in Völklingen in the Saar area of Germany. This is the first kindergarten in the region to be built from massive timber and to the passive-house standard. It is located in a heterogeneous environment consisting of single and multifamily homes, as well as industrial buildings and a hospital. The new build is a double-storey, free-standing structure. It has a rectangular plan, with balconies that encircle all four sides of the upper floor, and is clad in timber glazed in grey and brown hues. The ochre-coloured doors and ventilation flaps next to the windows add small, colourful accents. A similar contrast between natural timber and colourful green and yellow surfaces enlivens the interior. At the heart of the building there is a double-height, skylit atrium surrounded by galleries and corridors, while group spaces and secondary rooms are located along the facade. The dining room on the upper floor features a free-standing kitchen area for the children that can be combined with the adjoining gymnastics room by means of sliding wall panels.
The largely prefabricated, modular timber construction allowed the entire building to be erected within eleven months and within a budget of 3.5 million euros. The external walls consist of 85-mm-thick cross-laminated timber panels with 300-millimetre timber I-joists on the exterior, the interspaces of which were filled with cellulose insulation. The insulation layer in the roof was constructed in a similar way, but is 400 millimetres thick.
The new build features two MVHR units with heat recovery wheels, which can supply the rooms on the north and south facades separately with fresh air. Additionally, the skylight in the central atrium can be opened to assist natural ventilation and to ensure smoke extraction in case of fire. Heating is provided by the local district-heating network and distributed throughout the spaces via underfloor heating. A 10-kW photovoltaic array on the southern side of the shed roof (the glazing of which faces north) completes the energy concept.

Längsschnitt
Grundrisse
Maßstab 1:500

1 Ruheraum
2 Gruppenraum Kita
3 Luftraum
4 Galerie
5 Speiseraum
6 Kinderküche
7 Küche
8 Bewegungsraum
9 Personal
10 Foyer
11 Gruppenraum Krippe
12 Kooperationsraum

Section • Floor plans
Scale 1:500

1 Quiet space
2 Group room, kindergarten
3 Void
4 Gallery
5 Dining room
6 Chilrdren's kitchen
7 Kitchen
8 Gymnastics room
9 Staff
10 Foyer
11 Group room, nursery
12 Communal space

in der praxis
in practice

Grundschule in Bad Blumau

Primary School in Bad Blumau

Architekten / *Architects*:
Feyferlik / Fritzer, Graz
Tragwerksplaner / *Structural engineers*:
IKK Kaufmann-Kriebernegg, Graz
Karl Glatz, Graz

Das neue Schulhaus in Bad Blumau in der Steiermark ist ein besonderer Ort des Lernens: Hier findet der Unterricht nicht nur in den Klassenzimmern statt, sondern auch in der Pausenhalle und auf den vorgelagerten Terrassen. Basierend auf dem pädagogischen Konzept der »Bewegten Schule« wechseln sich Konzentrations- und Bewegungsphasen in vielfältigen Unterrichtsformen ab. So wird das Bedürfnis nach Bewegung, das insbesondere bei Grundschulkindern sehr groß ist, berücksichtigt und eine neue Art des Lernens vermittelt.
Der räumlich differenzierte Entwurf der Grazer Architekten Wolfgang Feyferlik und Susanne Fritzer unterstützt diesen Ansatz: Die lichtdurchfluteten Klassenzimmer und die Gemeinschaftsbereiche sind als organisches Ganzes verbunden. Zusammengefasst zu einem großzügigen Raumkontinuum bieten Erschließungsbereiche und Pausenhalle 85 Kindern vielgestaltige Flächen zum Laufen, Springen, Toben, Spielen, aber auch zum Ausruhen in Sitznischen und Leseecken. Mit Mut zu innovativen räumlichen Lösungen, mit sorgfältigen Details und der angenehmen, warmen Ausstrahlung der Holzoberflächen haben die Architekten eine Schule geschaffen, die Geborgenheit und Leichtigkeit zugleich vermittelt. DETAIL 03/2013

The new school building in Bad Blumau in Styria, Austria, is a special place for learning. Tuition takes place not only in classrooms, but on adjoining terraces and in the recreation hall. All this is based on a concept of greater mobility in schools: alternating periods of concentrated work and movement result in varied forms of teaching. In this way, it is possible to meet the need for activity, particularly among primary school children, and a new kind of learning is communicated.
With its spatial nuances, the design of the Graz architects Wolfgang Feyferlik and Susanne Fritzer supports this approach. The classrooms, bathed in light, and the communal spaces are linked to form an organic whole. Circulation areas and the recreation hall are united in a spatial continuum and offer the 85 children many different realms for running and jumping about, for playing and generally letting off steam, but also for relaxation in corners where they can sit together or read.
With the courage for innovative solutions, with careful detailing and by conjuring a warm atmosphere with the wooden surfaces, a school has been created that radiates a sense of well-being and lightness.

Ein Schulhaus für alle Sinne

A Feast for the Senses

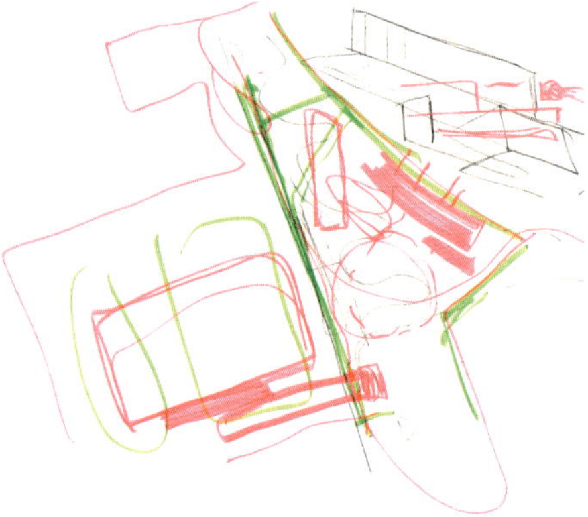

Lageplan
Maßstab 1:7500

1 altes Schulhaus
2 neues Schulgebäude
3 Sportclub mit Zuschauertribüne

Site plan
scale 1:7,500

1 Former school building
2 New school building
3 Sports club with grandstand

Wie viele Schulen des ausgehenden 19. Jahrhunderts entsprach auch das alte Schulhaus im Ortskern von Bad Blumau, einer 1600-Einwohner-Gemeinde, nicht mehr aktuellen baulichen Standards und zeitgemäßen Unterrichtsformen. Es war zu klein und angemessene Freiflächen fehlten. So wurde 2006 ein Wettbewerb für den Neubau der Grundschule auf dem Areal des Fußballplatzes am östlichen Ortsrand ausgelobt. Das Programm umfasste neben dem Schulgebäude eine Turnhalle sowie Außenanlagen mit Zuschauertribüne. Die Grazer Architekten Wolfgang Feyferlik und Susanne Fritzer gewannen den Wettbewerb mit einem Ensemble aus drei Baukörpern: dem eingeschossigen langgestreckten Schulhaus, der mit einem überdachten Verbindungsgang angeschlossene Turnhalle als südlichem Abschluss und dem östlich platzierten Tribünengebäude. Gleichzeitig entstand ein großzügiger Vorplatz, der als Schulhof dient. Bereits der Eingang der Grundschule überrascht und hat nichts gemein mit den Autorität einflößenden Portalen alter Schule. Anstelle einer Windfangtür bildet ein Vorhang aus Kunststofflamellen einen spielerischen Durchgang. Daneben gibt es eine gepolsterte Wand, an die sich die Kinder gerne anlehnen. Hier ist die schwarze Foliendeckung des Dachs über die leicht geneigte Wand gezogen, alle anderen Fassadenflächen sind durch großzügige Glaselemente und

durch Holz bestimmt. Der Baustoff Holz prägt den Charakter des Gebäudes innen wie außen. Mit der vorvergrauten Fichtenschalung fügt sich der Baukörper zurückhaltend in die Auenlandschaft ein, und im Inneren verleihen die Holzoberflächen der Decken, Böden und Wände den Gemeinschaftsbereichen eine warme und wohnliche Atmosphäre. Diese erstrecken sich vom Eingang bis zur großen Pausenhalle und bilden ein über 100 m² großes zusammenhängendes Raumkontinuum, das, von einer Sitzstufe unterteilt, auf zwei Ebenen verläuft. An die zentrale Zone schließen alle Klassenzimmer, die Lehrerzimmer, der Werkraum und die Nebenräume direkt an.

Diese offen gestaltete und flexibel zu nutzende Fläche ist ein wesentliches Element des pädagogischen Konzepts der »Bewegten Schule«, bei dem nicht mehr ausschließlich in den Klassenzimmern, sondern auch in den Pausenbereichen gelehrt und gelernt wird. Viel Raum für Bewegung und eine Vielfalt an Rückzugsorten kommen den individuellen Lern- und Spielbedürfnissen der Kinder entgegen. So sind konzentrierte Schulstunden in der Stammklasse ebenso möglich wie gemeinsames Lernen in den mit Liebe zum Detail gestalteten Gemeinschaftsräumen, die im Dialog mit dem Lehrerteam entwickelt wurden. Rampe, Sitzstufen und Büchermöbel gliedern den offenen Pausenraum, laden zum Spielen und Toben ein, während eine Lesenische auf zwei Ebenen den Kindern Rückzugsmöglichkeiten bietet. Der Pausenraum wird auch für Gymnastik, zum Kickern, für Theateraufführungen und Elternabende genutzt. Verglaste Öffnungen zwischen Flur und Klassenzimmern, die als Sitznischen und Lernecken beliebt sind, ermöglichen Blickbeziehungen zwischen den Räumen und nach draußen.
Zweiseitig belichtet und mit einer Raumhöhe bis zu 3,40 m wirken die 57–65 m² großen Klassenzimmer sehr großzügig. Die Decken sind leicht geneigt, durch drei Dachoberlichter fällt Tageslicht ein. An der vollständig verglasten Fassade bietet ein durchgehendes Holzpodest zusätzliche Sitz- und Arbeitsflächen, die sich mithilfe eines Vorhangs abteilen lassen und zum geschützten Ort werden. Dank des polygonalen Grundrisses ist das Klassenzimmer nicht ausschließlich auf Frontalunterricht ausgerichtet, sondern ermöglicht unterschiedliche Tischanordnungen in Kreisform oder kleinen Gruppen und gestattet so vielfältige Unterrichtsformen.
Jedem Klassenzimmer ist eine mit einer Pergola überdachte Terrasse vorgelagert. Eine große Schiebetür verbindet innen und außen und auch das Podest scheint sich nahtlos nach außen fortzusetzen. Als »privater« Außenraum für ungestörten Freiluft-Unterricht wird die Terrasse häufig genutzt. So können beispielsweise auf dem großen Holztisch Versuche aufgebaut werden. Von der Terrasse haben die Kinder nicht nur den Blick auf Bachufer, Gärten und Ortsmitte, sondern auch direkten Zugang zu den Freiflächen, die, ideenreich mit Röhren und Rutschen gestaltet, den Höhenversprung des Hochwasserplateaus nutzen. Dadurch entsteht im Freien eine Vielfalt an Spielmöglichkeiten, wie sie am alten Standort nicht realisierbar gewesen wäre.

Das neue Schulhaus vermittelt Geborgenheit und spielerische Leichtigkeit zugleich. Die Architekten haben die Räume nicht in einer streng orthogonalen Struktur organisiert, sondern ordnen sie zu einem sich wie selbstverständlich zusammenfügenden Ganzen an. Auch die konstruktiven Elemente wirken spielerisch leicht – Stahlstützen und -träger sind schlank dimensioniert, die Brettschichtholzträger, wo statisch erforderlich, mit einem filigranen Untergurt verstärkt. Das offene Raumkonzept lädt die Kinder dazu ein, sich zu treffen und gemeinsam zu spielen und zu lernen. Mit ideenreicher und sorgfältiger Gestaltung und der angenehmen Haptik der Materialien haben Wolfgang Feyferlik und Susanne Fritzer ein inspirierendes und räumlich vielfältiges Schulhaus geschaffen, das alle Sinne anspricht, neue (Raum-)Erfahrungen vermittelt und die Freude am Lernen stärkt.

Bad Blumau is a community of 1,700 people. The old school building in the centre, like many structures of its kind dating from the end of the 19th century, no longer complied with modern constructional standards nor with contemporary forms of education. It was too small and lacked the requisite outdoor areas. In 2006, therefore, a competition was held for the design of a new primary school on the site of the football pitch at the eastern edge of the municipality.
The Graz architects Wolfgang Feyferlik and Susanne Fritzer won the competition with an ensemble that consists of three volumes. These create a generous forecourt that forms the playground. The volumes comprise a single-storey, elongated school building; an adjoining gym, which forms the closing element to the south and is connected to the school by a covered walkway; and a grandstand structure to the east.
The entrance consists of a red-and-white curtain of plastic strips. Next to this is a slightly sloping, padded wall, against which children like to lean, and where the black roof skin is drawn over the surface. All other facade areas were designed with large glazed elements and wood. The school is characterised both internally and externally by an extensive use of timber. With its skin of pre-aged softwood boarding, for example, it is carefully integrated into the meadow landscape. The wooden finishings to the floors and ceilings, together with walls of cross-laminated timber, lend the communal area a warm, familiar atmosphere. Extending from the entrance to the large recreation hall used during breaks, this area forms a spatial continuum that has an area of more than 100 m^2. It is articulated into two levels by a step which is used for sitting on. The area links the five west-facing classrooms and the space for afternoon care with the workshop, the teachers' rooms and the ancillary spaces opposite.
This realm forms a central element of the pedagogic concept of mobility in the school, according to which pupils no longer learn in the classrooms alone, but in the communal areas as well. The individual needs of young people in terms of learning and play are met by the provision of plenty of space for activity and movement as well as a lot of quiet corners to which they can retreat. Both concentrated periods of study in class as well as joint learning in amply dimensioned, communally used spaces, which have been designed with great attention to detail are possible. The open area is articulated by a ramp, steps for seating and furnishings for books. The design encourages children to play and cavort about, while a reading corner provides them with two levels to which they can retreat. The recreation space can also be used for gymnastics and table football, or for theatrical performances and parents' evenings. Glazed openings between the corridor and the classrooms are popular as recesses for sitting and learning. They afford visual links between the rooms as well as views to the outside world. The classrooms, which draw light from both sides and have a height of up to 3.40 m, are 57–65 m^2 in area and create a spacious impression. The soffits were constructed with slight falls, and daylight enters these spaces via three rooflights. Next to the fully glazed facade is a wooden platform that provides an additional sitting and working
area. With the aid of a curtain, this can be simply divided off to create a quiet realm to which young people can withdraw.
The polygonal shape of the classrooms means that they are not restricted to a frontal form of teaching. Various desk arrangements are possible: in a circular layout or in small groups. Teachers thus have scope to organise lessons in different ways. Outside every classroom there is also a terrace covered by a pergola, where lessons can take place. These areas are commonly used as "private" open spaces for undisturbed teaching. From here, children not only have a view to the banks of a stream, the gardens and the town centre; they also have direct access to the outdoor spaces, which are imaginatively equipped with tubes and slides, exploiting the difference in height to the floodplain. The scope that exists for outdoor play – here and in the playgrounds – would not have been possible in the old location in the town centre.
The new school building conveys a sense of security, yet at the same time a quality of playful lightness. The various spaces are not laid out in a rigidly orthogonal form, but create a natural whole. This design approach is also reflected in the slender load-bearing elements: steel beams and columns, as well as trussed laminated-timber beams. The open spatial concept encourages children to come together to play and learn with each other. With imaginative, careful design and detailing and the agreeable haptic qualities of the materials, Wolfgang Feyferlik and Susanne Fritzer have created an inspiring and spatially varied school building, a feast for the senses that communicates new experiences and boosts the joy of learning.

Freiräume und Rückzugsorte – Entwurfsgedanken

Recreation Spaces and Quiet Retreats – Design Ideas

Wolfgang Feyferlik, Susanne Fritzer

Das neue Schulhaus der Volksschule Bad Blumau bietet viele Bewegungsräume innen wie außen, sowie ausreichend Erholungs- und Rückzugsbereiche, die die Freude am Lernen fördern. So steht der autofreie Vorplatz als öffentlicher Platz allen Schulkindern zur Verfügung, zum Spielen oder beim Warten auf den Schulbus. Da die Schulleitung auf das Einzäunen des Geländes verzichtete, können die Freiräume großzügig genutzt werden, auch das Hochwasserplateau vor den Klassenzimmern, das als Spielplatz in einer Streuobstwiese angelegt ist.
Der Eingangsbereich wird geprägt von der dunklen »Polsterwand«. Funktional dient dieser abgeschrägte Fassadenteil als Entwässerungsfläche für das Dach. Die Oberfläche besteht aus dem gleichen Material wie die Dachhaut, ist allerdings gepolstert und punktweise mechanisch befestigt, um handwerklichen Ungenauigkeiten vorzubeugen und das Verteilungsbild des abfließenden Wassers aufzulockern. An kalten, aber sonnigen Tagen ist diese Wand bei den Kindern als vertikale »Matratze« zum Aufwärmen in der Pause beliebt. Ein zweites ungewöhnliches Element stellt der Vorhang aus Kunststoffstreifen dar. Da der fehlende Windfang im Wettbewerbsprojekt kritisiert wurde, schlugen wir eine Lösung vor, wie sie bei Lagerhallen angewendet wird: dicke Kunststoffstreifen fungieren als klimatischer Raumabschluss. Sie schaffen einen fließenden Übergang zwischen innen und außen, zudem ist die Verletzungsgefahr für die Kinder gering.
Den anschließenden Garderobenbereich haben wir offen gestaltet. Um Blickbezüge und eine räumliche Durchgängigkeit zu schaffen, sind die Garderobenmöbel nur 1,25 m hoch. Ihre freie Positionierung »bremst« das Laufen und lässt einen Raum im Raum entstehen. Viele Sitzflächen laden die Kinder sowohl zum Zusammensitzen als auch zum Zurückziehen ein. Öffnungen in den Wänden zwischen Klassenzimmer und Flur sind als Durchblicke ausgebildet. Sie dienen als Verweilflächen – als Sitz- und Liegenischen –, gleichzeitig ermöglichen sie den Lehrern den Überblick. Sie haben so den Bereich vor dem Klassenzimmer im Auge, wenn Schüler dort beispielsweise beim freien Lernen ihre Aufgaben erledigen. Die Leseecke im Flur hingegen bietet einen geschützten Raum, nur maximal sechs Kinder finden dort gleichzeitig bequem Platz. Durch die Zweigeschossigkeit können sich hier zwei kleine Lese-/Gesprächsgruppen aufhalten. Ähnlich wie bei einem Turngerät führen Sprossen hinauf zur oberen Ebene. Zum einen können sich die Kinder so die Nische erobern, zum anderen sollen sich dort keine Erwachsenen aufhalten.
Die 12 m² große Bibliotheksfläche ist Teil des Pausenraums. In den offenen Regalen ist die Freihandbibliothek stets präsent und nutzbar. Die Sitzstufe im Pausenbereich zoniert den Raum. Mit dieser bewusst gesetzten Kante wird den Kindern täglich Aufmerksamkeit und Geschicklichkeit abverlangt.
In den Klassenzimmern haben wir den rechten Winkel vermieden, um die Dreidimensionalität der Räume stärker erlebbar zu machen. Das Holzpodest als durchgehendes Sitzmöbel an der Glasfassade ist ein Ort für individuelles Lernen, für das schnelle Bilden von Sitzkreisen und das Auflegen von Arbeiten und Lehrmaterial – wie in einem Studio oder Atelier. Das Schrankmöbel an der gegenüberliegenden Wand ist in die Architektur eingebettet.

Grundriss
Maßstab 1:1000

Layout plan
scale 1:1,000

1	Vorplatz	*1*	*Forecourt*
2	Sportclub mit Zuschauertribühne	*2*	*Sports club with grandstand*
3	Eingang Schule	*3*	*Entrance to school*
4	Garderobe	*4*	*Cloakroom*
5	Klassenzimmer	*5*	*Classroom*
6	Freiklasse	*6*	*Outdoor classroom*
7	Werkraum	*7*	*Workshop*
8	Lehrmittelraum	*8*	*Teaching supplies*
9	Pausenhalle	*9*	*Recreation area*
10	Technik	*10*	*Building services*
11	Mittagsbetreuung	*11*	*Afternoon care*
12	Lesenische	*12*	*Reading recess*
13	Hochwasserplateau mit Spielgeräten	*13*	*Raised area with play equipment*
14	Lehrerzimmer	*14*	*Teachers' room*
15	Pausenhof	*15*	*Playground*
16	Turnhalle	*16*	*Gym*

Jedes Kind darf die weiße Tür seines Fachs selbst bemalen, die übrigen Schrankflächen sind mit perforierten Holzoberflächen gestaltet, da sie auch akustische Aufgaben erfüllen. Als Schultische wurden Einzeltische mit Rollen gewählt, die ein schnelles Ummöblieren der Klasse ermöglichen, wegen ihres geringen Gewichts können sie von den Schülern sogar ins Freie mitgenommen werden.
Hinsichtlich der Belichtung war es uns wichtig, dass die Klassenräume, außer an dunklen Dezember- und Januartagen, nur mit natürlichem Licht auskommen. Das Kunstlicht verfügt über unterschiedliche Helligkeitsstufen, auch die Lichtstimmung lässt sich mithilfe warmen Lichts verändern. Die drei planetenförmigen Hängelampen geben dem Raum keine Richtung, daher sind unterschiedliche Tischaufstellungen mit gleichen Lichtverhältnissen möglich. Wir haben unveredelte Oberflächen gewählt, weil diese bei Abnutzung oder Beschädigung nicht das Gefühl vermitteln, abgewohnt zu sein. Diese Materialwahl – beispielsweise sägeraue Holzoberflächen im Innen- und Außenraum – war auch durch das Budget bedingt. Denn in erster Linie war unser Ansatz, die Komplexität des Grundrisses umzusetzen und unser Augenmerk nicht auf Hochglanz-Oberflächen zu richten. DETAIL 03/2013

The new school building is conceived in such a way that there are plenty of spaces for movement and activity both indoors and outdoors. At the entrance is a padded, sloping wall, against which children like to lean on cold, sunny days to warm themselves. A second unusual feature is the curtain of plastic strips at the entrance, which forms a climatic closure to the internal space.
The many sitting areas in the school encourage children to congregate, while at the same time providing scope for withdrawal. Openings in the walls between the classrooms and the large hall, which is used as a recreation area during breaks, allow young people to relax, as well as enabling teachers to keep an eye on what is going on outside their room. A further sheltered retreat is provided by the reading recess. The central recreation area is divided into different realms by a step that is designed as a seat. This change of level demands a sense of awareness from young people and helps them develop agility.
We avoided right angles in the classrooms so that the three-dimensional qualities of these spaces could be experienced to the full. Along the glazed facades is a continuous wooden bench seat. The cupboard fittings on the opposite wall are integrated in the architecture. Children can paint the white doors of their own personal compartments, whereas the other cupboard areas are designed to meet acoustic needs, like the walls. Single tables with rollers were chosen as school desks, since they facilitate a quick rearrangement of the classrooms and their light weight allows pupils to move them them outdoors.
Daylight was to be the main form of illumination in the classrooms. The artificial lighting that was installed can be regulated to create greater brightness on dull days or to achieve a change of mood with warmer light. The suspended lamps impose no sense of direction on the space, so that different table arrangements are possible with the same lighting.
The choice of materials was determined in part by the budget. We were primarily concerned with implementing the complex layout, and it was not important to us to create surfaces with a glossy finish.

Lernen in Bewegung – Ein Gespräch mit der Schulleiterin Erna Erhart

Learning through Movement – An Interview with the Head of the School, Erna Erhart

DETAIL: Welches pädagogische Konzept liegt der Grundschule Bad Blumau zugrunde?
Erna Erhart: Wir versuchen mit unserem pädagogischen Konzept der »Bewegten Schule« alle Lerntypen anzusprechen, den visuellen und auditiven ebenso wie den motorischen Typ, der gerade bei Kindern zwischen sechs und zehn Jahren stark vertreten ist. Mit Bewegung im Unterricht versuchen wir, das Lernen zu vereinfachen. Denn im Wesentlichen geschieht es durch Handeln und Bewegen.

DETAIL: Wie ist dieses Konzept räumlich umgesetzt?
Erhart: »Lernen in Bewegung« umfasst natürlich auch die räumlichen Angebote: Klassenzimmer und Pausenbereiche werden zu unseren Bewegungsbereichen. Wird die Klassenzimmertür geöffnet, wissen die Kinder, dass auch der Pausenraum als erweitertes Klassenzimmer für die bewegten Lernmethoden zur Verfügung steht. Das Konzept bedeutet allerdings nicht ständige »Action«, sondern stets eine gezielte Abwechslung von Konzentration, Entspannung und Bewegung. Wir haben von Anfang an mit den Architekten gemeinsam geplant, um das bewegte Lernkonzept integrieren zu können, die Zusammenarbeit war sehr gut. Die Architektur unserer neuen Schule erlaubt uns diesen abwechslungsreichen Unterricht. Wenn ich bemerke, dass die Konzentration nachlässt und Bewegung gut wäre, geht es einfach in den Pausenraum oder nach draußen zum Federballspielen, Stelzenlaufen oder Einradfahren. Und nach zehn Minuten arbeiten wir weiter. Ich schätze diese Flexibilität und das schnell Organisierbare sehr.

DETAIL: Welche Besonderheiten bietet der neue Schulbau und welche Bereiche bewähren sich besonders?
Erhart: Da das Gebäude nur eine Ebene hat, ist es übersichtlich für die Kinder und auch für uns Lehrer. Wir können das gesamte Schulhaus vom Eingang über den Flur bis zum Pausenbereich sehr gut nutzen. Besonders bewähren sich unsere Freiklassen, sie sind eine wirkliche Erweiterung des Klassenzimmers. Wir nutzen sie für einfache Bewegungsspiele und für den Unterricht im Freien. Auch die Holzpodeste an der Klassenzimmerfassade sind bei den Kindern sehr beliebt, sie lesen auf den Podesten, legen sich darauf oder knien sich hin und nutzen sie als Tisch fürs Schreiben.
Der Pausenraum ist für uns der zentrale Kommunikationsort. Hier treffen wir uns, wenn wir gemeinsam mit allen 85 Kindern etwas erarbeiten wollen. Wir nutzen ihn auch für Theaterspiele, Elternabende, Geburtstags- und Weihnachtsfeste. Der erhöhte Bereich dient dann als Bühne. Es müssen keine Stühle aufgestellt werden, da sich die Kinder gerne auf den Holzboden setzen. Denn die angenehme Raumwirkung lädt dazu ein, dass man überall gerne verweilt.

DETAIL: Wie nutzen Sie die großzügigen Außenbereiche?
Erhart: Wir gehen jeden Tag ins Freie, sofern es nicht regnet, und haben viele Spielmöglichkeiten: den mit Ziegelrasensteinen ausgelegten Pausenhof und die schiefe Ebene, die sich durch die Aufschüttung im Hochwassergebiet ergeben hat, mit integrierten Spielelementen wie den Rutschen. Der Fußballplatz ist zugleich auch unsere Turnwiese. Wir haben also drei beaufsichtigte Pausenbereiche – die Kinder brauchen viel Bewegung.

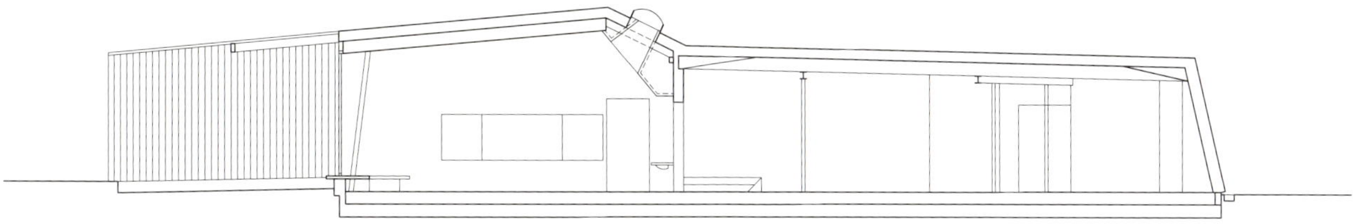

DETAIL: What pedagogic concept does the Bad Blumau primary school follow, and how has this been implemented?

Erna Erhart: With our concept of greater mobility at school, we wish to address all types of learning, using visual, auditory and motoric forms of stimulation. Children between the ages of six and ten are particularly receptive to the last form. We use movement in teaching, therefore, to simplify the learning process, because it takes place to a large extent through action and motion. The idea of "learning through movement" involves the space that's available, of course. The classrooms and recreation areas become realms of mobility. If the classroom door is left open, children know that the space outside can be used as an extension for learning methods that include movement. This concept doesn't imply constant action, however. The idea is a controlled sequence of concentration, relaxation and motion. The architecture of our new school supports this kind of variety in teaching. When I notice that concentration is flagging, we simply go to the recreation space or into the open air for a bit of exercise. After ten minutes, we get down to work again.

Because the building is on a single level, it has a clear layout. You can make very good use of the entire school. Outdoor teaching has proved its worth, too. The wooden terraces adjoining the classrooms are very popular with the children, who use them for all sorts of activities. For us, the internal recreation space is the central place for communication. It's used for many other events, too, such as theatrical performances, parents' evenings and celebrations. The pleasant spatial atmosphere there invites you to linger awhile and relax. Provided it's not raining, we go outdoors every day, where there's a lot of scope for play. We have the playground with grassed brick pavings. Then there are play objects like slides integrated in the sloping ground outside the classrooms; and we also use the football pitch for exercise. In other words, we have three supervised open-air recreation areas. Children need a lot of scope for movement.

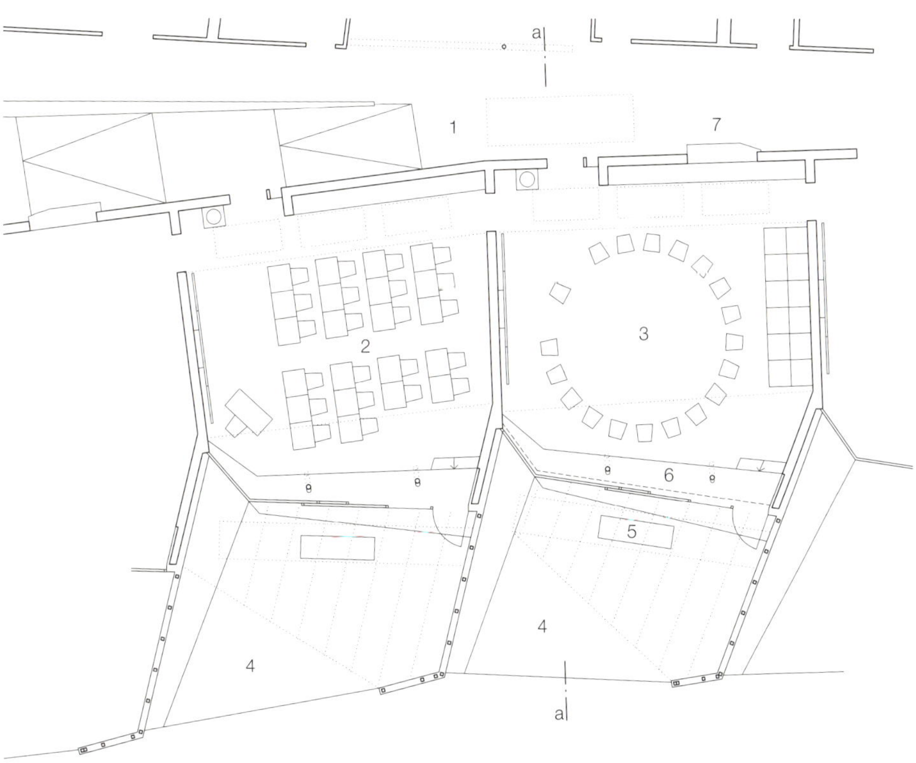

Schnitt • Grundriss Klassenzimmer
Maßstab 1:200
1 Gemeinschaftsbereich
2 Klassenzimmer mit Tischaufstellung für Frontalunterricht
3 Klassenzimmer mit Möblierung Sitzkreis
4 Terrasse
5 Holztisch für Präsentationen
6 Holzpodest
7 verglaste Wandöffnung mit Sitznische

Section • Floor plan of classrooms
scale 1:200
1 Common recreation area
2 Classroom with tables arranged for frontal teaching
3 Classroom with a circle of seats
4 Terrace
5 Wooden table for presentations
6 Wooden bench
7 Glazed opening in wall with sitting recess

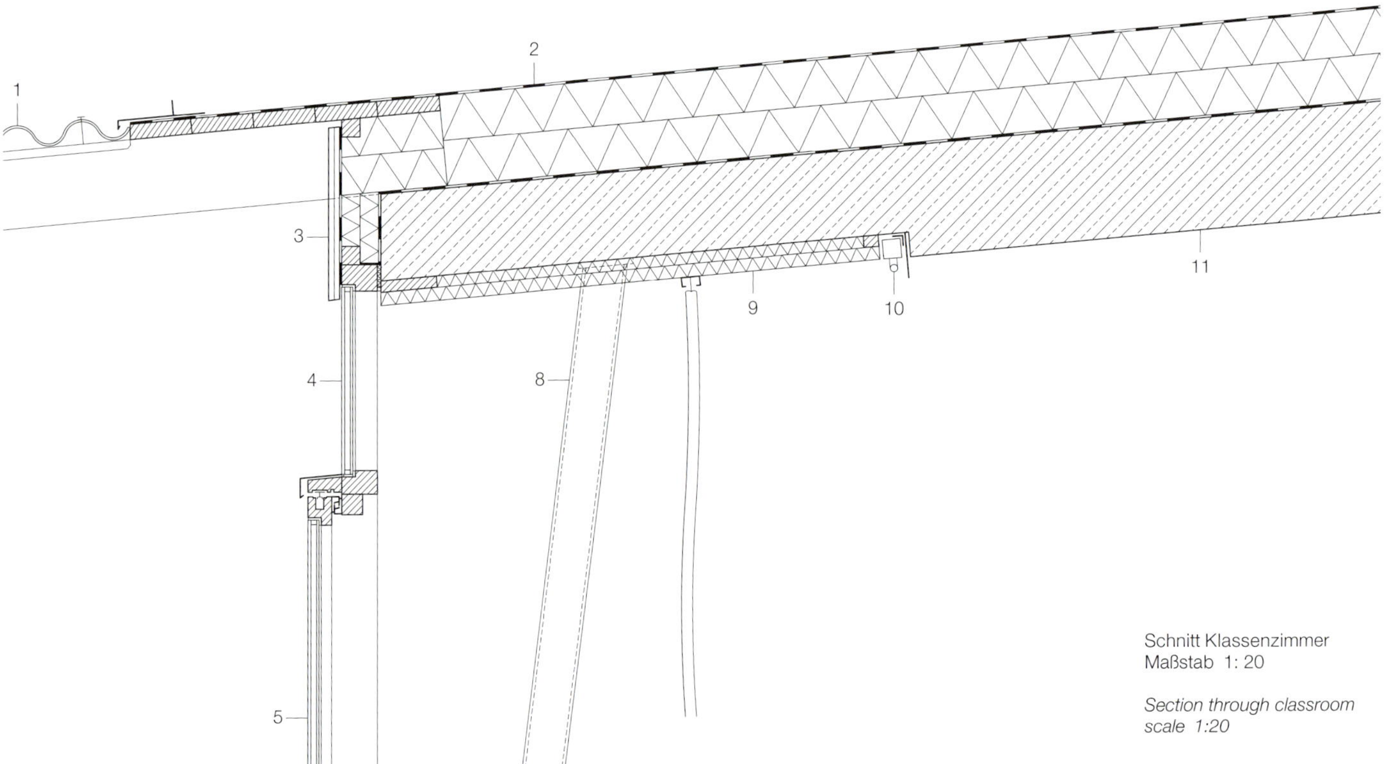

Schnitt Klassenzimmer
Maßstab 1: 20

Section through classroom
scale 1:20

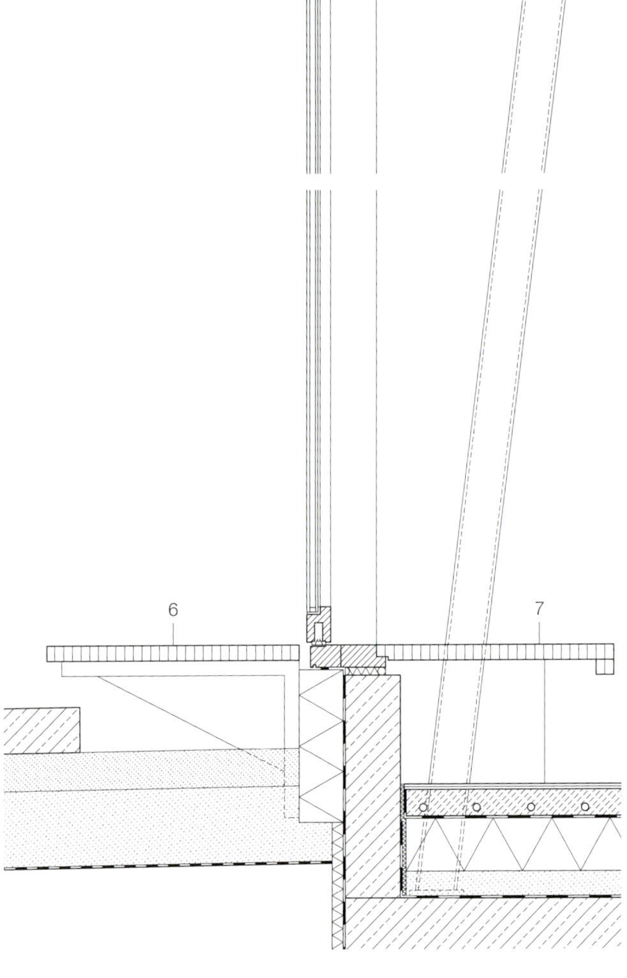

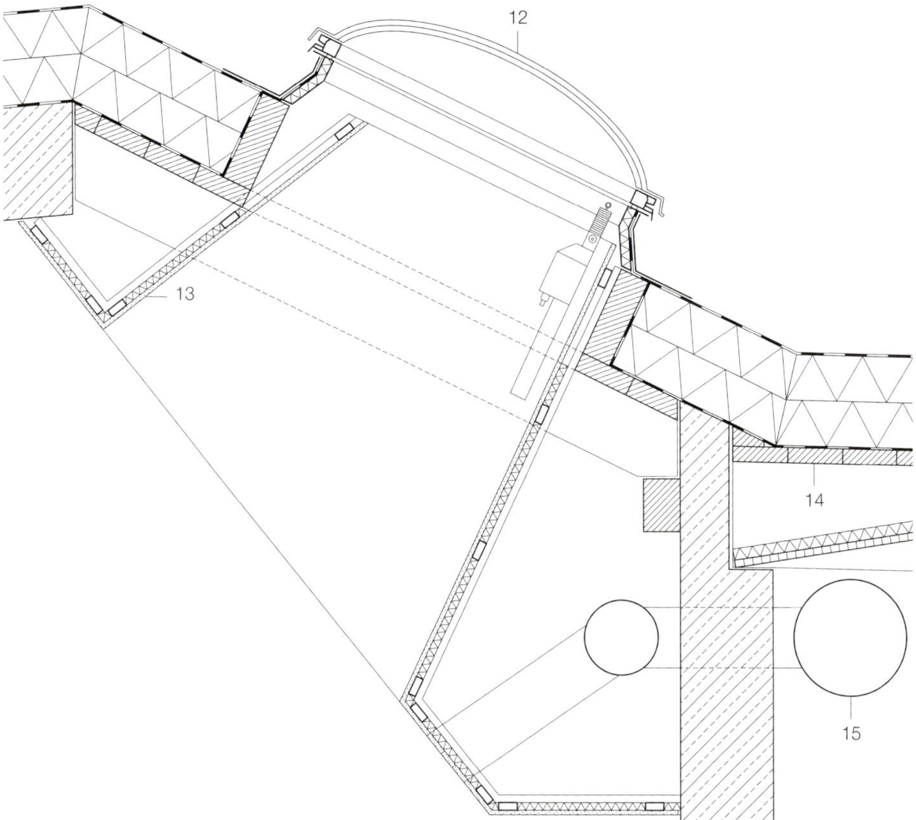

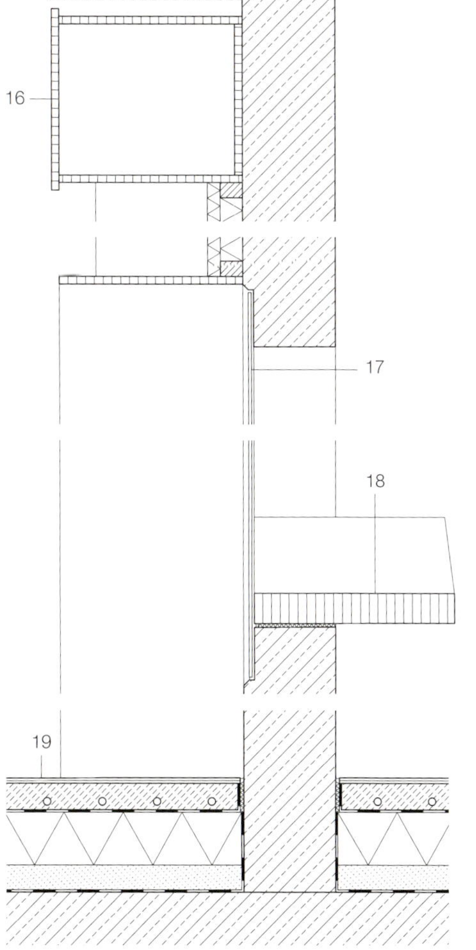

1 Polycarbonat-Hohlkammerwellplatte 177/5176 mm Sparren 50/200 mm mit Blechabdeckung
2 Dachneigung 5°, Dachabdichtung Kunststoffbahn UV-beständig, vlieskaschiert 10 mm Wärmedämmung EPS 2× 120 mm Dampfsperre bituminös
3 Schalung Fichte sägerau 24 mm, Winddichtung
4 Festverglasung ESG 8 mm + SZR 16 mm + ESG 6 mm in Rahmen Kiefer
5 Schiebetür 2300/2100 mm mit Isolierverglasung
6 Brettschichtholz Lärche 40 mm
7 Dreischichtplatte geölt 40 mm
8 Stütze Stahlrohr brandschutzbeschichtet ∅ 114,3/8 mm
9 Akustikplatte HWL 35 mm, Mineralwolle 30 mm
10 Leuchstoffröhre, Abdeckung Acrylglas 1200/90/4 mm
11 Stahlbetondecke 295 mm
12 Lichtkuppel dreischalig 1000/2000 mm
13 Laibungsverkleidung Akustikplatte Gipskarton perforiert 12,5 mm, Dämmfilz Hanf
14 Fichtenschalung Nut und Feder sägerau 35 mm
15 kontrollierte Be- und Entlüftung für Klassenzimmer
16 Schrank Birkensperrholz geschlitzt, rückseitig Akustikvlies
17 Sichtfenster zum Flur: Festverglasung Schallschutzglas VSG 8 mm
18 Sitzbank Brettschichtholz geölt 80 mm
19 Stabparkett Eiche geölt 15 mm, Heizestrich 70 mm, PE-Folie 0,2 mm, Wärmedämmung EPS 140 mm, gebundene Schüttung 65 mm, Feuchtigkeitssperre 10 mm, Voranstrich, Bodenplatte 250 mm, Sauberkeitsschicht

1 177/5,176 mm corrugated polycarbonate slab: 50/200 mm rafters with sheet-metal covering
2 roof with 5° slope; UV-resistant plastic sealing layer with 10 mm quilted layer 2× 120 mm expanded polystyrene thermal insulation; bituminous vapour barrier
3 24 mm sawn softwood boarding; windproof layer
4 fixed double glazing in pine frame: 8 + 6 mm toughened glass + 16 mm cavity
5 2300/2100 mm double-glazed sliding door
6 40 mm larch three-ply laminated sheeting
7 40 mm three-ply laminated boarding, oiled
8 ∅ 114.3/8 mm tubular steel strut with fire-resistant coating
9 35 mm acoustic slab; 30 mm mineral wool
10 fluorescent tube; 1,200/90/4 mm perspex cover
11 295 mm reinforced concrete roof
12 1,000/2,000 mm three-layer domed rooflight
13 12.5 mm perforated plasterboard acoustic surround on hemp insulating felt
14 35 mm sawn softwood boarding
15 regulated classroom ventilation
16 cupboard unit: birch plywood, grooved; acoustic felt back
17 window with view to corridor: 8 mm lam. safety glass sound-insulating fixed glazing
18 80 mm laminated timber bench, oiled
19 15 mm oak block parquet, oiled; 70 mm screed with underfloor heating; 0.2 mm polythene; 140 mm expanded polystyrene thermal insulation; 65 mm bonded filling; 10 mm damp-proof layer; undercoat; 250 mm concrete floor; blinding

Schnitte Garderobe, Eingangsbereich
Maßstab 1: 20

Sections through cloakroom, entrance area
scale 1:20

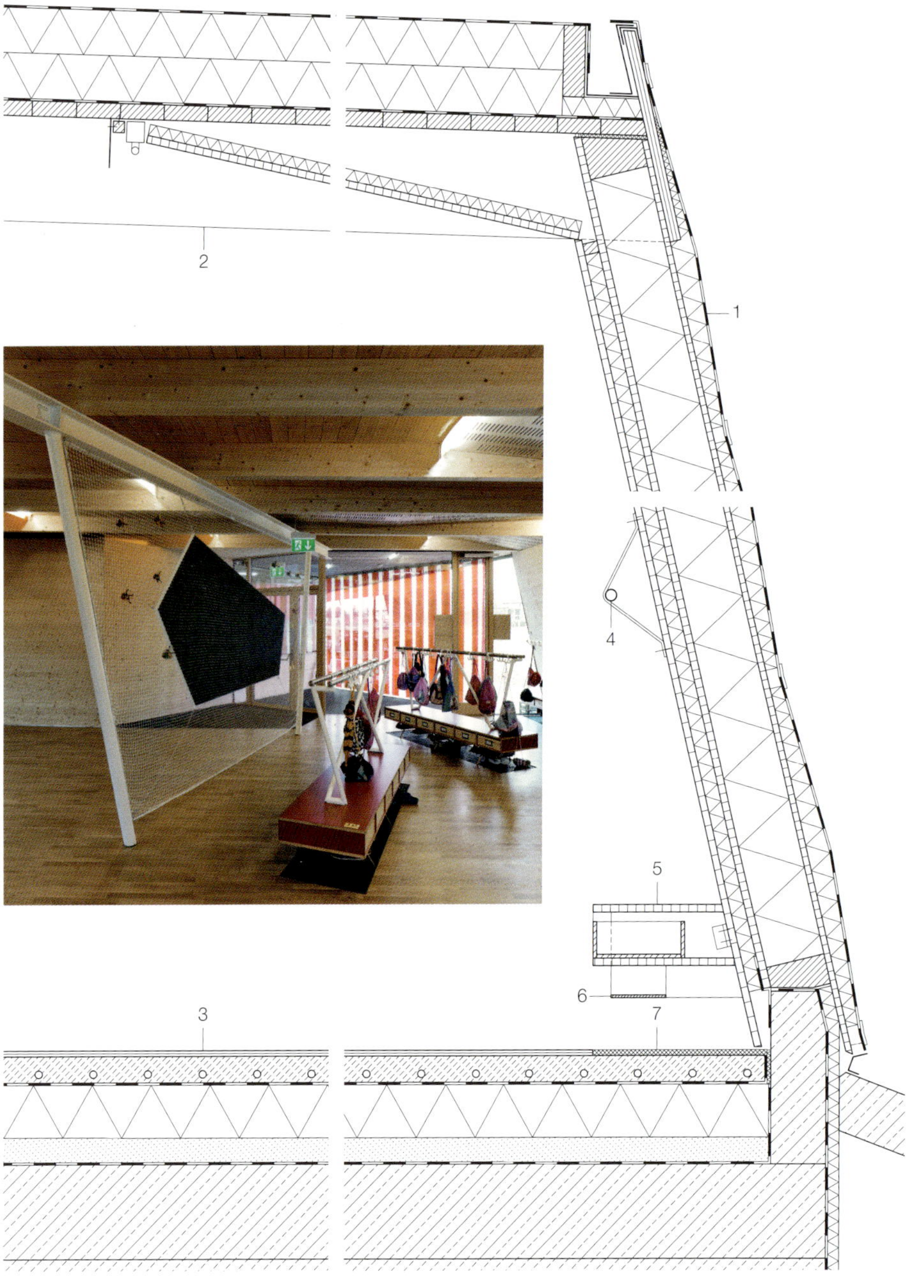

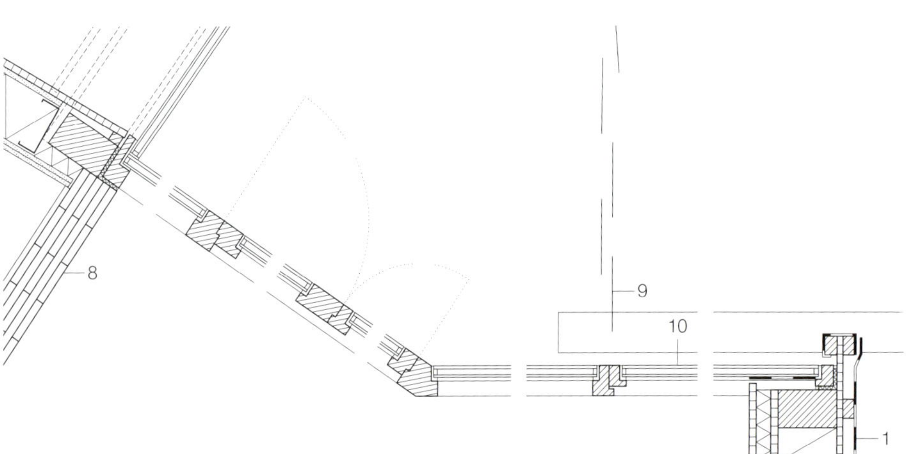

Anzahl Kinder / *No. of children*: 85
Alter / *Ages*: 6–10 Jahre / *6 to 10 years*
Anzahl Klassen / *No. of classes*: 5
Anzahl Lehrer / *No. of teachers*: 8
Mittagsbetreuungsplätze / *Places for afternoon care*: 12
Öffnungszeiten / *Opening hours*: 7.45–12.40
Mittagsbetreuung / *Afternoon care*: 11.30–17.00
Träger / *Client*: Orts- und Infrastrukturentwicklungs-KG Thermenort Gemeinde Bad Blumau
BGF Grundschule / *Gross floor area*: 1565 m²
Größe Klassenräume / *Size of classrooms*: 57–65 m²
Freifläche Grundschule / *Open area*: 7700 m²
Fertigstellung / *Completion date*: 2010
Baukosten brutto / *Gross construction costs*: 2,45 Mio. €

1 Dachabdichtung Kunststoffbahn UV-beständig, vlieskaschiert 10 mm, Dämmung / Vlies 40 mm OSB-Platte 16 mm, Holzständer 160 mm dazwischen Mineralwolle
OSB-Platte 20 mm dampfdicht verklebt
Lattung 40/50 mm, dazw HWL-Platte 35 mm
Dreischichtplatte geölt 19 mm
2 Sparren Brettschichtholz 120/280 mm dazw. Tischlerplatte Gabun geschlitzt 19 mm, Akustikvlies, Mineralwolle 30 mm
3 Stabparkett Eiche geölt 15 mm, Heizestrich 70 mm PE-Folie 0,2 mm, Wärmedämmung EPS 140 mm gebundene Schüttung 65 mm, Feuchtigkeitssperre 10 mm, Voranstrich, Bodenplatte 250 mm
4 Garderobenstange Edelstahlrohr ∅ 32 mm Bügel Flachstahl 40/4 mm
5 Sitzbank Holzwerkstoffplatte Melaminharz belegt 21 mm mit Vollholzeinleimer Erle
6 Schuhablage Edelstahlblech 2 mm
7 Gummimatte
8 Kreuzlagenholz Fichte geölt 100 mm, Gipfaserplatte 15 mm epoxidharzbeschichtet
9 Vorhang Windfang: Streifen Kunststoff rot bzw. transparent 200 mm
10 Isolierverglasung ESG 8 mm + SZR 16 mm + ESG 6 mm

1 UV-resistant plastic sealing layer with 10 mm quilted layer; 40 mm insulation / felt layer; 16 mm OSB 160 mm timber struts with mineral wool between 20 mm OSB with moisture-proof adhesive fixing 40/50 mm battens with 35 mm wood-wool between 19 mm three-ply laminated boarding, oiled
2 120/280 mm lam. timber beams with 19 mm grooved lam. gaboon sheeting between; acoustic felt; 30 mm mineral wool
3 15 mm oak block parquet, oiled; 70 mm screed with underfloor heating; 0.2 mm polythene; 140 mm expanded polystyrene thermal insulation; 65 mm bonded filling; 10 mm damp-proof layer; undercoat; 250 mm concrete floor
4 ∅ 32 mm stainless-steel tubular cloakroom rail with 40/4 mm steel-flat stirrup fixings
5 bench: 21 mm composite wood board with melamine-resin coating and with solid alder edging
6 shoe rack: 2 mm stainless-steel sheeting
7 rubber matting
8 100 mm cross-laminated softwood, oiled; 15 mm epoxy-resin-coated gypsum fibreboard
9 200 mm wide red / transparent plastic strips
10 8 mm + 6 mm toughened glass + 16 mm cavity

Kindertagesstätte in Sierre

Child Care Centre in Sierre

Architekten / *Architects*:
Giorla & Trautmann Architectes, Sierre

Seit die Crèche de l'Europe in Sierre eröffnet hat, ist das Stadtzentrum als Wohnsitz für Familien wieder attraktiver geworden. Frei wählbare Betreuungszeiten für über 600 Kinder aller Altersstufen zwischen drei Monaten und zwölf Jahren sowie ein pädagogisches Konzept, das eine größtmögliche Eigenständigkeit der Kinder zum Ziel hat, kommen den Wünschen vieler Eltern entgegen. Das nutzerfreundliche Angebot, das so selbstverständlich wirkt, ist Ergebnis einer besonders engagierten Zusammenarbeit zwischen Architekten und pädagogischer Leitung, die sich in der konsequenten architektonischen Haltung und dem maßgeschneiderten Raumprogramm widerspiegelt. Als bauliche Antwort auf die geforderte pädagogische Offenheit ermöglichen zwei Innenhöfe und drei innen liegende »Türme« mit Oberlichtern vielfältige Sichtbezüge und Durchblicke in alle Bereiche und Geschosse. Mittags können die Kinder die Zubereitung der Gerichte in der großen einsehbaren Küche mitverfolgen. Zum Toben und Spielen im Freien steht jeder Altersgruppe ein eigener gesicherter Außenbereich zur Verfügung: Bewegung hat neben Ernährung eine zentrale konzeptionelle Bedeutung. Die Architekten verzichteten auf eine vermeintlich kindgerechte organische Formensprache und Kleinmaßstäblichkeit zugunsten einer strengen, städtischen Atmosphäre mit Sichtbetonflächen und reduzierter Farbgebung, die die Kinder mit Leben und Individualität füllen. DETAIL 03/2013

Since the opening of the Crèche de l'Europe in Sierre, the town centre has acquired fresh attraction as a place for families to live. More than 600 children between the ages of three months and twelve years are looked after at the crèche. Important aspects for parents are the scope to choose the times when they want to use this facility and a pedagogic concept that aims to allow children a maximum degree of independence. This user-friendly offer, which seems so self-evident, is the outcome of a close collaboration between the architects and the educational administration. This is reflected in the systematic architectural approach and the bespoke spatial programme. As a constructional response to the open quality of the educational facilities defined in the brief, two courtyards and three internal "towers" with top lights were created that provide many visual links and perspectives in all areas and on all floors. At lunchtime, the children can watch the preparation of meals in the large open kitchen, and every age group has its own secure external realm for playing and letting off steam. As well as nutrition, exercise plays a central role in the concept. The architects rejected the idea of a supposedly child-oriented formal language and a small-scale, organic design concept in favour of a strictly urban atmosphere with exposed concrete surfaces and reduced colouration that can be filled with life and character by the children themselves.

Eine Stadt für Kinder –
Das architektonische Konzept

A Town for Children –
The Architectural Concept

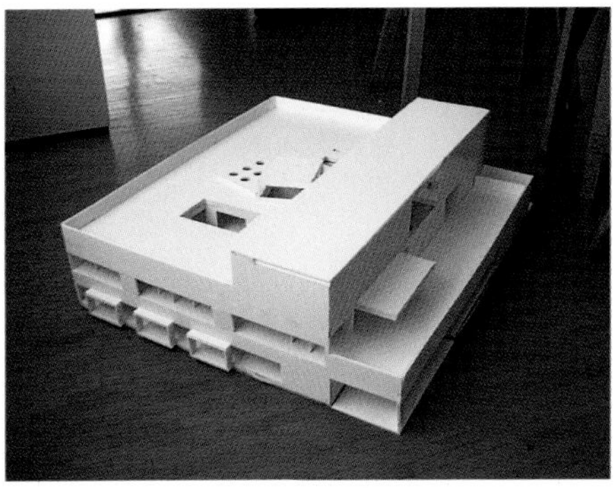

Ein bisschen Glück gehört zu jedem gelungenen Bauprojekt: Die Gemeinde Sierre im Wallis verfügte dank eines Förderprogramms des Bundes und besonders hoher Steuereinnahmen durch einen Lottogewinn über die Mittel, die dringend erforderliche, neue Kindertagesstätte umzusetzen. Ein engagierter pädagogischer Leiter erstellte ein maßgeschneidertes Programm und die Architekten trafen die mutige Entscheidung, sich über die Vorgaben der Stadt hinwegzusetzen. Die Gemeinde Sierre hatte 2004 einen Wettbewerb ausgeschrieben, der eine städtebauliche Neuordnung des Zentrums zum Ziel hatte und den Standort für die neue Kita innerhalb eines festgelegten Areals südlich des Bahnhofs vorsah. Die Architekten schlugen jedoch eine Platzierung direkt in der Ortsmitte vor, in unmittelbarer Nähe zu den Schulen und der Kinderbibliothek. Das Grundstück wurde zu diesem Zeitpunkt als Parkplatz genutzt und war bereits Eigentum der Gemeinde. Der Vorschlag traf auf so große Zustimmung, dass auf den Ankauf ein Direktauftrag folgte. Eine bereits bestehende Fußgängerbrücke verbindet das Gelände direkt mit dem Hof der benachbarten Grundschule, und durch geschickt geänderte Verkehrsführung wäre die Anzahl der Parkplätze gleich geblieben. Da zentrale Stellplätze ohnehin knapp waren, machte die Gemeinde jedoch den Vorschlag, eine mehrgeschossige Tiefgarage anzulegen und darüber einen öffentlichen, begrünten Platz zu gestalten. Die Zugänge zur Garage definieren die Platzkanten und bilden ein Tor zur Kindertagesstätte. In dem großen Sichtbetongebäude sind rund 620 Kinder gemeldet, wovon maximal 200 pro Tag gleichzeitig anwesend sind. Gemeinsam mit dem damaligen Leiter der Kindertagesstätte erarbeiteten die Architekten ein nutzerfreundliches Programm, bei dem Offenheit und Flexibilität im Mittelpunkt stehen. So können die Eltern je nach Bedarf die Aufenthaltszeiten ihrer Kinder frei wählen. 48 Betreuer kümmern sich zwölf Stunden täglich um Kinder zwischen drei Monaten und zwölf Jahren. Das Betreuungssystem erfordert eine komplexe Organisation mit variierenden Gruppeneinheiten und ist in drei Sektoren gegliedert: Im Erdgeschoss befindet sich neben Verwaltung und Speisesaal der Kindergarten für Zwei- bis Vierjährige, im ersten Obergeschoss die Krippe für Kinder zwischen drei und achtzehn Monaten und, räumlich getrennt, der Hort mit eigenem Eingang für Vorschul- und Schulkinder. Im zweiten Obergeschoss sind größere Einheiten wie Turnsaal und Mehrzweckraum, der auch als Speisesaal für die Hortkinder genutzt wird, untergebracht. Zwei Innenhöfe bringen Tageslicht in den tiefen Baukörper und liefern den Kindern räumliche Bezugspunkte: In einem Hof entstand ein Teich mit Goldfischen, im anderen ein kleiner Garten mit Schildkröten, die inzwischen pflegeleichteren Hasen weichen mussten. Als Herz und Verteiler des Baus dient ein gebäudehohes Atrium. Die Architekten stellten drei Kuben in unterschiedlichen Rottönen als »Häuser im Haus« in den Raum, die als Funktionsräume – Kinderküche, Theater- oder Leseraum und Werkstatt – von allen Gruppen genutzt werden können. Wie in einer kleinen Stadt umfließen Wege und Plätze die Kuben. Die räumliche Verknüpfung erlaubt Durchblicke in alle Richtungen, Bereiche und Geschosse. Oberlichter versorgen die Räume mit Tageslicht. In jedem Sektor sind den jeweiligen Gruppenräumen Sanitäreinheiten und offene Garderoben zugeordnet. Zwischen je zwei Krippenräumen kann Babynahrung in einer verglasten kleinen Kücheneinheit zubereitet werden, eigene Schlafräume sind integriert. Einen wesentlichen Teil des pädagogischen Konzepts stellen die den Sektoren zugeordneten Freiflächen dar: ein Garten für den Kindergarten, eine überdachte Terrasse für die Krippe und die Dachterrasse mit Blick auf die Bergkulisse für die Schulkinder. Den öffentlichen Platz vor der Kindertagesstätte nutzen vorwiegend die Hortkinder, die gerne in den plastisch gestalteten Sichtbetonlaibungen sitzen, aber auch die Kleineren planschen unter Aufsicht im Wasserbecken oder spielen zwischen den Bäumen auf dem Platz.

Lageplan Maßstab 1:5000
Site plan scale 1:5,000

In 2004, Sierre in the Valais held a competition for an urban reorganisation of the town centre, which also arranged for a new daycare complex. Roughly 620 children between the ages of three months and 12 years are registered there, whereby a maximum of 200 are present on any one day. On the ground floor is the kindergarten, together with the administration and refectory. On the first floor are the crèche and the care facilities for schoolchildren and preschool infants. Larger spatial units are housed on the second floor: a gym and a multipurpose space, which is also used as a canteen. The deep building volume is daylighted internally via two patios, and at the heart of the structure is a full-height atrium in which three cubes have been inserted, containing a children's kitchen, a theatre or reading room and a workshop. Circulation areas flow around the cubes like the streets and spaces of a small town. A further important element of the pedagogic concept are the outdoor areas: gardens for the kindergarten, a covered terrace for the crèche, and the roof terrace for the schoolchildren.

Maßgeschneiderte Nutzung – Ein Gespräch mit dem ehemaligen Direktor Jacques Zufferey

Tailor-Made for Use – An Interview with the Former Head, Jacques Zufferey

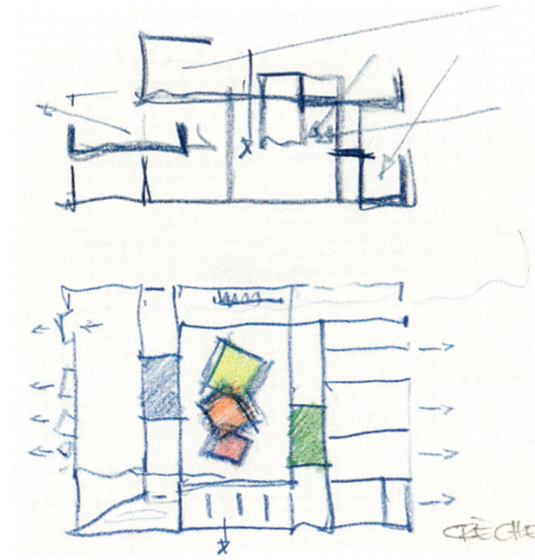

DETAIL: Wie hat sich die Kinderbetreuung in Sierre in den vergangenen Jahren entwickelt?
Jacques Zufferey: Hier im Wallis waren lange Zeit gar keine Krippen notwendig. Der Familienverbund war traditionell eng und die Großmütter betreuten die Kinder. Die Mütter waren meist nicht berufstätig. Das hat sich vor rund zehn Jahren abrupt geändert, die Nachfrage stieg spürbar an. Frauen wollen heute trotz Mutterschaft arbeiten und die Großeltern führen ihr eigenes Leben. Dieser gesellschaftliche Wandel erfordert ein anderes System. Deshalb haben wir 2001 die erste Krippe eröffnet, die an den Kindergarten angegliedert war. Wir hatten 60 Plätze vorgesehen, jeder neu angebotene Platz war sofort belegt. Zuletzt drängten sich dort etwa 100 Kinder, aber der Bedarf war noch lange nicht gedeckt.

DETAIL: Was war der planerische Ausgangspunkt für die neue Kita?
Zufferey: Die alte Einrichtung platzte aus allen Nähten, wir mussten ein Gebäude für mindestens 200 Kinder schaffen. Daher war die Größe maßgeblich. Die Kinder sollten sich dort gemeinsam aufhalten können, ohne sich in dem großen Haus allein zu fühlen, auch nicht bei sehr niedriger Belegung. Die Architektur muss wie ein Schwamm funktionieren, der sich jeder Situation anpasst. Dazu gehört auch, dass sich die Räume für Umnutzungen eignen, um auf wechselnde Anforderungen reagieren zu können.

DETAIL: Wie verlief die interdisziplinäre Zusammenarbeit im Planungsprozess?
Zufferey: Meine Aufgabe bestand darin, ein pädagogisch fundiertes Nutzungsprogramm zu erstellen, für Sicherheit zu sorgen und die Anbindung an die Schulen herzustellen. Um die Bedürfnisse der unterschiedlichen Altersstufen ganz genau zu erfassen, habe ich mit Erziehern aus allen Bereichen zusammengearbeitet und zum Vergleich auch andere Einrichtungen besucht. Außerdem hatte ich von Anfang an sehr engen Kontakt zu den Architekten, wir haben jede Entscheidung miteinander besprochen. Dieses gegenseitige Vertrauensverhältnis war sehr fruchtbar. Mir ging es ausschließlich darum, dass das Gebäude zum pädagogischen Konzept passt, in die architektonische Ausarbeitung habe ich mich nicht eingemischt.

DETAIL: Gibt es eine räumliche Durchmischung der unterschiedlichen Altersstufen?
Zufferey: Wir haben die Einrichtung in drei Sektoren aufgeteilt: Krippenkinder bis achtzehn Monate, Kindergartenkinder bis zu vier Jahre und Vorschul- und Schulkinder bis zu zwölf Jahre. Es gibt also drei Kategorien, die ganz unterschiedliche Anforderungen erfüllen müssen, um sinnvoll pädagogisch arbeiten zu können. Innerhalb dieser müssen wiederum räumliche Unterteilungen möglich sein. Die Krippenräume verfügen beispielsweise über zwei Zonen, um Kinder, die schon krabbeln können, von den kleineren zu trennen, aber zugleich einen progressiven Übergang zuzulassen. Solche verschachtelten Systeme funktionieren generell sehr gut: kleine Einheiten, die jeweils größeren Einheiten untergeordnet sind, wie eine russische Puppe. Die größte Einheit ist die Kindertagesstätte, darunter die Sektoren, darunter die Gruppen, die flexibel strukturiert werden können. Auf diese Art entstehen Synergien, das spart Kosten. Bei niedriger Belegung brauchen wir dadurch weniger Personal, da wir kleine Gruppen zu größeren Einheiten zusammenfassen können.

DETAIL: Die Größe ist also eine wirtschaftliche Entscheidung?
Zufferey: Ja, aber es gibt eine kritische Grenze. Eine große Struktur bringt Vorteile durch Synergien, aber ab einem gewissen Umfang wird die Organisation unübersichtlich. Für mich ist mit der neuen Kita die maximale Gebäudegröße erreicht. Sie kann Bestandteil eines dezentralen Netzes von angegliederten Strukturen sein, z. B. der nahe gelegenen Schulen. Das gleiche gilt für die Küche. Wir haben sie so konzipiert, dass wir auch Speisen an andere Krippen und Schulen liefern können. Hier entstehen ca. 300 Gerichte am Tag.

aa

bb

Für weitere Synergien sorgt die Verwaltung, die sich auch um die Kindergärten der umliegenden Dörfer kümmert.

DETAIL: Wie sind die völlig flexiblen Betreuungszeiten organisatorisch zu bewältigen?
Zufferey: Die flexible Betreuung ist eine Antwort auf die Wünsche der Eltern und stand nie infrage. Das Angebot muss auf die Bedürfnisse eingehen, nicht umgekehrt. Für die Entwicklung der Kinder ist es nicht förderlich, wenn sie aufgrund eines unflexiblen Systems länger als nötig in der Kita sein müssen oder die Eltern zeitlich überfordert sind. Die Aufenthaltszeiten der Kinder müssen natürlich im Jahresplan festgelegt sein, damit immer genügend Personal zur Verfügung steht und die Gruppe nicht gerade einen Spaziergang macht, wenn die Eltern kommen, um ihr Kind abzuholen. Die Eltern können die Zeiten auch innerhalb des Jahres ändern, wenn sie einen Monat vorher Bescheid geben. Trotz freier Belegung sind nie mehr als 200 Kinder anwesend. Ein Platz entspricht ungefähr drei Kindern, die das Angebot nutzen.

DETAIL: Welche Anforderungen gelten jeweils für die Altersgruppen?
Zufferey: Die Kinder haben sehr unterschiedliche Bedürfnisse, auf die wir reagieren müssen. Für die ganz Kleinen, die noch nicht laufen können, mussten wir eine sichere, behütete, »weichere« Umgebung schaffen. Der Fußboden spielt eine große Rolle, da sich die Kinder vorwiegend dort aufhalten. Schwerpunkte der Betreuung sind Ernährung und Pflege. Dafür muss es eine separate Küche geben, die den Gruppenräumen direkt angegliedert ist, sowie Sanitärräume mit Wickelvorrichtungen. Die Kinder schlafen viel, daher braucht jede Gruppe einen eigenen Schlafraum. Bei den Älteren ist das Schlafbedürfnis geringer, die Mobilität dafür größer. Die Nutzungsanforderungen wechseln ständig, daher sollten deren Räume sehr flexibel sein: Ein Raum, der tagsüber ein Ort der Aktivität ist, muss sich mittags sehr schnell in einen Schlafsaal verwandeln lassen. Für die Schulkinder ist vor allen Dingen die Autonomie wichtig. Sie sollten die Möglichkeit haben, sich in eine Ecke zurückzuziehen oder mit den anderen zu spielen. Die Architektur muss ihnen dabei helfen, selbstständig zu werden. Nach den vielen Stunden, die sie in der Schule stillsitzen müssen, haben sie einen starken Bewegungsdrang und sollten daher mehrere Räume nutzen können. Die Gruppenräume sind in ihrem Bereich über Schiebetüren koppelbar.

DETAIL: Sind alle Freiflächen den unterschiedlichen Sektoren fest zugeordnet?
Zufferey: Die Optimierung der Freiflächen war ein wichtiger Teil des Konzepts. Jeder Sektor verfügt über einen eigenen gesicherten Außenbereich. Im Erdgeschoss haben die Kindergartenkinder von jedem Gruppenraum aus direkten Zugang zum Garten. Den öffentlichen Platz auf der anderen Seite nutzen vorwiegend die Hortkinder, die vom Hof der gegenüberliegenden Schule über eine Fußgängerbrücke auf das Gelände der Kita gelangen. Im ersten Oberschoss können die Krippenkinder auf der überdachten Terrasse spielen, die besonders viele Sicherheitsaspekte erfüllen muss. Und ganz oben können sich die Hortkinder auf der Dachterrasse austoben.

DETAIL: Welche Funktionen erfüllen die gemeinsam genutzten Zonen?
Zufferey: Das zentrale Atrium war eine Idee der Architekten, die sehr gut zu meinem Anliegen nach Offenheit und Vernetzung gepasst hat, da Durch- und Einblicke entstehen und alle Bereiche aufeinandertreffen. Alle Korridore sind zugleich Bewegungs- und Lebensräume. Hier gehen die Kinder mit ihren Eltern spazieren, sehen nach den Tieren in den Innenhöfen. Der Speisesaal ist ebenfalls so ein Ort des Treffens. Die Küche liegt direkt am Eingang, ist offen, die Kinder

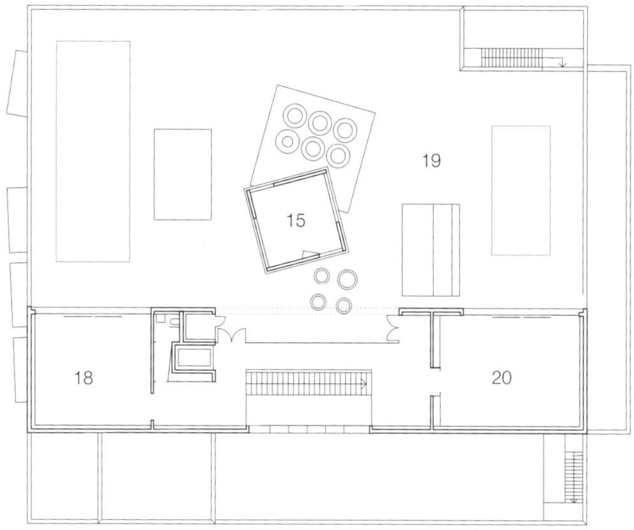

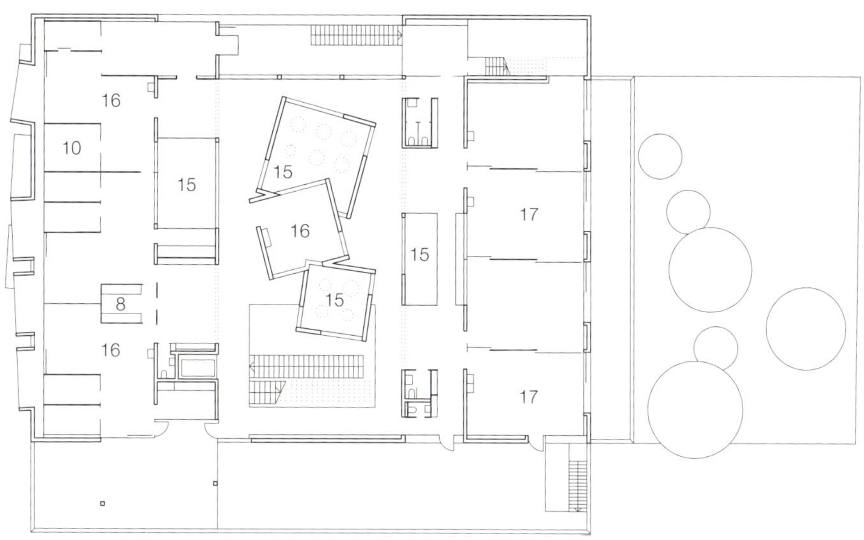

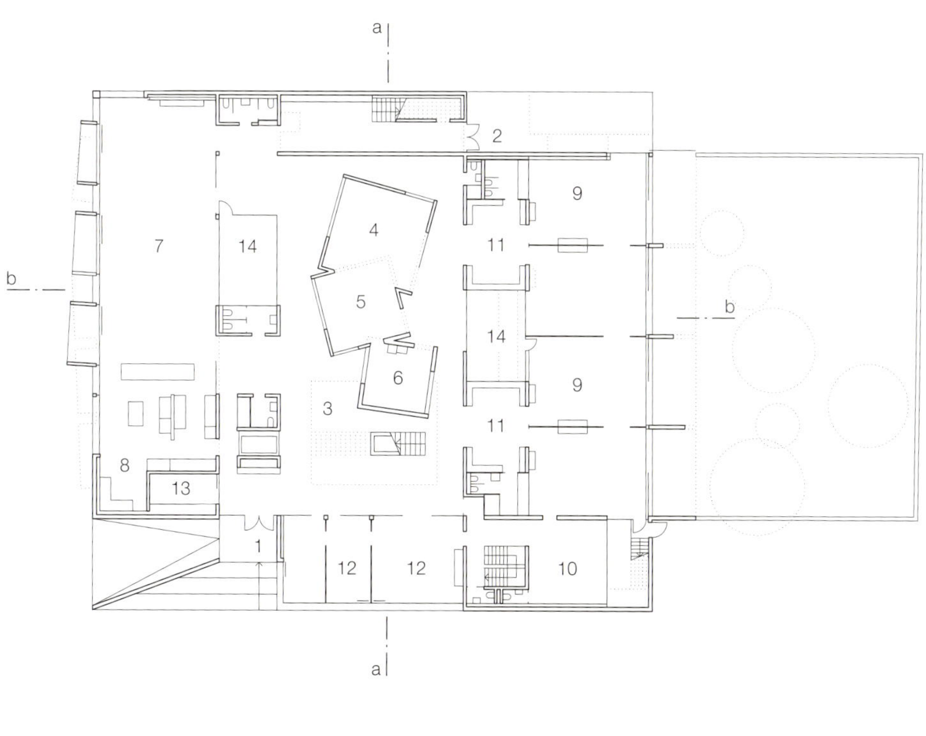

Schnitte • Grundrisse Maßstab 1:500	*Sections • Floor plans* *scale 1:500*
1 Haupteingang	*1 Main entrance*
2 Eingang Hort	*2 Day-care entrance*
3 Halle/Foyer	*3 Hall/Foyer*
4 Malwerkstatt	*4 Painting studio*
5 Theater-/Leseraum	*5 Theatre/Reading room*
6 Kinderküche	*6 Children's kitchen*
7 Speisesaal	*7 Refectory*
8 Küche	*8 Kitchen*
9 Gruppenraum Kindergarten	*9 Kindergarten group room*
10 Ruhe-/Schlafraum	*10 Relaxation room/Sleeping space*
11 Garderobe	*11 Cloakroom*
12 Verwaltung	*12 Administration*
13 Abstellraum Kinderwagen	*13 Store for prams*
14 Lichthof	*14 Light well*
15 Luftraum	*15 Void*
16 Gruppenraum Krippe	*16 Crèche group room*
17 Gruppenraum Hort	*17 Day-care group room*
18 Gemeinschafts-raum	*18 Communal space*
19 Terrasse/Spielhof	*19 Roof terrace/Playground*
20 Turnraum	*20 Gym*

können bei der Zubereitung der Gerichte zusehen. Auch vom Koch oder Hausmeister können sie etwas lernen – beobachten, interagieren, nachfragen. Wir haben alle Bereiche sehr transparent organisiert, damit es möglichst viel Austausch gibt.

Detail: Welche Art von Vernetzung besteht zwischen den getrennten Bereichen?
Zufferey: Jeder Gruppenbereich ist zugleich räumlich abgegrenzt und bietet die Möglichkeit zur Verbindung. Genauso ist es mit den Sektoren. Die Krippe befindet sich im gleichen Geschoss wie der Hort, ist aber unabhängig organisiert. Dennoch können sich die Kinder visuell austauschen. Gerade Veranstaltungen führen alle Bereiche zusammen. Die großen Kinder können auch jederzeit den Kleinkindbereich betreten, sollten sich aber bewusst sein, dass sie eine Schranke überschreiten, hinter der andere Gesetze herrschen.

DETAIL: What developments has childcare in Sierre witnessed in recent years?
Jacques Zufferey: In response to the changes that have taken place in the family and society, we opened our first crèche in 2001, which was attached to a kindergarten. Sixty places were provided, but they were all immediately taken, and in the end, the establishment was bursting at the seams. We had to create a building for at least 200 children of different ages. Size was an important factor, therefore. The complex is divided into three sections: a crèche for children up to 18 months; a kindergarten for children up to the age of four; and an area for preschool children and for schoolchildren up to 12 years of age.

DETAIL: How did you organise the flexible care times, and what constraints apply to the various age groups?
Zufferey: Flexible care is a response to the wishes of parents. In spite of freely determinable care times, though, there are never more than 200 children present. The children have quite different needs. For the very young ones who are not yet able to walk, we had to create a sheltered, "softer" environment. The floor plays a major role in that respect, because it's where the children spend most of their time. Important aspects of the care we provide are nurture and nutrition, for which a separate kitchen was required, directly attached to the group rooms. The same applies to sanitary spaces and changing facilities for babies; and every group in the crèche has its own sleeping room. Older children, on the other hand, are more active and need less sleep. After sitting still at school for hours, they have a strong urge to move about. For them, independence is important, and the architecture should help them achieve this. But user requirements are constantly changing, so that the spaces have to be extremely flexible. Every section has its own protected external area. On the ground floor, children in the kindergarten have direct access to the garden. The open space on the other side is used mainly by day-care children, who come to the centre from the school opposite via a pedestrian bridge. The crèche children on the first floor can play on the covered terrace. And right at the top of the building, day-care children can let off steam on the roof terrace. The idea of a central atrium came from the architects and fitted in very well with my wish for a sense of openness and interrelationships. The corridors are living realms as well as spaces for movement and activity. Another meeting place is the refectory. The open kitchen is located next to the entrance, and children can watch meals being prepared there. They can learn things through observation, interaction, asking questions. We organised all areas in a very transparent form, so that a great deal of exchange takes place. Each group area is spatially discrete, yet offers scope for the creation of links. Special events, in particular, bring all realms together. The older children can enter the infants' area whenever they wish, but they should also be aware that they are crossing a lin, beyond which different rules apply.

Die Bewährungsprobe – Ein Gespräch mit der Direktorin Nathalie Epiney

Put to the Test – An Interview with the Head of the Child Care Centre, Nathalie Epiney

DETAIL: Kinder von Krippe bis Hort unter einem Dach: Ist das in der Schweiz üblich?
Nathalie Epiney: Ja, es gibt hier einige sehr große Kindertagesstätten. Die Einrichtungen sind üblicherweise in Sektoren aufgeteilt, aber nur selten in unterschiedlichen Gebäuden untergebracht. Auch die Betreuung der Grundschulkinder, die zu den Mahlzeiten in die Kita kommen oder Hausaufgaben machen, ist gängig.

DETAIL: Wie »schulisch« ist der Tagesablauf, gibt es einen Stundenplan mit Unterricht?
Epiney: Nein, es gibt keinen Unterricht, aber einen streng strukturierten Tagesplan. Alle Aktivitäten sind organisiert und im zeitlichen Rahmen festgelegt: Spaziergänge, Schlaf- und Essenszeiten oder Lese-, Spiel- und Sportstunden. Vorschul- und Schulkinder, die außerhalb der Unterrichtszeiten kommen, sind eigenständiger, wir unterstützen sie nur auf ihrem Weg zur Selbstständigkeit. In den drei Sektoren nimmt die Anzahl der Betreuer mit zunehmendem Alter der Kinder ab. In der Krippe kümmert sich eine Betreuerin um drei Kinder. Im Hort muss sie dagegen rund zwölf Kinder im Auge behalten.

DETAIL: Wie sollte die Architektur auf die Bedürfnisse der Altersstufen reagieren?
Epiney: Wir ziehen eine flexible Möblierung einer »Kinderarchitektur« vor. Mit mobilen Einbauten können die Betreuer Nischen und Anregungen zum Spiel entstehen lassen. Die Kinder sollen sich an die Welt der Erwachsenen gewöhnen, in der sie zu Hause zurechtkommen müssen. Nur die Größe der Toiletten, Waschbecken und Garderoben sind aus Sicherheitsgründen angepasst.

DETAIL: Erlaubt die Raumakustik trotz der Sichtbetonflächen eine störungsfreie Nutzung?
Epiney: Die Akustik funktioniert ausgezeichnet, der Lärmpegel ist auch bei hoher Belegung niedrig. Das Atrium trennt die unterschiedlichen Sektoren voneinander und die Deckenverkleidung schluckt den Schall in den Gruppenräumen. Vor Kurzem haben wir eine Sicherheitsübung durchgeführt und in einigen Räumen waren tatsächlich die Sirenen nicht zu hören. Da aber die Betreuer mobil vernetzt sind, hat die Evakuierung dennoch gut geklappt.

DETAIL: Haben Sie im Verlauf der Nutzung Änderungen vorgenommen?
Epiney: Am Eingangsbereich haben wir zusätzlich eine Rezeption eingerichtet, damit uns kein Kind entwischt. Die Anzahl der Hortkinder ist stark gestiegen, daher haben wir im Obergeschoss den Medienraum zum Speisesaal umgenutzt. In Stoßzeiten können wir die Turnhalle der benachbarten Grundschule nutzen oder wir weichen auf einen Raum im Kindertheater nebenan aus.

DETAIL: Was vermissen Sie in der Kita?
Epiney: Wir haben leider keinen öffentlichen Spielplatz für die Kita. Die Kinder haben die Baumgruppe zum Spielen oder sie sitzen in den Fensternischen, außerhalb des Kindergartenbereichs im öffentlichen Stadtgarten.

DETAIL: What is striking about this centre?
Nathalie Epiney: In Switzerland, it's quite usual to accommodate children from the crèche to after-school care in a single building. Preschool and primary-school children, who come outside lessons for meals or to do their homework, are more independent. We merely help them become self-sufficient.
We prefer movable furnishings. They allow the staff to create corners for children to play. The acoustics are excellent. The various sections are separated by the atrium, and in the group rooms, the soffit cladding absorbs sound. There's been a great increase in the number of children in after-school care. That's why we converted the media space into a dining room. At busy times, we can also use spaces in neighbouring buildings. What we miss is a proper playground. The forecourt was simply planted – for financial reasons. There's just a group of trees where children can play, or they can sit in the window recesses.

Vertikalschnitt Westfassade
Maßstab 1:20

Vertical section through west facade
scale 1:20

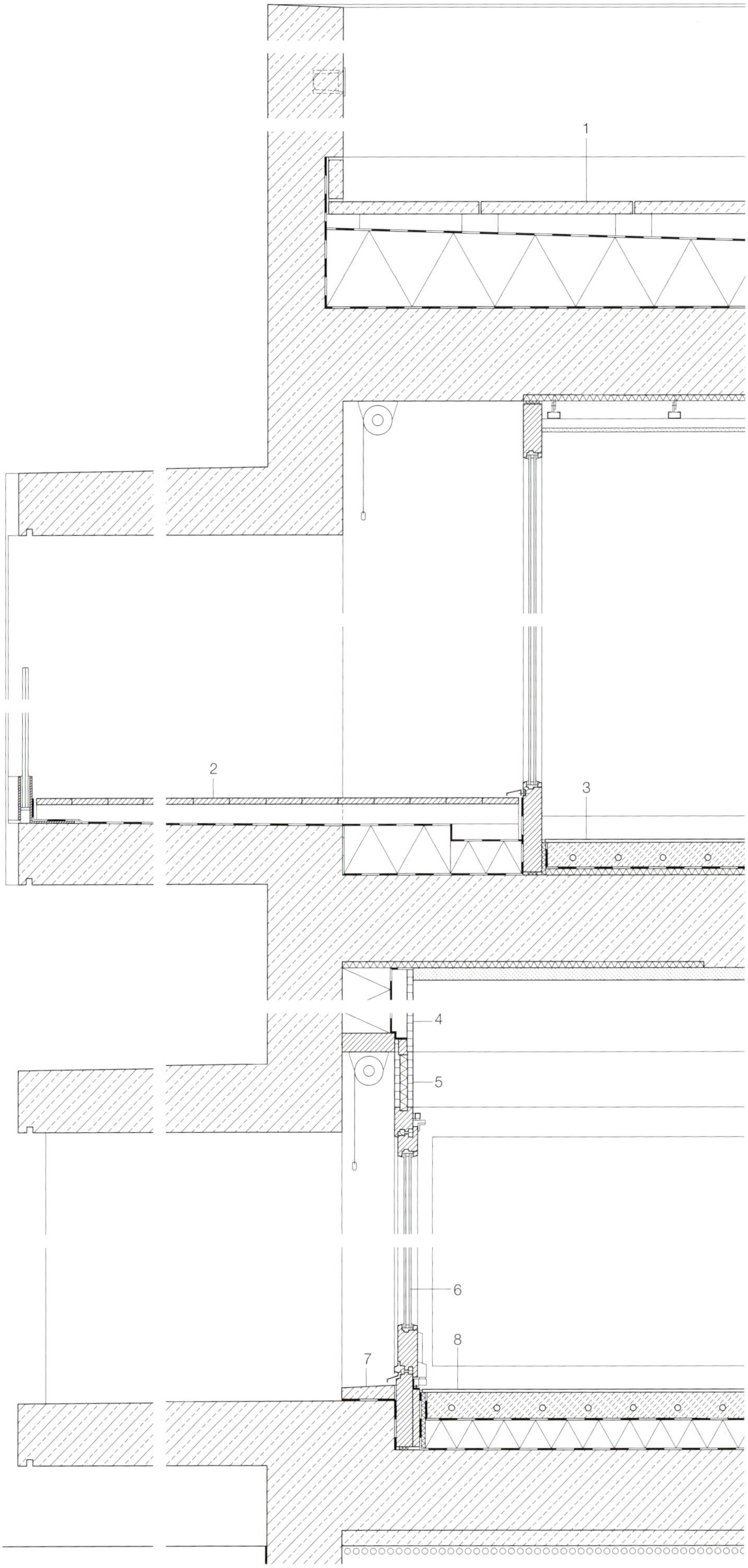

1 Betonplatte 40 mm
Stelzlager XPS 20–170 mm
Dichtungsbahn Bitumen zweilagig
Gefälledämmung EPS 140–290 mm
Dampfsperre
Stahlbetonplatte 300 mm
Wärmedämmung XPS 20 mm
Abhängdecke Gipskarton 10 mm
2 Diele Ipe 20 mm
Lattung 40–50 mm
Kautschukbahn recycelt
Dichtungsbahn Bitumen zweilagig
Stahlbetonplatte im Gefälle
190–200 mm
3 Parkett 10 mm
Zementunterlagsboden mit Heizung
80 mm
Kunststoffbahn
Trittschalldämmung 20 mm
Stahlbetondecke 300 mm
Wärmedämmung XPS 20 mm
Akustikplatte Mineralwolle mit
schallabsorbierender Oberfläche
30 mm
4 MDF-Platte gestrichen 20 mm
Lattung 55 mm
Dampfsperre
5 Holzpaneel, gedämmt, feuchtigkeitsbeständig gestrichen
6 Isolierverglasung ESG 8 mm +
SZR 14 mm + ESG 8 mm
7 Betonfertigteil weiß 30–40 mm
Dichtungsbahn mit Splittbelag
8 Parkett 10 mm
Zementunterlagsboden mit Heizung
85 mm
Kunststoffbahn
Wärmedämmung 90 mm
Dichtungsbahn
Stahlbetonplatte 260 mm
Sauberkeitsschicht 50 mm
Kies 300 mm

1 40 mm concrete slabs
20–170 mm extruded polystyrene point bearers
two-layer bituminous seal
140–290 mm expanded polystyrene insulation to falls
vapour barrier
300 mm reinforced concrete roof
20 mm extruded polystyrene thermal insulation
10 mm plasterboard suspended soffit
2 20 mm ipê boarding
40–50 mm battens
recycled rubber layer
two-layer bituminous seal
190–200 mm reinforced concrete to falls
3 10 mm parquet
80 mm cement and sand screed with underfloor heating; plastic membrane
20 mm impact-sound insulation
300 mm reinforced concrete floor
20 mm extruded polystyrene thermal insulation
30 mm mineral-wool acoustic soffit with sound-absorbing surface
4 20 mm MDF slab, painted
55 mm battens; vapour barrier
5 wooden panel with insulating layer and moisture-proof painted finish
6 double glazing: 2× 8 mm toughened glass + 14 mm cavity
7 30–40 mm white precast concrete sill; sealing layer with chippings
8 10 mm parquet
85 mm cement and sand screed with underfloor heating; plastic membrane
90 mm thermal insulation
sealing layer
260 mm reinforced concrete floor
50 mm blinding layer
300 mm bed of gravel

Anzahl Kinder / *No. of children*: 226 (38 Krippe / *Crèche* + 78 Kindergarten + 110 Hort / *Day care*)
Alter / *Ages*: 3 Monate – 12 Jahre / *3 months to 12 years*
Anzahl Gruppen / *No. of groups*: 9 (3 Krippe / *Crèche* + 5 Kindergarten + 1 Hort / *Day care*)
Anzahl Betreuer / *No. of staff*: 48
Öffnungszeiten / *Opening hours*: 6.45 – 18.45
Träger / *Client*: Stadt Sierre / *Municipality of Sierre*
Grundstücksgröße / *Area of site*: 3300 m²
bebaute Fläche / *Building footprint*: 1300 m²
BGF / *Gross floor area*: 2482 m²
Größe Gruppenräume / *Size of group rooms*: 730 m² (Krippe / *Crèche*), 390 m² (Kindergarten)
Freifläche Garten / *Garden area*: 440 m²
Freifläche Terrasse 1. OG / *First floor terrace area*: 240 m²
Freifläche Dachterrasse / *Roof terrace area*: 650 m²
Freifläche öffentlich / *Open area*: 1560 m²
Fertigstellung / *Completion date*: 2008
Baukosten brutto / *Gross construction costs*: 9,9 Mio. CHF

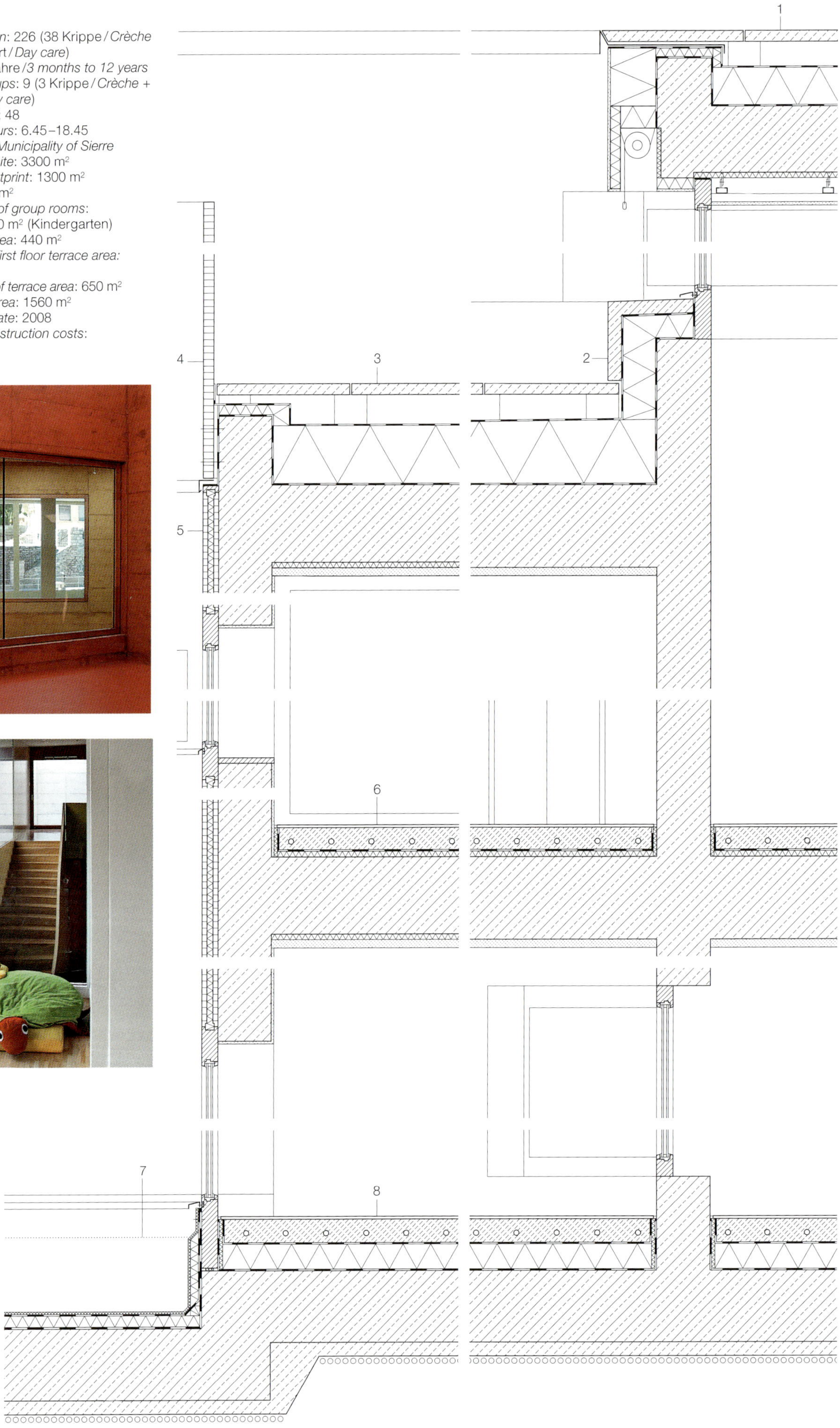

Vertikalschnitt
Maßstab 1:20

1 Betonplatte 40 mm
Stelzlager XPS 20–170 mm
Dichtungsbahn Bitumen zweilagig
Gefälledämmung EPS 140–290 mm
Dampfsperre
Stahlbetonplatte 300 mm
Wärmedämmung XPS 20 mm
Abhängdecke Gipskarton 10 mm
2 Stahlbetonfertigteil L-förmig 40 mm
3 Betonplatte 40 mm
Stelzlager XPS 20–170 mm
Dichtungsbahn Bitumen zweilagig
Gefälledämmung EPS 140–290 mm
Dampfsperre
Stahlbetonplatte 300 mm
Wärmedämmung XPS 20 mm
Akustikplatte Mineralwolle mit schallabsorbierender Oberfläche 30 mm
4 Sperrholzplatte lackiert 40 mm
5 Holzpaneel mit PU-Dämmkern, feuchtigkeitsbeständig gestrichen
6 Parkett 10 mm
Zementunterlagsboden mit Heizung 80 mm Kunststoffbahn
Trittschalldämmung 20 mm
Stahlbetondecke 300 mm
Wärmedämmung XPS 20 mm
Akustikplatte Mineralwolle mit schallabsorbierender Oberfläche 30 mm
7 Wasserbassin 250 mm
Dichtungsbahn verschweißt
Trennlage
Dichtungsbahn zweilagig verklebt
Dämmung EPS 40 mm
Dampfsperre
Bodenplatte 260 mm
Sauberkeitsschicht 50 mm
Kies 300 mm
8 Parkett 10 mm
Zementunterlagsboden mit Heizung 85 mm
Kunststoffbahn
Wärmedämmung 90 mm
Dichtungsbahn
Stahlbetonplatte 260 mm
Sauberkeitsschicht 50 mm
Kies 300 mm

Vertical section through west facade
scale 1:20

1 40 mm concrete slabs
20–170 mm extruded polystyrene point bearers
two-layer bituminous seal
140–290 mm expanded polystyrene insulation to falls
vapour barrier
300 mm reinforced concrete roof
20 mm extruded polystyrene thermal insulation
10 mm plasterboard suspended soffit
2 40 mm precast concrete L-shaped kerb
3 40 mm concrete slabs
20–170 mm extruded polystyrene point bearers
two-layer bituminous seal
140–290 mm expanded polystyrene insulation to falls; vapour barrier
300 mm reinforced concrete roof
20 mm extruded polystyrene thermal insulation
30 mm mineral-wool acoustic soffit with sound-absorbing surface
4 40 mm plywood sheeting, painted
5 wood panel with polyurethane insulating core and moisture-proof painted finish
6 10 mm parquet
80 mm cement and sand screed with underfloor heating; plastic membrane
20 mm impact-sound insulation
300 mm reinforced concrete floor
20 mm extruded polystyrene thermal insulation
30 mm mineral-wool acoustic soffit with sound-absorbing surface
7 250 mm pool of water
heat-sealed membrane; separating layer
two-layer seal, adhesive fixed
40 mm expanded polystyrene insulation
vapour barrier
260 mm reinforced concrete slab
50 mm blinding layer
300 mm bed of gravel
8 10 mm parquet
85 mm cement and sand screed with underfloor heating; plastic membrane
90 mm thermal insulation sealing layer
260 mm reinforced concrete floor
50 mm blinding layer
300 mm bed of gravel

projektbeispiele
case studies

Spiel- und Schlafmöbel

Furnishing Unit for Sleep and Play

Architekten / *Architects*:
h2o architectes, Paris
Charlotte Hubert, Jean-Jaques Hubert,
Antoine Santiard

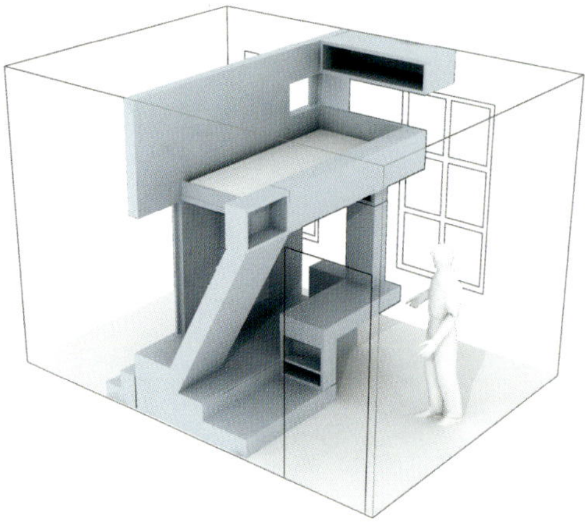

In einer Wohnung im 10. Pariser Arrondissement sollte das Kinderzimmer in zwei Bereiche unterteilt werden. Anstelle einer Trennwand platzierten die Architekten in der Mitte des Zimmers ein Einbauelement, das Raumteiler, Hochbett und Spielmöbel zugleich ist. Das raumhohe, 2,96 × 1,28 m große und komplex gestaltete Möbel bildet an der Rückfront eine nahezu glatte Wandfläche, an der Vorderseite lädt es mit Tisch, Regalen, Nischen, Treppe und Sitzstufen zum Klettern, Malen oder sich Verstecken ein. Sind die integrierten Schiebetüren geschlossen, entsteht in der rückwärtigen Raumzone ein Schlafbereich für das jüngere Kind, während die ältere Tochter auf der anderen Seite spielen kann. Fächer und Borde nehmen Bücher und Spielsachen auf und auch der Sockel dient als Stauraum: hier sind mit Klappen verschließbare Truhen eingelassen. Das Möbelelement ist aus 20 mm starken MDF-Platten auf einer Unterkonstruktion aus Kanthölzern gefertigt, vor Ort zusammengesetzt und verschraubt. Die Konstruktion ist selbsttragend und selbstaussteifend, die Bettfläche liegt auf der Treppe und den als Stützen konzipierten Regalen auf. An Decke und Boden befestigt, kann das Möbel problemlos wieder ausgebaut werden. Der seidenmatte Anstrich in hellem Graublau verleiht ihm elegante Leichtigkeit und bildet eine dezente Folie für die farbenfrohe Kinderwelt. DETAIL 04/2010

To divide the children's room in a Paris flat into two areas, the architects inserted a furnishing unit that forms a partition and incorporates a raised bed and play facilities. The room-height element is 2.96 × 1.28 m on plan and has a virtually flat rear face, whereas the front, with a table, shelves, steps for sitting, storage recesses and stairs, can be used for climbing, hiding away, painting and other activities. When the sliding doors are closed, the younger child can sleep in the space to the rear, while the older daughter can continue to play on the other side. The unit consists of 20 mm medium-density fibreboard on a timber-frame construction. Fixed to floor and ceiling, it can be simply removed as required.

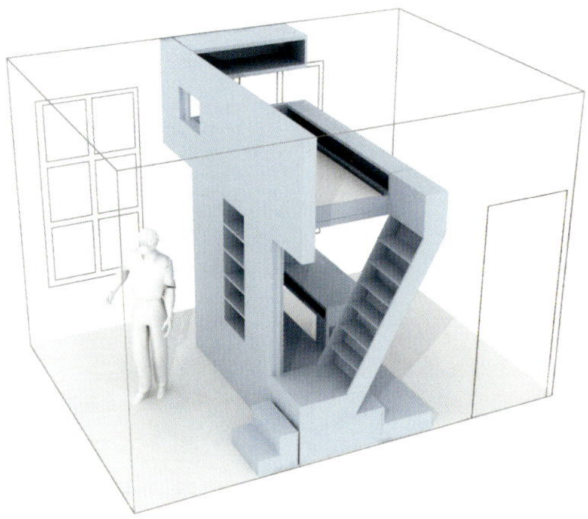

Schnitte • Grundriss
Maßstab 1:50

1 Wand Bestand
2 Spieltisch
3 Hochbett
4 Stauraum

Sections • Plan
scale 1:50

1 Existing wall
2 Play table
3 Raised bed
4 Storage space

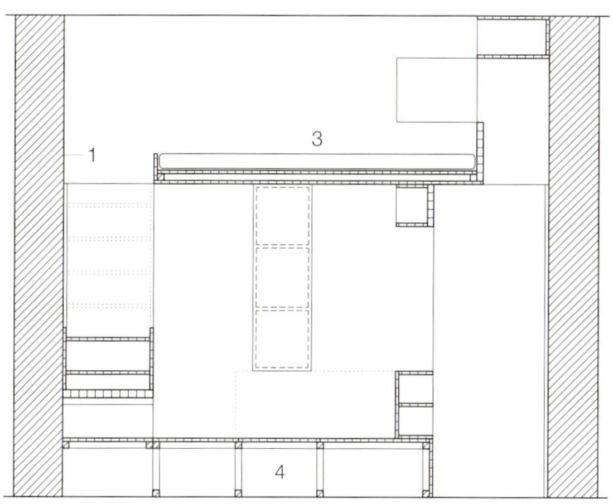

aa

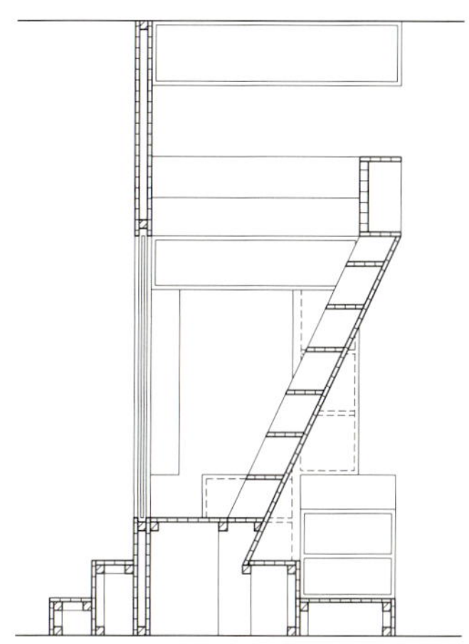

bb

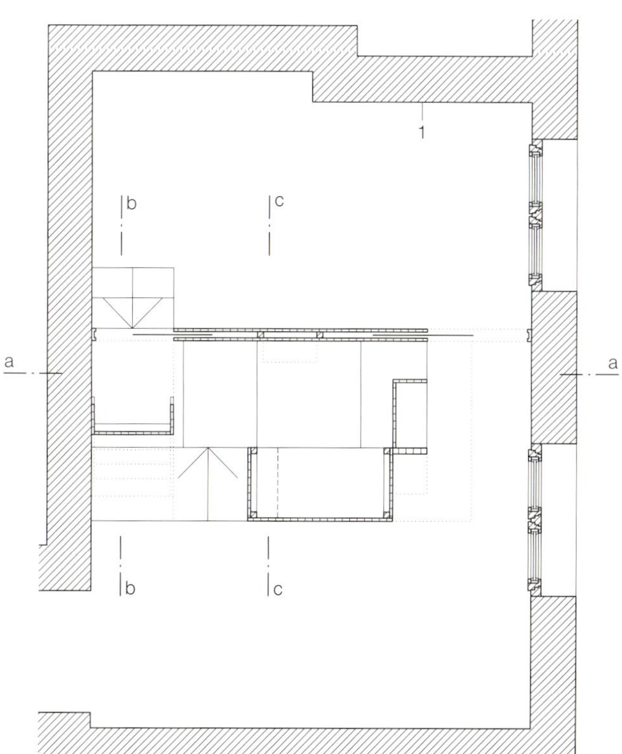

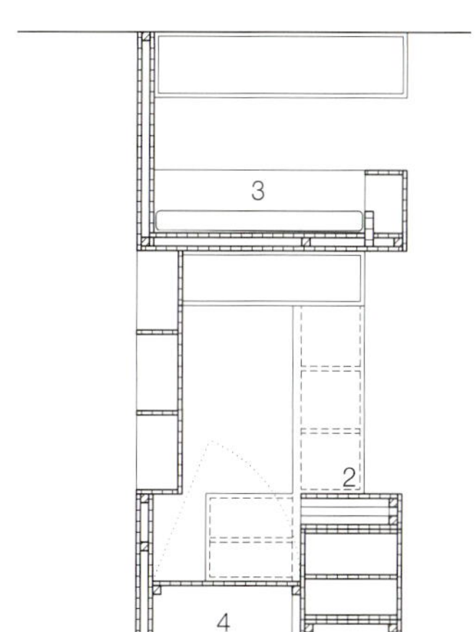

cc

Spielhaus für Kinder in Bonneuil-sur-Marne

Children's Playhouse in Bonneuil-sur-Marne

Architekten / *Architects*:
LAN Architecture, Paris
Umberto Napolitano, Benoit Jallon
Tragwerksplaner / *Structural engineers*:
Cabinet MTC, La Varenne-Saint-Hilaire

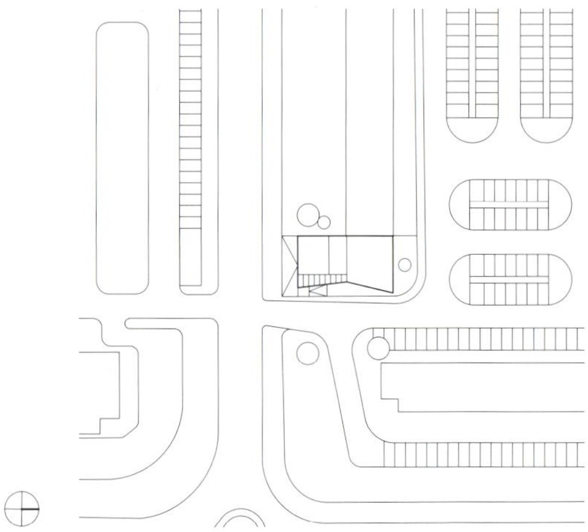

Inmitten einer Hochhaussiedlung des sozialen Wohnungsbaus in einem Vorort im Südosten von Paris steht das neue Spielhaus. Die Gemeinde wünschte sich einen öffentlich nutzbaren Ort als Anziehungspunkt für diese Gegend: In einem unauffälligen zweigeschossigen 1960er-Jahre-Gebäude sollte ein Treffpunkt zum Spielen für Kinder entstehen. Trotz des schmalen Budgets und den gegensätzlichen Anforderungen, gleichzeitig offen und introvertiert zu sein, gelang den Architekten eine unkonventionelle Antwort auf diese Bauaufgabe: Eine neue Hülle aus Sichtbeton stülpt sich über den Bestand und verleiht dem Gebäude durch ihre kraftvolle Außenwirkung mit wenigen Öffnungen die nötige starke Präsenz, die dieser öffentliche Ort braucht. Gleichzeitig entsteht ein geborgener Raum für Kinder. Durch die skulpturale Außenhaut – bestehend aus einer freitragenden, teilweise gefalteten Betonkonstruktion – bilden sich verschiedenartige Raumformen. Ein großzügiger hoher Eingangsbereich öffnet sich im neu entstandenen Zwischenraum; durch Oberlichter fällt Licht in diesen Raum. Auf der Terrasse des oberen Geschosses befindet sich ein Spielhof für die Kinder. Für die an Bretterschalung erinnernde Oberfläche der Betonierung wurden Strukturmatrizen eingesetzt. Pigmenteinstreuungen verleihen der Fassade einen grünlichen Schimmer. DETAIL 01–02/2010

This new playhouse is set within a social-housing estate consisting of high-rise structures in a suburb southeast of Paris. The residents of the estate expressed the desire to have an amenity that could be used by the public and would function as a point of attraction for this area: the programme called for turning an inconspicuous two-storey building dating from the 1960s into a place for children to meet and play. The small budget and the antithetical requirement that the building be open and introverted at the same time posed a challenge, so the architects came up with an unconventional response: a new skin completely cloaks the existing building and endows its exterior – which, with its few openings,

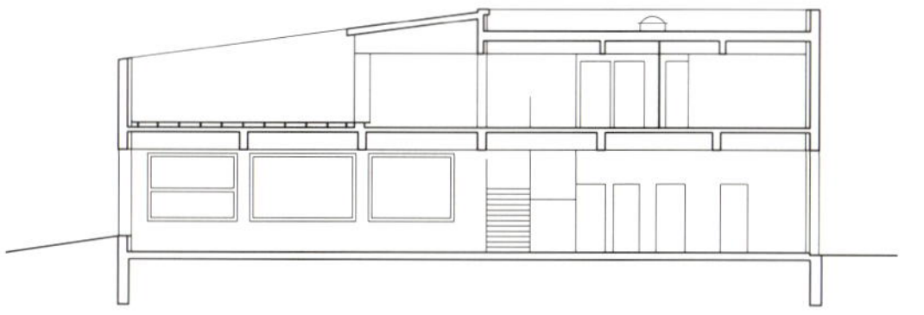

aa

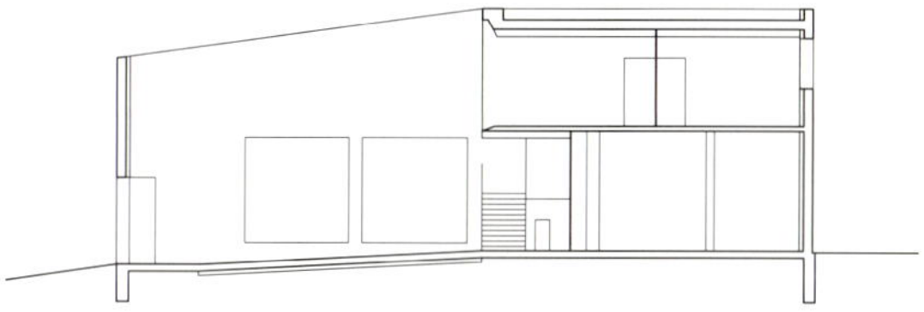

bb

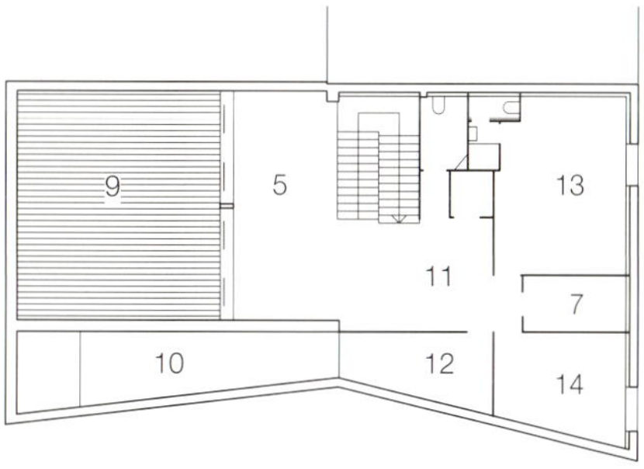

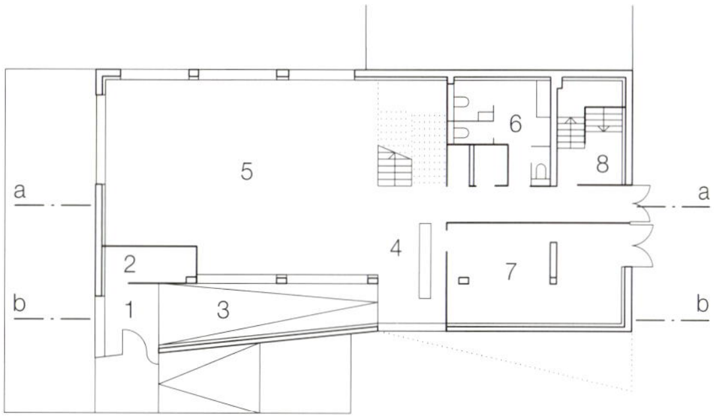

1 Eingang
2 Abstellraum für Kinderwagen
3 Rampe
4 Rezeption
5 Spielbereich
6 Sanitär
7 Lager
8 Technikraum
9 Terrasse
10 Luftraum
11 Spielflur
12 Computerraum
13 Mehrzweckraum
14 Büro

1 Entrance
2 Storeroom for prams
3 Ramp
4 Reception
5 Play aroa
6 Sanitary
7 Storage
8 Services
9 Terrace
10 Void
11 Hallway and play zone
12 Computer room
13 Multipurpose room
14 Office

Lageplan
Maßstab 1:2000
Schnitte • Grundrisse
Maßstab 1:400

Site plan
scale 1:2,000
Sections • Floor plans
scale 1:400

makes a monumental impression – with the strong presence that such a public building requires. And at the same time a welcoming, cosy space for children has come about. The sculptural skin – a self-supporting, in some instances folded, concrete structure – creates a variety of spaces.
A generously dimensioned, lofty entrance area inhabits the interstitial space; skylights direct light into it. The upper storey's outdoor area accommodates a courtyard play area for the children. Texture matrices were inserted in the formwork to achieve the exposed concrete's surface texture, which is reminiscent of timber boarding. Pigments dispersed in the concrete create a greenish shimmering surface.

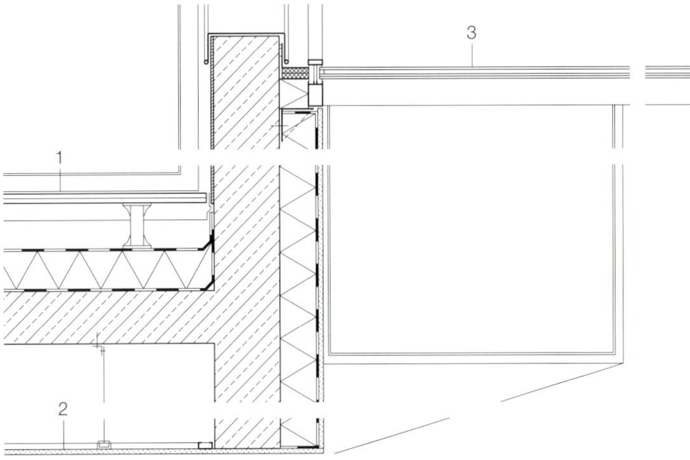

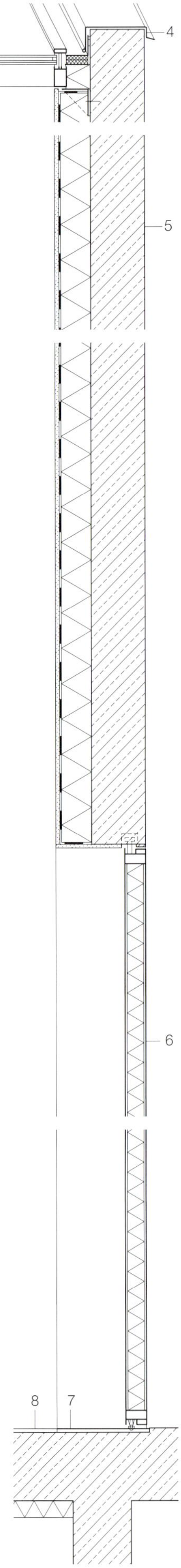

Detailschnitt
Maßstab 1:20

Sectional detail
scale 1:20

1 Bodenaufbau Terrasse:
Holzbelag Ipe 25 mm
Unterkonstruktion 120 mm
Abdichtung Bitumenbahn 4 mm
Wärmedämmung Polystyrol extrudiert 100 mm
PE-Folie
Stahlbeton 140 mm
2 Gipsfaserplatte 13 mm
3 Isolierverglasung in Aluminiumrahmen
4 Abdeckblech verzinkt
5 Wandaufbau:
Sichtbeton selbstverdichtend, Schalung mit Strukturmatrizen, Pigmenteinstreuung grün 180 mm
Wärmedämmung Steinwolle 100 mm
PE-Folie
Gipsfaserplatte 13 mm
6 Stahltür:
Verkleidung Aluminiumblech farbbeschichtet schwarz 2 mm
Wärmedämmung Polystyrol extrudiert 55 mm
7 Schwelle Aluminiumblech farbbeschichtet schwarz 2 mm
8 Bodenaufbau Rampe:
Teppich verklebt 15 mm
Ausgleichsspachtel 3 mm
Stahlbeton 220 mm
Wärmedämmung Polystyrol extrudiert 50 mm

1 floor construction of terrace:
25 mm ipe wood decking
120 mm supporting structure
4 mm bituminous sheeting
100 mm XPS thermal insulation
polythene sheeting
140 mm reinforced concrete
2 13 mm gypsum fibreboard
3 double glazing in aluminium frame
4 flashing, galvanised
5 wall construction:
180 mm self-compacting exposed concrete, formwork with texture matrices, green pigmentation interspersed
100 mm rockwool thermal insulation
polythene sheeting
13 mm gypsum fibreboard
6 steel door:
2 mm aluminium sheet cladding, paint coated, black
55 mm XPS thermal insulation
7 threshhold: 2 mm aluminium-sheet cladding, paint coated, black
8 ramp construction:
15 mm carpet, glued
3 mm levelling compound
220 mm reinforced concrete
50 mm XPS thermal insulation

Sonderschule mit Internat in Kramsach

Boarding School for Handicapped Children in Kramsach

Architekten / *Architects*:
Marte.Marte Architekten, Weiler
Bernhard Marte, Stefan Marte
Tragwerksplaner / *Structural engineers*:
M+G Ingenieure, Feldkirch

Die Klosteranlage Mariatal in Tirol liegt idyllisch in einem Tal direkt am Fluss. Dort beherbergt sie seit 1971 die Landessonderschule. Sämtliche Gebäudeteile der 1950er- und 1970er-Jahre wurden abgerissen und das erhaltene Haupthaus mit zwei Neubauten ergänzt. Die Gebäude öffnen sich zu einem gemeinsamen Innenhof und sind über gläserne Erschließungsbauten miteinander verbunden. In den beiden neuen Häusern befinden sich Internat und Schule mit Turnhalle und Therapiebad, im renovierten Bestandsgebäude die Schulleitung und ein Mehrzweckraum. In den Lochfassaden der beiden Sichtbetonquader wechseln schlanke Fenstertüren mit Ganzglasbrüstungen und quadratischen Fenstern, die von breiten, golden eloxierten Blendrahmen eingefasst sind. Mit ihrer Massivität können sich die Neubauten neben dem historischen Gebäude behaupten, durch die lockere Anordnung der Fenster wirken sie modern, aber nicht aufdringlich. Die außen liegende Tragkonstruktion aus Beton wurde mit einer Innendämmung kombiniert und die Stahlbetondecken nachträglich eingehängt. Auffällig sind die horizontalen Betonierfugen, die jedes Geschoss mittig teilen. Im Inneren gleichen Einbaumöbel aus Ulmenholz, roter PU-Bodenbelag in den Fluren und weiße Wandflächen den rauen Eindruck der Sichtbetondecken aus. DETAIL 01–02/2010

The historic Mariatal monastery campus, situated next to a mountain stream in an idyllic valley in Tyrol, has been home to this school since 1971. Structures dating to the 1950s and 1970s were demolished; the main building was retained, and two new buildings (which house the dormitory, classrooms and therapeutic pool) were added. The ensemble – connected via glazed circulation nodes – opens onto a shared courtyard. The openings in the reinforced-concrete facades alternate between French doors with glazed balustrades and square windows with broad, golden frames. First the load-bearing concrete elements were cast in place, and then reinforced concrete slabs were suspended from them.

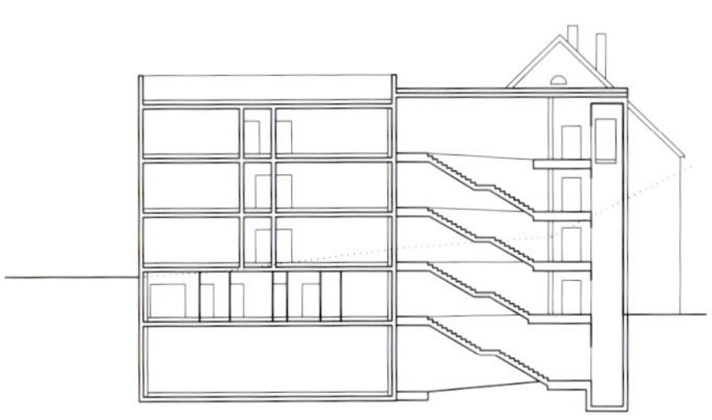

aa

Schnitte • Grundrisse
Maßstab 1:750

Sections • Floor plans
scale 1:750

1	Eingang Internat	1	*Dormitory entrance*
2	Eingang Schule	2	*School entrance*
3	Schulleitung (Bestand)	3	*School administration (existing)*
4	Therapiebad	4	*Therapeutic pool*
5	Umkleide	5	*Changing room*
6	Lager	6	*Storage*
7	Küche	7	*Kitchen*
8	Aufenthalt	8	*Living room*
9	Zimmer Schüler	9	*Pupil's room*
10	Nachtdienst	10	*Night duty*
11	Mehrzweckraum (Bestand)	11	*Multipurpose room (existing)*
12	Klassenzimmer	12	*Classroom*
13	Arbeitszimmer	13	*Utility room*
14	Wohnung Personal	14	*Flat for staff*

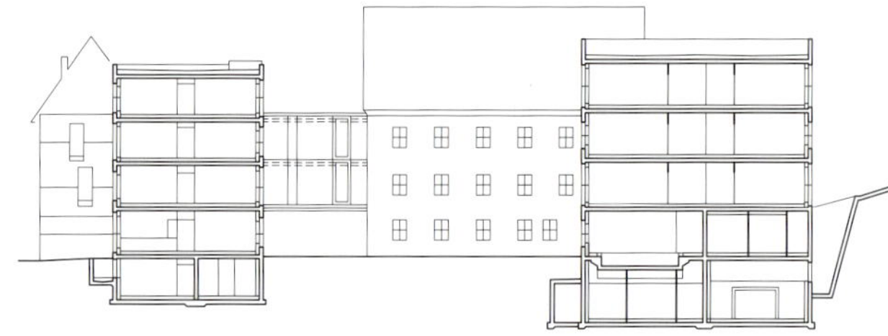

bb

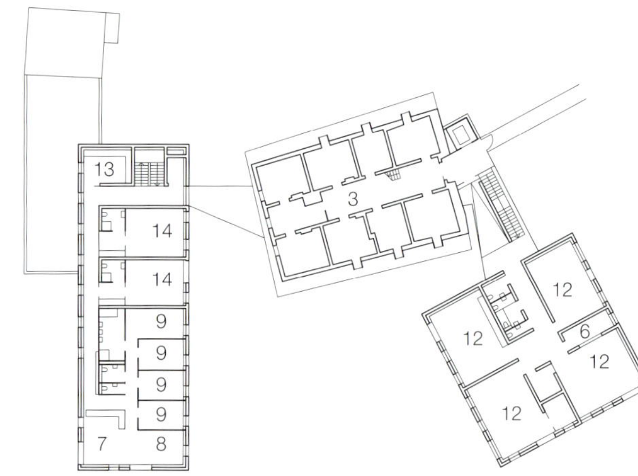

3. Obergeschoss / *Third floor*

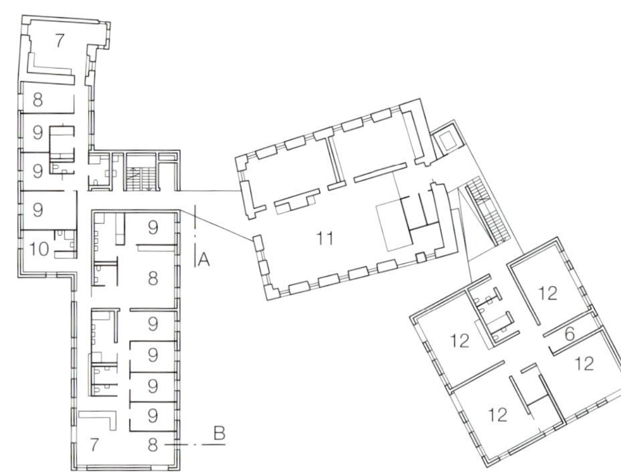

1. Obergeschoss / *First floor*

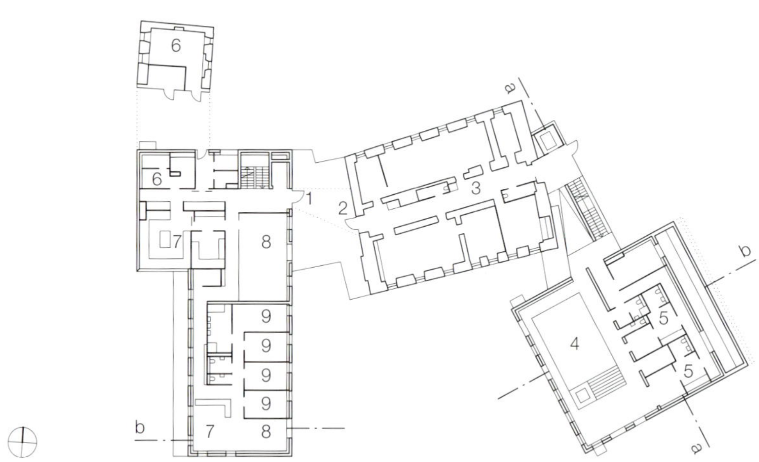

Erdgeschoss / *Ground floor*

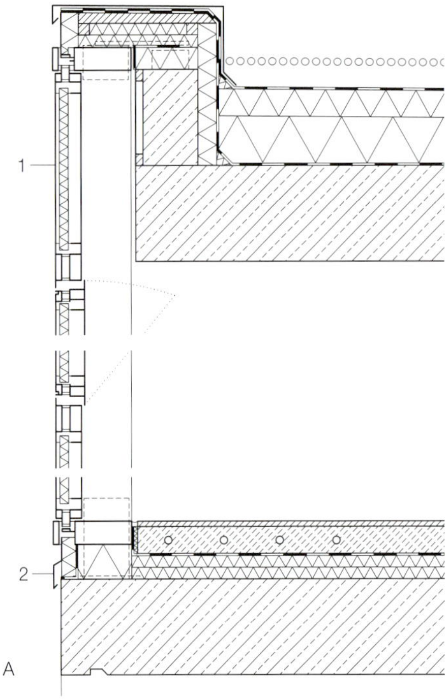

A

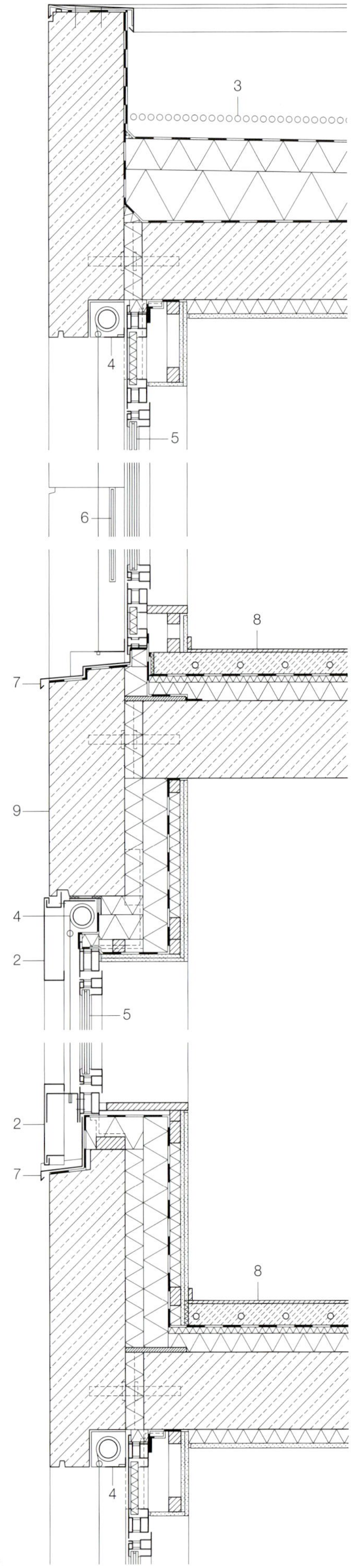

B

Horizontalschnitt • Vertikalschnitte
Maßstab 1:20

Horizontal section • Vertical sections
scale 1:20

1 Fassadenpaneel feststehend oder Lüftungsflügel: Paneel Aluminium, Dämmung XPS 24 mm Verkleidung Aluminiumblech golden eloxiert, auf dem Fensterprofil aufgeklebt
2 Aluminiumblech gekantet golden eloxiert 2 mm
3 Kiesschüttung 60 mm
Dachdichtung Bitumenbahn 2× 5 mm
Dämmung PU 100 mm
Gefälledämmung EPS 140 mm
Dampfsperre Bitumen mit Aluminiumeinlage
Deckenplatte Stahlbeton 250 mm, thermisch getrennt mit Dämmung 60 mm
Akustikdämmung Mineralwolle 45 mm
Akustikdecke Gipskartonlochplatten 15 mm
4 Senkrechtmarkise elektrisch, Behang textil goldfarben
5 Isolierverglasung U = 1,1 W/m²K
VSG 2× 4 mm + SZR 16 mm + Float 4 mm
in Aluminiumrahmen golden eloxiert
6 Ganzglasbrüstung VSG 2× 6 mm seitlich in Stahlprofil ⊔ 25/25/2 mm
7 Edelstahlblech 0,5 mm
8 Klebeparkett Ulme lackiert, englisch verlegt 8 mm
Zementestrich 70 mm
Fußbodenheizung
Dampfsperre
Trittschalldämmung Mineralwolle 20 mm
Dämmung Recycling-EPS 60 mm
Deckenplatte Stahlbeton 250 mm mit Sichtbetonqualität, thermisch getrennt mit Dämmung 60 mm
9 Stahlbeton mit Sichtbetonqualität 250 mm
Dämmung XPS 60 mm
Dämmung Mineralwolle 80 mm
Dampfsperre
Dämmung Filz 35 mm
Gipskarton 2× 12,5 mm

1 facade panel, fixed position or ventilation sash: aluminium panel; 24 mm XPS insulation cladding: golden anodised aluminium sheet, affixed to window profile with adhesives
2 2 mm alum. sheet, bent to shape, golden anodised
3 60 mm gravel fill
2× 5 mm bituminous sealing
100 mm polyurethane insulation
140 mm EPS insulation to falls
bituminous vapour barrier with aluminium insert
250 mm reinforced-concrete slab
thermally zoned with 60 mm insulation
45 mm mineral-wool acoustic insulation
acoustic ceiling: 15 mm perforated plasterboard
4 retractable vertical awning, golden fabric
5 double glazing U = 1.1 W/m²K
2× 4 mm laminated safety glass + 16 mm cavity + 4 mm float
in aluminium frames, golden anodised
6 glazed balustrade of laminated safety glass: 2× 6 mm held laterally in 25/25/2 mm steel channels
7 0.5 mm stainless-steel sheet
8 8 mm elm adhesive parquet, English bond, lacquered
70 mm cement screed
underfloor heating; vapour barrier
20 mm mineral wool impact-sound insulation
60 mm recycled EPS insulation
250 mm fair-faced reinforced-concrete slab, thermally zoned with 60 mm insulation
9 250 mm fair-faced reinforced concrete
60 mm XPS insulation
80 mm mineral wool insulation
vapour barrier
35 mm felt insulation
2× 12.5 mm plasterboard

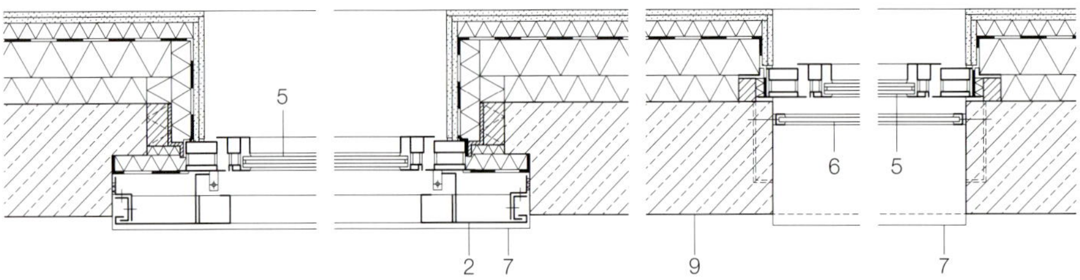

Grundschule in München

Primary School in Munich

Architekten / *Architects*:
Fink + Jocher, München / *Munich*
Dietrich Fink, Thomas Jocher
Tragwerksplaner / *Structural engineers*:
AJG Ingenieure, München / *Munich*

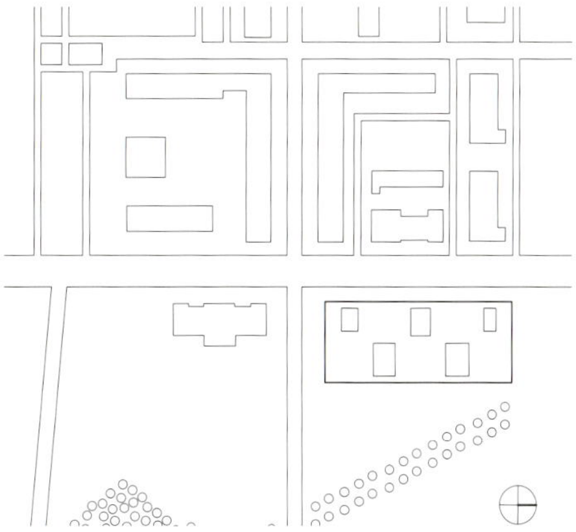

Lageplan
Maßstab 1:5000

Site plan
scale 1:5,000

Am Rand des ehemaligen Bundesgartenschaugeländes in München-Riem situiert, sollte die neue Grundschule den Parkblick und die Belichtung der nördlich angrenzenden Wohnhäuser möglichst wenig beeinträchtigen. Der aus diesem Grund eingeschossig realisierte Baukörper bietet mit seinen fünf hofartigen Einschnitten im Schulalltag viele Vorteile: intensive Außenbezüge, lichtdurchflutete Innenräume und eine einfache Orientierung. Für die mäandrierend in drei Farbtönen umlaufenden Fassadenelemente waren zunächst Konstruktionen aus Holz, Mauerwerk und Beton mit Wärmedämmverbundsystem im Gespräch. Nach einem materialoffenen Ausschreibungsverfahren kamen schließlich mit Weiß- bzw. Grauzement und Farbpigmenten aus Eisenoxid durchgefärbte Betonsandwichelemente zur Ausführung. Diese vereinen die Funktionen Fassade, Dämmung und Tragwerk und sorgten durch die Vorfertigung für einen schnellen witterungsunabhängigen Baufortschritt. Trotz 240 unterschiedlicher Bauteile erwies sich diese Bauweise in Herstellung und Unterhalt als wirtschaftlichste Lösung. Leichte Trennwände sowie wenige tragende Innenstützen und eine massive Deckenplatte in Ortbeton ermöglichen flexible Raumkonfigurationen. So besteht bei sinkenden Schülerzahlen die Option einer Umnutzung des Gebäudes. DETAIL 06/2012

In order not to impair the view of the nearby park and the daylighting of the adjoining housing, this school was designed as an elongated, single-storey structure articulated by five open courtyards. The crenellated form of the facade was constructed with insulated, prefabricated concrete sandwich units in three different colours, permitting a swift construction process independent of weather conditions. Despite the 240 different units, this solution also proved to be the most economical. Lightweight partitions, only a few load-bearing internal columns, plus an in-situ concrete roof allow flexible spatial configurations, which is of relevance in view of a sinking number of pupils and a possible change of use in the future.

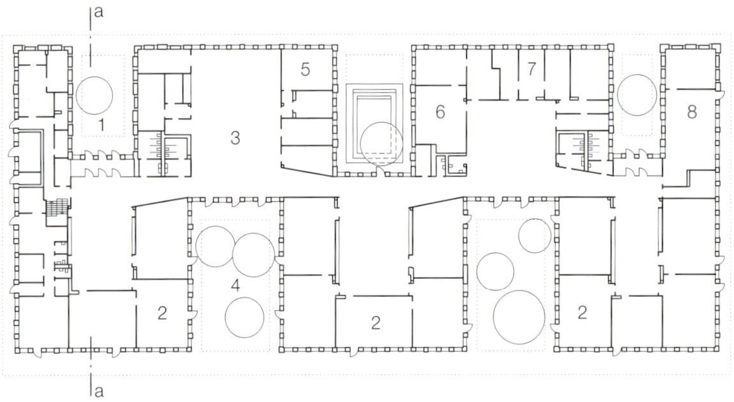

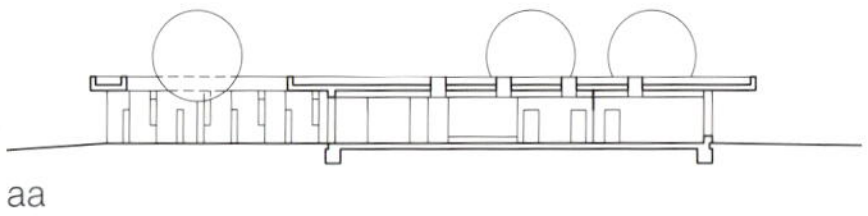

Grundriss • Schnitt
Maßstab 1:1000

1 Haupteingang
2 Klassenzimmer
3 Pausenhalle
4 Pausenhof
5 Mittagsbetreuung
6 Lehrerzimmer
7 Schulleitung
8 Werkraum

Layout plan • Section
scale 1:1,000

1 Main entrance
2 Classroom
3 Recreation hall
4 Playground
5 Lunchtime supervision
6 Teachers' room
7 Head of school
8 Workshop

9 Dachaufbau:
Begrünung extensiv
Vegetationsschicht 100 mm
Schutz- und Speichermatte 10 mm
Schutzvlies
Dachdichtung Folie 1,5 mm
Wärmedämmung im Gefälle min. 210 mm
Stahlbeton 375 mm (im Fassadenbereich Stahlbeton 275 mm + 100 mm Wärmedämmung + Dampfsperre)
Akustikdecke Gipskarton
10 Raffstore Aluminium
Abdeckung Aluminiumblech eloxiert
11 Wärmedämmelement druckfest 200 mm
12 Verfugung dauerelastisch
13 Fertigteil Betonsandwichelement
L-, Z- oder U-förmig:
Vorsatzschale Stahlbeton durchgefärbt außenseitig hydrophobierender Anstrich 80 mm
Wärmedämmung 160 mm
Tragschale Stahlbeton raumseitig gespachtelt und gestrichen 360 mm
14 Bodenaufbau Klassenzimmer:
Parkett 22 mm
Zementestrich 60 mm
Trennlage PE-Folie
Trittschalldämmung 30 mm
Wärmedämmung 80 mm
Abdichtung Folie
Bodenplatte Stahlbeton 150 mm
Kiesfilterschicht
15 Fassadenrinne Stahl verzinkt
16 Abdichtung Bitumenbahn

9 roof construction:
extensive roof planting
100 mm bearing layer for vegetation
10 mm protective/storage mat
protective quilt
1.5 mm sealing membrane
min. 210 mm insulation to falls
375 mm reinforced concrete roof (275 mm + 100 mm internal insulation + vapour barrier next to facade)
plasterboard acoustic soffit
10 aluminium blind with anodised sheet-aluminium covering
11 200 mm compression-resistant thermal insulation
12 elastic seal
13 precast concrete sandwich element L, Z or U-shaped:
80 mm reinforced concrete outer skin, pigmented and with water-repellent coating
160 mm thermal insulation
360 mm reinforced concrete load-bearing member, inside face smoothed and painted
14 classroom floor construction:
22 mm parquet
60 mm cement-and-sand screed
polythene separating layer
30 mm impact-sound insulation
80 mm thermal insulation
sealing membrane
150 mm reinforced concrete floor
gravel filter layer
15 galvanised steel drainage channel along facade
16 bituminous sealing layer

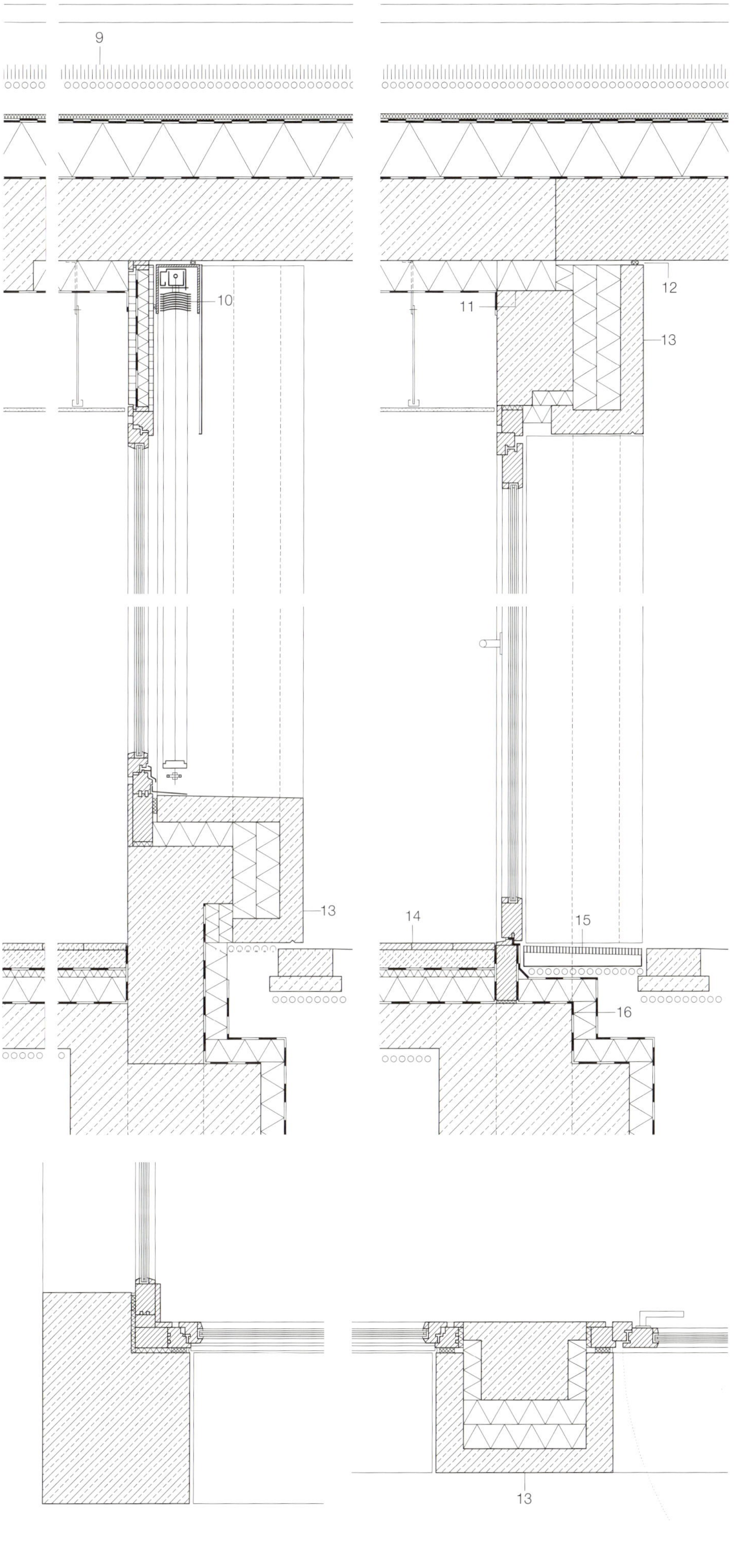

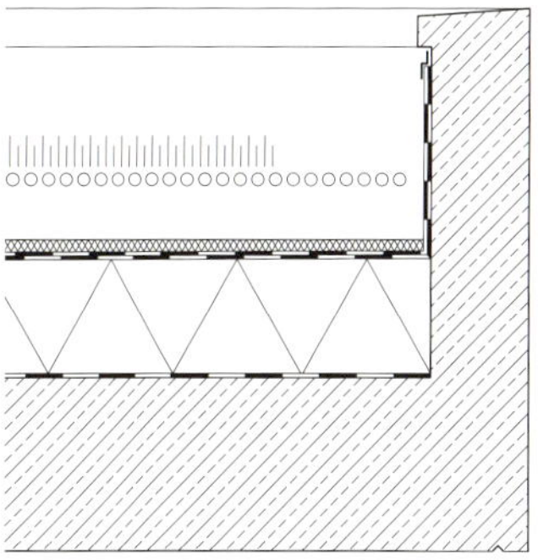

Vertikalschnitte
Horizontalschnitt
Maßstab 1:20

Vertical sections
Horizontal section
scale 1:20

Schule in Zürich

School in Zurich

Architekt/*Architect*:
Christian Kerez, Zürich/*Zurich*
Tragwerksplaner/*Structural engineers*:
Dr. Schwartz Consulting AG, Zug

Lageplan
Maßstab 1:4000
Schnitte • Grundrisse
Maßstab 1:750

1 Eingang
2 Cafeteria
3 Küche
4 Arbeitsbereich
5 Klassenzimmer
6 Pausenbereich
7 Aula
8 Lehrerzimmer
9 Bibliothek
10 Turnhalle

Site plan
scale 1:4,000
Floor plans • Sections
scale 1:750

1 Entrance
2 Cafeteria
3 Kitchen
4 Working area
5 Classroom
6 Recreational area
7 Assembly hall
8 Teachers' room
9 Library
10 Gymnasium

Ein gläserner Kubus mit prägnanter Stahlkonstruktion und ungewöhnlicher Raumorganisation dient 400 Schülern in Zürich-Schwamendingen als neues Schulgebäude. Unterrichtsräume, Aula und Turnhalle sind übereinandergestapelt, um die bebaute Fläche zugunsten eines großen Schulparks zu minimieren. Die hohen umlaufenden Fachwerkträger sind in zwei Verbänden angeordnet, die die unterschiedlichen Funktionen ablesbar machen: Der untere, drei Geschosse hohe Fachwerkverband trägt die Etagen mit den Unterrichtsräumen, der obere die Turnhalle, die das Schulhaus bekrönt. Trotz seines großen Volumens scheint der Baukörper zu schweben, da die Fassade des Erdgeschosses stützenfrei und weit zurückgesetzt ist. Tragende Elemente sind hier lediglich sechs dreibeinige Stahlstützen, auf denen die gesamte Gebäudelast ruht. Das komplexe Tragwerk ist von außen nicht vollständig erkennbar. Es besteht aus einem System teils aufeinandergestellter, teils abgehängter Fachwerkverbände. Das vierte Obergeschoss spielt hierbei eine zentrale Rolle: Innen angeordnete, geschosshohe Fachwerkträger leiten die Lasten der Turnhalle über die mittleren Fachwerkträger des Klassenzimmertrakts an die Stahlböcke im Erdgeschoss weiter. Zudem sind von diesen Trägern die außen liegenden Fachwerke abgehängt. In Verbindung mit den weit auskragenden Stahlbetonrippendecken, die das Stahltragwerk aussteifen, entstehen stützenfreie Räume, die durch transluzente Profilglaswände optisch verbunden sind. Eine besondere Lösung stellt die flurlose Anordnung der Klassenzimmer beidseitig des zentralen Treppenhauses dar. Gegenläufige Treppen führen auf großzügige Gemeinschaftszonen, die als Aufenthaltsbereiche und für teamorientierten Unterricht genutzt werden. Fließende Übergänge und spannungsvolle Raumfolgen prägen das gesamte Gebäude, vom niedrigen Eingangsgeschoss über den Klassentrakt bis zur überraschenden Raumfülle der 7 m hohen Turnhalle. DETAIL 06/2010

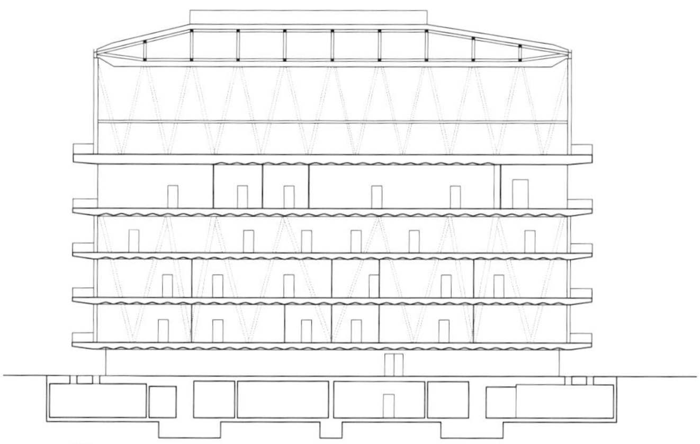

aa

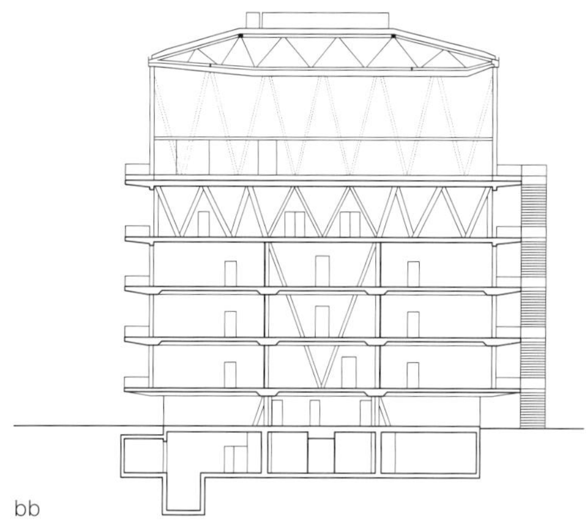

bb

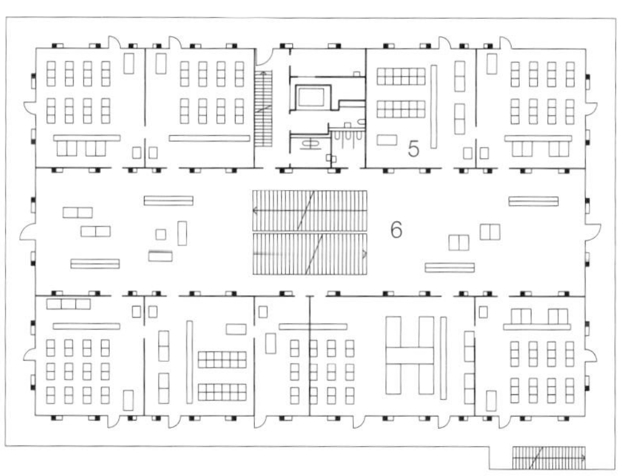

2. Obergeschoss / *Second floor*

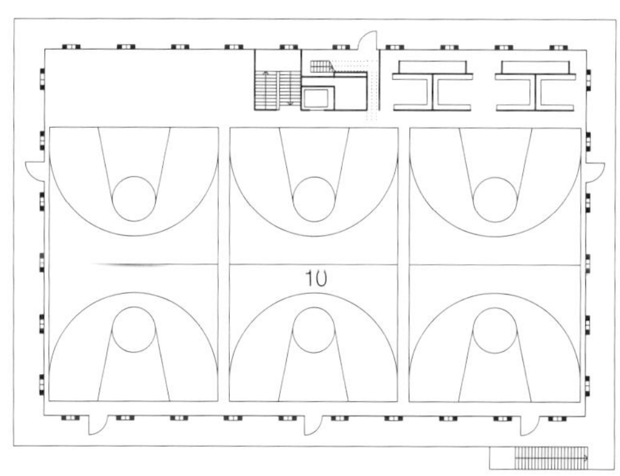

5. Obergeschoss / *Fifth floor*

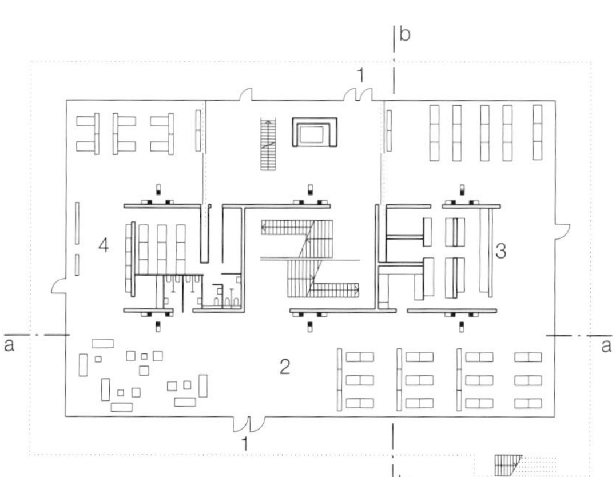

Erdgeschoss / *Ground floor*

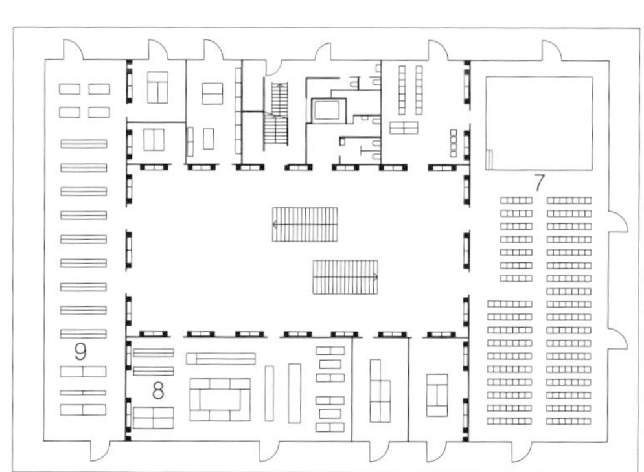

4. Obergeschoss / *Fourth floor*

Schnitt Fassade
Maßstab 1:50

1 Dachaufbau:
  Dichtungsbahn zweilagig
  Dämmplatte Steinwolle 50–240 mm, im Randbereich keilförmig zugeschnitten
  Dampfsperre auf Stahlblech 1 mm
  Trapezblech 153/1 mm, gedämmt
  Träger Stahlrohr ▱ 140/140/6,3 mm, im Fassadenbereich gedämmt mit PS-Hartschaum 60 mm
2 Stahlrohr ▱ 200/100/6,3 mm
3 Ober- und Untergurte: Stahlrohr ⧄ 300/300 mm, Wandstärke nach Position und statischen Erfordernissen
4 Diagonalen: Stahlrohr, Querschnitt nach Position und statischen Erfordernissen
5 Stahlprofil HEB 160 mm
6 Stahlprofil geschweißt 100 mm
7 Stahlprofil ⊔ 300 mm

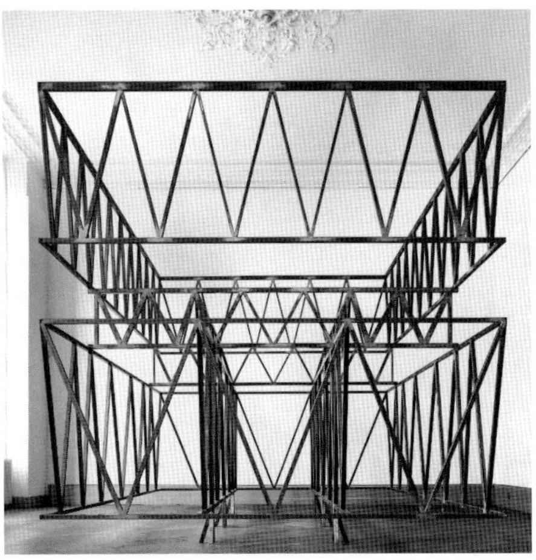

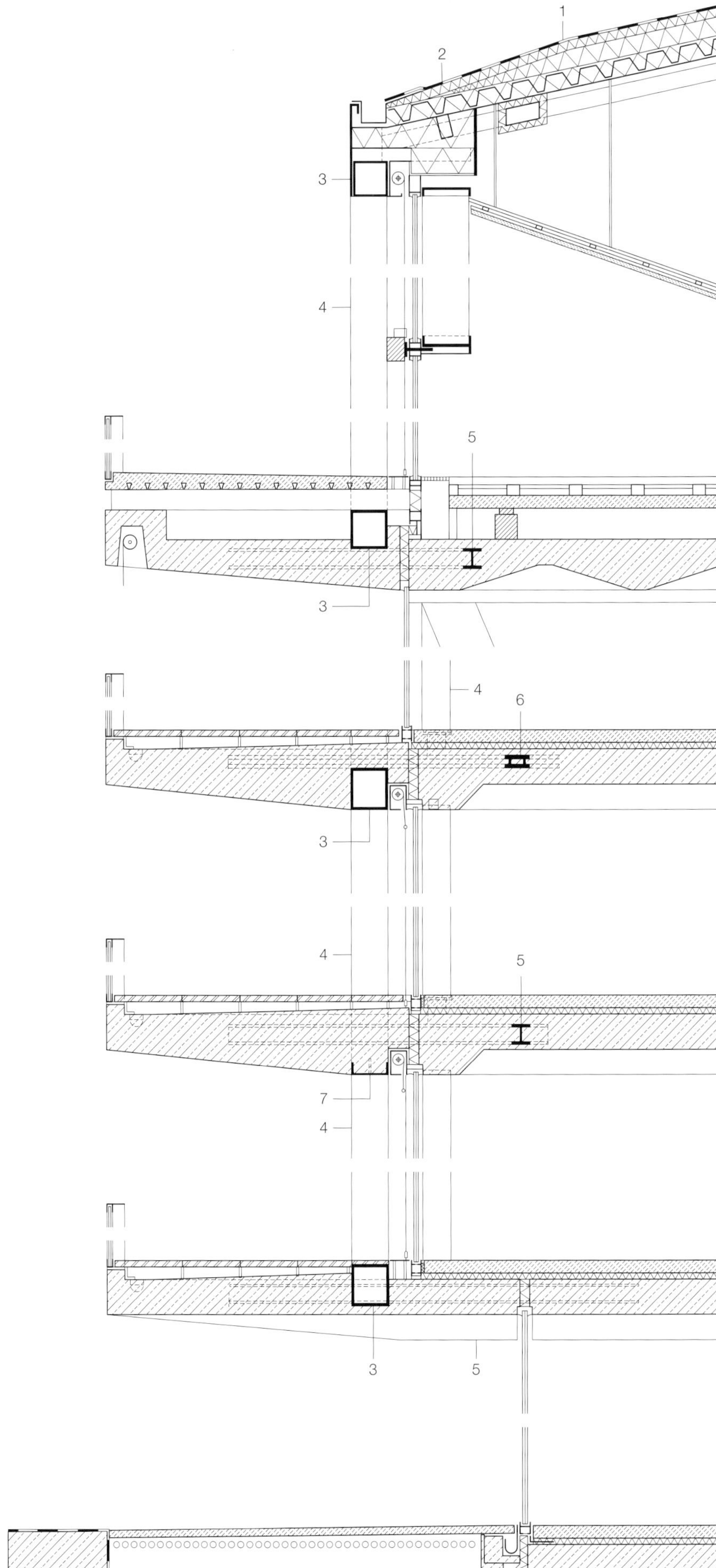

Some 400 pupils are accommodated in this glazed cube. The classrooms, assembly hall and gymnasium were stacked on top of each other to minimise the building footprint in favour of a large school park. Laid out in two tiers, the deep peripheral trussed girders indicate the different functions: the three-storey-deep lower girder supports the floors with teaching spaces, while the upper girder supports the seven-metre-high gym at the top. In spite of its large volume, the building seems almost to float in the air, since the ground floor facade is column-free and set back a long way. At this level, the structural loads are borne solely by six internal steel "tripod" supports. The complex structure (ill. 590) consists of a system of partly stacked and partly suspended trussed girders. Storey-height internal girders on the fourth floor transmit the loads of the gym via internal girders in the classroom tract to the steel tripods on the ground floor. The peripheral trussed girders are also suspended from these internal girders. In conjunction with the cantilevered concrete floor slabs, which brace the steel structure, this form of construction allowed the creation of large, column-free spaces, the visual continuity of which is maintained by translucent glass partitions. The classrooms are laid out without corridors on both sides of extensive central staircase spaces, which are used for both recreational and teaching purposes.

Section through facade scale 1:50

1 roof construction:
two-layer waterproof sheeting
50–240 mm rock-wool insulation
splay cut at edge of roof
vapour barrier on 1 mm sheet steel
1 mm trapezoidal-section metal sheeting 153 mm deep with insulation
140/140/6.3 mm steel SHS beams along eaves with 60 mm rigid-foam polystyrene insulation
2 100/200/6.3 mm steel RHS
3 300/300 mm steel SHS upper and lower chords, thickness according to position and structural needs
4 diagonal members: steel hollow sections, dimensions according position and structural needs
5 steel I-beam 160 mm deep
6 welded steel section 100 mm deep
7 300 mm steel channel section

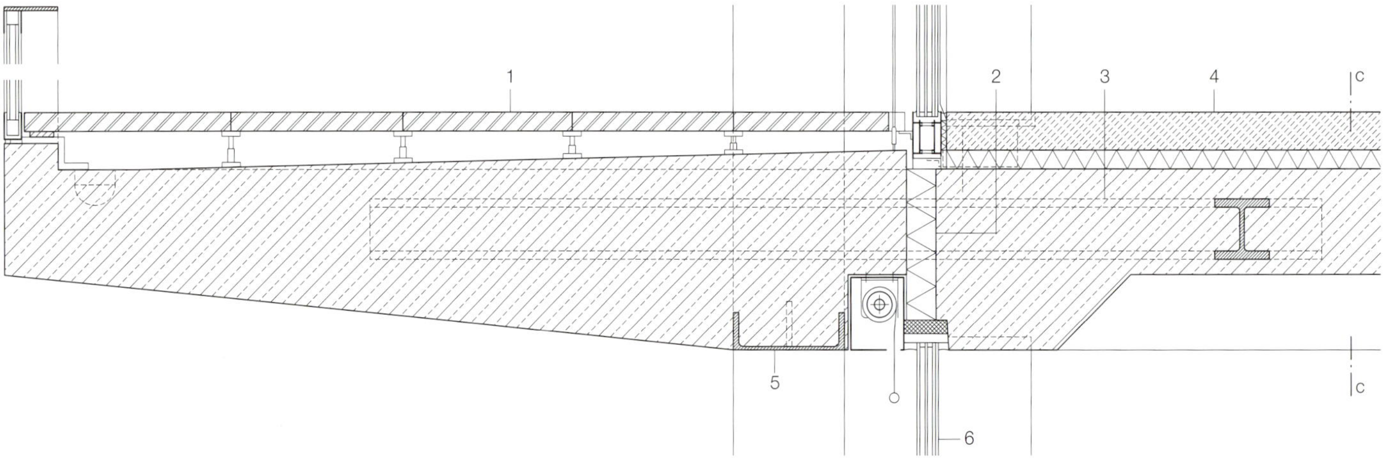

Schnitte
Maßstab 1:20

1 Plattenbelag Kunststein, 30–50 mm
Aufständerung
Abdichtung Flüssigspachtel
Stahlbeton 220–430 mm
2 Dämmplatte Steinwolle 80 mm
3 Stahlprofil HEB 160 mm
4 Betonestrich 100 mm, geschliffen
Trittschalldämmung 50 mm
Stahlbeton 280–480 mm
5 Stahlprofil ⊔ 300 mm mit Kopfbolzendübel
6 Dreifachverglasung
7 Akustikbeschichtung auf mineralischer Trägerplatte 48 mm
8 Lüftungsauslass
9 Sprinkler
10 Lautsprecher

Sections
scale 1:20

1 30–50 mm artificial-stone slab paving
raising pieces, liquid seal
reinforced concrete slab 220–430 mm
2 80 mm rock-wool insulation slab
3 steel I*-beam 160 mm deep*
4 100 mm screed, smooth finished
50 mm impact-sound insulation
280–480 mm reinf. concrete floor
5 300 mm steel channel with stud shear connector
6 triple glazing
7 acoustic layer on 48 mm mineral underlayer
8 ventilation outlet
9 sprinkler
10 loudspeaker

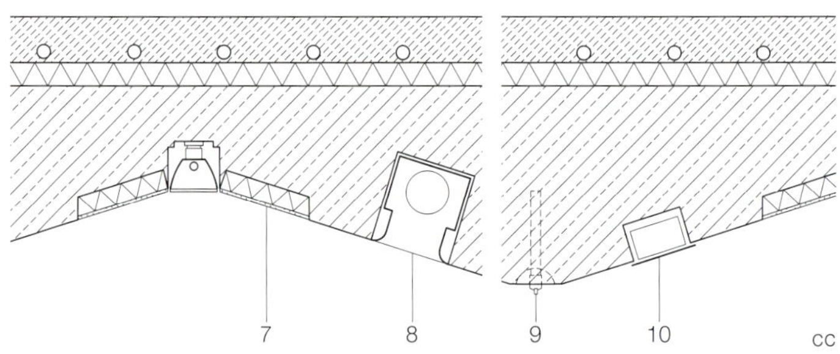

Schul- und Kulturzentrum in Feldkirchen an der Donau

School and Cultural Centre in Feldkirchen / Donau

Architekten / *Architects*:
fasch&fuchs.architekten, Wien / *Vienna*
Hemma Fasch, Jakob Fuchs, Fred Hofbauer
Tragwerksplaner / *Structural engineers*:
werkraum wien ingenieure, Wien / *Vienna*

Lageplan
Maßstab 1:2500

1 Neue Mittelschule (Bestand 1975)
2 Grundschule
3 Musikschule
4 Kulturzentrum
5 Turnhalle (Bestand 1975)

Site plan
scale 1:2,500

1 New Middle School (built 1975)
2 Primary school
3 Music school
4 Cultural centre
5 Gymnasium (built 1975)

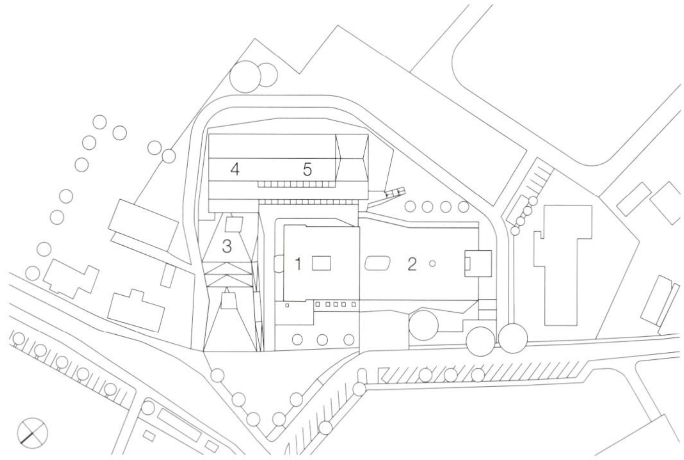

Das Schul- und Kulturzentrum in Feldkirchen an der Donau zeigt, wie sich ein bestehender Schulkomplex durch gezielte architektonische Maßnahmen zum neuen Mittelpunkt der 5000-Einwohner-Gemeinde wandeln kann. In zwei Bauphasen entstand hier seit 2005 durch das An- und Weiterbauen ein multifunktionales Ensemble: Zunächst wurde die Turnhalle saniert und um die Nutzung als Veranstaltungsort erweitert, der Neubau der Musikschule mit begehbarem Dach bildeteden öffentlichen Vorraum des Kulturzentrums. In der 2014 abgeschlossenen zweiten Phase wurde die ehemalige Hauptschule (Baujahr 1975) thermisch saniert und zur Neuen Mittelschule umgebaut. Die daran anschließende Grundschule aus den 1920er-Jahren musste aufgrund des schlechten Bauzustands abgerissen und durch einen Neubau ersetzt werden. Das Satteldach des Bestandsbaus wurde gegen ein Flachdach ausgetauscht. Es geht nahtlos in den Neubau über, um Alt und Neu optisch zu einer Großform zu verschmelzen. Im Inneren des Altbaus nahmen die Architekten wenige subtile Eingriffe vor, wie die verglasten und farbig gestalteten Eingänge zu den Klassenräumen, die Offenheit und neue Blickbeziehungen ermöglichen. Das Öffnen des bisher abgedeckten Oberlichts in der bestehenden zentralen Treppenhalle verbessert zudem deren Belichtung. Direkt an die Halle grenzt das Atrium im Neubau an – das verbindende Element und Herzstück der beiden Schulen. Dieser ebenfalls durch ein Oberlicht belichtete großzügige Gemeinschaftsraum ist Treffpunkt, Mensa, Lern-, Lese- und Veranstaltungssaal zugleich. An ihn schließen auf das Prinzip des offenen Lernens abgestimmte, flexibel nutzbare Räume an: einerseits »Marktplätze«, die als Gemeinschaftsflächen mit Sitzlandschaften und Ruhezonen fungieren und das individuelle und kreative Arbeiten der Schüler mit ihren Lehrern fördern, andererseits Klassenräume und Außenbereiche, die dem gemeinsamen Vertiefen von Lerninhalten dienen. DETAIL 11/2015

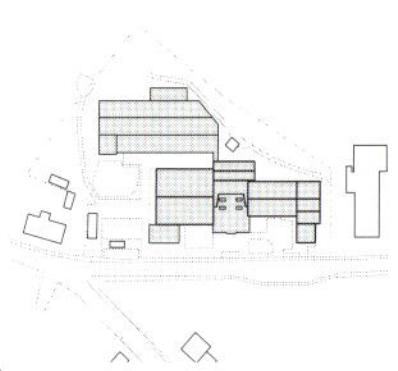

A

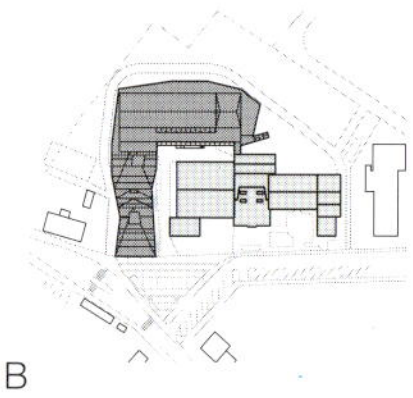

B

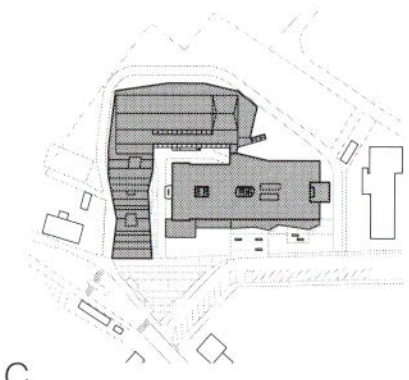

C

A Bauzustand vor 2005

B Phase I (2005–2011)
Sanierung Turnhalle
Neubau Musikschule

C Phase II (2012–2014)
Sanierung Neue Mittelschule
Anbau Grundschule

A Situation prior to 2005

B Phase I (2005–2011)
Refurbishment of gym
New music school

C Phase II (2012–2014)
Refurbishment of "New Middle School" Primary school addition

Schnitte • Grundrisse
Maßstab 1:1000

1 Haupteingang
2 Garderobe
3 Aula
4 Lesetreppe
5 Essbereich
6 Küche
7 Vorschulklasse
8 Freiklasse
9 Werkraum
10 »Marktplatz«
11 Arbeitszimmer Lehrer
12 Konferenz-/Lehrerzimmer
13 Sonderunterricht
14 Verbindungsgang Turnhalle
15 Bibliothek
16 Klassenraum
17 Wintergarten
18 Zeichenbereich

Sections • Layout plans
scale 1:1,000

1 Main entrance
2 Lockers
3 Assembly hall
4 Reading stairs
5 Cafeteria
6 Kitchen
7 Preschool classroom
8 Outdoor classroom
9 Workshop
10 "Market square"
11 Teachers' workroom
12 Conference room / Teachers' room
13 Specialised classroom
14 Connecting passage to gym
15 Library
16 Classroom
17 Winter garden
18 Drawing area

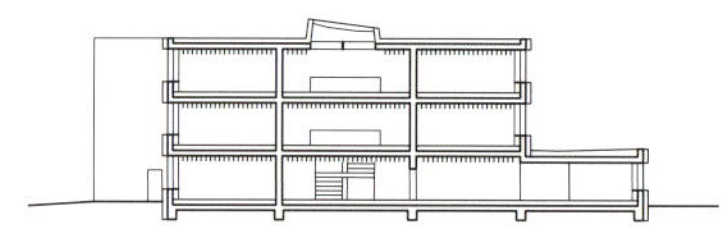

aa

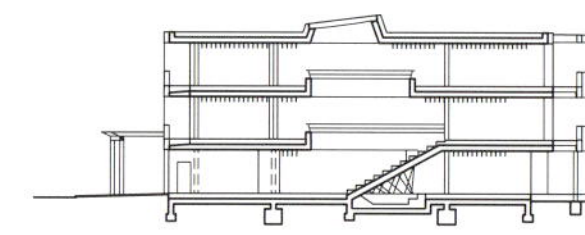

bb

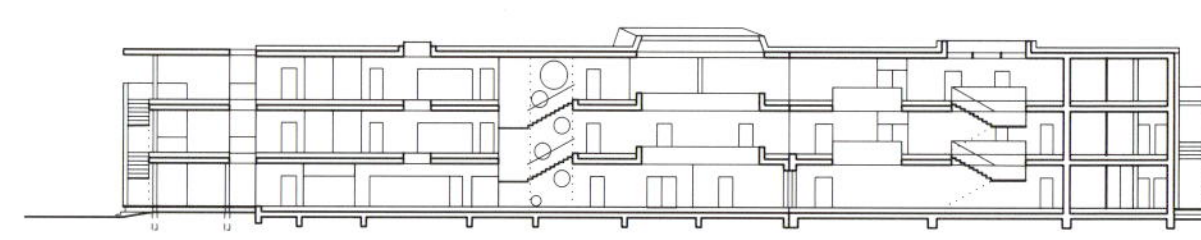

cc

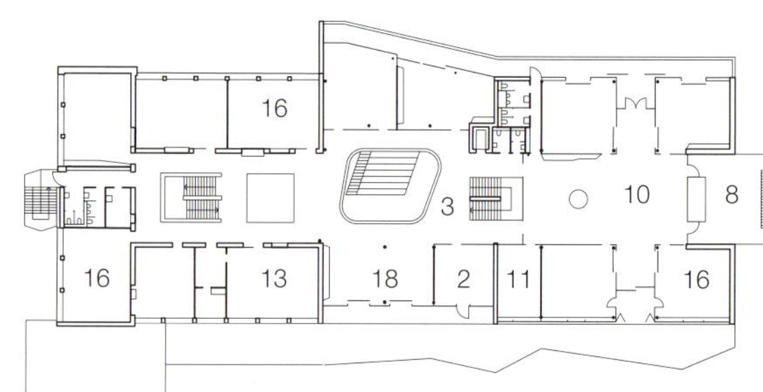

2. Obergeschoss / *Second floor*

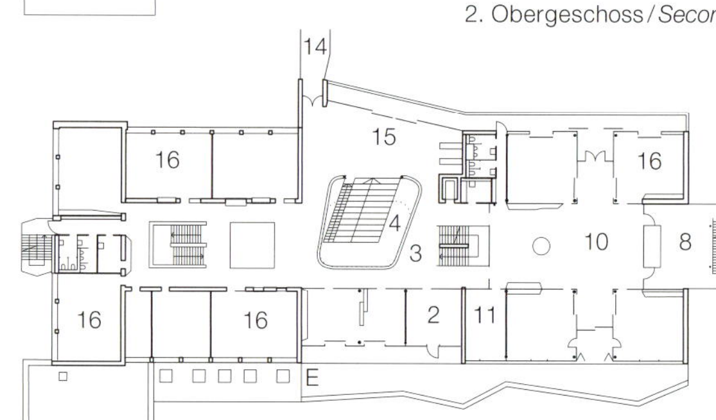

1. Obergeschoss / *First floor*

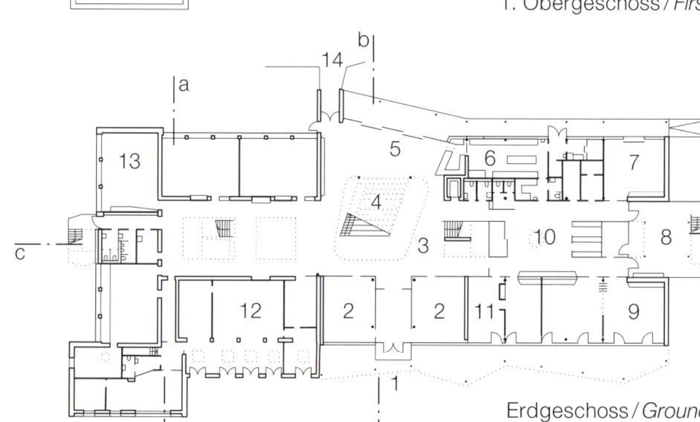

Erdgeschoss / *Ground floor*

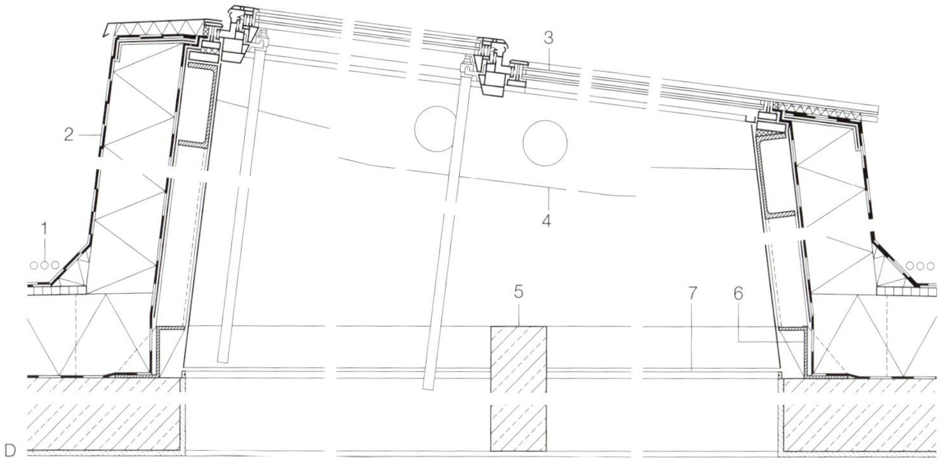

Schnitt durch Oberlicht der sanierten Mittelschule
Maßstab 1:20

1 Kies 50 mm, Schutzvlies 5 mm
Abdichtung Kunststoffbahn
OSB-Platte um Oberlicht 25 mm
Gefälledämmung EPS 240 mm
Dampfsperre
Voranstrich bituminös 2 mm
Stahlbetondecke verputzt (Bestand)
2 Abdichtung Kunststoffbahn flugfeuersicher
Dämmung EPS 180 mm
Dampfsperre, Stahlblech
Auflagerkranz aus Stahlprofilen ⊔ 220 mm
Aluminiumblech grauweiß pulverbeschichtet
3 Isolierverglasung durchsturzsicher ESG 12 mm + SZR 16 mm + VSG aus 2× TVG 10 mm
4 Stahlprofil T 50/240 mm
5 Stahlbetonträger (Bestand)
6 Stahlprofil Z 80 mm
7 Beleuchtung LED-Band umlaufend

A school compound has been transformed into a town's new focal point. In two construction phases (the first began in 2005) a multifunctional ensemble was created: the gym was refurbished and adaptations were made so that it can now host a variety of events. The new music school's roof doubles as the foyer of the cultural centre. The second phase (completed in 2014) involved energetically refurbishing and renovating the former "Hauptschule" to achieve the ideal setting for what is now Austria's predominant school type for 10- to 14-year-olds: the "New Middle School". The adjacent primary school dating to the 1920s was demolished and replaced by a new structure, a pitched roof transformed into a flat roof. The transition to the new building is seamless. A few changes inside the building – e.g. glazed, colourful entrances to classrooms – create a lofty atmosphere. A long-dormant skylight in the existing main staircase was reactivated. The hall holding that stair borders the new school's atrium – the linking element and the heart of the two schools. It too receives light from above: the generously scaled commons is a meeting place, cafeteria, study hall and event space. Adjoining it are the spaces for open learning: on the one hand, "market squares" foster individual, creative interaction between pupils and teachers, and on the other, in- and outdoor classrooms promote immersion in the subject matter.

Section through skylight of the refurbished "New Middle School" scale 1:20

1 50 mm gravel; 5 mm protective mat; synthetic membrane sealing layer; 25 mm oriented strand board surrounding skylight; 240 mm EPS ins. to falls; vapour barrier; 2 mm bitumen primer 360 mm reinforced-concrete ceiling deck, plastered (existing)
2 synthetic membrane sealing layer, resistant to flying sparks 180 mm EPS thermal insulation; vapour barrier sheet steel; 220 mm steel-channel curb aluminium sheet, powder-coated light grey
3 double glazing, fall protection 12 mm toughened glass + 16 mm cavity + lam. safety gl. of 2× 10 mm heat-strengthened gl.
4 50/240 mm steel T-section
5 reinforced-concrete beam (existing)
6 80 mm steel Z-section
7 lighting: circumferential LED strip

Horizontalschnitt • Vertikalschnitte
Maßstab 1:20

Horizontal section • Vertical sections
scale 1:20

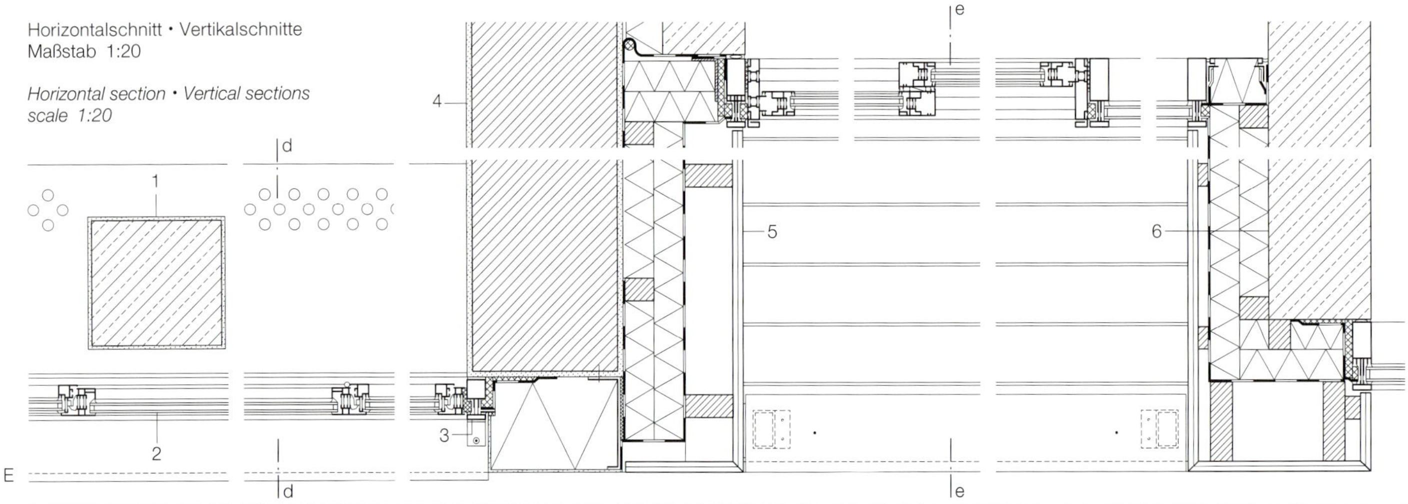

dd Schnitt sanierte Mittelschule
ee Schnitt Neubau Grundschule

1 Stahlbetonstütze verputzt (Bestand)
2 Isolierverglasung in Aluminiumrahmen, Flügel bis 180° drehbar
3 Pfosten-Riegel-Element Aluminium
4 Mauerwerk verputzt (Bestand)
5 Lattung Lärche lasiert 40/28 mm hinterlüftet, Fassadenbahn diffusionsoffen, Wärmedämmung Mineralwolle 160 mm, Lattung 2× 80 mm
6 Stahlbetonwand 250 mm
7 Kies 50 mm, Schutzvlies 5 mm Abdichtung Kunststoffbahn Gefälledämmung EPS 240–320 mm Dampfsperre Voranstrich bituminös 2 mm
8 Stahlbetondecke verputzt (Bestand)
9 Jalousienkasten (Bestand) Dämmung Mineralwolle 120 mm
10 Putzträgerplatte 12 mm EPS-Element mit Raffstore
11 Silikonharzputz 5 mm, Dämmung EPS 250 mm, Mauerwerk außen und innen verputzt (Bestand)
12 PVC (Bestand), Bodenaufbau (Bestand), Stahlbetondecke verputzt (Bestand), Akustiklamelle Weichschaumstoff 50/200 mm
13 Stahlbetondecke 280 mm
14 Parkett Eiche geölt 10 mm, Heizestrich 85 mm, Leitungsträgerplatte 25 mm, Trittschalldämmung 80 mm, Stahlbetondecke 280 mm
15 Dielen Lärche unbehandelt 25 mm Konterlattung 80 mm, Bautenschutzmatte, Abdichtung Bitumenbahn, Stahlbetondecke im Gefälle thermisch getrennt 220–280 mm
16 Vordach: Wellplatten Polyesterharz glasfaserverstärkt 30 mm

dd Section refurbished Middle School
ee Section new build Primary School

1 reinf.-concr. column, plastered (exist.)
2 double glazing in aluminium frame, operable sash, pivots up to 180°
3 post-and-rail facade, aluminium
4 stuccoed masonry (existing)
5 40/28 mm larch battens, semi-transparent coating, ventilated facade membrane, moisture-diffus. 160 mm mineral wool therm. ins. 2× 80 mm battens
6 250 mm reinforced-concrete wall
7 50 mm gravel; 5 mm prot. layer synthetic membrane sealing layer 240–320 mm EPS ins. to falls; vap. barrier; 2 mm bitumen primer
8 reinf.-concr. ceiling deck, plast. (exist.)
9 casing of mini-blinds (existing) 120 mm mineral wool therm. ins.
10 12 mm plaster background EPS module with accordion shade
11 5 mm silicone resin render 250 mm EPS therm. ins.; stuccoed masonry inside + outside (existing)
12 PVC and floor assembly (existing) reinf.-concrete ceiling deck, plastered (existing); 50/200 mm soft foam acoustic louver
13 280 mm reinf.-concrete ceiling deck
14 10 mm oak parquet, oiled; 85 mm heating scr.; 25 mm conduit board 80 mm impact sound insulation 280 mm reinf.-concrete ceiling deck
15 25 mm larch planks, untreated 80 mm counterbattens; protective mat; bituminous seal; 220–280 mm reinf.-concrete ceiling deck to falls, thermally separated
16 entr. canopy: 30 mm corrug. polyester resin sheet, glass-fibre-reinf.

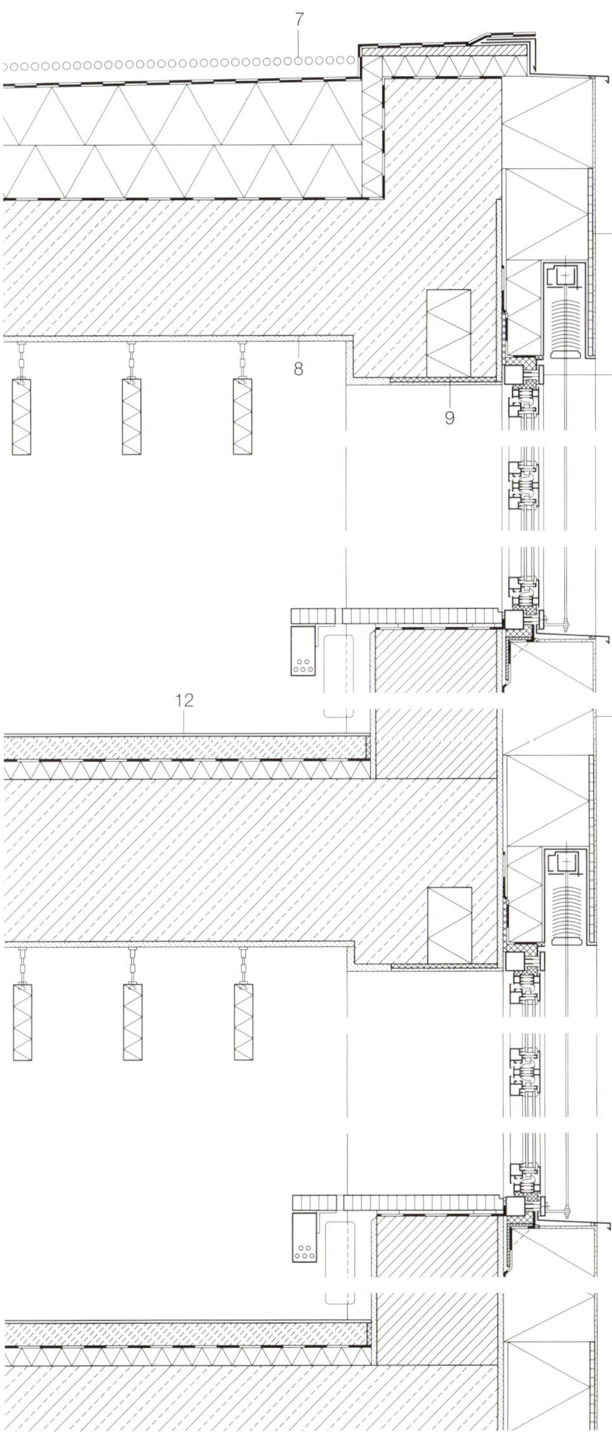

dd

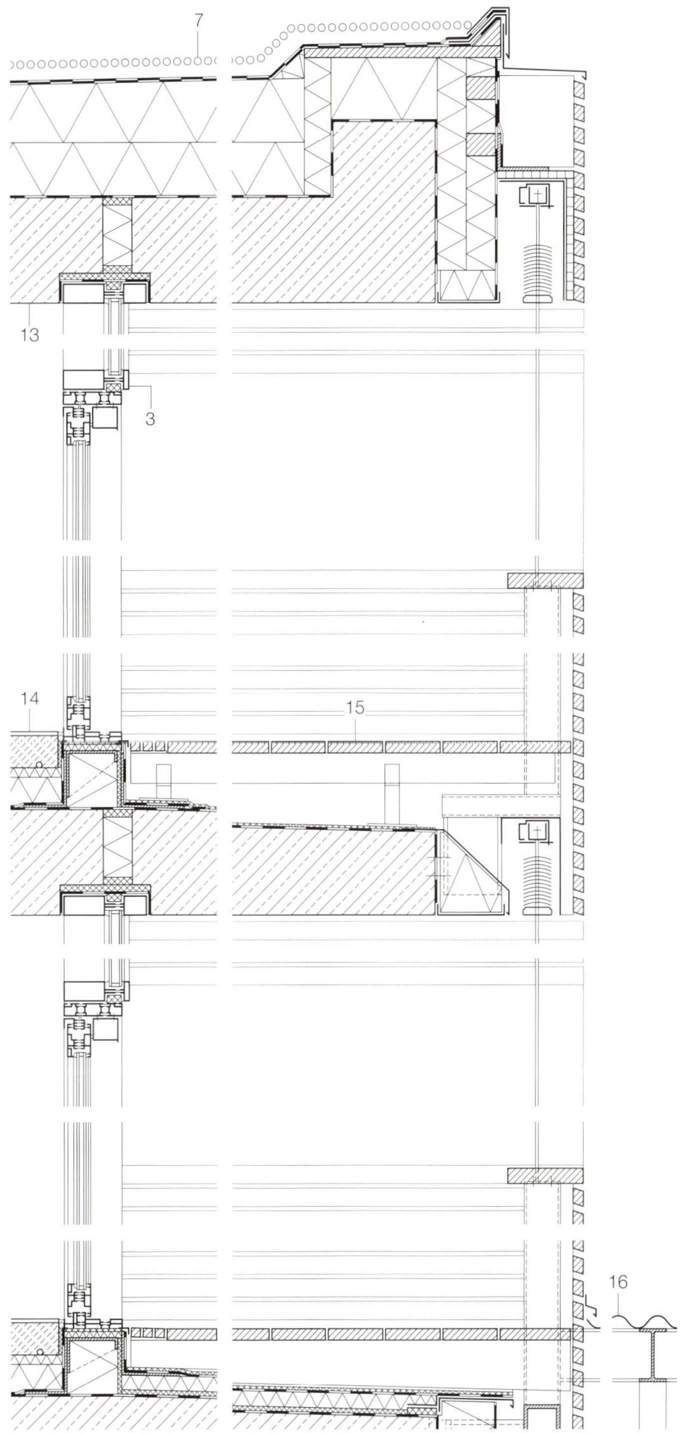

ee

Schule in Guildford

College in Guildford

Architekten / *Architects*:
DSDHA, London
Deborah Saunt and David Hills architects, London
Tragwerksplaner / *Structural engineers*:
Adams Kara Taylor, London

Die kirchliche Schule für 700 Kinder war zuvor auf mehrere Gebäude des ausgedehnten Campus aus den 1970er-Jahren verteilt. Schlechte schulische Leistungen, disziplinarische Probleme und Vandalismus bis hin zu Brandstiftung brachten die Schule in Verruf. Um dieser Entwicklung entgegenzuwirken, beschloss der Träger die Umstellung des Schulprogramms und den Abriss der Bestandsgebäude. Ein Neubau sollte der Institution eine neue Identität verschaffen und die Bewohner des Bezirks stärker einbeziehen.
Heute bietet das kompakte Haus nicht nur Bildung, sondern auch Angebote für die Öffentlichkeit. So können Externe das Theater, die Sporthalle und eine Kapelle nutzen. Von besonderer Bedeutung aber ist die neue Wegeführung. War zuvor das Schulgelände durch einen hohen Zaun von seiner Umgebung abgeschottet, so führt heute ein öffentlicher Weg mitten durch den Campus. Das Konzept scheint zu funktionieren, gilt die Institution doch mittlerweile als eine der britischen Vorzeigeschulen. Auch baulich setzt das Haus neue Maßstäbe: Es ist das erste öffentliche Gebäude in England mit mechanischer Lüftung und kombinierter Wärmerückgewinnung. Hierfür sitzen unter jedem Klassenzimmerfenster locker über die Ziegelfassade verteilte Abluftöffnungen in verbreiterten Stoßfugen, die ansonsten 15 mm betragen, während die Lagerfugen 8 mm breit sind. Alle Fugen sind um 5 mm zurückversetzt und verleihen der Fassade eine dezente Profilierung. Diese Optik wird durch die tief in die Wand gesetzten Fenster unterstrichen. Teilweise raumhoch und mit schräg gestellten Laibungen, bieten sie gezielte Ausblicke auf die Landschaft oder die Kathedrale von Guildford. Im Inneren der Schule bildet eine mit Holz ausgekleidete mehrgeschossige Halle das räumliche und kommunikative Zentrum. Treppen, Flure und Klassenzimmer sind teils in Ortbeton, teils in Betonziegel ausgeführt und schaffen eine zurückhaltende und zugleich vandalensichere Umgebung. DETAIL 07–08/2010

In the past, this school for 700 children occupied a number of buildings on an extended campus. The students' poor academic performance, as well as disciplinary problems and vandalism, had tarnished its reputation. To counter this development, the school authority decided to revamp the curriculum and tear down the existing buildings. The intention was to forge a new identity for the institution and to attract the districts' residents. Now the school offers public amenities such as a theatre, gymnasium and chapel. In the past, the grounds were cut off from the surroundings by a high fence, but today a public path leads through the centre of the campus. The school is the first public building in England to combine heat recovery and mechanical ventilation. Exhaust air vents, in the form of widened butt joints, are situated below each classroom window. All joints are recessed 5 mm, giving the facade a sense of depth. This effect is emphasised by the windows set deep within the walls. Some of the openings extend from floor to ceiling and are adorned by oblique reveals.

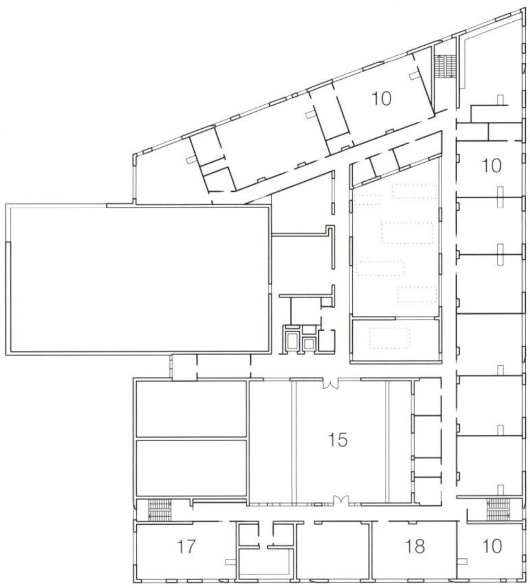

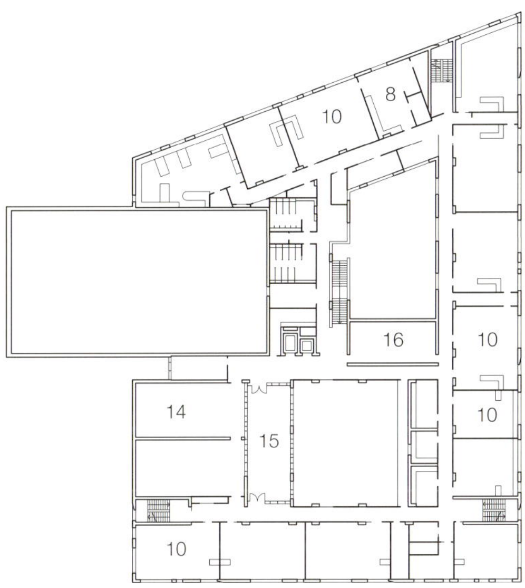

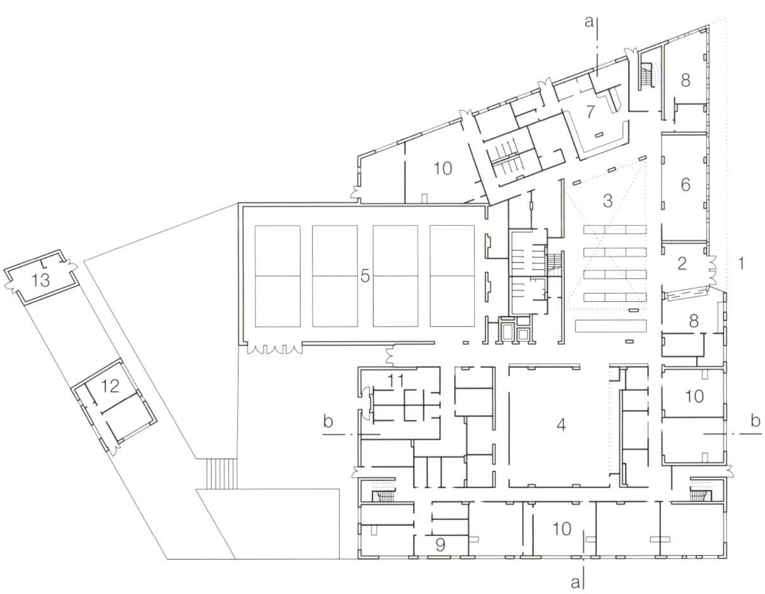

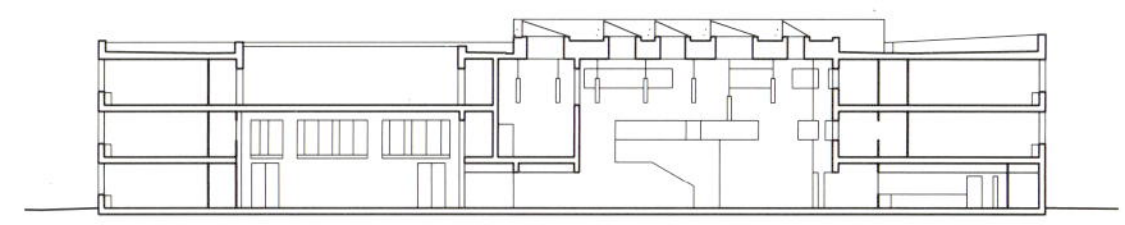

aa

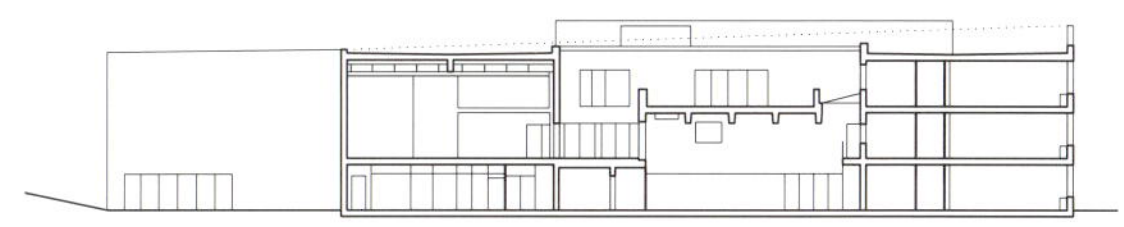

bb

Lageplan Maßstab 1:7500	*Site plan* *scale 1:7500*
Grundrisse Schnitte Maßstab 1:1000	*Layout plans* *Sections* *scale 1:1000*
1 Haupteingang	*1 Main entrance*
2 Empfang	*2 Reception*
3 Atrium	*3 Atrium*
4 Theater	*4 Theatre*
5 Turnhalle	*5 Gym*
6 Bibliothek	*6 Library*
7 Küche	*7 Kitchen*
8 Lehrerzimmer	*8 Teachers' room*
9 Arbeitsgruppenraum	*9 Group teaching space*
10 Klassenzimmer	*10 Classroom*
11 Umkleiden	*11 Changing room*
12 externes Lernzentrum	*12 External learning centre*
13 Müllraum	*13 Refuse space*
14 Übungsraum Theater und Tanz	*14 Rehearsal room dance and drama*
15 Innenhof	*15 Courtyard*
16 Kapelle	*16 Chapel*
17 Musikraum	*17 Music room*
18 Gemeinschaftsraum Oberstufe	*18 Sixth form common room*

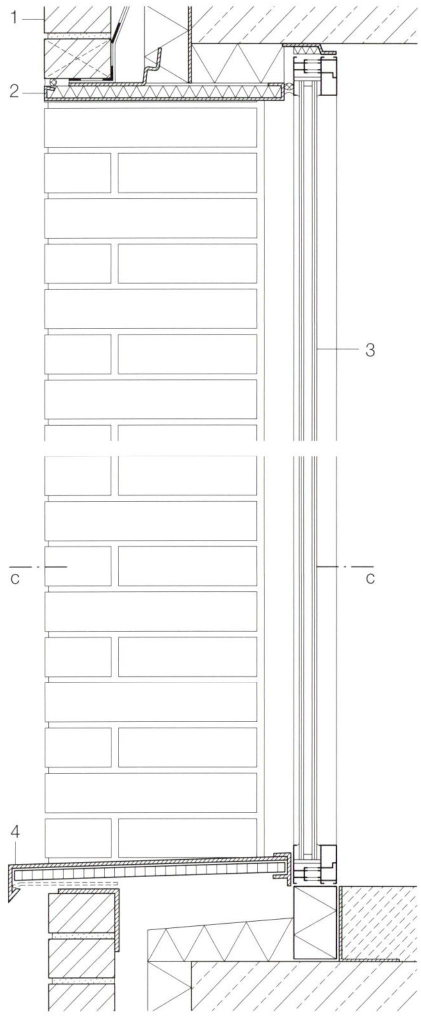

Schnitte
Maßstab 1:10

1 Wandaufbau:
Cottbus-Klinker 290/90/50 mm, Mörtelfugen pigmentiert, Aufhängung Anker Edelstahl
Hinterlüftung 50 mm
Wärmedämmung Phenolharzschaumstoff 60 mm
Stütze Stahlbeton 200/800 mm
2 Blende Sturz Aluminiumblech 2 mm
3 Festverglasung ESG 6 + SZR 16 oder 20 mm mit Argonfüllung + VSG 6,4 mm mit Sonnenschutzbeschichtung in Fensterprofilen Aluminium
4 Fensterbank Aluminiumblech 2 mm auf Sperrholzplatte 18 mm
5 Formstein Cottbus-Klinker
6 Stahlwinkel als Wandauflager im Bereich des Fassadenknicks
7 Füllstück Aluminiumblech 2 mm
8 Dichtelement PVC-U-Rohr mit Hartschaumkern
9 Blende MDF 18 mm mit Schichtstoff laminiert
10 Öffnungsflügel Sonnenschutzglas in Fensterprofilen Aluminium

Sections
scale 1:10

1 *290/90/50 mm Cottbus bricks,*
pigmented mortar joints, stainless-steel anchors
50 mm ventilated cavity
60 mm phenolic foam thermal insulation
200/800 mm reinforced concrete column
2 *2 mm aluminium cladding of lintel*
3 *fixed glazing: 6 mm toughened glass + 16 mm cavity or 20 mm argon-filled + 6.4 mm solar control laminated safety glass in aluminium profiles*
4 *2 mm aluminium sill on 18 mm plywood*
5 *shaped Cottbus brick*
6 *steel angle as secondary steel support to splayed brickwork*
7 *2 mm aluminium sheet*
8 *seal: PVC channel with rigid foam core*
9 *cladding: 18 mm laminated medium-density board*
10 *operable sash: thermal glazing in aluminium window profile*

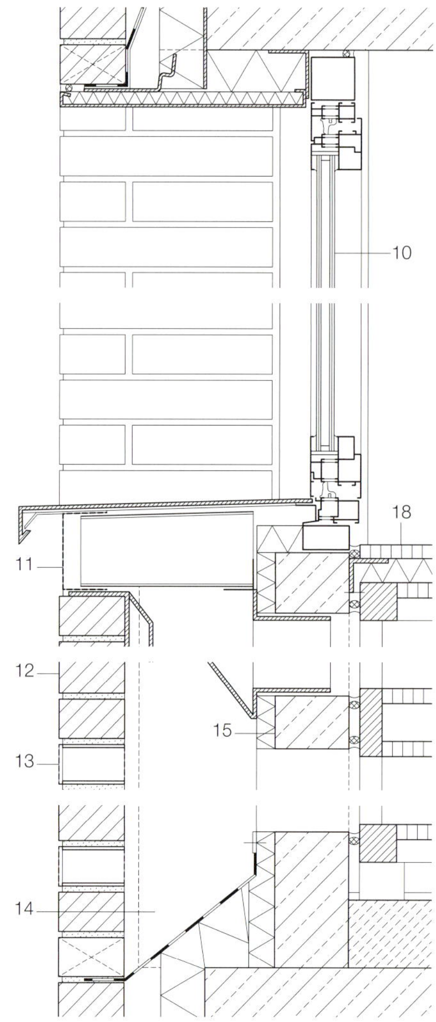

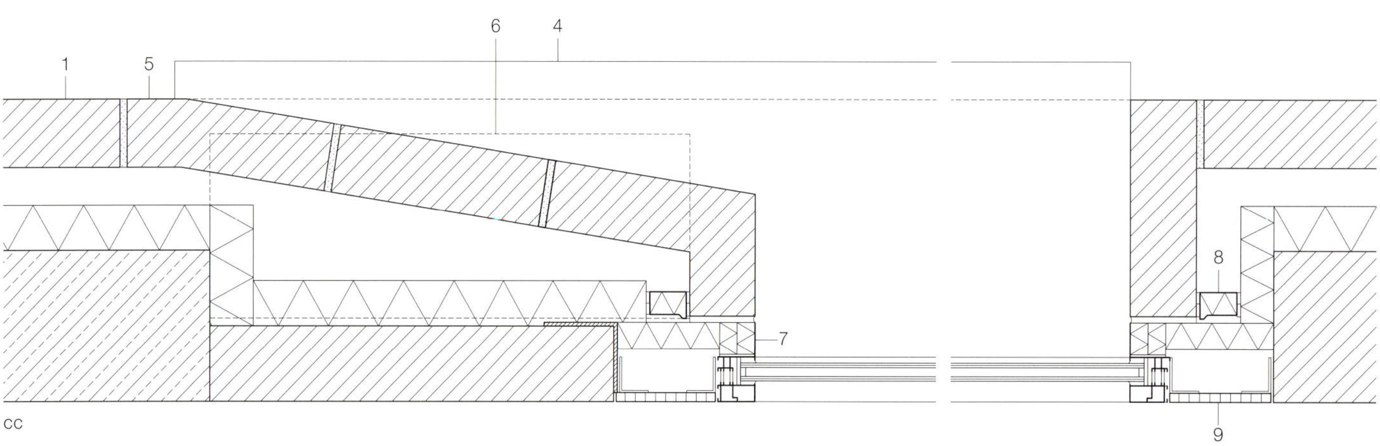

11 Zuluftschlitz unter Fensterblech Aluminium Abdeckung Gitter Edelstahl
12 Mauerwerksschale
13 Abluftkanal Edelstahl 50/35 mm mit angeschweißten Laschen in Mauerwerksfuge eingemörtelt
14 Luftverteilung
15 Stahlbetonwand mit Aussparungen 700/280 mm für Lüftungskanäle
16 Bodenbelag Teppich oder PVC
Zementestrich 90 mm
Trennlage
Decke Stahlbeton 325 mm
17 Zuluftschlitz
18 Schrank für Lüftungsgerät aus MDF 18 mm mit Schallschutzdämmung 33 mm auf Unterkonstruktion aus Stahlrohren
19 Abluft Raumluft
20 Kreuzplattenwärmetauscher

11 supply air slit behind aluminium sill, covering: stainless-steel grating
12 brick outer leaf of wall
13 50/35 mm stainless steel ventilation duct with welded ties mortared in masonry joints
14 ventilation plenum
15 reinforced concrete wall with 700/280 mm recesses for ventilation shafts
16 floor covering: carpet or PVC
90 mm cement screed
separating layer
325 mm reinforced concrete deck
17 supply-air slit
18 cabinet for ventilator:
18 mm medium-density fibreboard with 33 mm acoustic insulation on tubular steel supporting structure
19 exhaust air
20 heat exchange unit

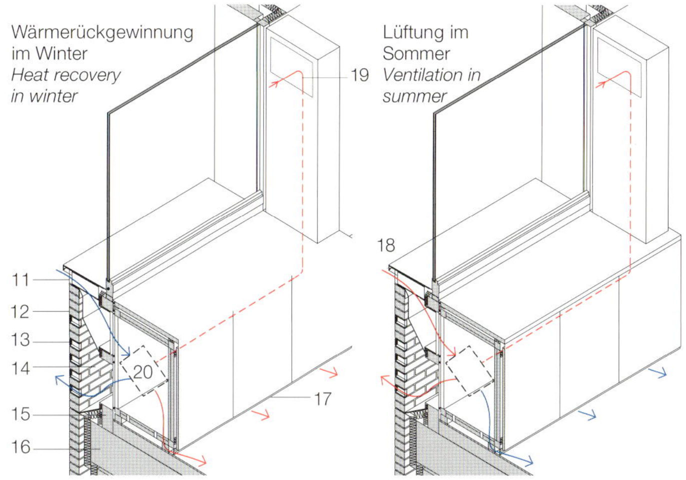

1 Oberlicht: ESG 6 mm + SZR 16 mm mit Argonfüllung + VSG 6,4 mm, U-Wert 1,3
2 Sandwichpaneel Aluminium pulverbeschichtet Antrieb Stellmotor
3 Kantholz brandschutzbehandelt 50/18 mm Sperrholzplatte schwarz gestrichen 18 mm
4 abgehängte Decke: Kantholz brandschutzbehandelt 50/18 mm Holzleiste schwarz gestrichen 50/50 mm Akustikdämmung Mineralwolle 50 mm mit schwarzem Textil bespannt
5 Kantholz brandschutzbehandelt 50/18 mm Holzleiste schwarz gestrichen 50/50 mm Akustikdämmung 25 mm, Gipskarton 2× 12,5 mm
6 Sperrholzplatte schwarz gestrichen 18 mm
7 Festverglasung im Bereich angrenzender Räume ESG 6 mm + SZR 12 mm + VSG 6,4 mm
8 Kabelkanal auf Halfenschiene

1 skylight: 6 mm toughened glass + 16 mm argon-filled cavity + 6.4 mm laminated safety glass, U-value = 1.3
2 powder-coated aluminium sandwich panel, operated by control motor
3 50/18 mm wood boarding, fire-resistant 18 mm plywood, painted black
4 suspended ceiling: 50/18 mm wood boarding, fire-resistant; 50/50 mm squared timber, painted black 50 mm mineral wool acoustic insulation as base for stretch ceiling, black
5 50/18 mm wood boarding, fire-resistant 50/50 mm squared timber, painted black 25 mm acoustic ins.; 2× 12.5 mm plasterboard
6 18 mm plywood, painted black
7 fixed glazing to adjoining rooms: 5 mm toughened glass + 12 mm cavity + 6.4 laminated safety glass
8 cable channel in fastening rail

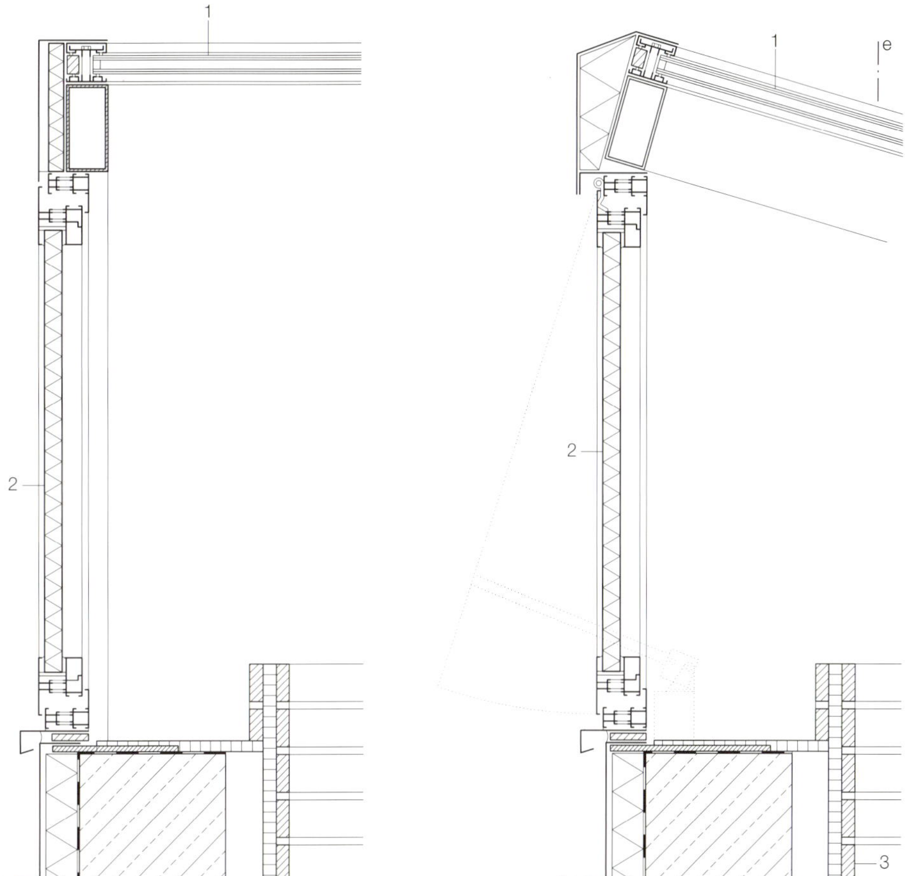

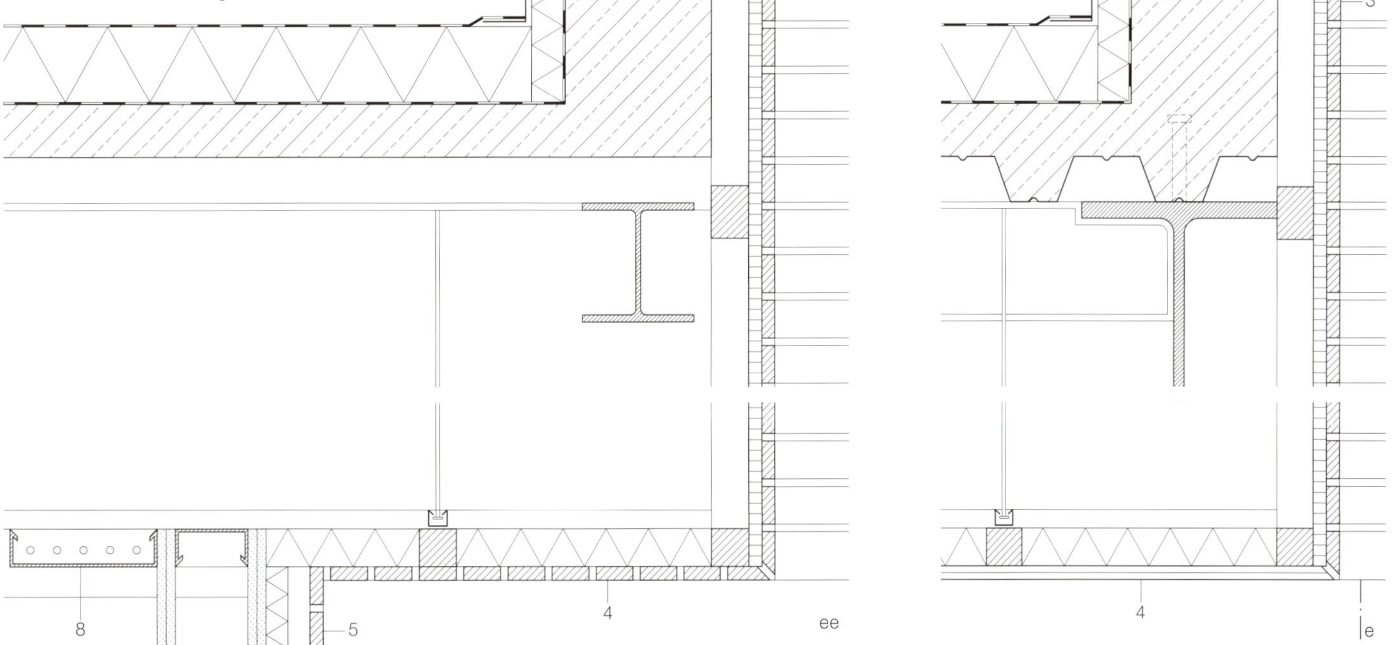

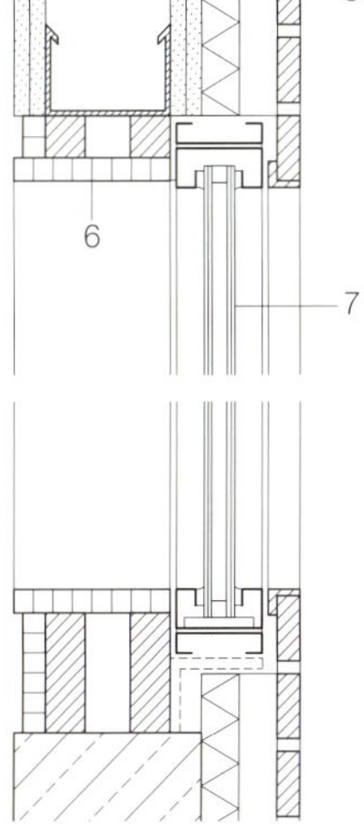

Schnitte
Maßstab 1:10

Sections
scale 1:10

Grundchule in Founex

Primary School in Founex

Architekten / *Architects*:
Jean-Baptiste Ferrari et Associés, Lausanne
Tragwerksplaner / *Structural engineers*:
Ingeni, Carouge

Das große Volumen der Grundschule fügt sich in seiner schlichten, edlen Erscheinung unauffällig in die kleinteilige Siedlungsstruktur am Westufer des Genfer Sees ein. Die unterste Ebene des viergeschossigen Baukörpers tritt straßenseitig aufgrund der Hanglage zunächst nicht in Erscheinung. Ein leichtes Dachelement neben dem Parkplatz markiert den Haupteingang. Im Inneren bilden zwei große Volumina den Kern des Gebäudes: das Atrium mit seiner skulpturalen Treppenanlage sowie das Theater mit der darunterliegenden Sporthalle. Die Kompaktheit der Anlage trug dazu bei, dass die Vorgaben des Minergie-Labels erreicht werden konnten. Eine Komposition unterschiedlicher Aluminiumelemente gliedert die dreifach verglaste Fassade. Perforierte Bleche wechseln mit Sonnenschutzelementen und vertikalen Lamellen ab. Die Fassade des Eingangsgeschosses markieren farbige Felder, die wie ein Band um den Baukörper laufen. Sie entstehen durch eine hinter den vertikalen Lamellen platzierte beschichtete Membran. Die drei Stockwerke, in denen die Klassenzimmer nach Jahrgangsstufen angeordnet sind, nehmen mit der bronzenen Farbgebung der Fassadenpaneele Bezug auf die bestehenden Campus-Bauten. Auch im Inneren setzen Farben an Türlaibungen und Wandflächen Akzente und tragen zur Orientierung bei. DETAIL 07–08/2012

Thanks to the restrained articulation of its building massing, the school fits in well in the town's smaller-scale fabric. Because the site is sloped, the lower level is not visible from the street. A lightweight structure on the roof calls attention to the main entrance. Inside, two separate volumes constitute the building's core: the atrium with its sculptural stair, and the theatre and adjacent gymnasium. The arrangement of aluminium elements provides structure to the triple-glazed facade. A ribbon of bright colours accentuates the entry level. The bronze colour scheme employed on the 3 levels containing the classrooms – which are arranged according to the grade level – creates a link to the campus's existing buildings.

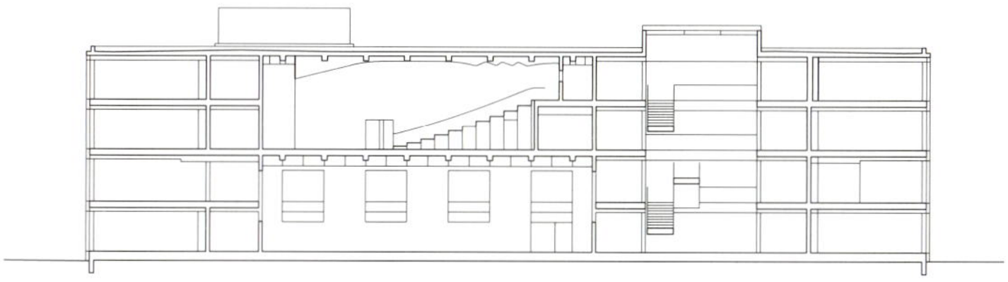

aa

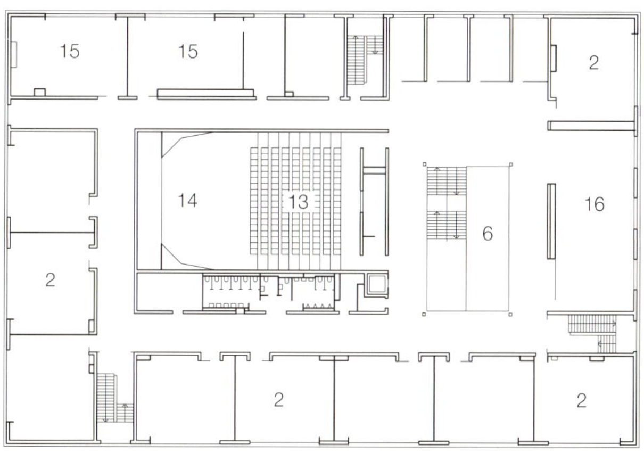

Grundrisse
Schnitte
Maßstab 1:750

Layout plans
Sections
scale 1:750

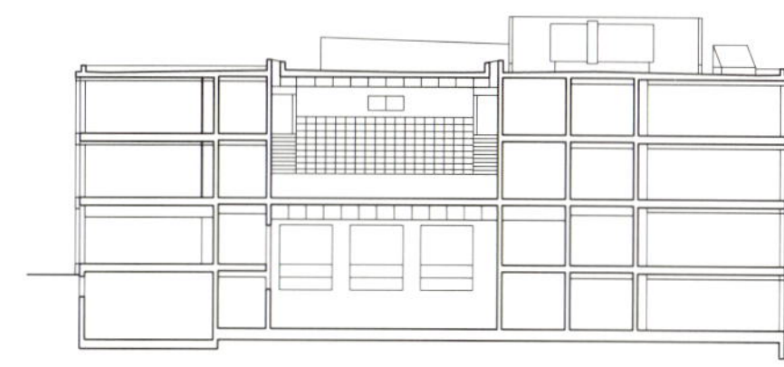

bb

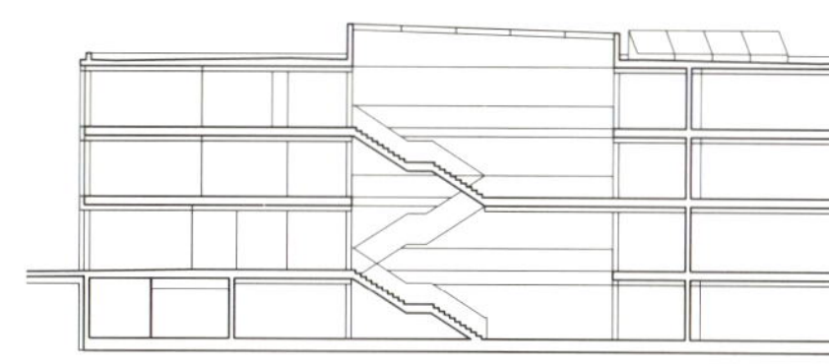

cc

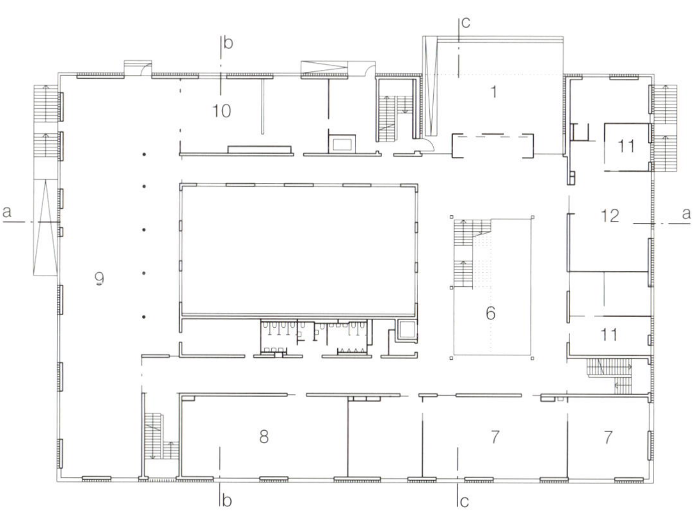

1 Eingang
2 Klassenzimmer
3 Sporthalle
4 Technik
5 Umkleide
6 Atrium
7 Bibliothek
8 Lehrerzimmer
9 Cafeteria
10 Küche
11 Büro
12 Sekretariat
13 Aula
14 Bühne
15 Kunstraum
16 Multifunktions-
raum

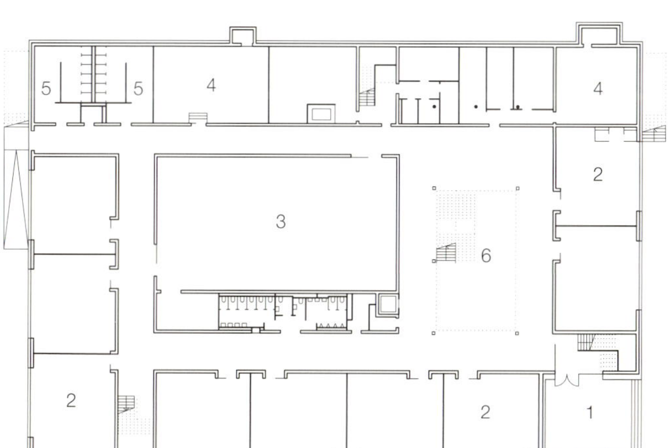

1 Entrance
2 Classroom
3 Gymnasium
4 Building services
5 Changing room
6 Atrium
7 Library
8 Teachers
9 Cafeteria
10 Kitchen
11 Office
12 Secretary
13 Auditorium
14 Stage
15 Art room
16 Multipurpose
space

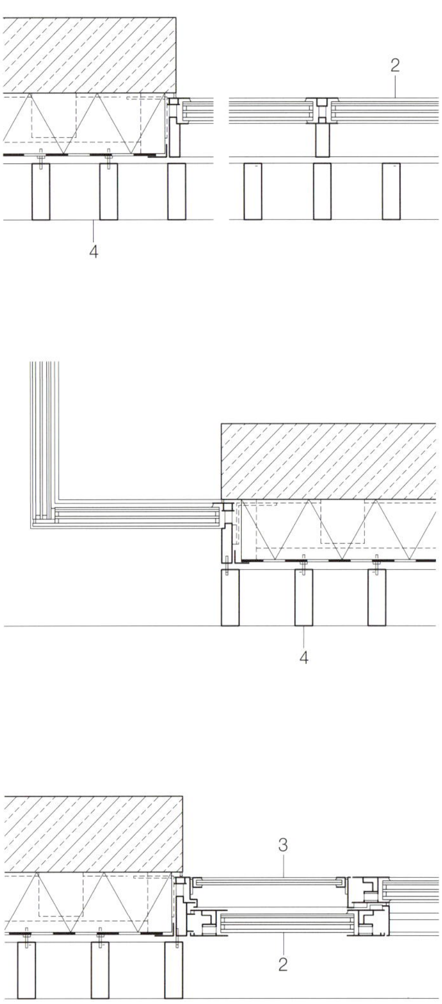

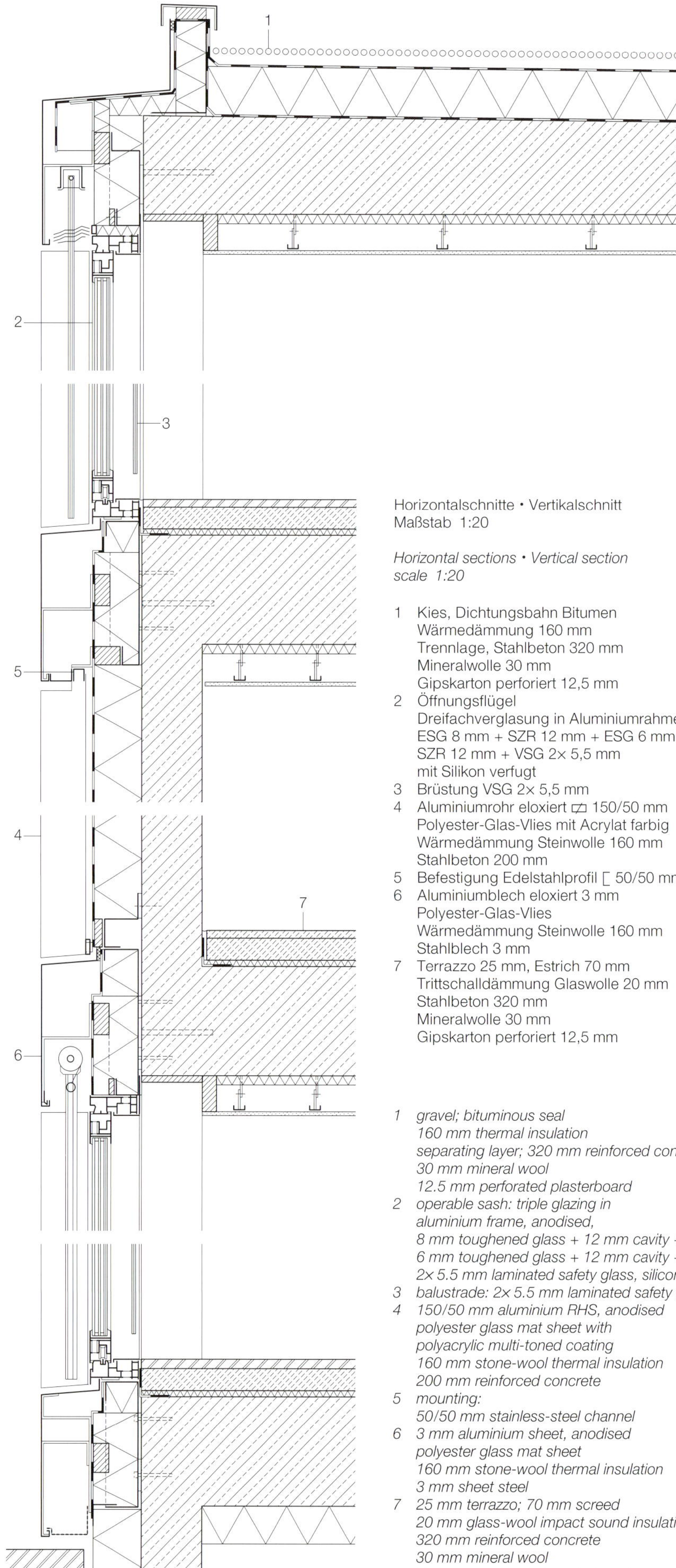

Horizontalschnitte • Vertikalschnitt
Maßstab 1:20

Horizontal sections • Vertical section
scale 1:20

1 Kies, Dichtungsbahn Bitumen
Wärmedämmung 160 mm
Trennlage, Stahlbeton 320 mm
Mineralwolle 30 mm
Gipskarton perforiert 12,5 mm
2 Öffnungsflügel
Dreifachverglasung in Aluminiumrahmen eloxiert
ESG 8 mm + SZR 12 mm + ESG 6 mm +
SZR 12 mm + VSG 2× 5,5 mm
mit Silikon verfugt
3 Brüstung VSG 2× 5,5 mm
4 Aluminiumrohr eloxiert □ 150/50 mm
Polyester-Glas-Vlies mit Acrylat farbig
Wärmedämmung Steinwolle 160 mm
Stahlbeton 200 mm
5 Befestigung Edelstahlprofil [50/50 mm
6 Aluminiumblech eloxiert 3 mm
Polyester-Glas-Vlies
Wärmedämmung Steinwolle 160 mm
Stahlblech 3 mm
7 Terrazzo 25 mm, Estrich 70 mm
Trittschalldämmung Glaswolle 20 mm
Stahlbeton 320 mm
Mineralwolle 30 mm
Gipskarton perforiert 12,5 mm

1 gravel; bituminous seal
160 mm thermal insulation
separating layer; 320 mm reinforced concrete
30 mm mineral wool
12.5 mm perforated plasterboard
2 operable sash: triple glazing in
aluminium frame, anodised,
8 mm toughened glass + 12 mm cavity +
6 mm toughened glass + 12 mm cavity +
2× 5.5 mm laminated safety glass, silicone seam
3 balustrade: 2× 5.5 mm laminated safety glass
4 150/50 mm aluminium RHS, anodised
polyester glass mat sheet with
polyacrylic multi-toned coating
160 mm stone-wool thermal insulation
200 mm reinforced concrete
5 mounting:
50/50 mm stainless-steel channel
6 3 mm aluminium sheet, anodised
polyester glass mat sheet
160 mm stone-wool thermal insulation
3 mm sheet steel
7 25 mm terrazzo; 70 mm screed
20 mm glass-wool impact sound insulation
320 mm reinforced concrete
30 mm mineral wool
12.5 mm perforated plasterboard

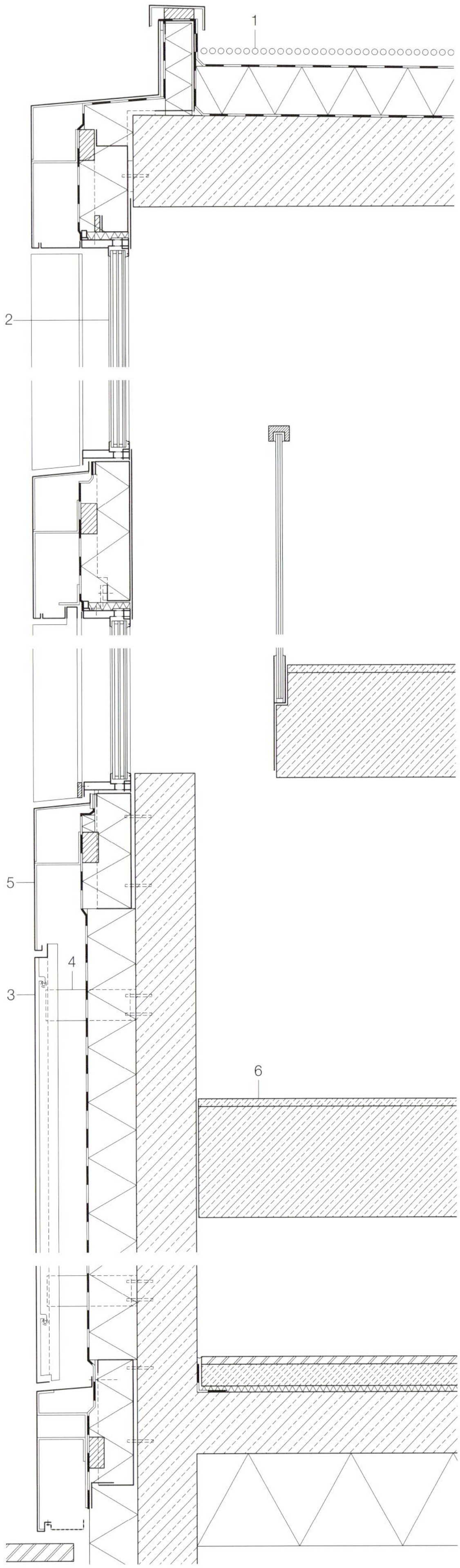

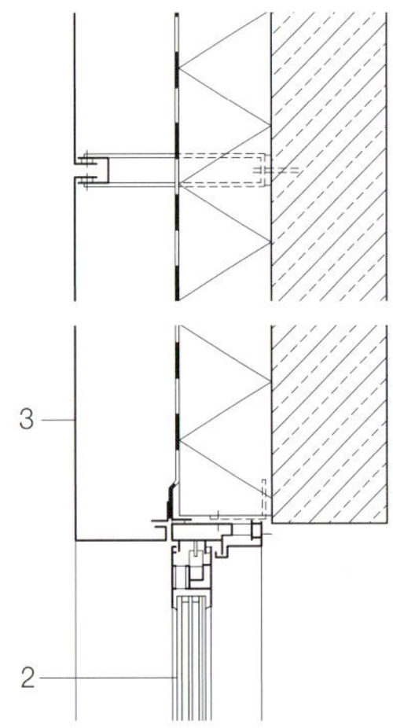

Vertikalschnitt • Horizontalschnitt
Maßstab 1:20

1 Kies, Dichtungsbahn Bitumen
Wärmedämmung 160 mm
Trennlage, Stahlbeton 320 mm
2 Dreifachverglasung in Aluminiumrahmen eloxiert ESG 8 mm + SZR 12 mm + ESG 6 mm + SZR 12 mm + VSG 2× 5,5 mm, mit Silikon verfugt
3 Aluminiumblech eloxiert, gelocht (40 %) 3 mm
Aluminiumschiene 55/3 mm
Polyester-Glas-Vlies
Dämmung Steinwolle 160 mm
Stahlbeton 200 mm
4 Befestigung Aluminium roh 3 mm
5 Aluminiumblech eloxiert 3 mm
Polyester-Glas-Vlies, Dämmung Steinwolle 160 mm, Stahlblech 3 mm
6 Treppe Terrazzo 25 mm
Fertigteil Stahlbeton 340 mm

Vertical section • Horizontal section
scale 1:20

1 gravel; sealing layer
160 mm thermal insulation
membrane; 320 mm reinforced concrete
2 triple glazing in aluminium frame, anodised
8 mm toughened glass + 12 mm cavity +
6 mm toughened glass + 12 mm cavity +
2× 5.5 mm laminated safety glass,
silicone seam
3 3 mm aluminium sheet, anodised, perforated (40 %)
55/3 mm aluminium rail
membrane; 160 mm stone-wool insulation
200 mm reinforced concrete
4 mounting: 3 mm raw aluminium
5 3 mm aluminium sheet, anodised
membrane; 160 mm stone-wool thermal insulation; 3 mm sheet steel
6 stair: 25 mm terrazzo
prefabricated unit: 340 mm reinforced concrete

Grundschule in Rodeneck

Primary School in Rodeneck

Architekten / *Architects*:
Pedevilla Architekten, Bruneck
Armin und Alexander Pedevilla
Tragwerksplaner / *Structural engineers*:
Ingenieurteam Bergmeister, Vahrn/Brixen

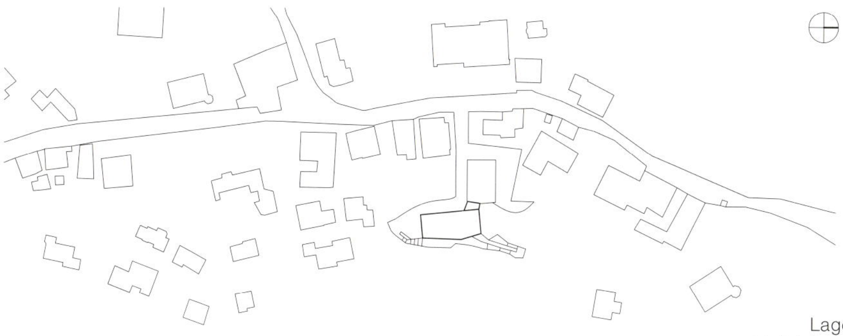

Lageplan
Maßstab 1:4000

Site plan
scale 1:4,000

Nahe an die Hangkante gesetzt, ist das neue Schulgebäude der Südtiroler Gemeinde Rodeneck schon vom Tal aus gut zu erkennen. Der Neubau ersetzt die benachbarte, bestehende Schule, die gegenwärtig zum Kindergarten umgebaut wird. Beide Baukörper werden künftig über einen gemeinsamen Windfang erschlossen und ergänzen mit ihren öffentlichen Nutzungen das Dorfzentrum. Die Hanglage ermöglicht die einseitige Belichtung des Untergeschosses, in dem ein Jugendzentrum seine Räume findet. Aula und Mensa schließen an den erdgeschossigen Eingang an und können für größere Veranstaltungen verbunden werden. In den zwei Obergeschossen sind die Nebenräume zum Dorf hin orientiert, während die Klassenräume ins Tal blicken. Das leicht geneigte Dach, das den Baukörper typologisch in sein Umfeld einbindet, differenziert die Innenräume im 2. Obergeschoss vom fast identischen Geschoss darunter. Das Tragwerk besteht aus einer konventionellen Stahlbetonskelettkonstruktion mit aussteifenden Kernen. Die Außenwandflächen sind mit einem Wärmedämmverbundsystem versehen. Der Putz wurde beim Aufbringen mit einer Strukturwalze aufgeraut, die Spitzen nach dem Antrocknen mit einer Kelle geglättet. Vorspringende Fensterrahmen mit Aluminiumverkleidung reihen sich auf den Gebäudelängsseiten zu horizontalen Bändern. Großformatige Dreischeibenverglasungen mit Sicherheitsglas öffnen die Klassenräume in ihrer gesamten Breite zur Landschaft und ruhen auf einer nur 35 cm hohen Brüstung, die als Sitzbank dient. Die tiefe Laibung ist umlaufend mit Lärche verkleidet. Eine flächenbündig im Rahmen sitzende Klappe ermöglicht zusätzlich zu einer mechanischen Lüftung mit Wärmerückgewinnung die natürliche Belüftung. Während sich der Baukörper in seiner monochromen Farbgebung nach außen betont zurückhaltend präsentiert, haben die Architekten im Innenraum Farbakzente gesetzt: Weiße Terrazzoböden und Trockenbauwände kontrastieren mit Kautschukböden, Sitzbänken und Garderobenknöpfen in kräftigem Rot. DETAIL 06/2013

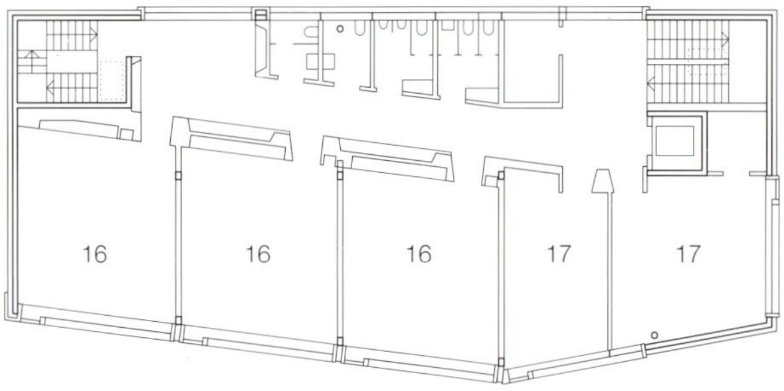

2. Obergeschoss / *Second floor*

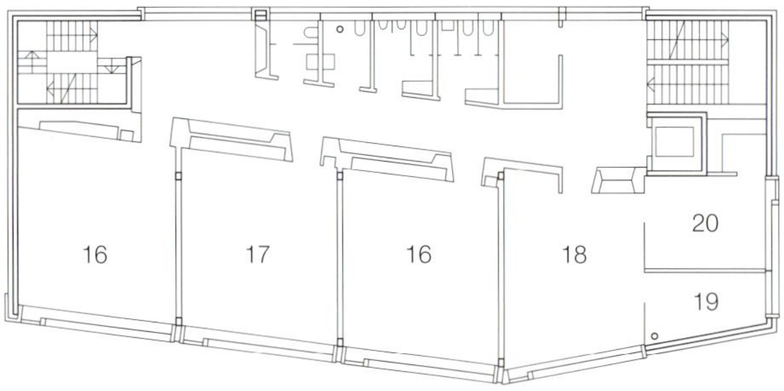

1. Obergeschoss / *First floor*

1 ehemaliges Schulgebäude (im Umbau)
2 Haupteingang
3 Zugang Pausenhof
4 Aula
5 Mediathek
6 Mensa
7 Küche
8 Spülküche
9 Kühlraum
10 Umkleide
11 Eingang Jugendzentrum
12 Jugendraum
13 Werkraum
14 Abstellraum
15 Technik
16 Klasse
17 Ausweichraum
18 Lehrerzimmer
19 Schulleiter
20 Besprechung

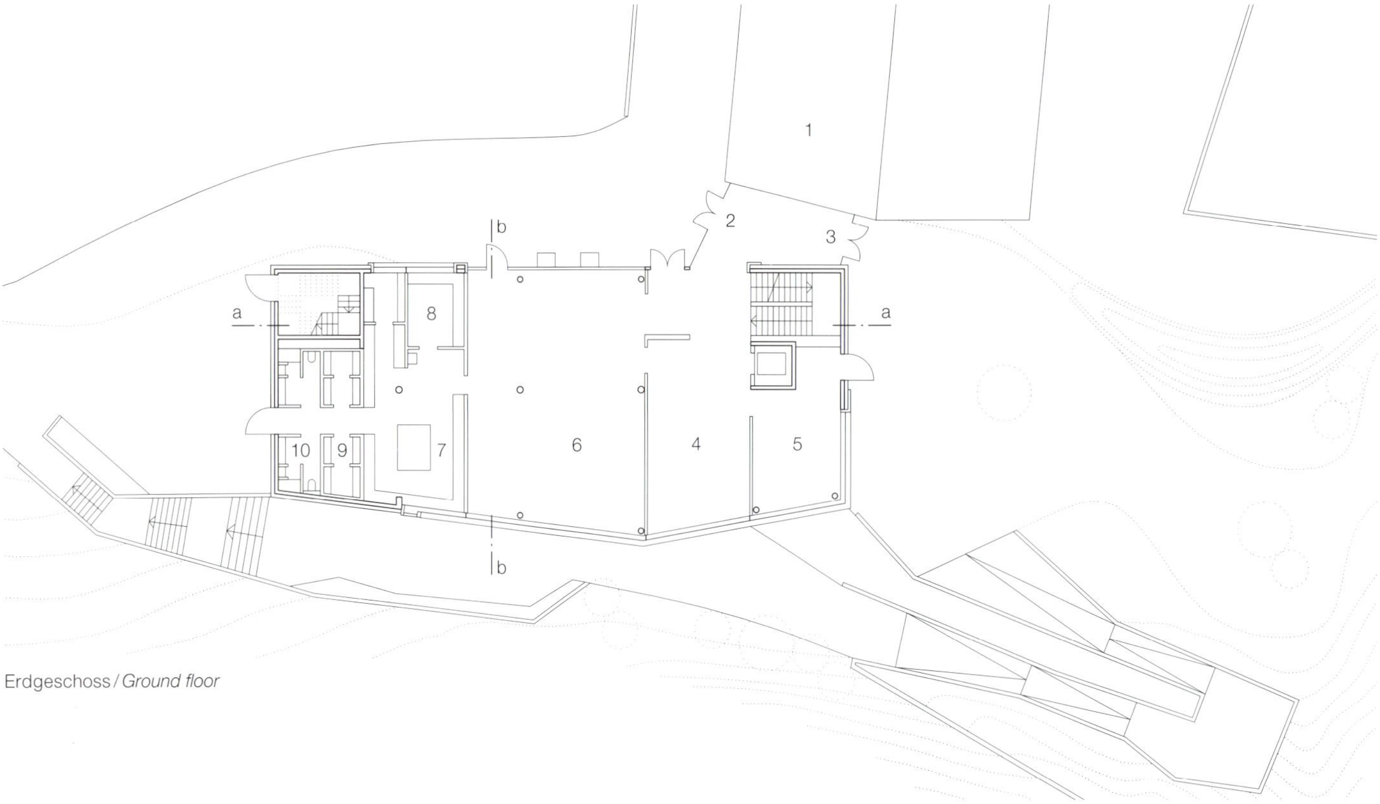

Erdgeschoss / *Ground floor*

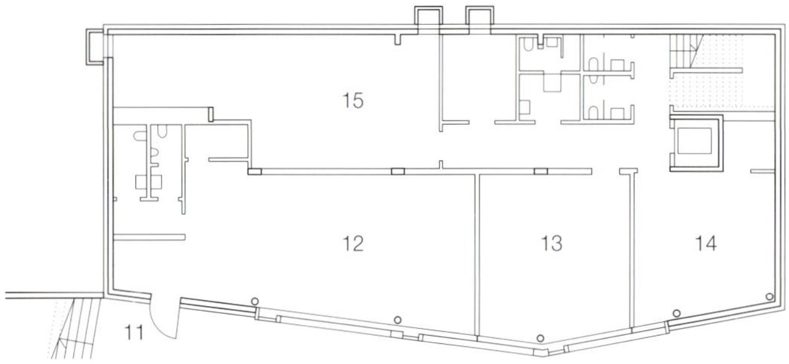

Untergeschoss / *Basement*

1 Former school building (subject to conversion)
2 Main entrance
3 Access to playground
4 School hall
5 Media library
6 Refectory
7 Kitchen
8 Utility space
9 Cold store
10 Changing room
11 Entrance to youth centre
12 Youth area
13 Workroom
14 Store
15 Building services
16 Classroom
17 Reserve space
18 Teachers' room
19 Head of school
20 Discussion space

Grundrisse • Schnitte
Maßstab 1:400

*Floor plans • Sections
scale 1:400*

aa

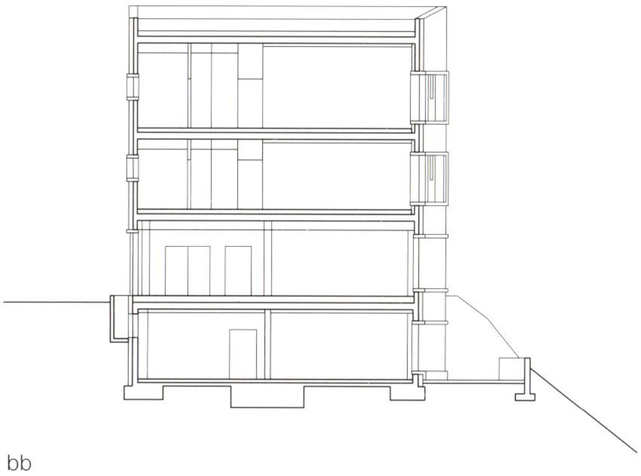

bb

Set on the edge of a steep slope, this new school building in northern Italy replaces an existing institution that is being converted into a kindergarten. Access to both developments will eventually be via a common lobby. The basement, in which a youth centre is located, receives daylight from one side as a result of the sloping site. Adjoining the entrance on the ground floor are a hall and refectory, which can be combined for larger events. On the two upper floors, the ancillary spaces are oriented towards the village, while the classrooms overlook the valley. The load-bearing structure consists of a conventional reinforced concrete skeleton frame with bracing cores. The closed areas of the outer walls have a composite thermal insulation system and textured rendering.
Aluminium-clad window frames, which project slightly from the outer face of the building, form horizontal strips of fenestration on the long sides. Large panes of triple glazing with safety glass open the classrooms to the landscape over their full width, and the low window sills form benches on which pupils can sit. In addition to the mechanical ventilation with heat recovery, flaps in the window frames also allow a natural form of ventilation. Outwardly restrained with its monochrome appearance, the school has a colourful interior. Contrasted with the white terrazzo and dry partitions are deep-red rubber flooring, benches and cloakroom knobs.

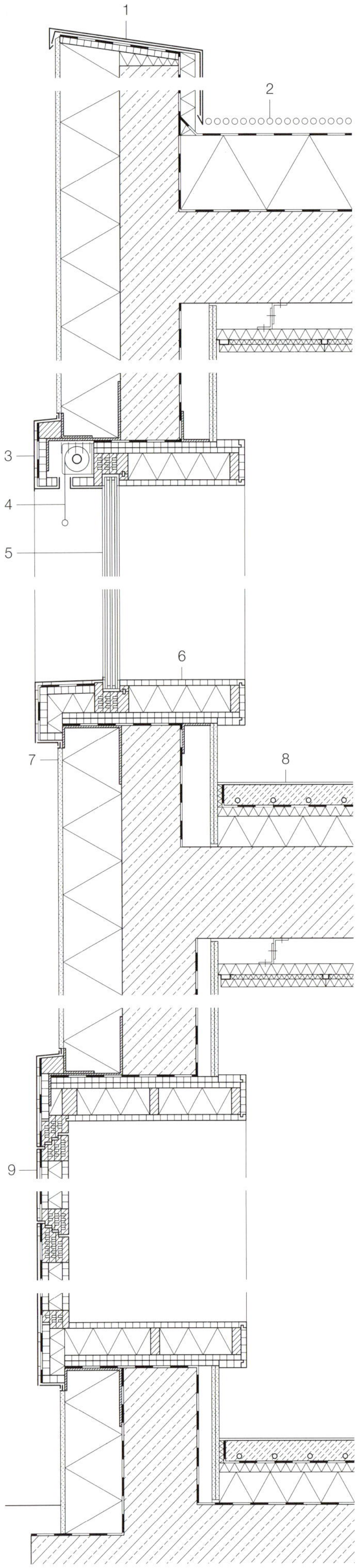

1 Aluminiumblech 2 mm auf Stahlwinkel
OSB-Platte 22 mm im Gefälle
2 Rundkies weiß 50 mm, Schutzvlies
Abdichtung Kunststoffbahn EPDM, Trennlage
Wärmedämmung XPS 250 mm
Dampfsperre
Stahlbetondecke im Gefälle 300 mm
abgehängte Decke Holzwolle-Akustikplatte magnesitgebunden 25 mm mit Mineralwolleauflage 50 mm
3 Aluminiumblech pulverbeschichtet 1,5 mm oberseitig im Gefälle, unterseitig mit Tropfkante
Hinterlüftung / Befestigungsclips 15 mm
Windpapier
Formteil OSB-Platte / Kantholz
auf Befestigungswinkel Stahlblech 2 mm
4 textiler Sonnenschutz
5 Dreifach-Festverglasung VSG 2× 6 mm beschichtet + SZR 16 mm + Float 6 mm + SZR 16 mm + VSG 2× 5 mm beschichtet
in Lärcherahmen mit Luftkammern
6 Stabsperrholz Lärche furniert 20 mm
Wärmedämmung Resol-Hartschaumplatte 80 mm
Blindstock 2× OSB-Platte 25 mm
7 Wärmedämmverbundsystem:
mineralischer Edelputz aufgeraut und überglättet, mit Silikatlasur pigmentiert 15 mm
Wärmedämmung EPS 200 mm
Stahlbeton 200 mm, Dampfsperre
Unterkonstruktion 100 mm
Gipskartonplatte 2× 12,5 mm, gestrichen
8 Naturkautschukbelag geklebt 3 mm
Fließestrich mit Fußbodenheizung 67 mm
Trennlage, Trittschalldämmung 30 mm
Schüttung Beton mit EPS-Granulat 100 mm
Stahlbetondecke 300 mm
abgehängte Decke Holzwolle-Akustikplatte magnesitgebunden 25 mm mit Mineralwolleauflage 50 mm
9 Lüftungsklappe:
Aluminiumblech pulverbeschichtet 1,5 mm
Hinterlüftung/Befestigungsclips 15 mm
Windpapier, auf Lärcherahmen mit Luftkammern
Füllung: 2× Stabsperrholz Lärche furniert 20 mm, dazwischen Wärmedämmung Resol-Hartschaumplatte 50 mm

1 2 mm sheet aluminium on steel angle
22 mm oriented-strand board to falls
2 50 mm white gravel; protective felt layer
neoprene sealing layer; separating layer
250 mm extruded polystyrene thermal insulation
vapour barrier
300 mm reinforced concrete roof to falls
100 mm steel suspension pieces; mineral wool
25 mm magnesite-bonded wood-wool soffit
3 1.5 mm powder-coated sheet aluminium
15 mm rear ventilation/fixing clips
windproof paper
oriented-strand board strip, with splayed top edge and drip at bottom, fixed to 2 mm sheet-steel angle
4 fabric sunblind
5 triple glazing: 2× 6 mm lam. safety glass, coated + 16 mm cavity + 6 mm float glass + 16 mm cavity + 2× 5 mm lam. safety glass, coated, in larch frame with air cells
6 subframe: 2× 25 mm oriented-strand board
7 80 mm resol rigid-foam thermal insulation
8 20 mm larch blockboard, veneered
9 composite thermal insulation system:
15 mm mineral rendering, textured and smoothed, with pigmented silicate glazed finish
200 mm expanded polystyrene thermal insulation
200 mm reinforced concrete wall; vapour barrier
100 mm supporting construction
2x 12.5 mm gypsum plasterboard, painted
10 3 mm natural rubber flooring, adhesive fixed
67 mm floated screed with underfloor heating
separating layer; 30 mm impact-sound insulation
100 mm concrete insulating layer with expanded polystyrene granulate
300 mm reinforced concrete floor
100 mm steel suspension pieces; mineral wool
25 mm magnesite-bonded wood-wool soffit
11 ventilating flap:
1.5 mm powder-coated sheet aluminium
15 mm rear ventilating layer/fixing clips
windproof paper on larch frame with air cells
filling: 2× 20 mm larch blockboard, veneered with 50 mm resol rigid-foam thermal insulation between

Vertikalschnitt
Horizontalschnitt
Maßstab 1:20

Vertical section
Horizontal section
scale 1:20

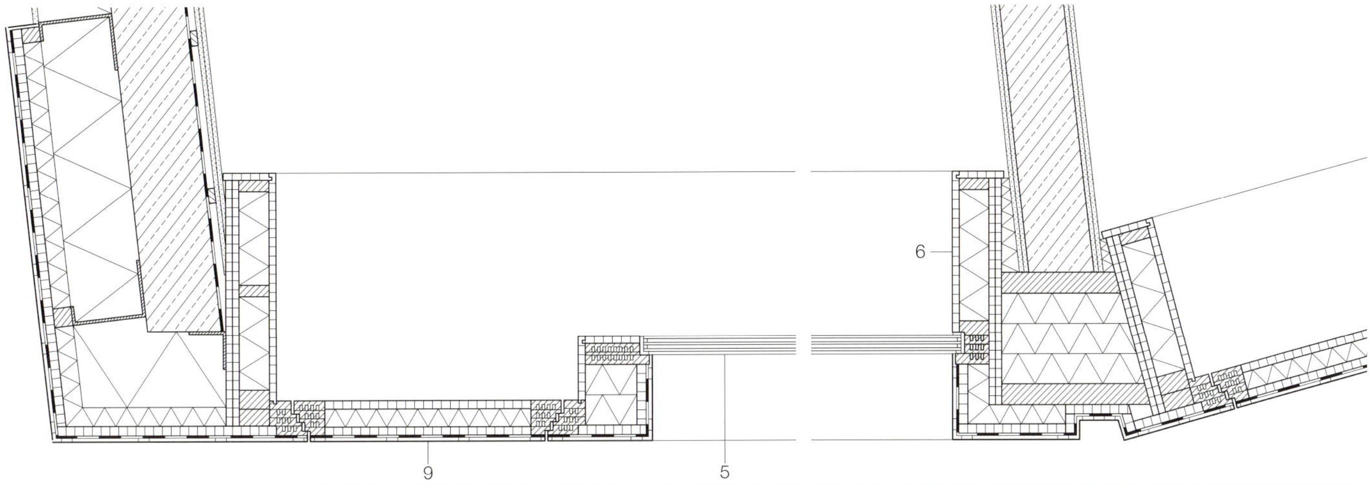
6
9
5

Schulerweiterung in Marburg

School Expansion in Marburg

Architekten / *Architects*:
Hess / Talhof / Kusmierz
Architekten und Stadtplaner,
München / *Munich*
Tragwerksplaner / *Structral engineers*:
A. Hagl Ingenieurgesellschaft,
München / *Munich*

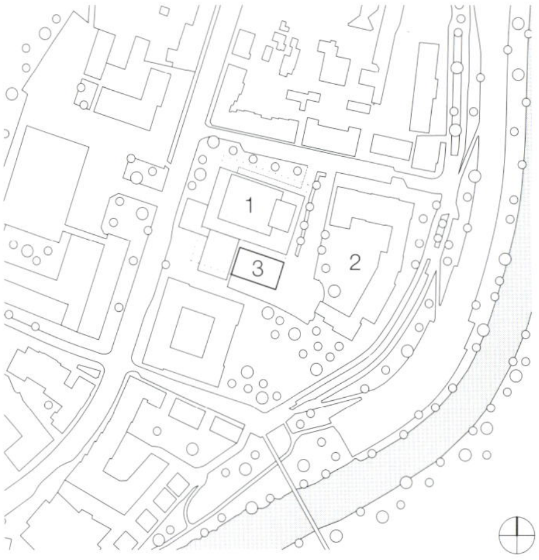

Im Jahr 2005 lobte die Universitätsstadt Marburg einen Wettbewerb zur Umgestaltung der 1969 fertiggestellten Stadthalle aus. Der neue Gebäudekomplex sollte auch eine Erweiterung der benachbarten Martin-Luther-Schule aufnehmen. Diese auf den ersten Blick ungewöhnliche Kombination erscheint nicht nur stadträumlich sinnvoll, bei näherer Betrachtung zeigen sich durchaus Synergiepotenziale. So lassen sich etwa bei Kongressen in der Stadthalle Klassenzimmer oder Cafeteria des Schulbausteins nutzen. Im Gegenzug kann die Schule auf die Räumlichkeiten der Stadthalle zugreifen. Angesichts des Umfangs der Baumaßnahme wurde das Projekt schrittweise umgesetzt, wobei die Schulerweiterung den ersten Bauabschnitt bildete. Die Hauptnutzräume des kompakten Passivhauses orientieren sich nach Süden, die Nebenräume nach Norden. Dazwischen verbindet ein zentraler, von oben belichteter Luft- und Erschließungsraum auf ganzer Länge alle Geschosse. Von der Pausenhalle, die je nach Tageszeit auch als Cafeteria, Treffpunkt oder Veranstaltungsraum dient, führt eine Freitreppe zu den Klassenzimmern. Galerien und Brücken ermöglichen vielfältige Durchblicke.
Robuste und daher gut für den Schulbetrieb geeignete Oberflächen prägen die Innenräume: Sichtbeton mit feiner Holzstruktur, geschlitzte und lackierte Akustikverkleidungen sowie Böden aus Kautschuk. Farben markieren die Funktionsbereiche des Gebäudekomplexes. Während ein kräftiges Grün Erschließung und Pausenhalle der Schule kennzeichnet, verleihen MDF-Verkleidungen in Eigenfarbe den Klassenräumen eine ruhigere Atmosphäre.
Süd- und Ostfassade bilden das erste Teilstück der Hülle der neuen Stadthalle. Vorgehängte Betonfertigteile zitieren den Bestand, ihre reliefartige Oberfläche zeigt einen Negativabdruck der alten Waschbetonhaut. Mittels Kunststoffmatrizen wurde deren Struktur auf die neuen Fassadenelemente übertragen. Um die gewünschte Körnung zu erzielen, erfolgte derne Fertigung anhand eines auf ca. 120 % hochskalierten, idealisierten Waschbetonstücks. Diese Vorlage wurde größer als die einzelnen Fertigteile dimensioniert. So lassen sich Abdrücke verschiedener Stellen nehmen, was im Ergebnis zu einer Varianz im Relief führt. Leicht vortretende Fertigteile mit glatten Oberflächen rahmen Fenster- und Türöffnungen und verleihen der Gebäudehülle Plastizität. Ausstellrollos, die auch heruntergefahren Ausblicke ermöglichen, gewährleisten ausreichenden Sonnenschutz an der großzügig verglasten Südfassade. Die großteils temporären Binnenfassaden sind als günstiges Wärmedämmverbundsystem realisiert, mit spielerisch verteilten, kleinen Öffnungen an der Nordseite. Um den Passivhausstandard zu erfüllen, ist die gesamte Hülle möglichst dicht ausgeführt und hoch gedämmt. Bei den geschlossenen Flächen liegt kein U-Wert über 0,15 W/m²K. Die bündig in die Dämmebene gesetzten Holz-Aluminium-Fenster mit Dreifach-Wärmeschutzverglasung erreichen im Durchschnitt einen U-Wert unter 0,8 W/m²K. Daher bleiben die Oberflächentemperaturen auf der Innenseite immer ausreichend hoch, sodass auch ohne Heizkörper im Fensterbereich keine Zugerscheinungen auftreten. Die Lüftungsanlage mit Wärmerückgewinnung führt Frischluft in die Klassenräume, Abluft wird in der Nebenraumzone abgesaugt. Bei Bedarf lassen sich jedoch die Fenster zum Lüften öffnen.
DETAIL 11/2011

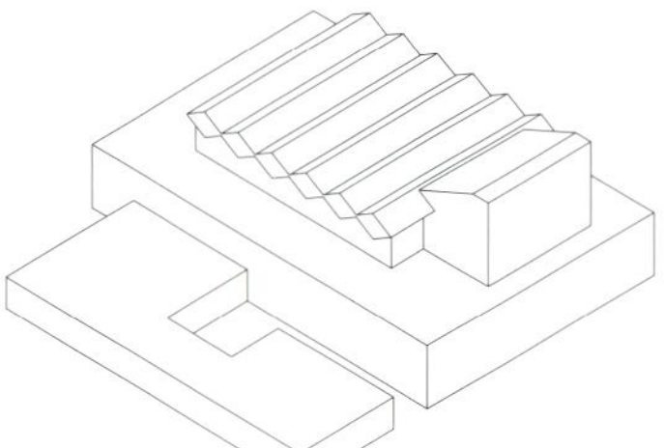
a

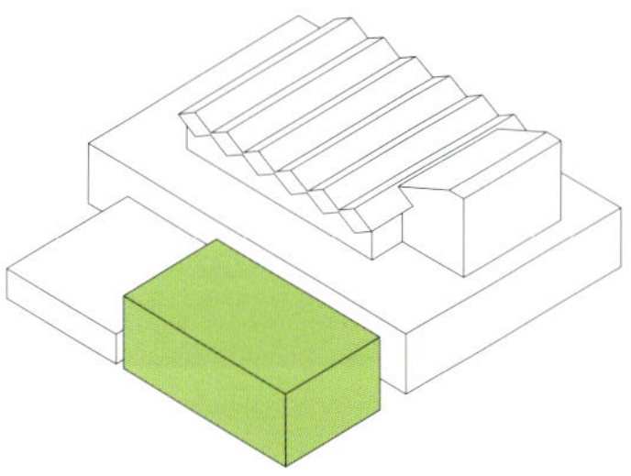
b

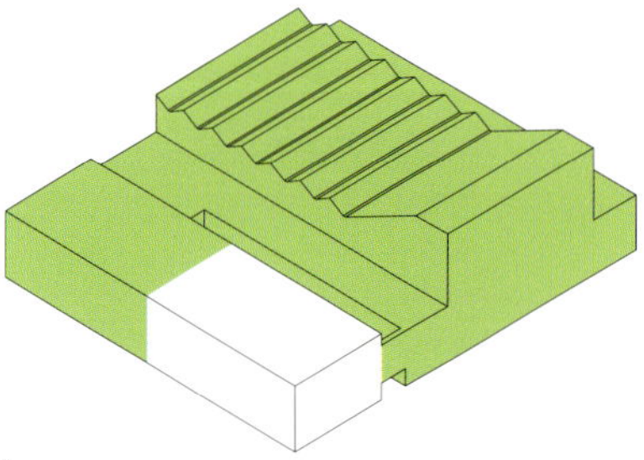
c

Lageplan Maßstab 1:6000
Schnitte • Grundrisse
Maßstab 1:500

1 Bestand Stadthalle
2 Bestand Schule
3 Schulerweiterung
4 Windfang
5 Lounge
6 Pausenhalle/Cafeteria
7 Essensausgabe
8 Klassenzimmer
9 Luftraum
10 Lehrmittel

Piktogramme Bauabschnitte

a Bestand Stadthalle
b Schulerweiterung, Fertigstellung 2010
c Umbau/Erweiterung Stadthalle, Fertigstellung 2014

Site plan scale 1:6,000
sections • floor plans
scale 1:500

1 City hall (existing)
2 School (existing)
3 School expansion
4 Vestibule
5 Lounge
6 Recess hall/cafeteria
7 Food counter
8 Classroom
9 Void
10 Teaching materials

Pictograms, construction phases

a City hall (existing)
b School expansion, completion 2010
c City hall remodelling/expansion, completion 2014

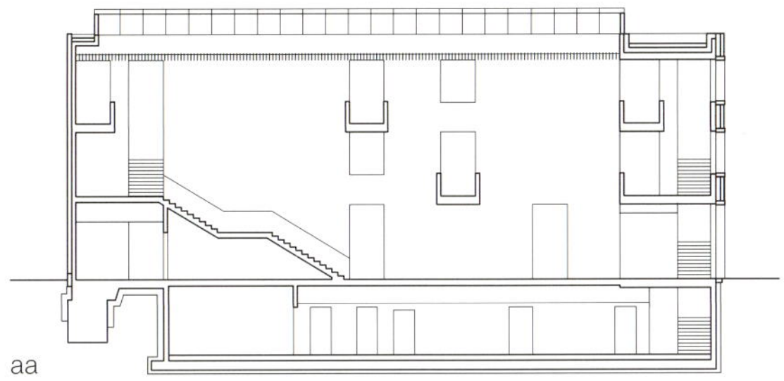

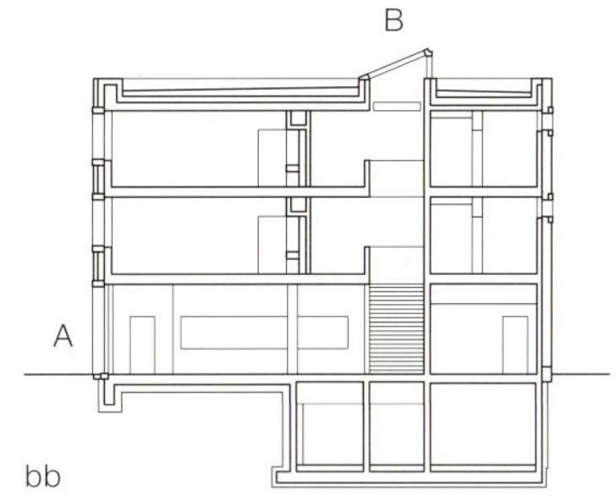

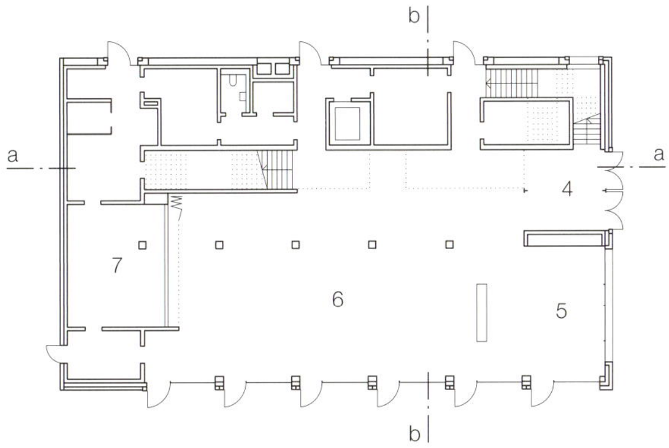

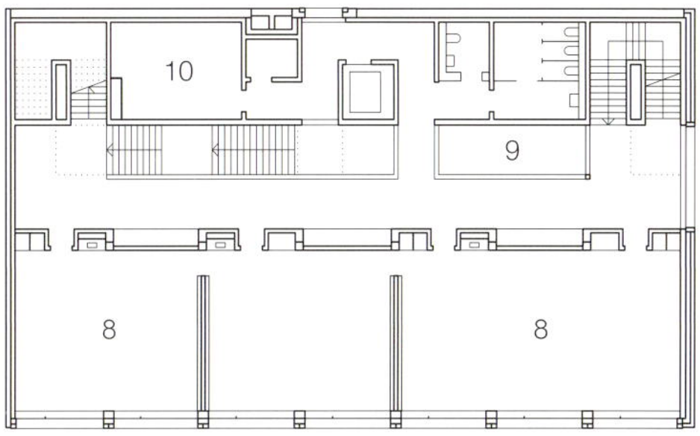

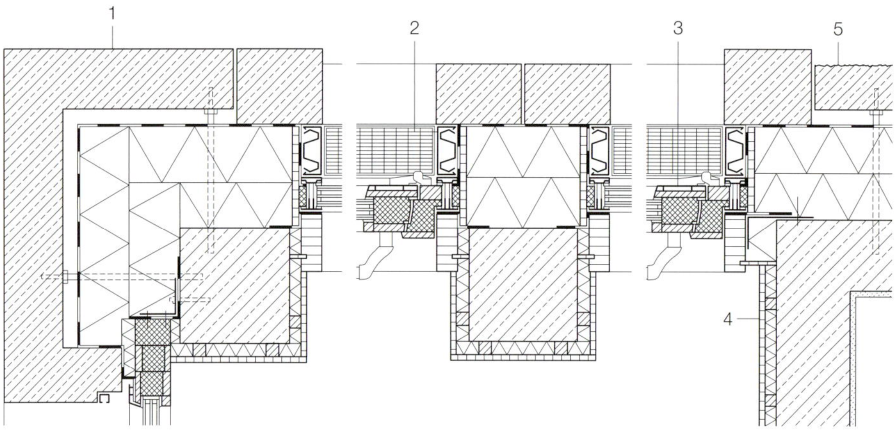

cc

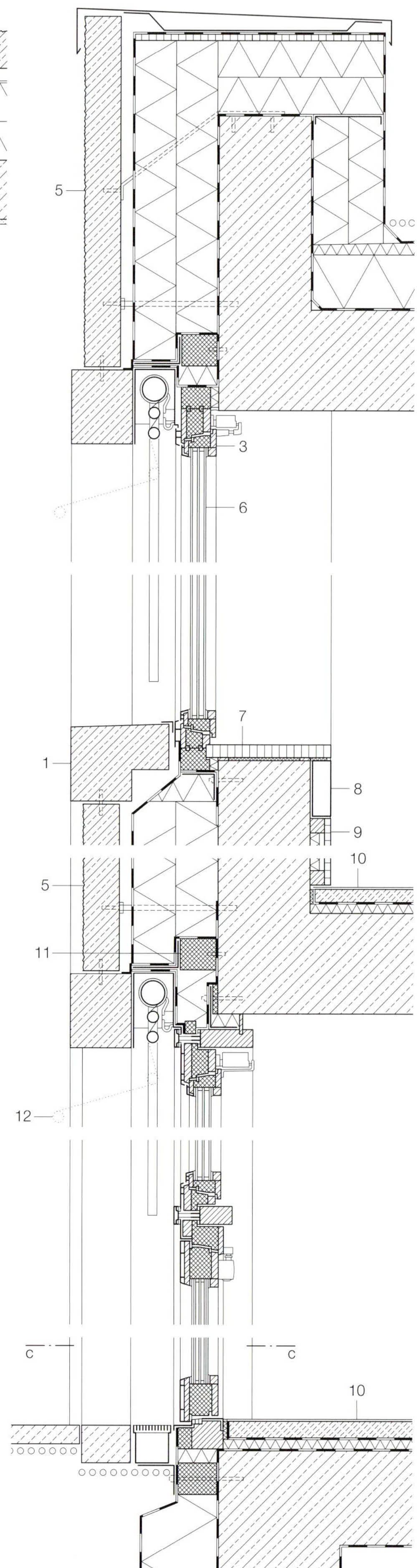

A

Horizontalschnitt
Vertikalschnitt
Maßstab 1:20

1. Fertigteil Stahlbeton Oberfläche glatt
2. Laibungsblech Aluminium pulverbeschichtet 3 mm
3. Holz-Aluminium-Passivhaustüren bzw. -fenster mit luftdichten Anschlüssen: Rahmen Fichte gedämmt lackiert, Deckschalen außen Aluminium pulverbeschichtet
4. Akustik-Faserplatte (nicht brennbar) geschlitzt grün lackiert 16 mm
5. Fertigteil Stahlbeton 120 mm, Oberfläche texturiert (Negativabdruck Waschbeton), Abstandhalter thermisch getrennt
6. Dreifach-Wärmeschutzverglasung Float 6 mm + SZR Argon 16 mm + Float 6 mm + SZR Argon 16 mm + Float 6 mm
7. Fensterbrett MDF transparent lackiert 380/40 mm
8. Brüstungskanal Kunststoff 173/65 mm
9. Wandverkleidung (unsichtbar montiert): Akustikplatte MDF geschlitzt, transparent lackiert 16 mm, Akustikdämmung 30 mm zwischen Lattung 50 mm
10. Bodenbelag Kautschuk
11. Abstandhalter Schaumglas zur thermischen Trennung der Sonnenschutzkonstruktion
12. Sonnenschutz Ausstellrollo textil

Horizontal section
Vertical section
scale 1:20

1. *prefabricated concrete element, even surface*
2. *3 mm reveal coping, aluminium sheet metal, powder coated*
3. *wood-aluminium passive-house doors and windows with airtight connections: wood frame, spruce, painted finish exterior coping, aluminium, powder-coated*
4. *16 mm acoustic fibre panel (fire-resistant), slatted, green paint finish*
5. *120 mm prefabricated concrete element, structured surface (exposed aggregate concrete cast) spacer, thermal separation*
6. *triple insulation glazing: 6 mm float glass + 16 mm cavity, argon fill + 6 mm float glass + 16 mm cavity, argon fill + 6 mm float glass*
7. *380/40 mm MDF window sill, transparent paint finish*
8. *173/65 mm parapet duct, plastic*
9. *wall covering, concealed connection: 16 mm MDF acoustic panel, slatted, transparent paint finish 50 mm framing 30 mm infilled acoustic insulation*
10. *natural rubber flooring*
11. *spacers, foam glass, for thermal separation of sun protection construction*
12. *extendable textile sunscreen*

In 2005 the university city of Marburg held a competition for both the expansion of the Martin Luther School and the redesign of the neighbouring city hall completed in 1969. This combination seems unusual at first glance, yet is reasonable in terms of urban space and, at a closer look, offers potential for synergy. For instance, when a congress takes place in the city hall, the school's classrooms or cafeteria can be used. On the other hand, the school can use spaces of the city hall for its own events. Due to the scope of building measures, the project was developed in phases. The first construction phase included the school addition. The main use areas of the compact passive house are oriented towards the south, while ancillary rooms are situated in the north. In between, a central circulation hall receives daylight from above, connecting all floors across the entire length of the building. The recess hall serves as cafeteria, meeting point, or event space depending on the time of the day and, via an open staircase, leads to the classrooms. Galleries and bridges permit a multitude of views.

A limited number of durable surface materials suitable for use in a school characterises the interiors, such as exposed concrete with a fine wood surface pattern, slatted acoustic panelling with paint finish, as well as natural rubber flooring. Colours emphasise the functional areas of the building complex. A powerful green colour denotes the school's circulation areas and recess hall. MDF panelling with a natural finish provides the classrooms with a rather calm atmosphere. The southern and eastern facades comprise the first part of the new city hall's building envelope. A prefabricated concrete panel curtain wall recalls the existing construction: its embossed surface displays the negative of the existing exposed aggregate concrete facade's positive. Plastic moulds served to transfer its structure to the new facade elements. They are based on an idealised exposed aggregate concrete element scaled to 120% of its original size. Variations were created by using a master element that is larger than the actual individual prefabricated elements of the facade. This enables creating castings of different parts of the master element.

The building envelope receives depth through prefabricated elements with greater thickness and even surfaces that serve as frames for window and door openings. Extendable fabric blinds that also permit views towards the exterior when drawn guarantee sufficient sun protection along the extensively glazed southern facade. The temporary interior facades feature an economic thermal insulation composite system with playfully applied small openings along the northern facade. In order to meet passive-house standards, the entire building envelope is built as airtight as possible and is highly thermally insulated. Closed exterior surfaces don't exceed U-values of 0.15 W/m²K.

Schnitt
Maßstab 1:20

Section
scale 1:20

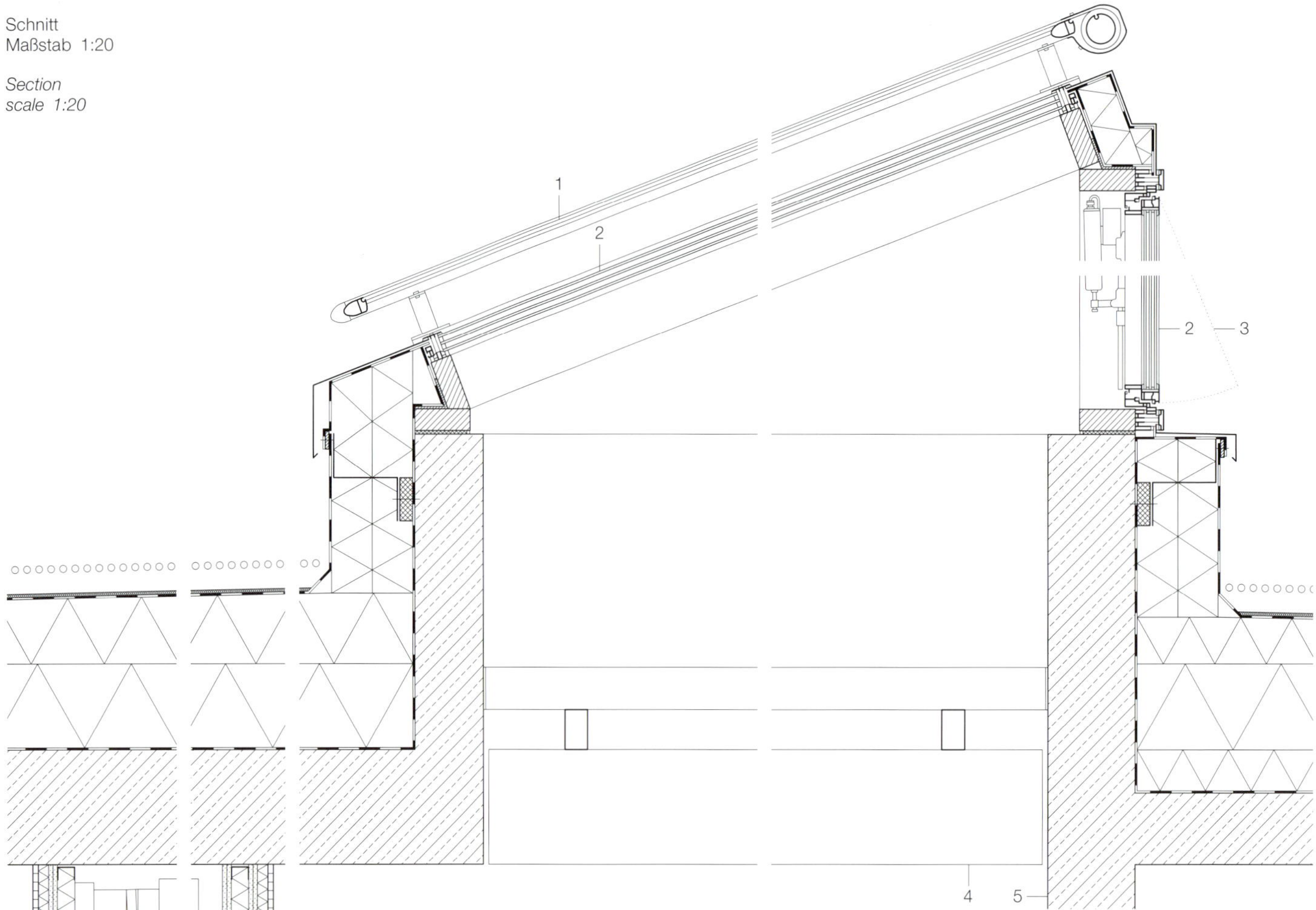

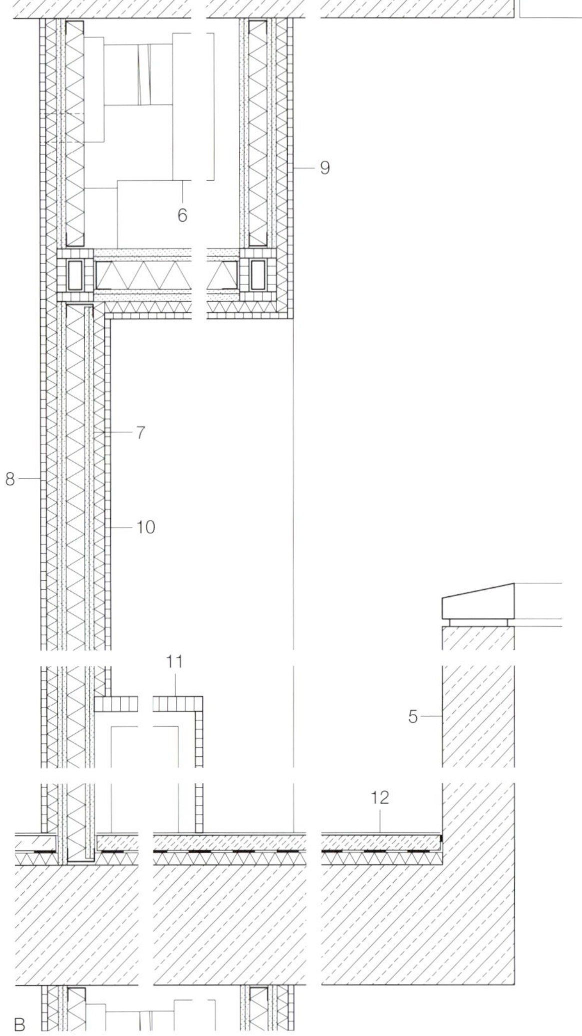

1 Sonnenschutz textil mechanisch
2 Dreifach-Wärmeschutzverglasung
3 Rauchabzugsöffnung
4 Lamellen Aluminium eloxiert
5 Sichtbeton mit leichter Holzstruktur
6 Lüftungsanlage / Zuluftkanal
7 Metallständerwand 100 mm: Dämmung 40 mm, beidseits beplankt mit Feuerschutzplatten GKF 2× 12,5 mm
8 Oberfläche Klassenzimmer: Akustikplatte MDF geschlitzt transparent lackiert 16 mm, Dämmung 30 mm
9 Oberfläche Flur: Akustik-Faserplatte (nicht brennbar) geschlitzt grün lackiert 16 mm, Dämmung 30 mm
10 Oberfläche Sitznische: Faserplatte (nicht brennbar) grün lackiert, 16 mm, Dämmung 30 mm
11 Sitzfläche Schichtstoffplatte lackiert
12 Bodenbelag Kautschuk

1 automatic textile sunscreen
2 triple thermal insulation glazing
3 smoke vent
4 aluminium louvres, anodised
5 exposed concrete with light wood texture
6 ventilation unit/supply air duct
7 100 mm metal framing; 40 mm insulation; 2× 12.5 mm fireproof gypsum board, each side
8 classrooms: 16 mm MDF acoustic panels, slatted, transparent finish 30 mm thermal insulation
9 hallways: 16 mm acoustic fibre panel (fire-resistant), slatted, transparent finish; 30 mm insulation
10 sitting alcove: 16 mm fibre panel (fire resistant), green paint finish 30 mm insulation
11 seating, laminate panel, painted finish
12 flooring, natural rubber

Schule in Berlin

School in Berlin

Architekten / *Architects*:
AFF Architekten, Berlin
Martin Fröhlich, Sven Fröhlich,
Alexander Georgi
Tragwerksplaner / *Structural engineers*:
HEG Beratende Ingenieure, Berlin

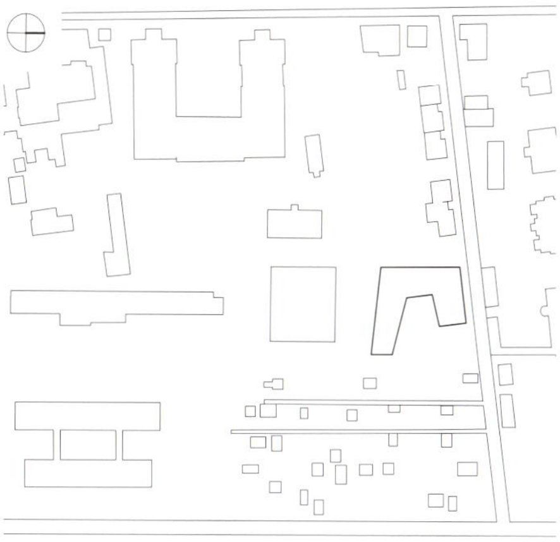

Lageplan Maßstab 1:4000 *Site plan scale 1:4,000*

Seit den enttäuschenden Ergebnissen der PISA-Studie 2000, versuchen sich Deutschlands Bundesländer mit unterschiedlichsten Schulreformen zu profilieren, so auch Berlin. Trotz des riesigen Schuldenbergs der Stadt wird in neue Schulbauten investiert, die den Zusammenschluss von Haupt- und Realschule zur Gesamtschule und die Tendenz zur Ganztagsschule ermöglichen. Ein Pilotprojekt ist die Anna-Seghers-Oberschule in Berlin-Adlershof, in deren Ergänzungsbau heute die Grundstufe untergebracht ist. Der dreiflügelige, asymmetrische Bau nimmt mit seinem verkürzten Ostflügel Bezug auf die benachbarten Wohnhäuser. Durch das Versetzen der Fenster innenbündig / außenbündig entsteht ein spannendes Bild, verstärkt durch die Anordnung des hinter dem Lochblech versteckten Öffnungsflügels links und rechts der Festverglasung. Deren äußere Isolierglasscheibe ist für den konstruktiven Holzschutz auf den Rahmen geklebt. Kleine Lochfenster sind scheinbar frei über die Fassade gestreut. Ihre hölzernen Rahmen sitzen tief in der Laibung und sind so vor Regen geschützt. Auffälligstes Merkmal der Fassade sind die Muster im Putz. Beim ersten Hinsehen erscheinen sie wie in die Oberfläche gestanzt und suggerieren, vor allem zusammen mit den glatten Einfassungen der Fenster, eine handwerklich bearbeitete Putzfassade. Bei näherer Betrachtung aber entpuppt sich die Struktur als aufgemalt. Eine Camouflage-Decke der schwedischen Armee diente als Vorlage für dreierlei Matrizen, die auf das Wärmedämmverbundsystem aufgebracht und besprüht wurden. Im Inneren findet sich das Armeematerial als Vorhang für die gelb gestrichenen Garderobennischen der Klassenzimmer wieder. Diese sind weiß belassen, während die Treppenhäuser in ebenso grelles Gelb getaucht sind wie die sich aufweitenden Flure mit ihren eigens für das Projekt angefertigten Mineralwerkstoffbänken. Dass es sich hier um einen Low-Budget-Bau handelt, lässt die ästhetische Qualität nicht vermuten.
DETAIL 07–08/2011

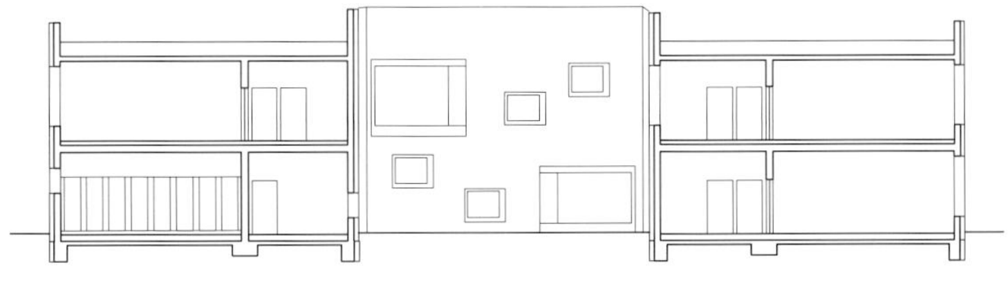

aa

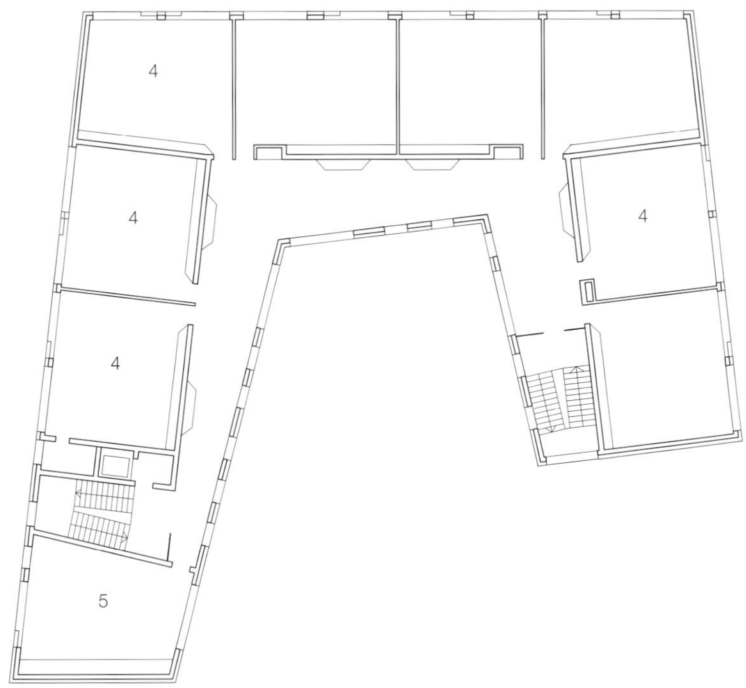

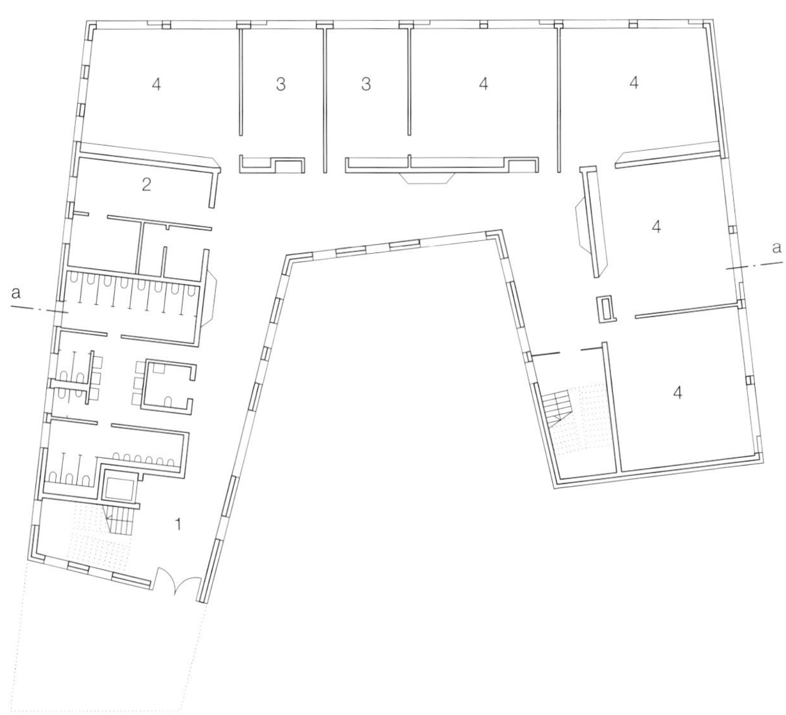

Since Germany's disappointing showing in the PISA 2000 Study, its sixteen states have been revamping the school system, and Berlin is no exception. Although the city is struggling with a giant pile of debts, it is investing in new school buildings that will make it possible to merge "Hauptschulen" (basic general education) and "Realschulen" (qualifying for vocational and higher education entrance) to create comprehensive secondary schools, and to accommodate pupils during the longer school day. This school in the Adlershof borough of Berlin is part of a pilot scheme; currently the lower grades use the building. The shorter leg of the U-shaped, asymmetrical school responds to the scale of the neighbouring residential buildings. By alternating the plane of the glass – either flush with the inner surface or the outer surface – and the position of the perforated sheet-metal panels that conceal the sash to the left and right of the fixed glazing, a playful impression is brought about. This is reinforced by the small windows puncturing the skin that are seemingly randomly distributed throughout the facade. The wooden frames are set deep in the reveal and are thus protected from the rain. An additional pane of glass glued to the frame protects the wood in the fixed glazing.
At first glance the patterns in the rendering appear to be impressions embossed in the surface and evoke associations with a handcrafted rendered facade. But upon closer inspection, it becomes evident that the texture was applied to the TICS as a layer of paint. The three stencils were inspired by a Swedish army camouflage net. Inside the school this very material turns up in the curtains covering the yellow lockers. The classrooms are white, while the stairways and hallways – with their solid-surface material benches – are bright yellow.

Schnitt Grundrisse Maßstab 1:400	*Section* *Layout plans* *scale 1:400*
1 Eingang	*1 Entrance*
2 Lehrmittel	*2 Teaching material*
3 Gruppenraum	*3 Group room*
4 Klassenzimmer	*4 Classroom*
5 Lehrerzimmer	*5 Staff*

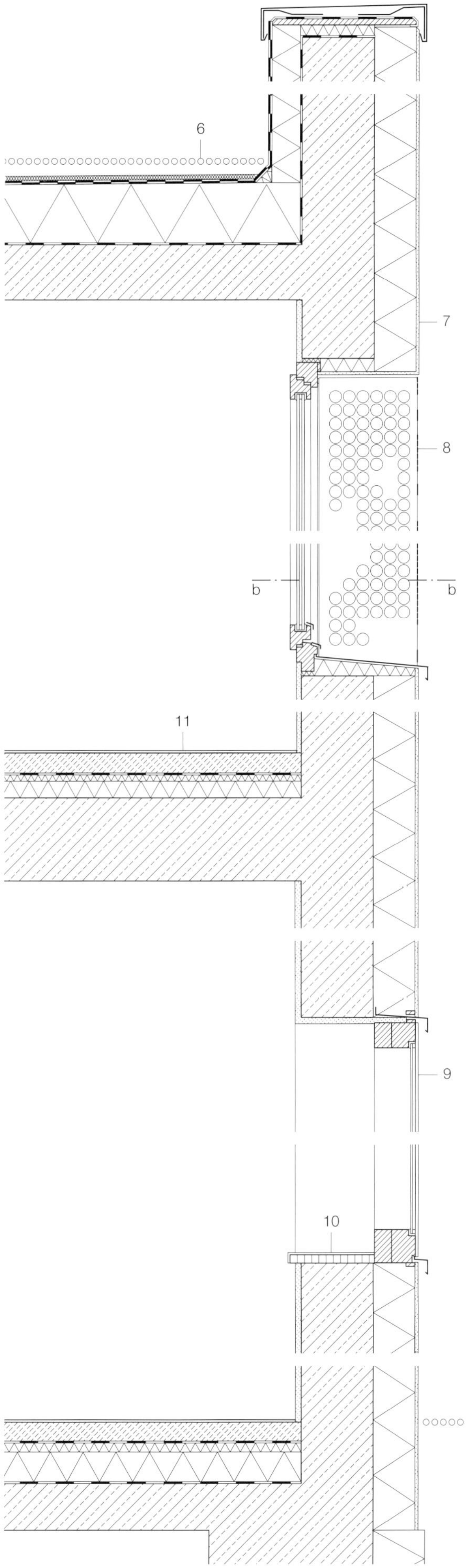

Schnitte
Maßstab 1:20

Sections
scale 1:20

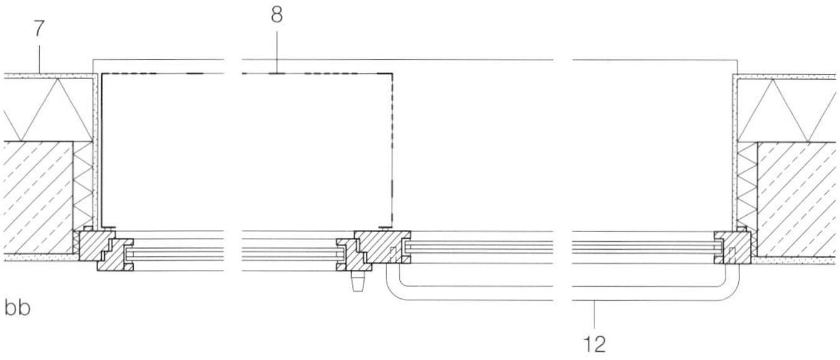

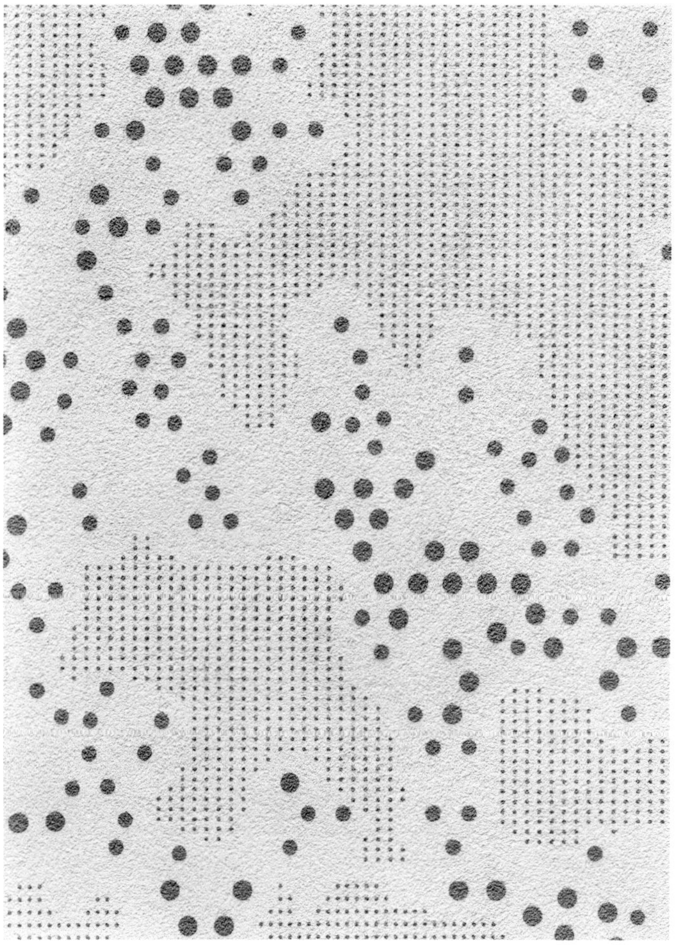

6 Kiesschüttung 50 mm
Gummigranulatmatte 15 mm
Bitumenschweißbahn zweilagig
Kaltselbstklebebahn
Gefälledämmung mind. 180 mm
Dampfsperre
Stahlbetonhohldielen 180 mm
7 WDVS 150 mm
Stahlbeton 250 mm, Putz 15 mm
8 Aluminiumblech perforiert,
matt lackiert 3 mm
9 Isolierglas mit Stufenfalz auf Holzrahmen geklebt
10 Mineralstoffplatte acrylgebunden
3 mm auf Dreischichtplatte
11 Linoleum 5 mm, Estrich 65 mm,
PE-Folie, Trittschalldämmung 20 mm
Wärmedämmung 60 mm
Stahlbetonhohldielen 270 mm
12 Absturzsicherung Stahlrohr
verzinkt, gestrichen ∅ 40 mm

6 50 mm gravel fill; 15 mm rubber granulate mat; welded bituminous sheeting, two layers; cold-applied self-adhesive sealing membrane 180 mm (minimum) insulation to falls vapour barrier; 180 mm reinforced-concr. hollow-core slab
7 150 mm TICS
250 mm reinf. concr.; 15 mm stucco
8 3 mm aluminium sheet, perforated, matt, lacquered
9 double glazing with rabbeted edge
10 3 mm acrylid solid surface material on lumber-core plywood
11 5 mm linoleum; 65 mm screed polythene sheeting; 20 mm impact-sound insulation; 60 mm thermal ins. 270 mm reinforced-concr. hollow-core slab
12 safety railing: ∅ 40 mm steel CHS, galvanised, painted

Schule in Cabo Delgado

School in Cabo Delgado

Architekten / *Architects*:
Ziegert Roswag Seiler Architekten Ingenieure, Berlin
Tragwerksplaner / *Structural engineers*:
Ziegert Roswag Seiler Architekten Ingenieure, Berlin

In Cabo Delgado, einer dörflich geprägten Provinz im Norden Mosambiks, haben die traditionellen Hütten nur eine sehr kurze Lebensdauer. Nach spätestens fünf bis acht Jahren zerstört aufsteigende Feuchtigkeit die Lehmwände, die Steppengrasdächer werden undicht und Termiten befallen die Bauten. Die Aga Kahn Stiftung Mosambik unterstützt die Dörfer bei Errichtung und Betrieb von Gemeinschaftsbauten für Vorschule und Erwachsenenbildung. Hierfür entwickelten die Architekten der Initiative aus den traditionellen Bautechniken widerstandsfähigere Konstruktionen, die einheimische Handwerker mit natürlichen Materialien der Region errichten können. Zunächst setzten sie ein Pilotprojekt von 150 m² Grundfläche um. Die Fundamente wurden zur Verbesserung mit Zement stabilisiert und mit einer horizontalen Feuchtigkeitssperre versehen. Die handgeformten, sonnengetrockneten Lehmsteine der Wände nehmen die Feuchtigkeit der Luft auf und beeinflussen das Raumklima positiv. Durch die hohe Speichermasse des Lehms, der über Nacht auskühlt, liegt die Temperatur im Inneren auch tagsüber bis zu 10 °C niedriger als im feuchtheißen Außenraum. Das Tragwerk der geneigten Dächer bilden Bambusstäbe, die mit Schnüren, Draht und Dübeln verbunden auf Holzstützen auflagern und mit Palmblättern gedeckt wurden. Auch Türen und Fensterläden bestehen aus dem schnell nachwachsenden Material Bambus, das zum Schutz gegen Schädlinge mit Borax behandelt wurde. Eine kleinere Variante des Typs mit 72 m² basiert auf einer noch einfacheren Konstruktion und könnte den Dorfbewohnern in Zukunft als Vorbild für den Bau neuer Wohnhäuser dienen. Die Gesamtkosten für diesen Bautypus betrugen ca. 950 €. Für die Verbesserung üblicher Wohnhäuser wären nur ca. 80–100 € nötig, das entspricht dem doppelten Monatsgehalt eines Tagelöhners. Mikrokredite sollen die Finanzierung ermöglichen. Vierzig Handwerker erlernten inzwischen die optimierten Bautechniken, die sie an nachfolgende Generationen weitergeben sollen. DETAIL 05/2012

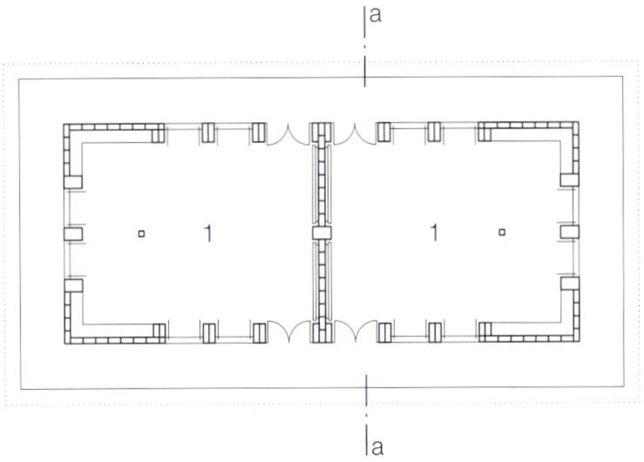

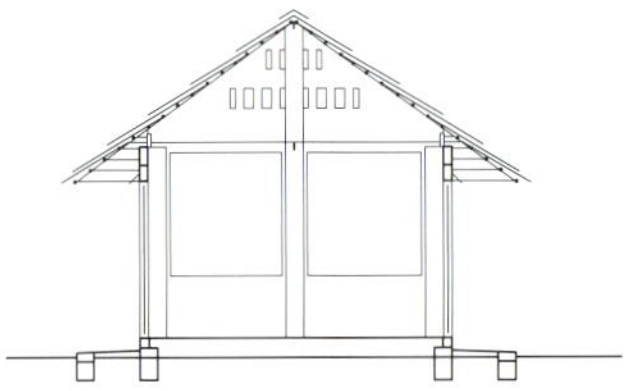

aa

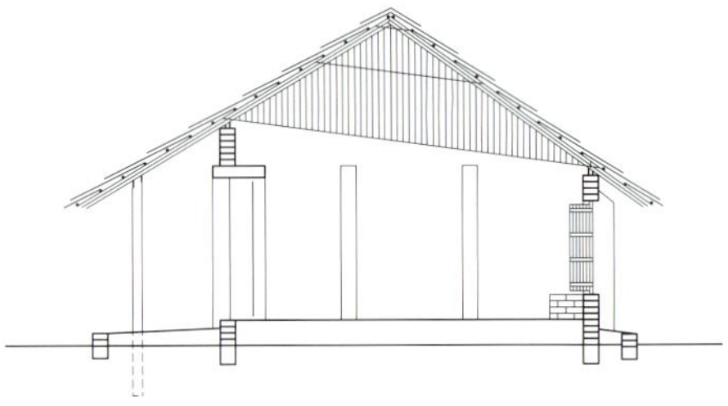

bb

einfacher Schultyp / *Simple school type*

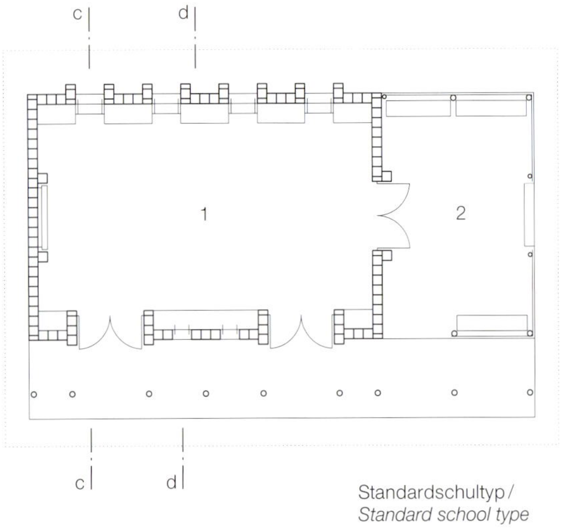

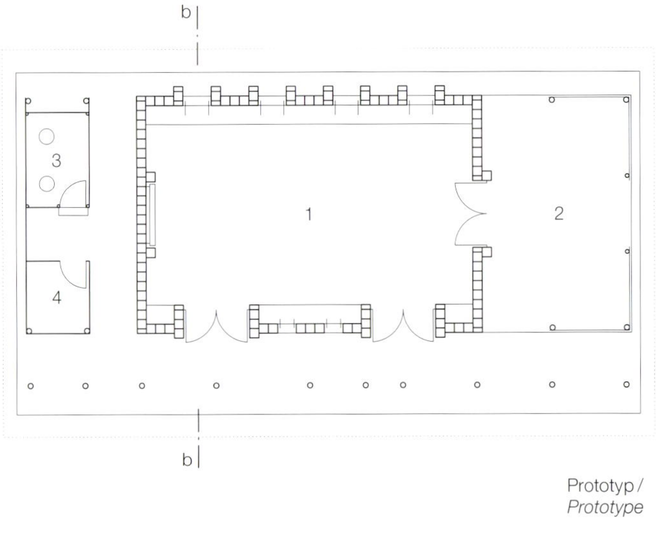

Standardschultyp / *Standard school type*

Prototyp / *Prototype*

Lageplan Maßstab 1:1000
Grundrisse • Schnitte
Maßstab 1:200
1 Klassenraum
2 verschattete Freiklasse
3 Komposttoilette
4 Bad

Site plan scale 1:1,000
Floor plans • Sections
scale 1:200
1 Classroom
2 Shaded open-air classroom
3 Compost toilet
4 Bathroom

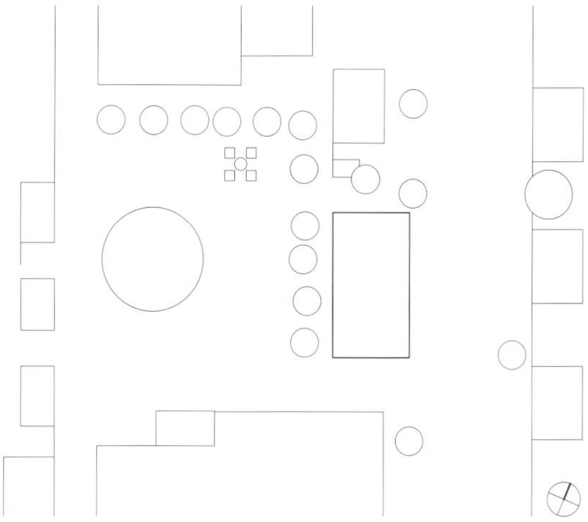

In Cabo Delgado, a rural province in Mozambique's north, traditional huts only have a short lifespan. No more than five to eight years after completion, rising moisture destroys the clay walls, water starts to drip through the steppe grass roofing, and termites infest the buildings. The Aga Khan foundation in Mozambique supports villages in the construction and operation of community buildings for preschool and adult education. For this purpose, architects who are part of the initiative developed constructions with increased durability based on traditional building techniques. Also, local craftsmen have the opportunity to use the region's natural materials to build them.

At first, they developed a pilot scheme with a footprint of 150 m². Footings were improved by stabilising them with concrete and equipping them with a horizontal moisture barrier. Walls are comprised of hand-formed, sun-dried clay bricks that absorb moisture from the air and benefit the indoor climate. The material has a high thermal storage capacity and cools off at night. As result, indoor temperatures are as much as 10 °C below the hot and humid exterior temperature, even during daytime. The load-bearing structure of the angled roof surfaces is comprised of bamboo rods that are connected with strings and dowels, placed on wood columns, and covered with palm leaves.

Doors and window shutters also consist of bamboo, a renewable material that is treated with borax for insect proofing. A smaller alternative type with a footprint of 72 m² is based on an even simpler construction and may serve village residents as a model for building new houses in the future.
Total costs for this type were approximately 950 euro. Improving existing houses costs no more than roughly 80 to 100 euro, which corresponds to twice the monthly pay of a day labourer.
Microcredits are intended as a financing means. In the meantime, forty craftsmen were educated in the optimised techniques, so they can be passed on to later generations.

Vertikalschnitt Standardschultyp
Maßstab 1:20
Übersichtsschnitt
Maßstab 1:200

Standardschultyp (6×):
Bruttogrundfläche: 110 m²
Gesamtbaukosten brutto: 1906 €
einfacher Schultyp (4×):
Bruttogrundfläche: 72 m²
Gesamtbaukosten brutto: 953 €

Vertical section standard school type
scale 1:20
Schematic section
scale 1:200

Standard school type (6×):
Footprint: 110 m²
Total gross construction cost: €1,906
Simple school type (4×):
Footprint: 72 m²
Total gross construction cost: €953

1 Palmblatteindeckung
2 Lattung Bambus gespalten
3 Bambusträger dreilagig, verdübelt, verschnürt zum Schutz vor Schädlingsbefall mit Borax behandelt
4 Holzstütze im unteren Bereich angekohlt ca. ∅ 120 mm
5 Lehmstein mit Strohanteil sonnengetrocknet
6 Lehmstein mit 10 % Zement stabilisiert
7 Naturstein zur Lagesicherung der Stütze
8 Lehmmörtel mit Zement stabilisiert
9 Stampflehmboden 160 mm Feuchtigkeitssperre PE-Folie mehrlagig
10 Bambuspfosten als Verbindung zur Wand

1 palm leaf roofing
2 framing, split bamboo
3 3-ply bamboo beams, doweled, tied, borax-treated for insect proofing
4 ∅ 120 mm (approx.) wood post, lower section charred
5 clay brick, reinforced with straw, sun-dried
6 clay brick, 10 % cement stabiliser
7 natural stone for securing columns
8 clay mortar, cement stabiliser
9 160 mm rammed earth floor moisture proofing, multilayer PE-foil
10 bamboo post as wall connector

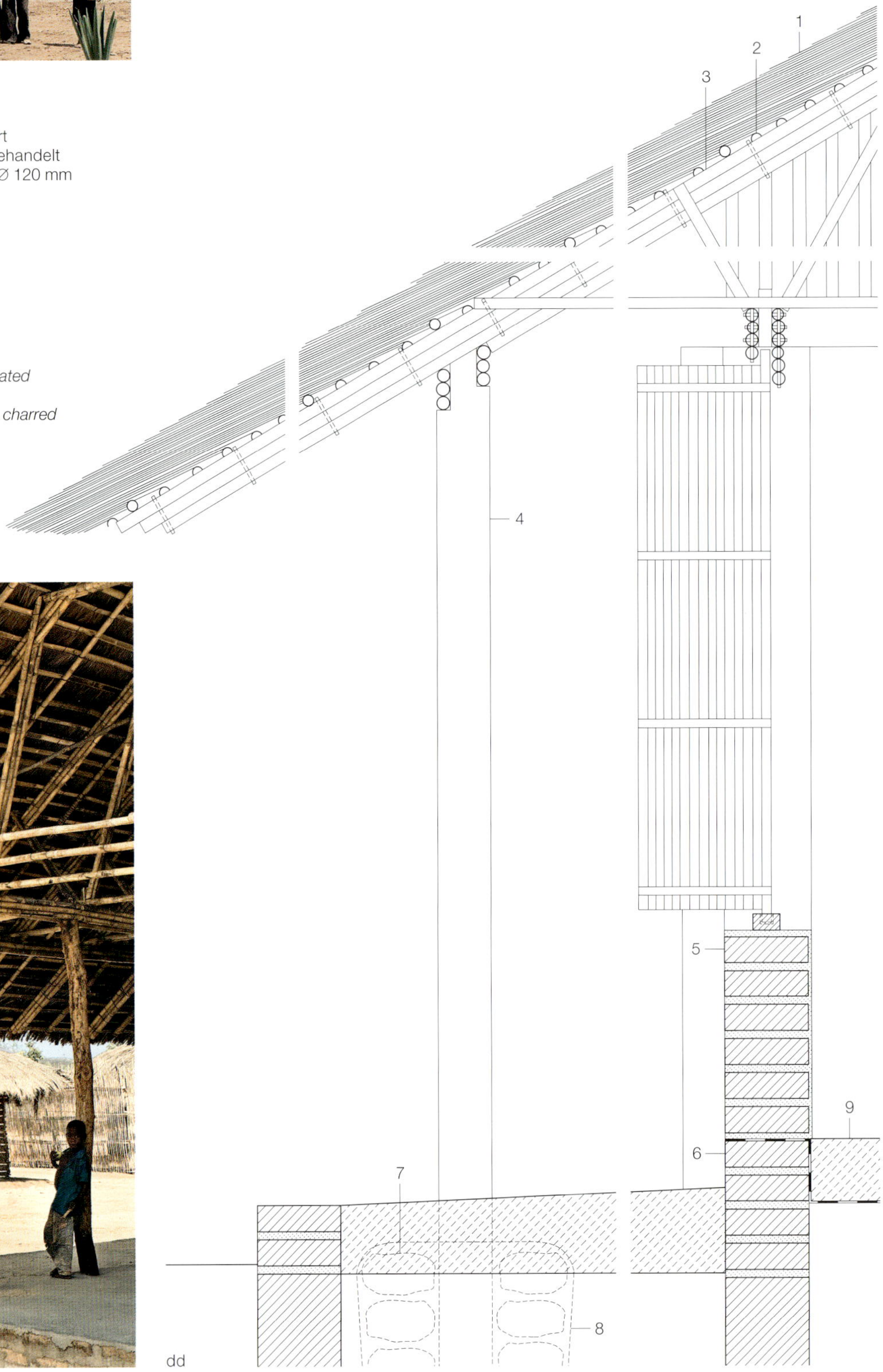

dd

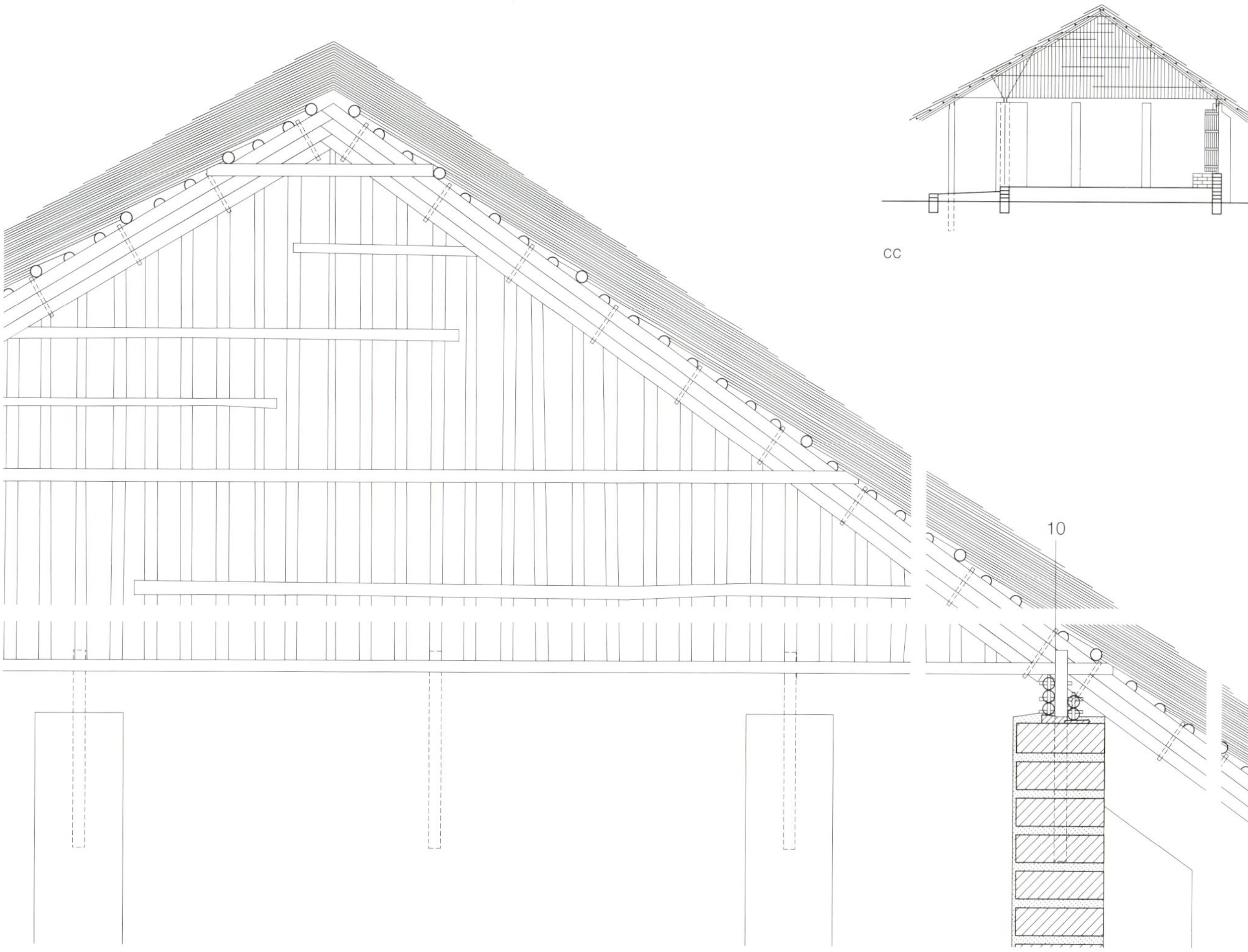
cc
10

Mensa in Berlin

Cafeteria in Berlin

Architekten / *Architects*:
ludloff + ludloff Architekten, Berlin
Laura Fogarasi-Ludloff, Jens Ludloff
Tragwerksplaner / *Structural engineers*:
Arup Ingenieure, Berlin

Schule als ganztägiger Lern- und Lebensort – auch die Grundschule auf dem Tempelhofer Feld basiert auf dieser Idee. Die Erweiterung des Gebäudeensembles aus den 1950er-Jahren um eine Mensa schafft die architektonischen Voraussetzungen hierfür. Eingebettet in die parkähnliche Umgebung vervollständigt der einfache, rechteckige Pavillon als kleinerer Flügel den windmühlenartig angelegten Hauptbau. Lärchenholzverkleidete Ständerwände umschließen an drei Seiten den Speisesaal mit eingestellter Küchenbox. Auf der Südseite öffnet sich der Raum über eine gefaltete Glasfront zum Eichenholzdeck, abgerundete Einschnitte integrieren den alten Baumbestand – die Grenze zwischen lebendigem Holz und gebauter Konstruktion verschwimmt. Auch die den Innenraum prägenden Holzspanten auf grünem Grund stehen in Bezug zu den Bäumen, sie sollen als stilisiertes Astwerk gelesen werden, das die Kinder schützend umgibt und zugleich optisch ins Freie überleitet. Dabei ist die Decke nicht nur als ästhetisches Element zu sehen, sie bildet das Tragwerk des 21,30 × 10,50 m großen Raums und wurde in enger Zusammenarbeit zwischen Architekten, Tragwerksplaner und Ausführenden entwickelt. So konnte trotz knappen Budgets und auf die Ferien begrenzter Bauzeit diese neuartige Konstruktion realisiert werden.
Unter einer nur 0,5 cm dicken Furnierschichtholzplatte wurden 6 × 28 cm starke Rippen aus kostengünstigem Vollholz angebracht, die nicht über die gesamte Feldbreite von 9,50 m geführt sind. Anders als bei handelsüblichen Stegplatten verlaufen die Spanten hier nicht parallel zur Spannrichtung und sind scheinbar unregelmäßig verteilt. Um den Spannungsverlauf innerhalb der Konstruktion zu optimieren, unterliegt ihre Anordnung allerdings strengen, vom Tragwerksplaner errechneten und in 3-D-Modellen überprüften Werten: Übergreifung und Abstand zueinander durften nicht unter-, ein gewisser Winkel nicht überschritten werden, sodass sich die Kräfte von Rippe zu Rippe übertragen. Nach diesem Muster, im Werk auf die Platten kopiert, wurden mithilfe von

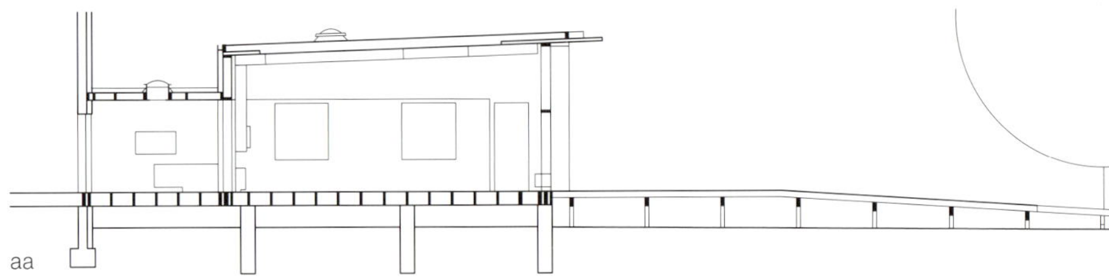

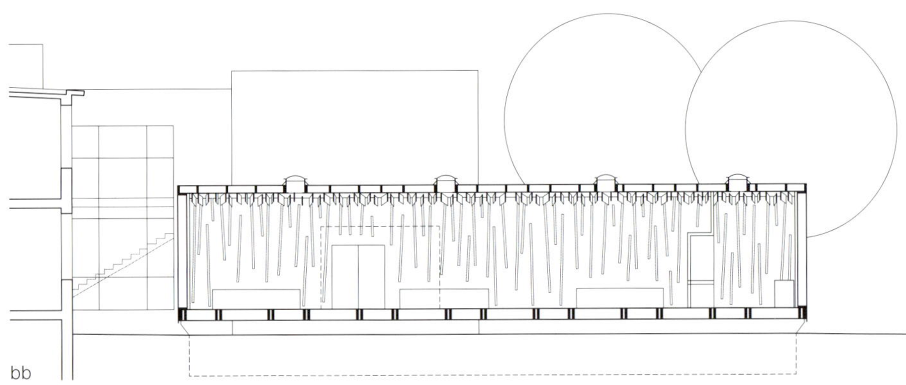

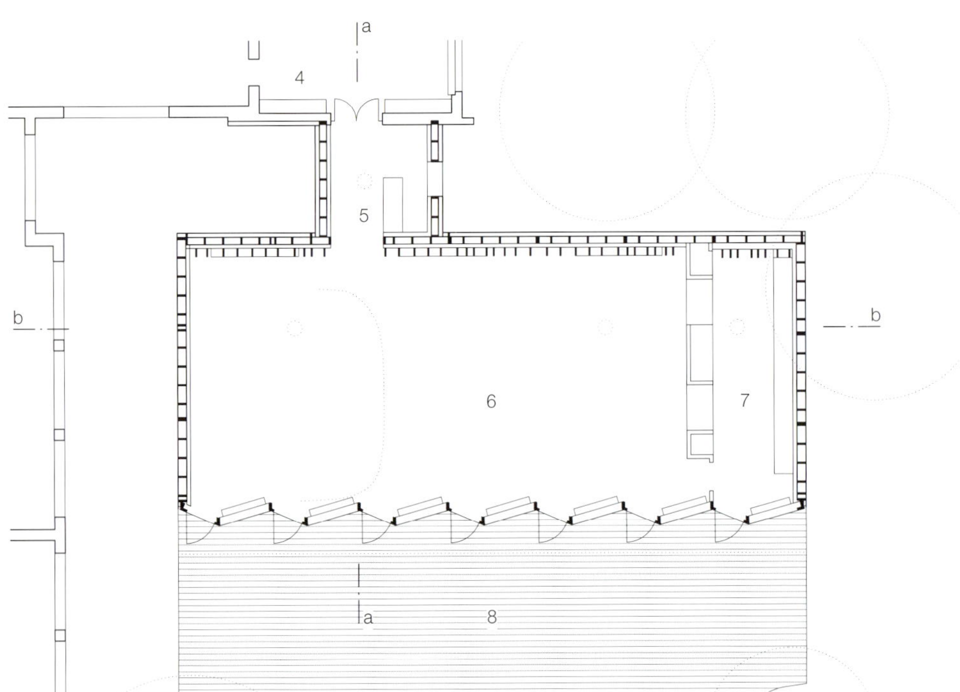

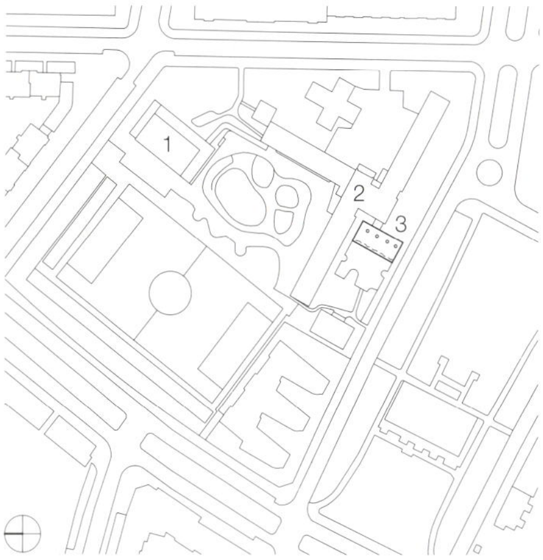

Lageplan
Maßstab 1:4000

Grundriss • Schnitte
Maßstab 1:250

1 Turnhalle
2 Schulgebäude
3 Mensa
4 Zugang Schulgebäude über Garderobe
5 Anmeldung
6 Speiseraum
7 Küche
8 Holzdeck

Site plan
scale 1:4,000

Floor plan • sections
scale 1:250

1 Gymnasium
2 School building
3 Cafeteria
4 School entrance via wardrobe
5 Registration
6 Dining area
7 Kitchen
8 Wood terrace

Passstiften die Balken zeitsparend justiert und kraftschlüssig verleimt. Zusätzlich verschraubt sind sie nur an den Balkenköpfen, um die großen Querkraftanteile in die Platte zu leiten. Da sie ca. 10 cm vor den Auflagern enden, liegt nur die vorgefertigte Platte auf den Holzständerwänden und der Pfosten-Riegel-Konstruktion auf. Deren Querschnitte wurden so dimensioniert, dass auf separate Stützen verzichtet werden konnte. Budgetschonend wirkten sich nicht nur die dadurch entstehenden einfachen Dach-/ Wandanschlüsse aus, es fielen zudem kaum Kosten für den Innenausbau an: Der Rohbau bleibt sichtbar, nur die Balken erhielten eine neutrale, staubbindende Lasur, die Schichtholzplatten einen matt deckenden Anstrich. Ist die Beleuchtung eingeschaltet, liegt der Gedanke an sonnenbeschienenes Blattwerk tatsächlich sehr nahe. DETAIL 05/2012

This new cafeteria complements a 1950s-era school building in Berlin. Along three sides, frame construction clad in larch panelling encloses the dining area with its embedded "kitchen box". The southern facade opens towards a terrace with oak decking via a folded glass wall. Oval cut-outs integrate the existing trees – the lines between live trees and built construction are blurred. Wood beams against a green background characterise the interior. The structure was developed in close collaboration between the architects, structural engineers, and construction firms. 6 by 28 cm strong beams of cost-efficient solid wood were applied to the underside of only 50 mm strong laminated veneer panels. The beams aren't set parallel to each other, but instead, are distributed in a seemingly irregular pattern. Since beam ends and the supporting structure are ten centimetres apart, only the prefabricated panel is supported by the wood post-and-beam facade construction. Its cross sections were dimensioned to avoid the need for separate columns. Beams are coated in a neutral and dust-binding varnish, while the laminated veneer panels received a matte opaque finish. Indeed, when the light is turned on, an impression of sunlight filtered through tree foliage comes to mind.

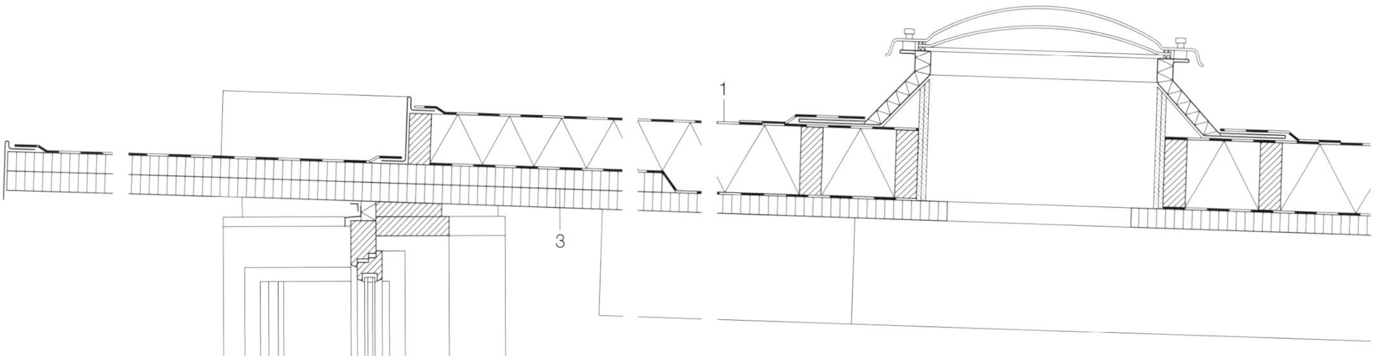
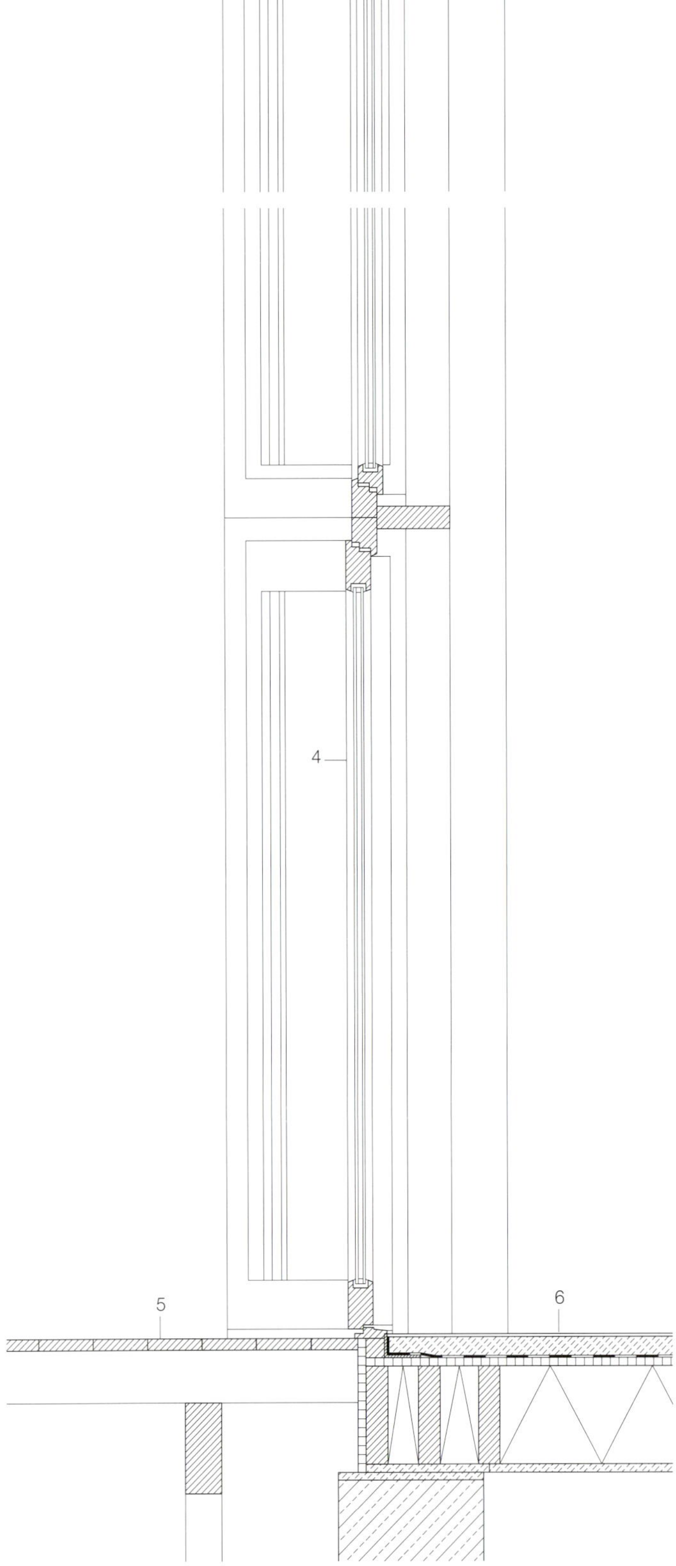
1
3
4
5
6

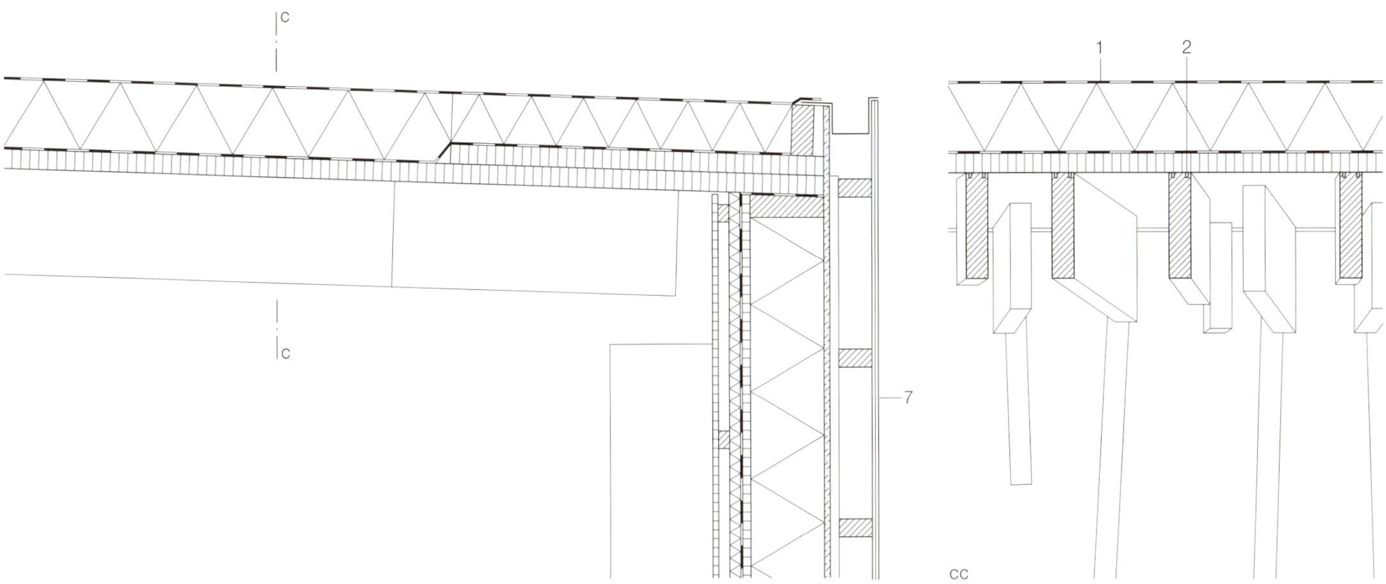

Schnitte Maßstab 1:20
1 Abdichtung PU-Beschichtung UV-beständig 3 mm
Wärmedämmung Mineralwolle trittfest 180 mm
Dampfbremse
Dachelement: Furnierschichtholzplatte 51 mm
Holzbalken Fichte 60/280 mm pressgeklebt
2 Nut zur Aufnahme des überschüssigen Klebers
3 Aufdoppelung Vordach
Furnierschichtholzplatte 51 mm
4 Türelement Holzrahmen lackiert mit Isolierverglasung VSG 2× 4 mm + SZR 16 mm + ESG 6 mm
5 Holzbohle Eiche 30/150 mm
6 Kautschukbelag 5 mm
Zementestrich 50 mm, Trennlage PE-Folie
OSB-Platte 22 mm
Holzbalken 60/260 mm, dazwischen
Wärmedämmung Mineralfaser 260 mm
Spanplatte zementgebunden 22 mm
7 Rauspundschalung Lärche gebürstet 18 mm
Konterlattung 90/48 mm, Lattung 48/24 mm
Spanplatte zementgebunden 16 mm
Holzständer 60/200 mm, dazwischen
Wärmedämmung Mineralwolle 200 mm
OSB-Platte 22 mm, Dampfbremse
Mineralfaserplatte 30 mm
Holzunterkonstruktion 30 mm
MDF-Akustikplatte rückseitig vlieskaschiert mit mikroperforierter Oberfläche 16 mm

Sections scale 1:20
1 3 mm PU sealant layer, UV-proof
180 mm rigid thermal insulation, mineral wool
vapour barrier
roof element:
51 mm laminated veneer lumber panel
60/280 mm wood beam, spruce
2 groove for excess glue
3 51 mm 2-ply canopy, laminated veneer panel
4 door element, wood frame, paint finish
insulation glazing:
2× 4 mm laminated safety glass +
16 mm cavity + 6 mm toughened glass
5 30/150 mm floor board, oak
6 5 mm natural rubber flooring; 50 mm cement screed
PE foil separation layer; 22 mm OSB panel
60/260 mm wood beam; 260 mm infilled thermal insulation, mineral fibre; 22 mm cement-bonded particle board
7 18 mm tongue-and-groove boards, larch, brushed
90 × 48 mm counterbattens; 48 × 24 mm battens
16 mm cement-bonded particle board
60/200 mm wood posts
200 mm infilled thermal insulation, mineral wool
22 mm OSB panel; vapour barrier
30 mm mineral fibre panel; 30 mm wood framing
16 mm MDF acoustic panel, fleece backing,
micro-perforated surface

Kindergarten in Hirzenbach

Kindergarten in Hirzenbach

Architekten / *Architects*:
Boltshauser Architekten, Zürich / *Zurich*
Tragwerksplaner / *Structural engineers*:
BKM Ingenieure, St. Gallen

Lageplan
Maßstab 1:6000

1 Kindergarten
2 Schule
3 Turnhalle

Site plan
scale 1:6,000

1 Kindergarten
2 School
3 Sports hall

Der Kindergarten aus Recyclingbeton bildet zusammen mit dem Neubau einer Mehrfachturnhalle die Erweiterung der bestehenden Schule. Sie war als Teil einer städtebaulichen Planung in den 1950er-Jahren als zentrales Element in einem Wohngebiet mit orthogonal angeordneten Scheiben- und Punkthochhäusern entstanden. Kindergarten und Turnhalle ergänzen nun im Norden und Süden das quadratische Schulgebäude. Die zwei Neubauten orientieren sich in Kubatur und Struktur an dem bestehenden Flachbau. Die klar gegliederte Fassade des Kindergartens mit ihren weit auskragenden Sonnenschutzelementen stellt den Bezug zu dem Bestand mit seiner sichtbaren Skelettbauweise her. In dem pavillonartigen Bau sind Kindergarten und Hort untergebracht. Die Erschließung organisiert sich um einen Innenhof. Nach Westen orientieren sich die Gruppenräume des Kindergartens, nach Osten die des Horts. Brise-Soleils aus hell eingefärbtem Sichtbeton schaffen dort einen räumlichen Übergang zwischen innen und außen. Kastenartig aufgesetzte Oberlichter erhellen die durch die Sonnenschutzelemente verschatteten Räume. Den seitlichen Abschluss der Gruppenräume bilden Glasbausteinwände, die ein begrenztes Maß an Transparenz ermöglichen. Insgesamt ist das Gebäude leicht erhöht und hebt sich vom umgebenden Terrain ab. Trotz des massiven Materials verleihen die streng geometrischen Brise-Soleils dem Baukörper Leichtigkeit. Das gesamte Gebäude wurde aus Recyclingbeton errichtet, bei dessen Verwendung die Schweiz als Vorreiter gilt. Der neue Baustandard Minergie-Eco schreibt vor, dass mindestens 50% der Betonbauteile aus Recyclingbeton bestehen müssen, sofern dieser im Umkreis von 25 km verfügbar ist. Eine wesentliche Energieeinsparung lässt sich bei der Herstellung von Recyclingbeton zwar nicht erzielen. Sein Einsatz ist aber überall dort sinnvoll, wo natürliche Kiesvorkommen begrenzt sind und große Mengen Abbruchmaterial anfallen. DETAIL 12/2010

Schnitte • Grundriss
Maßstab 1:500

4 Eingang
5 Innenhof
6 Kindergarten
7 Gruppenraum
8 Geräteraum
9 Garderobe
10 Büro
11 Küche
12 Hort

Floor plan • Sections
scale 1:500

4 Entrance
5 Courtyard
6 Kindergarten
7 Group room
8 Equipment store
9 Cloakroom
10 Office
11 Kitchen
12 After-school care

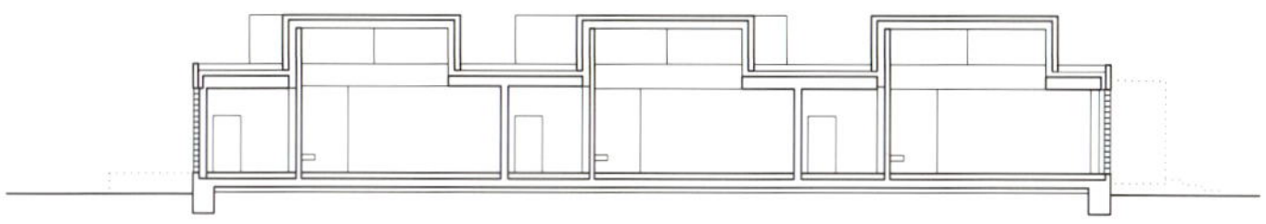

aa

In a housing area consisting largely of high-rise blocks, the existing school complex forms a central development. It has now been extended by a kindergarten and a sports hall. Both new elements adopt the cubic form and structure of the low-rise school complex. The clearly articulated facade of the kindergarten, with its projecting brise-soleil construction in concrete, establishes a link with the visible skeleton frame of the existing complex. The kindergarten, with after-school care facilities, is housed in a pavilion-like building with access via a courtyard. The group rooms of the kindergarten face west; the care spaces face east. Cubic roof-light structures allow the entry of additional daylight. The group rooms are closed at the sides by glass-block walls that ensure a certain degree of transparency. Despite their solid structure, the geometric brise-soleils create a spatial transition between indoors and outdoors and lend the kindergarten a quality of lightness. The entire building was constructed with recycled concrete, in the use of which Switzerland is regarded as a pioneer. The new "Minergie-Eco" building standard requires at least 50 per cent of concrete elements to consist of recycled material if this is available within a 25 km radius. Major energy savings are not to be expected, but the use of this material makes sense where a local supply of gravel is limited and large quantities of demolition concrete occur.

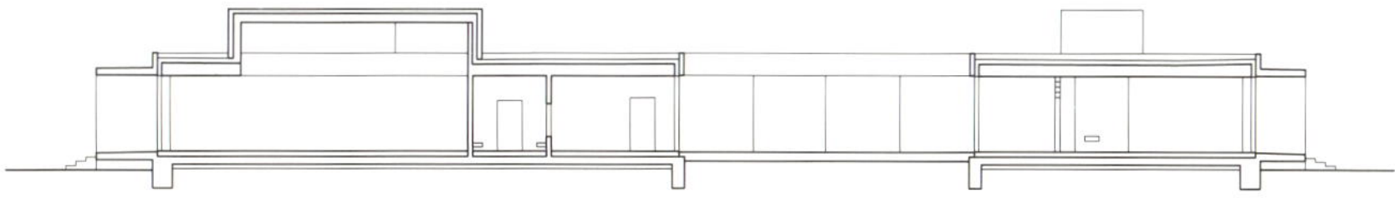

bb

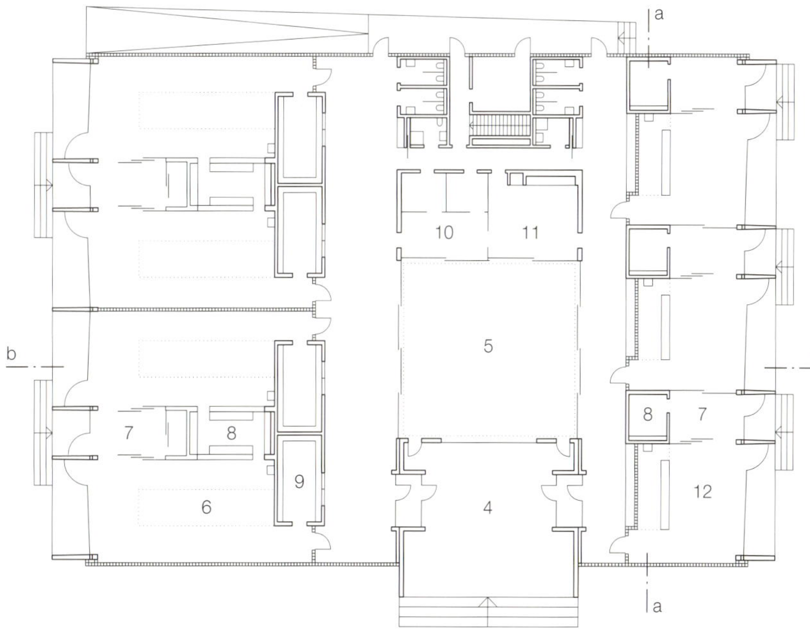

Schnitte
Maßstab 1:20

Sections
scale 1:20

1 Dichtung Flüssigkunststoff
Brise-Soleil Stahlbeton weiß pigmentiert
160–170 mm 1 % im Gefälle
2 Gehwegplatte 50 mm
Kies 60 mm, Trennlage
Wärmedämmung XPS 180 mm
Dichtungsbahn bituminös zweilagig
Stahlbeton mind. 450 mm 1 % im Gefälle
Dämmung Mineralwolle 40 mm
Gipskarton gelocht 12,5 mm
auf Unterkonstruktion
3 Dreifach-Isolierverglasung
in Aluminiumrahmen eloxiert
4 Bodenbelag Linoleum
Anhydritestrich mit Fußbodenheizung 70 mm
Wärmedämmung PUR 140 mm
Feuchtigkeitssperre
Stahlbeton 30 mm
Sauberkeitsschicht 50 mm
Recycling Schaumglas 150 mm
5 Dichtung Flüssigkunststoff
Stahlbeton 160–170 mm 1 % im Gefälle
Wärmedämmung XPS 180 mm
Wärmedämmung Mineralwolle 120 mm
Gipskarton gelocht 12,5 mm
auf Unterkonstruktion
6 Glasbausteinelement vorfabriziert

1 liquid-plastic sealing layer
160–170 mm white-pigmented reinforced
concrete brise-soleil with 1 % falls
2 50 mm paving slabs
60 mm bed of gravel; separating layer
180 mm extruded-polystyrene thermal insulation
two-layer bituminous seal
min. 450 mm reinforced concrete roof with 1 % falls
40 mm mineral-wool insulation
12.5 mm perforated gypsum plasterboard
on bearers
3 triple glazing in anodised aluminium frame
4 linoleum flooring
70 mm anhydrite screed with underfloor heating
140 mm polyurethane thermal insulation
moisture barrier
30 mm reinforced concrete floor
50 mm blinding layer
150 mm recycled foamed glass
5 liquid-plastic sealing layer
160–170 mm reinforced concrete with 1 % falls
180 mm extruded polystyrene thermal insulation
120 mm mineral-wool thermal insulation
12.5 mm perforated gypsum plasterboard
on bearers
6 prefabricated glass-block element

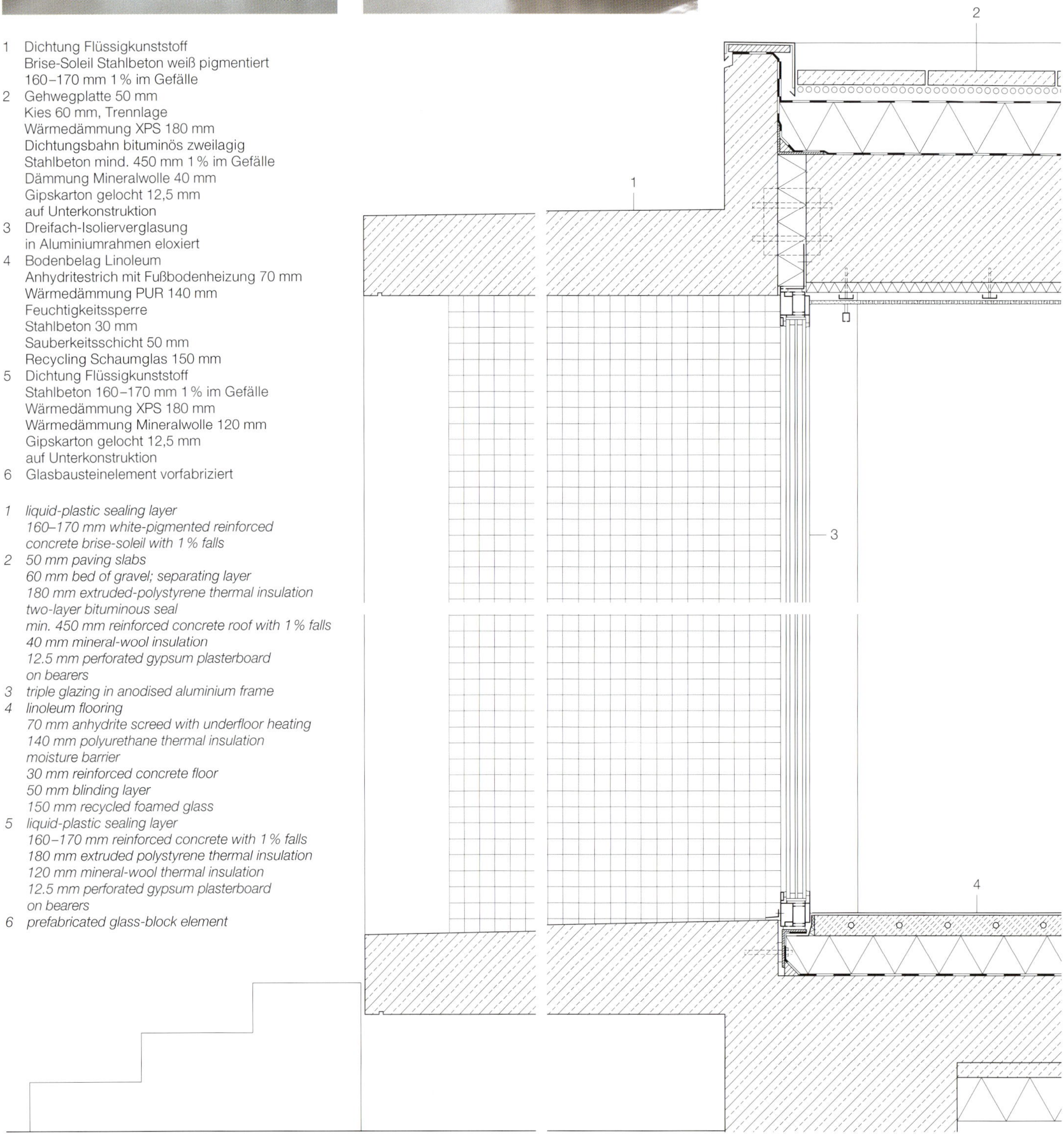

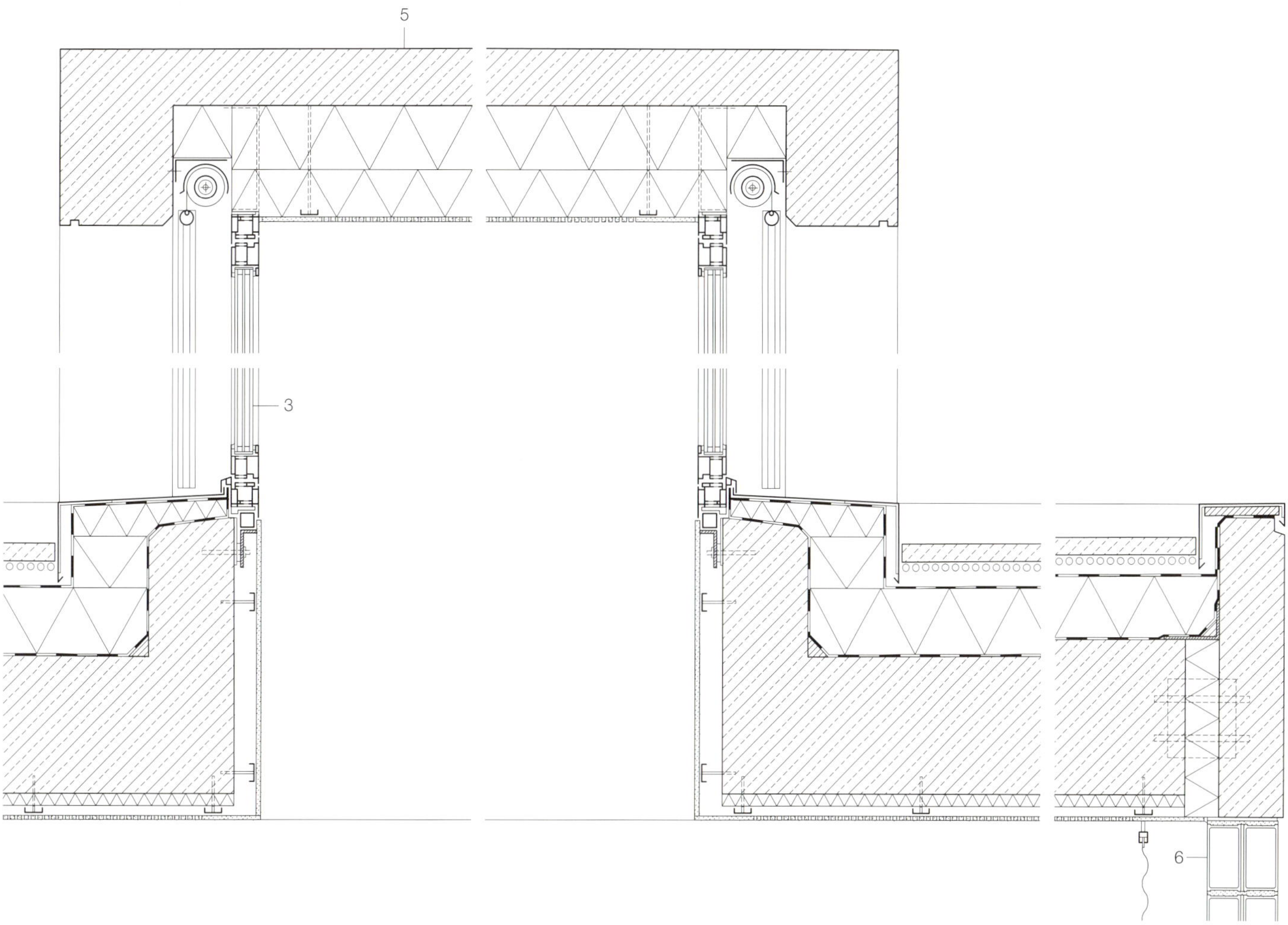
5
3
6

Kinderkrippe in Paris

Crèche in Paris

Architekt / *Architects*:
Pascale Guédot, Paris
Tragwerksplaner / *Structural engineers*:
GEC Ingénierie, Boulogne-Billancourt

Lageplan
Maßstab 1:2000

Site plan
scale 1:2,000

Die Kinderkrippe schließt eine Baulücke nahe des bekannten Friedhofs Père Lachaise in Paris. Einen Teil des Neubaus nutzt das angrenzende Théâtre de la Colline. Die Herausforderung bestand darin, die verschiedenen Interessen auf dem lang gestreckten Grundstück zu vereinbaren. Die Architekten entschieden sich für drei Gebäudeteile, die über Höfe miteinander verbunden sind, aufgereiht entlang eines Erschließungskorridors über das gesamte Grundstück. In den beiden obersten Stockwerken des Vorderhauses ist die Verwaltung des Theaters untergebracht, die direkt von diesem aus zugänglich ist. Der darunterliegende Hort ist über verglaste Korridore mit dem zweigeschossigen Mittelbau verbunden. Im Rückgebäude befindet sich das eingeschossige Spielhaus. Die Abstufung der Gebäude nach Südwesten und die raumhohen Fenster ermöglichen helle, lichtdurchflutete Räume. Die Glasfassade zur Straßenseite schafft den Brückenschlag zwischen dem Theaterbau aus den 1980er-Jahren und dem neoklassizistischen Nachbargebäude. Großflächige Verglasungen und geschlossene Elemente aus weißen Aluminiumpaneelen geben der Fassade ihren Rhythmus. Die schlanken Edelstahlprofile und der Einsatz von Glas und Aluminium verleihen ihr die Leichtigkeit und Transparenz, die die Durchlässigkeit des gesamten Gebäudes widerspiegelt. DETAIL 01–02/2011

The crèche closes a gap in the urban fabric near the Père Lachaise Cemetery in Paris. The adjacent Théâtre de la Colline utilises part of the new building. The challenge was to reconcile the different interests on a long, narrow site. The architects proposed 3 buildings connected with courtyards. The theatre administration is located on the 2 upper levels of the street-side building. The day-care centre below is linked to the two-storey building in the middle via glazed corridors. Farthest back is a playhouse. Because the buildings step down toward the southwest and the glazing is extensive, the spaces are bright. The facade toward the street mediates between the theatre and the neighbouring neo-classicist building.

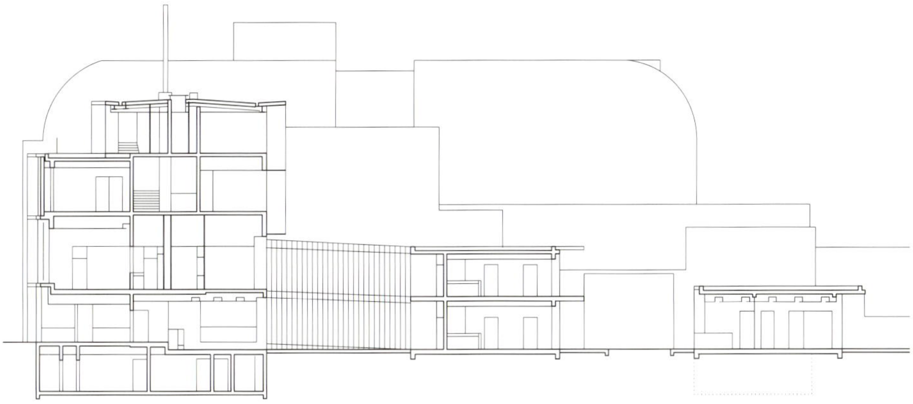

aa

Grundrisse • Schnitt
Maßstab 1:500

1 Eingang
2 Büro
3 Kinderwagenraum
4 Küche
5 Gemeinschaftsraum
6 Bad mit Wasserbecken
7 Innenhof
8 Abstellraum
9 Säuglingsküche
10 Schlafraum
11 Gruppenraum
12 Aufenthaltsraum
13 Terrasse
14 Besprechungsraum
15 Luftraum
16 Verbindungsgalerie zum Theater

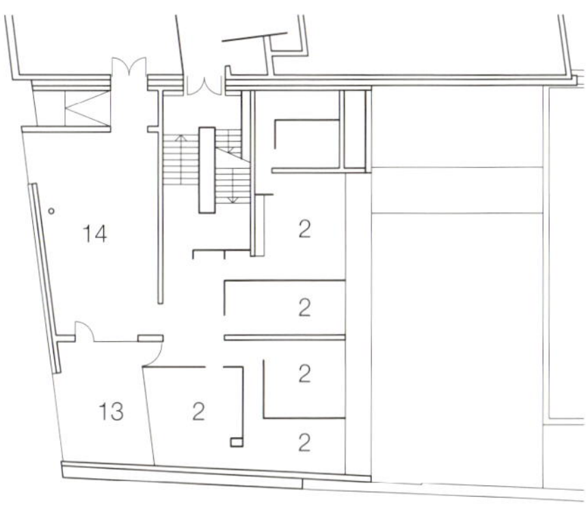

2. Obergeschoss / *Second floor*

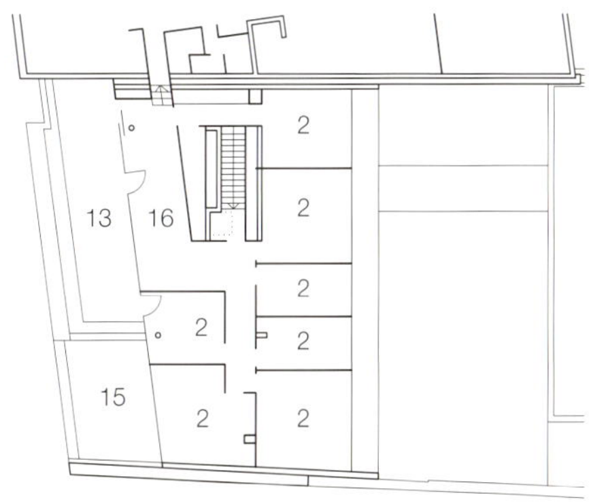

3. Obergeschoss / *Third floor*

Layout plans • Section
scale 1:500

1 Entrance
2 Office
3 Prams
4 Kitchen
5 Commons
6 Bathroom with small basin
7 Courtyard
8 Storage
9 Kitchen for infants
10 Napping
11 Group room
12 Break room
13 Terrace
14 Conference room
15 Void
16 Connection to the theatre

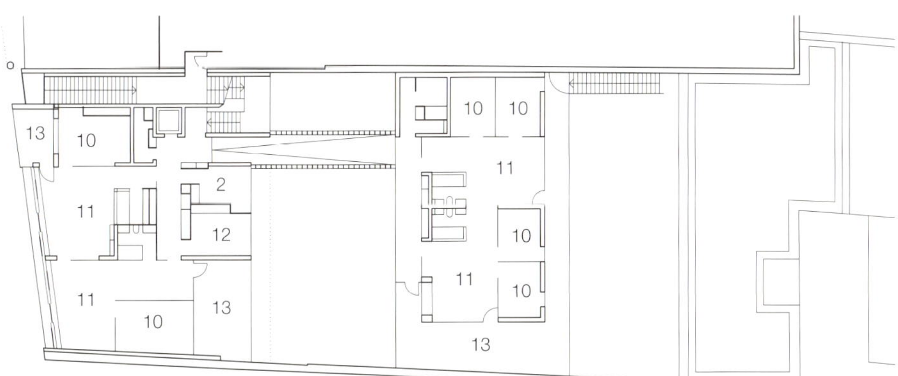

1. Obergeschoss / *First floor*

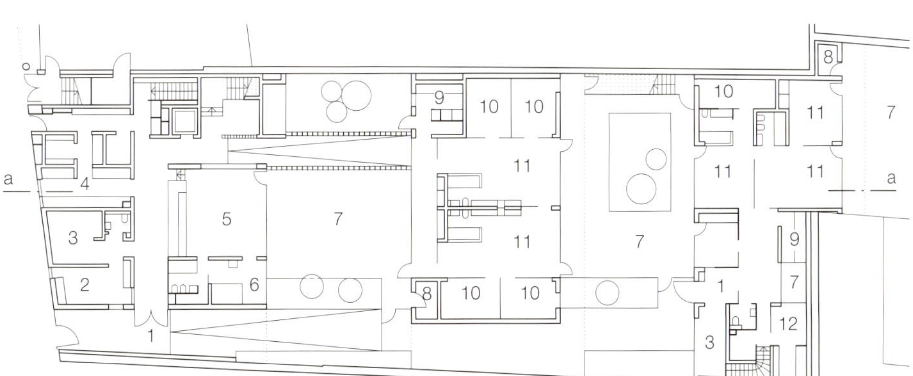

Erdgeschoss / *Ground floor*

1 Betonplatte aufgeständert 50 mm
Dichtungsbahn zweilagig
Wärmedämmung 100 mm
Dampfsperre
Stahlbetondecke 230 mm
2 Geländerpfosten Stahlrohr ∅ 30 mm
3 Aluminiumblech lackiert 2 mm
Dämmpaneel 2× 60 mm
Stahlrohr □ 100/100/3 mm
Gipskartonplatte 2× 12,5 mm
Wärmedämmung 60 mm
Gipskartonplatte 2× 12,5 mm
4 Gipskartonplatte gelocht 12,5 mm
Akustikdämmung 50 mm
5 Parkett Eiche 20 mm
Estrich 50 mm
Trittschalldämmung 20 mm
Stahlbetondecke 200 mm
6 Isolierverglasung VSG 20 mm + SZR 9 mm + VSG 14 mm
in Aluminiumrahmen ▭ 60/120 mm
Klemmleiste Edelstahl
7 Schiebeelement Sperrholz
8 Holzverkleidung Sperrholz
9 Bodenbelag PVC
Heizestrich 50 mm
Trittschalldämmung 2× 30 mm
Stahlbetondecke 200 mm
10 Edelstahlgitter befestigt an Stahlrohr ▭ 80/40 mm
11 Isolierverglasung ESG 9 mm + SZR 12 mm + ESG 9 mm
in Aluminiumrahmen
12 Isolierverglasung ESG 9 mm + SZR 13 mm + ESG 9 mm
auf Aluminiumrahmen
13 Aluminiumblech lackiert 2 mm
Wärmedämmung 100 mm
Stahlbeton 180 mm
14 Verglasung ESG 15 mm
in Aluminiumrahmen ▭ 60/120 mm
15 Stütze Stahlrohr ▭ 100/50/6 mm
in Aluminiumprofil
16 Verglasung ESG 31 mm

1 50 mm concrete tile, raised
sealing layer, 2×
100 mm thermal insulation
vapour barrier
230 mm reinforced concrete deck
2 ∅ 30 mm CHS baluster
3 2 mm aluminium sheet, lacquer
2× 60 mm insulating panel
100/100/3 mm steel SHS
2× 12.5 mm plasterboard
60 mm thermal insulation
2× 12.5 mm plasterboard
4 12.5 mm plasterboard, perforated
50 mm acoustic insulation
5 20 mm oak parquet
50 mm screed
20 mm impact-sound insulation
200 mm reinforced concrete deck
6 double glazing: 20 mm laminated safety glass + 9 mm cavity + 14 mm laminated safety glass in 60/120 mm alum. RHS frame, stainless-st. clamp
7 plywood sliding element
8 plywood cladding
9 PVC flooring
50 mm heating screed
2× 30 mm impact-sound insulation
200 mm reinforced concrete deck
10 stainless-steel grating connected to 80/40 mm steel RHS
11 double glazing: 9 mm toughened glass + 12 mm cavity + 9 mm toughened glass in aluminium frame
12 double glazing: 9 mm toughened glass + 13 mm cavity + 9 mm toughened glass in aluminium frame
13 2 mm aluminium sheet, lacquer
100 mm thermal insulation
180 mm reinforced concrete
14 15 mm toughened glass in 60/120 mm aluminium RHS frame
15 100/50/6 mm steel RHS column in aluminium profile
16 31 mm toughened glass

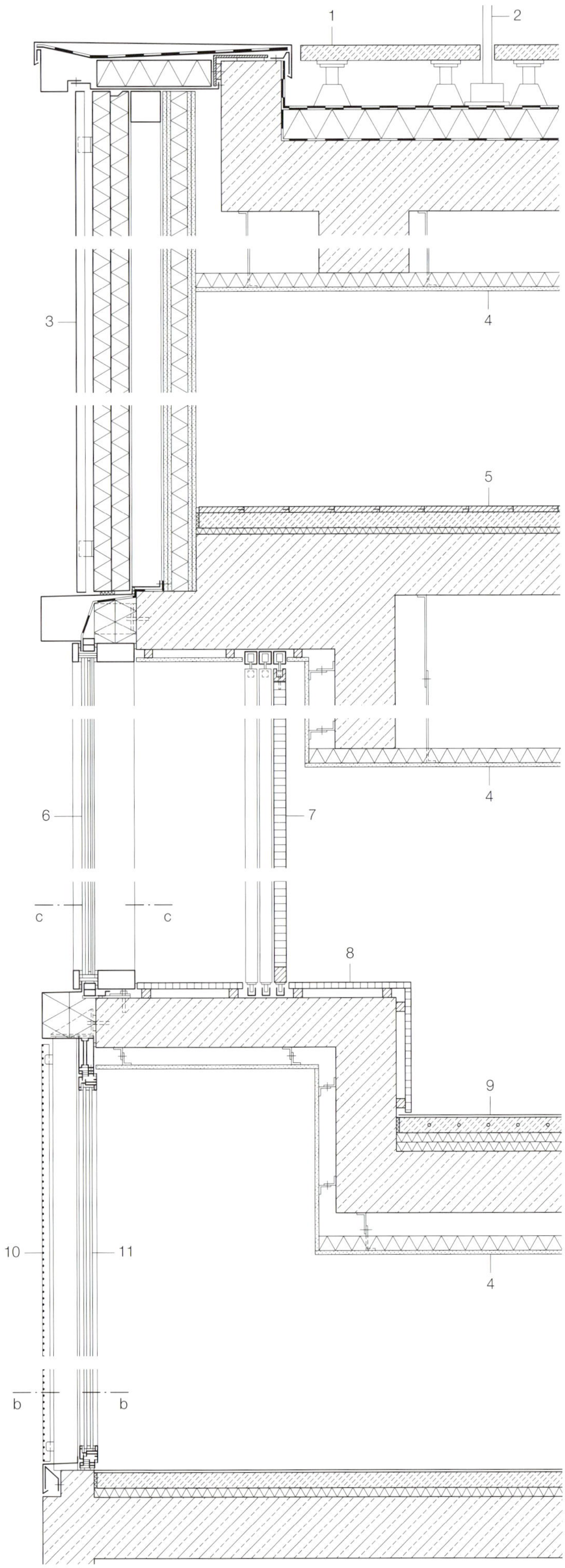

Vertikalschnitt
Horizontalschnitte
Maßstab 1:20

Vertical section
Horizontal sections
scale 1:20

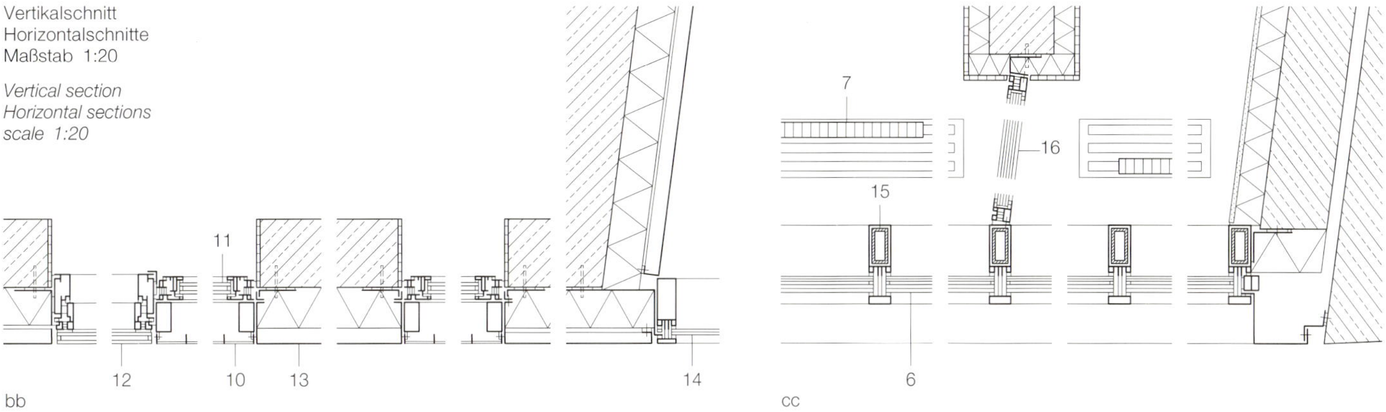

Kinderkrippe in Hamburg

Crèche in Hamburg

Architekten / *Architects*:
Kraus Schönberg Architekten, Hamburg
Timm Schönberg
Tragwerksplaner / *Structural engineers*:
Ingenieurbüro Cornelius Back, Lübeck

Die Kinderkrippe im Hamburger Nordosten liegt auf einem ungewöhnlich großen Grundstück. 7000 m² stehen den Kindern zum Spielen zwischen alten, mächtigen Bäumen zur Verfügung. Die Beziehung zur Natur ist auch ein wichtiger Teil des pädagogischen Konzepts der Einrichtung, deren Nachbarschaft überwiegend aus Einfamilienhäusern besteht. Um sich in diese Struktur einzufügen, haben die Architekten das geforderte Raumprogramm in kleinere Untereinheiten geteilt. Zwei Gruppenräume mit angegliedertem Ruhe- und Sanitärbereich sowie Küche und Nebenräume gruppieren sich um einen gemeinschaftlichen Bewegungsraum. In dessen Zentrum befindet sich ein kleines Atrium, das für natürliche Belichtung sorgt. Um den Gemeinschaftsraum herum ist – ähnlich wie bei einem Kreuzgang – ein Erschließungsgang angelegt, der auch als Aufenthaltsbereich dient. Er ist räumlich und akustisch durch eine raumhohe, durchlässige Wand abgekoppelt, die mit Holz oder Glas ausgefacht ist. Unterschiedliche Funktionen wie Kindergarderoben, Sitzecken für Kinder und Erwachsene, Regale oder Stauraum sind hier integriert. Die transparente Wand erlaubt einen guten Überblick auf das Geschehen im Haus und schafft eine visuelle Verbindung ins Grüne. Im Inneren bestehen nahezu alle Oberflächen aus Holz. Die Gruppenräume sind aus Brettschichtholzprofilen mit einer Holzschalung aus finnischem Nadelsperrholz ausgeführt. Das Dachtragwerk des Zentralbereichs besteht aus einem Balkensystem mit Haupt- und Nebenträgern, die auf acht Vollholzstützen aufliegen. Die auskragenden Dachränder sind als Überzug ausgebildet, sodass die gläserne Fassade stützenfrei bleibt. Eine sägeraue, lasierte Lärchenschalung mit unbesäumter Kante umhüllt die Gruppenräume, die sich durch das abwechslungsreiche Linienspiel des natürlichen Baustoffs in die Szenerie des Standorts einfügen. Zur Verzahnung mit der Natur tragen auch die alternierend angeordneten Lichthöfe und Terrassen bei. DETAIL 01–02/2016

Lageplan
Maßstab 1:2000
Schnitt • Grundriss
Maßstab 1:250

1 Eingang
2 Personalraum
3 Bewegungsraum
4 Atrium
5 Gruppenraum
6 Sanitärraum
7 Ruheraum
8 Terrasse
9 Spülküche
10 Lager
11 Büro
12 Küche

Site plan
scale 1:2,000
Section • Layout plan
scale 1:250

1 Entrance
2 Staffroom
3 Active play
4 Atrium
5 Classroom
6 Lavatory
7 Quiet room
8 Terrace
9 Scullery
10 Storage
11 Office
12 Kitchen

The small nursery school on Hamburg's north-east side occupies an unusually large site. The children who attend the facility have a surface area of 7,000 m² available to them in which they can play amid mature trees. The relationship to nature is an important part of the school's pedagogic concept. The architects developed a design that allowed them to integrate the volume in the small-scale fabric of a neighbourhood consisting primarily of single-family homes: they apportioned the building massing in smaller subunits. Each of the classrooms has an adjoining quiet room and lavatory. The kitchen and the auxiliary spaces are grouped around a shared space for active play. At the very centre of the nursery school is a compact atrium that brings daylight into the interiors. The corridor surrounding the space for active play – reminiscent of a cloister – may also be used by the children for varying activities. It is spatially and acoustically uncoupled by means of a floor-to-ceiling, porous wall that is infilled with wood or glass. Different programmatic functions – such as the children's cubbyholes, seating nooks for both children and adults, shelving and storage space – are integrated in these walls. Because the latter are transparent, staff members can keep an eye on the goings-on in the house. On top of that, the walls forge a visual link to the vegetation.
Inside the nursery school nearly all surfaces are of wood. The glue-laminated beams are visible in the classrooms. The wall surfaces are clad in Finnish softwood plywood. The roof structure of the central zone consists of primary and secondary beams that are supported by eight solid-timber columns. The cantilevering edges of the roof take the form of upstand beams; this made it possible to do without columns in the glazed facade. Rough-sawn, un-edged larch boarding with semi-transparent coating cloaks the exteriors of the classrooms; the appearance of the various uneven edges blends in well with the natural setting. The alternating arrangement of the terraces contributes further to melding the building with its lush surroundings.

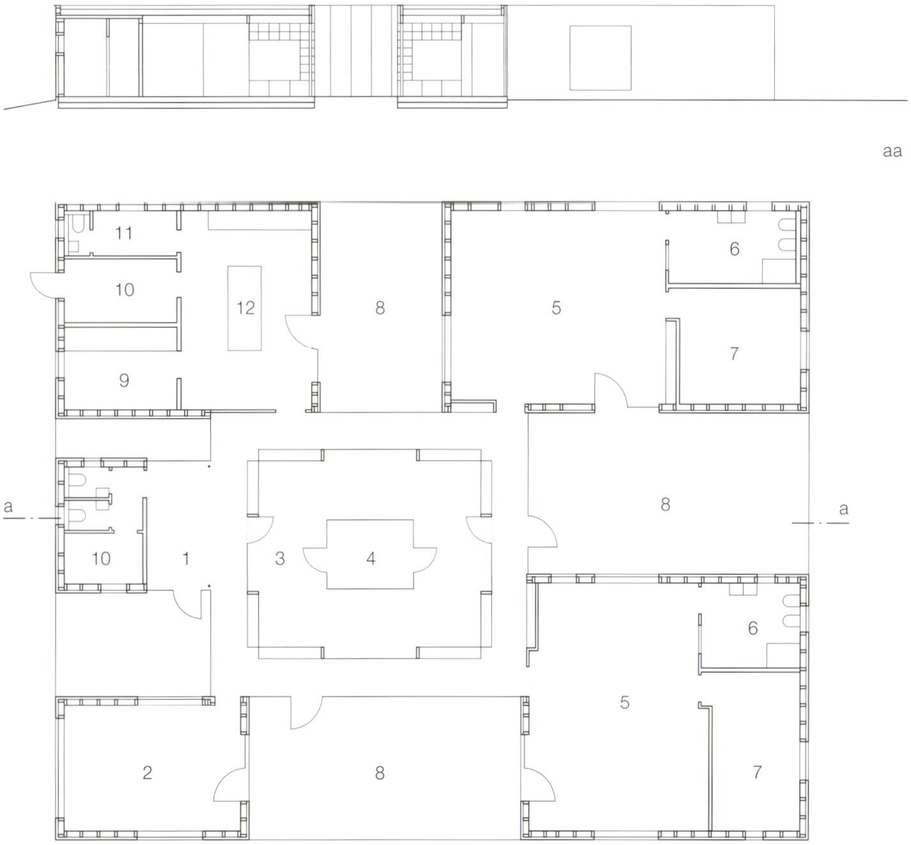

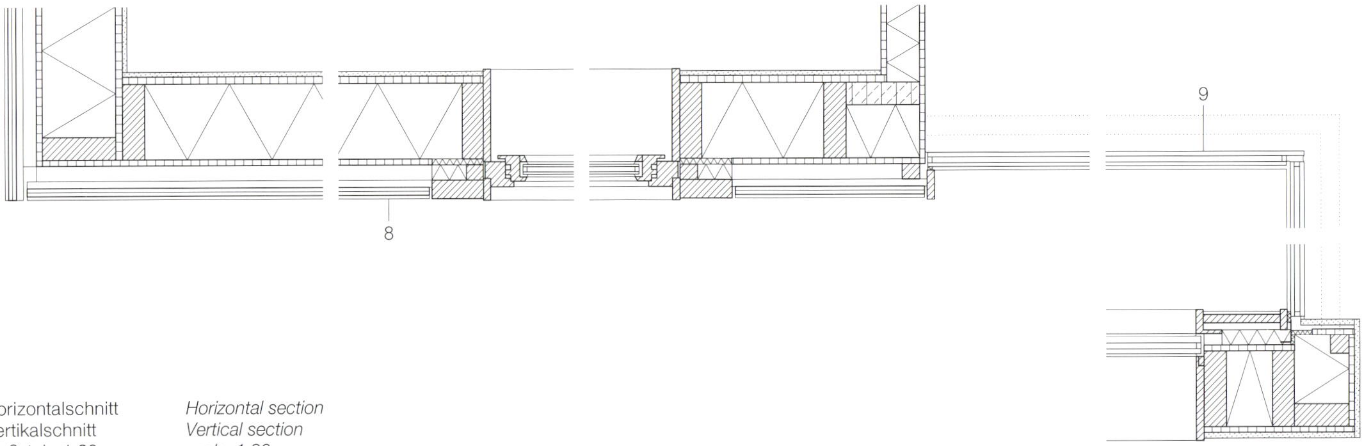

Horizontalschnitt
Vertikalschnitt
Maßstab 1:20

Horizontal section
Vertical section
scale 1:20

1 Begrünung extensiv 80 mm
Dränageschicht 20 mm
Abdichtung Kunststoffbahn 1,5 mm
Gefälledämmung EPS 30 mm + 90–250 mm
Dampfsperre
Furniersperrholzplatte unbehandelt 22 mm
Träger Brettschichtholz 80/280 mm
2 Attikaabdeckung Titanzink
Dämmung 60 mm
Dreischichtplatte 30 mm
3 Festverglasung
Float 4 mm + SZR 16 mm + Float 6 mm
4 Isolierverglasung in Holzrahmen
5 Parkett Eiche geölt 11 mm
Ausgleichsschicht 25 mm
Thermobodenplatte mit Flächenheizung 200 mm
Trennlage; Dämmung XPS 200 mm
Füllsand 800 mm
6 Regal Dreischichtplatte Kiefer 16 mm
7 Träger Brettschichtholz 50/280 mm
8 Stülpschalung Lärche sägerau,
lasiert 22 × 250 mm, Lattung 30/40 mm
Holzfaserplatte diffusionsoffen 16 mm
Holzständerwand 200 mm dazwischen
Dämmung Mineralwolle
OSB-Platte 19 mm
Gipskartonplatte 12,5 mm
9 Festverglasung ESG 12 mm + SZR 16 mm +
VSG 10 mm

1 80 mm substrate; 20 mm drainage layer
1.5 mm synthetic sealing membrane
30 + 90–250 mm EPS insulation to falls
vapour barrier
22 mm veneer plywood, untreated
80/280 mm glue-laminated wood beam
2 parapet coping: titanium-zinc sheeting
60 mm ins.; 30 mm lumber-core plywood (3-ply)
3 fixed glazing: 4 mm float + 16 mm cavity +
4 mm float
4 double glazing in wood frame
5 11 mm oak parquet, oiled
25 mm levelling course
200 mm insulated foundation system with
panel heating
separating layer
200 mm insulation
800 mm sand fill
6 shelving: 16 mm pine lumber-core plywood (3-ply)
7 50/280 mm glue-laminated wood beam
8 22/250 mm larch clapboard, rough-sawn,
semi-transparent coating
30/40 mm battens
16 mm wood fibreboard, moisture-diffusing
mineral wool thermal insulation between
200 mm timber platform frame (post-and-rail wall)
vapour barrier; 19 mm OSB
12.5 mm plasterboard
9 fixed glazing: 12 mm toughened gl. + 16 mm cavity
10 mm laminated safety glass

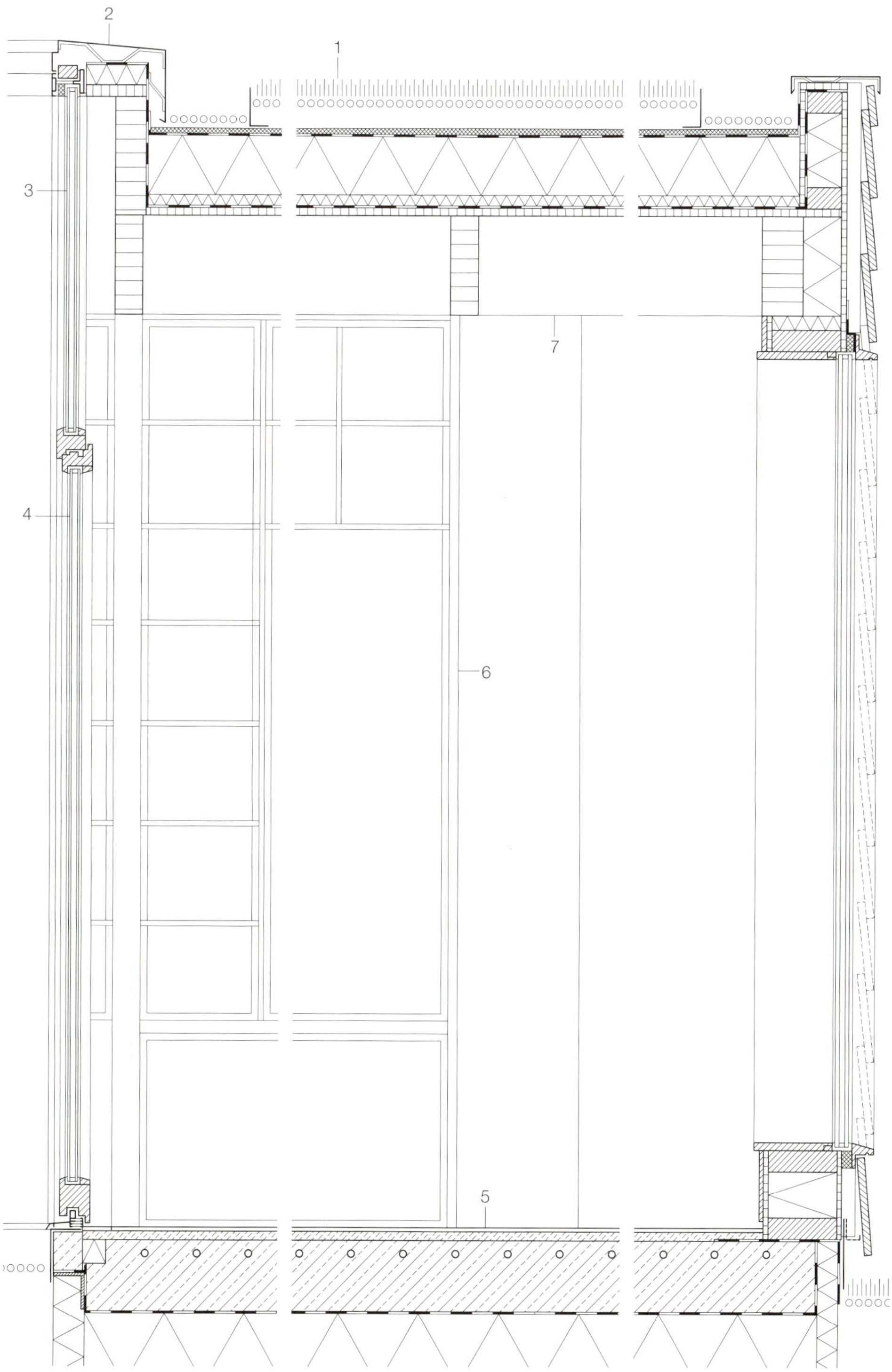

Zwei Kindertagesstätten in Frankfurt am Main

Two Child Care Centres in Frankfurt / M.

Architekten / *Architects*:
MGF Architekten, Stuttgart
Tragwerksplaner / *Structural engineers*:
merz kley partner, Dornbirn

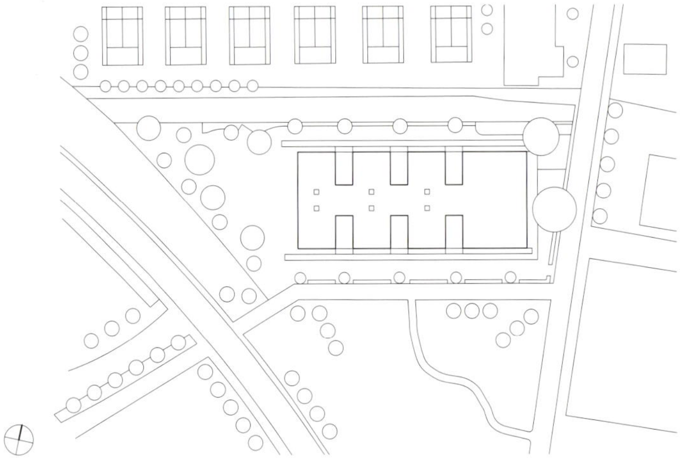

Um dem politisch geforderten Ausbau von Kinderbetreuungsplätzen nachzukommen, lobte die Stadt Frankfurt im Jahr 2009 einen Architekturwettbewerb aus, bei dem ein Grundtypus für eine Kindertagesstätte für Kinder unter drei Jahren entwickelt werden sollte. Gefragt war ein Baukastensystem, das sich einerseits kostengünstig realisieren und andererseits an verschiedene Standorte und individuelle Gegebenheiten anpassen ließ. Zu den fünf gleichberechtigten Preisträgern gehörte auch das Büro MGF Architekten mit dem Vorschlag für einen eingeschossigen Holzbau aus vorgefertigten Elementen, bei dem seitlich einschneidende Höfe das Volumen in überschaubare Einheiten unterteilen. In überarbeiteter Form wurde dieser Entwurf am Rand von Schwanheim realisiert, einem Stadtteil im Südwesten Frankfurts.
Zwar folgen Grundriss und Fassaden einem strengen Raster, doch wirken die Innenräume keineswegs stereotyp. Der mittig angeordnete Erschließungsgang wird durch Aufweitungen im Bereich der Höfe angenehm rhythmisiert und belichtet, und die hölzernen Oberflächen der Innenwände sorgen für eine warme, freundliche Atmosphäre. Ebenso schaffen die Höfe eine klare Gliederung der sechs Gruppenbereiche, die wie kleine Wohnungen an den Flur anschließen. Jede Einheit beherbergt einen großen und zwei kleine Gruppenräume, von denen einer als Schlafraum genutzt wird, einen Sanitärbereich mit Wickeltisch und Kleinkindtoiletten, einen Materialraum und eine zum Flur offene Garderobe. Die Gruppenräume orientieren sich mit raumhohen Verglasungen zu den seitlich offenen Höfen und ermöglichen den direkten Zugang ins Freie. So können die Kinder auf den hölzernen Terrassen spielen und bleiben trotzdem im Blickfeld ihrer Betreuer. Bei Bedarf kann ein horizontaler textiler Sonnenschutz ausgefahren werden, sodass geschützte Räume entstehen – wie Zimmer im Freien.
Ziel des Wettbewerbs war es ursprünglich, die Siegerentwürfe jeweils an mehreren

Kindertagesstätte in Schwanheim

Child Care Centre in Schwanheim

Lageplan
Maßstab 1:2000

Site plan
scale 1:2,000

Schnitte • Grundriss
Maßstab 1:500

Sections • Floor plan
scale 1:500

Standorten zu realisieren. Aufgrund ihres eingeschossigen Konzepts mit großem Flächenbedarf fand sich allerdings kein Grundstück, um die Schwanheimer Kindertagesstätte ein zweites Mal zu bauen. Stattdessen erhielten die Architekten jedoch die Möglichkeit, einen neuen Entwurf für einen Bauplatz im Stadtteil Rödelheim im Westen Frankfurts zu entwickeln. Dieser basiert auf demselben Raumprogramm für sechs Gruppen, erstreckt sich jedoch über zwei Geschosse. Auch hier bilden jeweils drei Gruppenräume, Sanitärbereich und Garderobe eine Einheit für eine Gruppe von zehn bis zwölf Kindern. Im Unterschied zum ersten Gebäude sind sie nicht durch Höfe getrennt, sondern grenzen direkt aneinander und orientieren sich durchgehend mit raumhohen Fenstern nach Südosten zum Garten. Als Sonnenschutz sind hölzerne Rollläden an der vorgestellten Stahlkonstruktion angebracht, sodass bei Bedarf ein beschatteter Laubengang entsteht.
Trotz ihrer ganz unterschiedlichen räumlichen Konzeption ist die Konstruktion der beiden Kindertagesstätten nahezu identisch: Die tragenden Innenwände bestehen aus massivem Brettsperrholz, die Außenwände aus gedämmten Holzrahmenelementen und die Dächer aus tragenden und gleichzeitig schallabsorbierenden Hohlkastenträgerelementen. Alle Bauteile wurden im Werk vorgefertigt und vor Ort aufgestellt, bei den Innenwänden konnten sämtliche Türen und Fenster sowie Schlitze und Bohrungen für Steckdosen und Schalter bereits im Werk ausgeschnitten werden.
Nicht nur fertigungstechnische, sondern auch ökologische Gründe spielten bei der Materialwahl eine Rolle. Der Einsatz von natürlichen, schadstofffreien Baustoffen hatte Priorität – so sind alle hölzernen Oberflächen im Inneren unbehandelt. Durch eine hochgedämmte Gebäudehülle, Dreifachverglasung und eine Lüftung mit Wärmerückgewinnung erreichen beide Bauten einen sehr geringen Heizwärmebedarf von nur 22 bzw. 15 kWh/m²a. DETAIL 04/2015

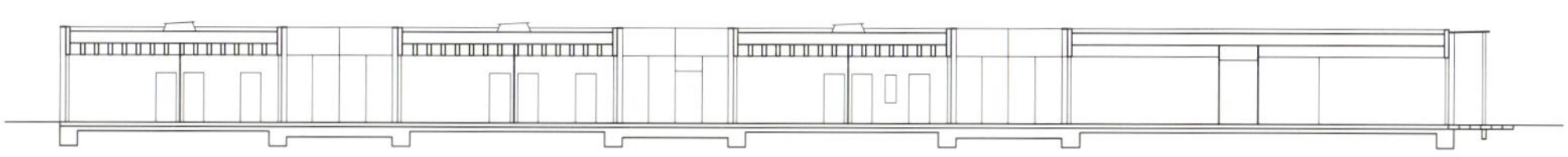

aa

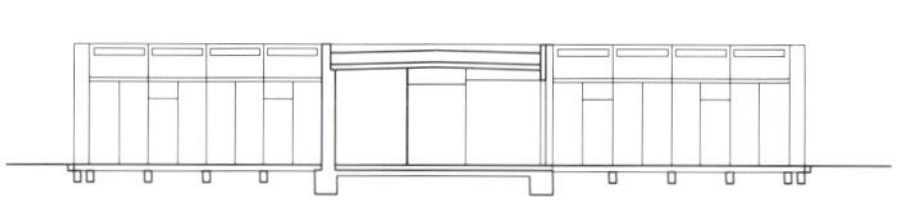

bb

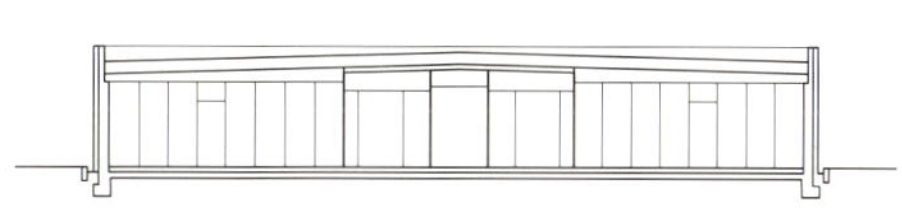

cc

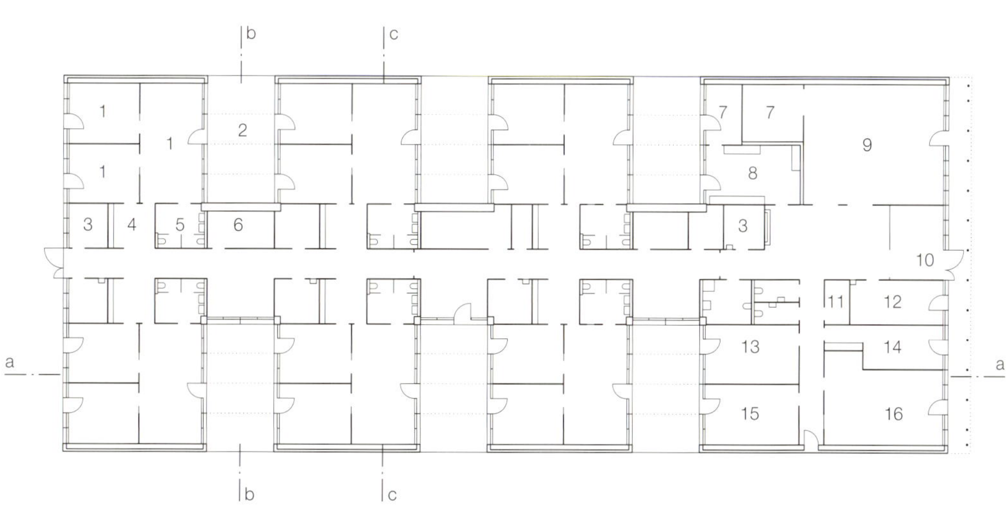

1 Gruppenraum
2 Terrasse
3 Materialraum
4 Garderobe
5 Sanitärbereich
6 Technik
7 Lager
8 Küche
9 Mehrzweckraum
10 Eingang
11 Umkleide
12 Elternbeirat
13 Werkraum
14 Büro
15 Integrationsraum
16 Personalraum

1 Group room
2 Terrace
3 Materials room
4 Cloakroom
5 Sanitary space
6 Building services
7 Store
8 Kitchen
9 Multipurpose space
10 Main entrance
11 Changing room
12 Parents' council
13 Workroom
14 Office
15 Integration room
16 Staffroom

In order to comply with a politically determined increase in the number of places in day nurseries, the city of Frankfurt held an architectural competition in 2009 in which it called for the development of a basic type of structure for infants under the age of three. What was sought was a modular building system that could, on the one hand, be implemented economically and, on the other, be adapted to various locations and meet individual circumstances.
Among the five equal prizewinners of the competition were MGF Architects with their proposal for the creation of a single-storey timber building constructed with prefabricated elements. Cut into the long faces of the elongated structure were courtyards that articulate the overall volume into comprehensible units. This project was implemented in a revised form on the outskirts of Schwanheim, an urban district in the south-west of Frankfurt.
The layout and facades of the building adhere to a strict grid, yet the internal spaces do not convey any impression of stringency. The central access corridor running through the length of the building broadens at those points where it passes the courtyards on both sides, acquiring a pleasant spatial rhythm and well-lighted character as a result. In addition, the wooden wall surfaces internally create a warm, friendly atmosphere. The courtyards clearly define the six group areas, which open onto the corridor rather like little dwellings. Each unit contains one large and two small group spaces (one of which is used for sleeping) as well as a sanitary area with a nappy-changing table and toilets for small children, a store for materials and an entrance cloakroom that is open to the corridor.
The courtyards are enclosed on only three sides. On the fourth, they are open to the outside world. The group rooms are oriented via full-height glazing to the courtyards and thus have access to the open air. As a result, the children can play on the wooden terraces and still remain in the field of view of the nursery-school teachers. Textile sunscreening can be extended out horizontally when required to

Kindertagesstätte in Rödelheim

Child Care Centre in Rödelheim

Lageplan
Maßstab 1:4000

Site plan
scale 1:4,000

Schnitte • Grundrisse
Maßstab 1:500

Sections • Floor plans
scale 1:500

create shaded areas – like sheltered open-air rooms.
Originally, the aim of the competition was to implement the winning designs in a number of locations. In view of its single-storey concept, however, which required a greater ground area, it was not possible to find a second site where the Schwanheim nursery could be repeated. The architects were nevertheless given the opportunity to develop a new scheme for a location in the suburb of Rödelheim in the west of Frankfurt. The development was based on the same spatial programme for six groups. In this case, though, it is laid out on two levels. Here, too, three group rooms, a sanitary space and a cloakroom form a unit for ten to twelve children. In contrast to the first scheme, these rooms are not separated by courtyards, but adjoin each other and via room-height windows are all oriented to the garden on the south-east side. As a means of sunshading, wooden roller shutters were fixed to the projecting steel structure, creating a shaded arcade that can be used as a walkway if required.
In spite of the quite different spatial concepts of these two nurseries, their construction is almost identical. The load-bearing internal walls consist of solid laminated cross-boarding, the outer walls of insulated timber-frame elements and the roofs of load-bearing and sound-absorbing hollow box-beam elements. All building components were prefabricated and transported to site for erection. In the case of the internal walls, the doors and windows, as well as chases, recesses and borings for electrical runs, sockets and switches, were cut out at the factory.
The selection of building materials reflects both the means of fabrication and the ecological constraints. The use of natural components free of deleterious substances had priority. For example, all internal timber surfaces are untreated. With an innate logic, the two buildings have very low heating-energy needs of only 22 and 15 kWh/m²a, which are the result of highly insulated building skins, triple glazing and ventilation with heat recovery.

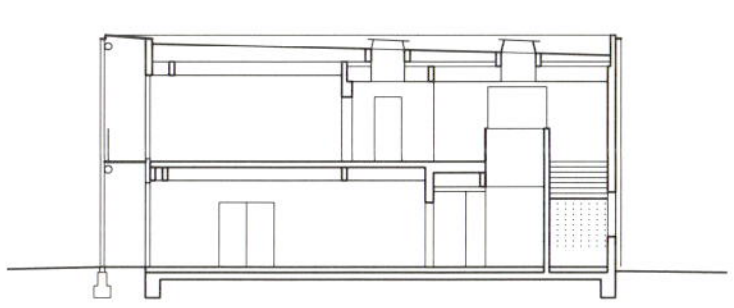

aa

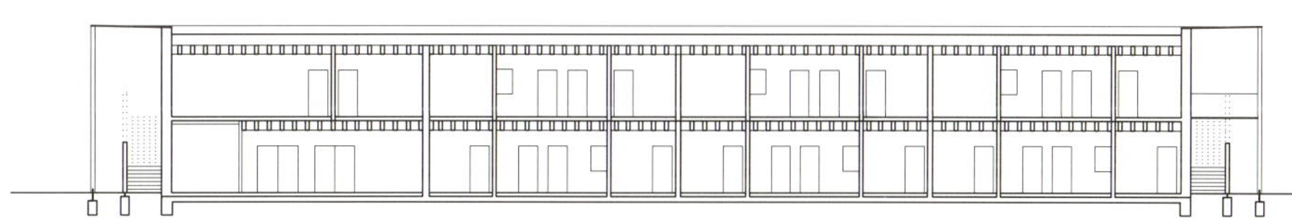

bb

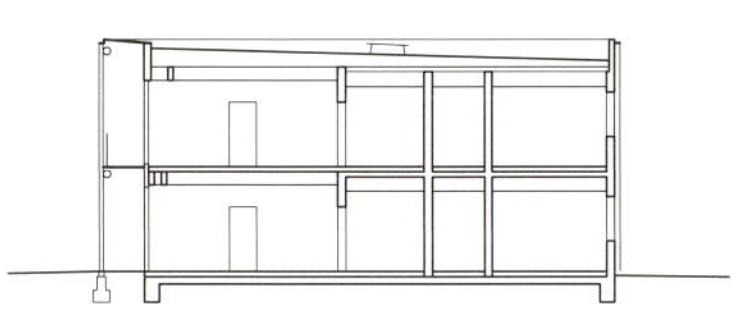

cc

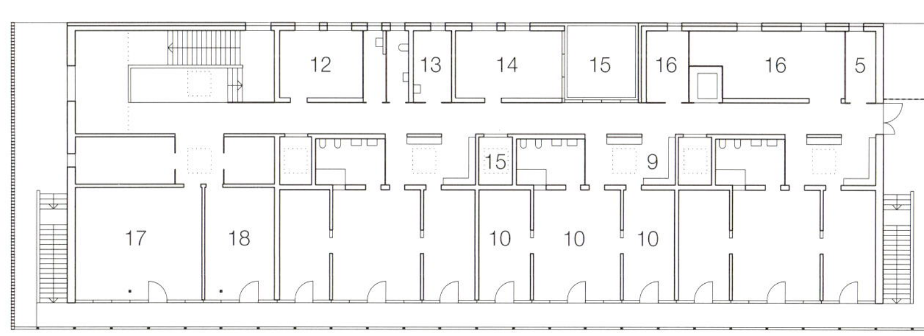

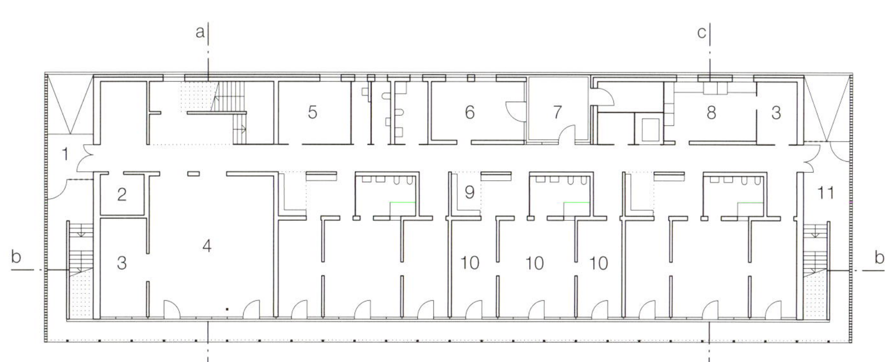

1	Haupteingang	*1*	*Main entrance*
2	Kinderwagen	*2*	*Pram store*
3	Lager	*3*	*Store*
4	Mehrzweckraum	*4*	*Multipurpose space*
5	Materialraum	*5*	*Materials room*
6	Werkraum	*6*	*Workroom*
7	Innenhof	*7*	*Courtyard*
8	Küche	*8*	*Kitchen*
9	Garderobe	*9*	*Cloakroom*
10	Gruppenraum	*10*	*Group room*
11	Nebeneingang	*11*	*Rear entrance*
12	Büro	*12*	*Office*
13	Hauswirtschaftsraum	*13*	*Utility room*
14	Elternbeirat	*14*	*Parents' council*
15	Luftraum	*15*	*Void*
16	Technik	*16*	*Building services*
17	Personalraum	*17*	*Staffroom*
18	Integrationsraum	*18*	*Integration room*

1 Dachbegrünung extensiv
Abdichtung Bitumenschweißbahn
Wärmedämmung Steinwolleplatten hochverdichtet 80 mm
Wärmedämmung Steinwolleplatten 2× 160 mm, Dampfsperre
Dachelement tragend, vorgefertigt:
Dreischichtplatte 27 mm
Rippen Konstruktionsvollholz 235–455/100 mm, dazwischen:
Installationshohlraum, Akustikdämmung Schafwolle 20 mm, Vlies
Dreischichtplatte gelocht 27 mm
2 Sonnenschutz textil
3 Pfosten Douglasie 50/250 mm
4 Fenstertür Lärche 116 mm mit Dreifach-Wärmeschutzverglasung
5 Linoleum 5 mm, Zementestrich 70 mm, Trennlage PE-Folie
Trittschalldämmung 20 mm
Ausgleichsschüttung 30 mm
Abdichtung Bitumenschweißbahn
Bodenplatte Stahlbeton 200 mm
Trennlage Noppenfolie
Wärmedämmung Schaumglasschotter 500 mm, Vlies
6 Holzbohlen Douglasie 50 mm
7 Innenwand Brettsperrholz tragend 100 mm
8 Lattung Douglasie 50/50 mm
Konterlattung 50 mm
Unterspannbahn / Winddichtung
Fassadenelement vorgefertigt:
Holzweichfaserplatte bituminiert 40 mm, Holzständer aus Furnierschichtholz (Gurte) und OSB (Steg), dazwischen Wärmedämmung Zellulose 360 mm, OSB-Platte 15 mm,
Gipskartonplatte 12,5 mm
Unterkonstruktion / Installationshohlraum 60 mm
Dreischichtplatte Douglasie 19 mm

Kindertagesstätte in Schwanheim
Vertikalschnitte • Horizontalschnitt
Maßstab 1:20

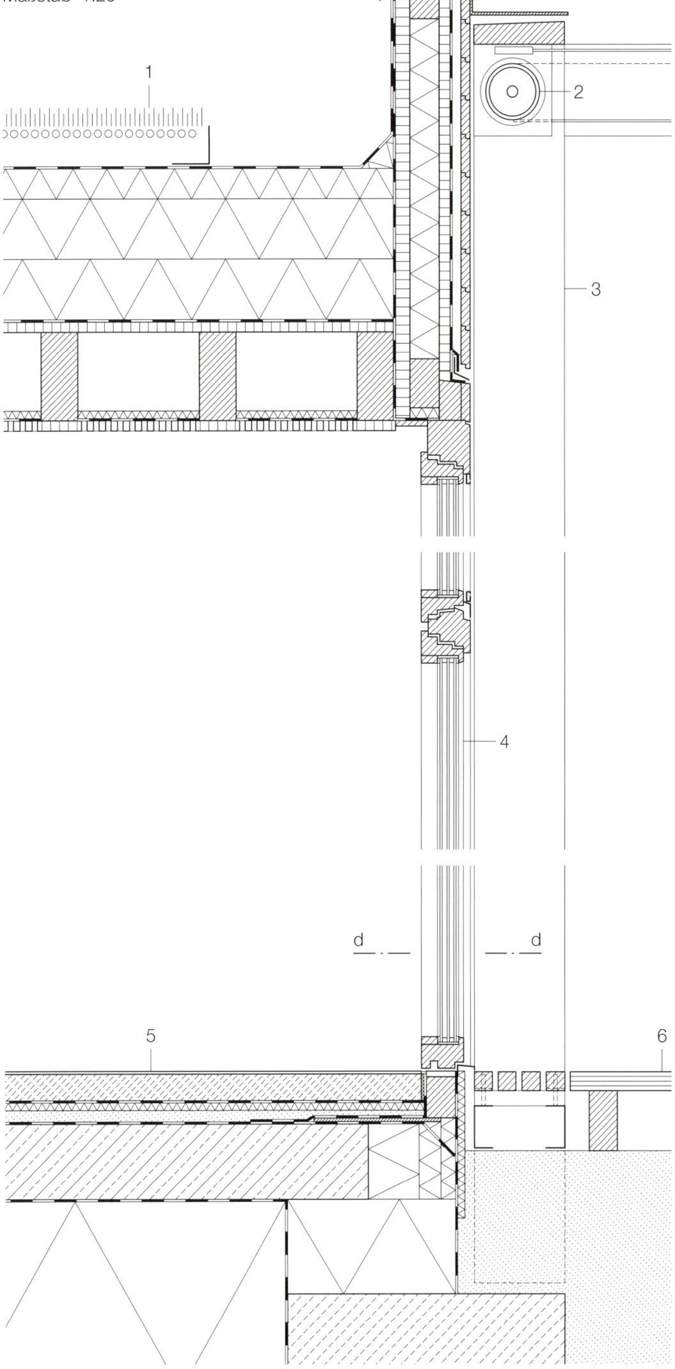

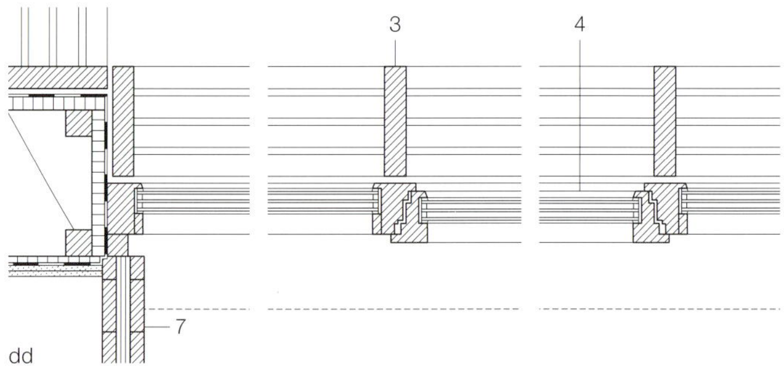

1 extensive roof planting
welded bituminous sheet seal
80 mm compressed rock-wool slab thermal insulation
2× 160 mm rock-wool thermal insulation; vapour barrier
27 mm prefabricated three-layer load-bearing lam. roof element
100/235–455 mm structural timber beams with voids between for services; 20 mm sheep's wool acoustic insulation; layer of felt
27 mm perforated 3-ply sheeting
2 fabric sunblind
3 50/250 mm Douglas fir post
4 116 mm larch casement door with triple low-E glazing
5 5 mm linoleum; 70 mm screed
polythene film separating layer
20 mm impact-sound insulation
30 mm levelling layer
welded bituminous sheet seal
200 mm reinforced concrete floor
nubbed foil separating layer
500 mm crushed foam-glass thermal insulation; layer of felt
6 50 mm Douglas fir boarding
7 100 mm laminated cross-boarded load-bearing internal wall
8 50/50 mm Douglas fir strips
50 mm counterbattens
waterproof/windproof layer
prefabricated facade element:
40 mm bituminised soft fibreboard
posts: lam. wood ribs and OSB webs with 360 mm cellulose thermal insulation between
15 mm oriented-strand board
12.5 mm gypsum plasterboard
60 mm supporting structure/ cavity for services
19 mm Douglas fir 3-ply sheeting

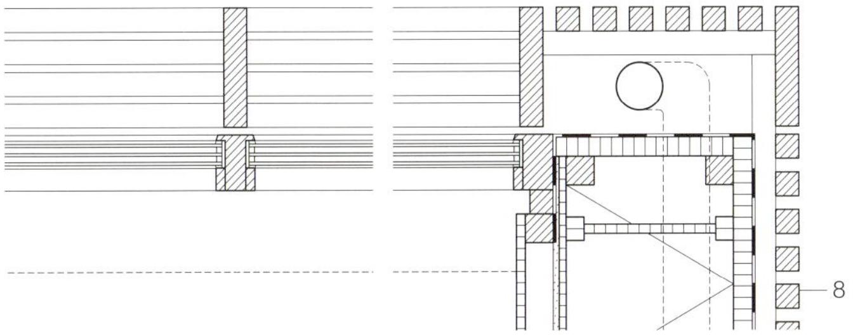

Child Care Centre in Schwanheim
Vertical and horizontal sections
scale 1:20

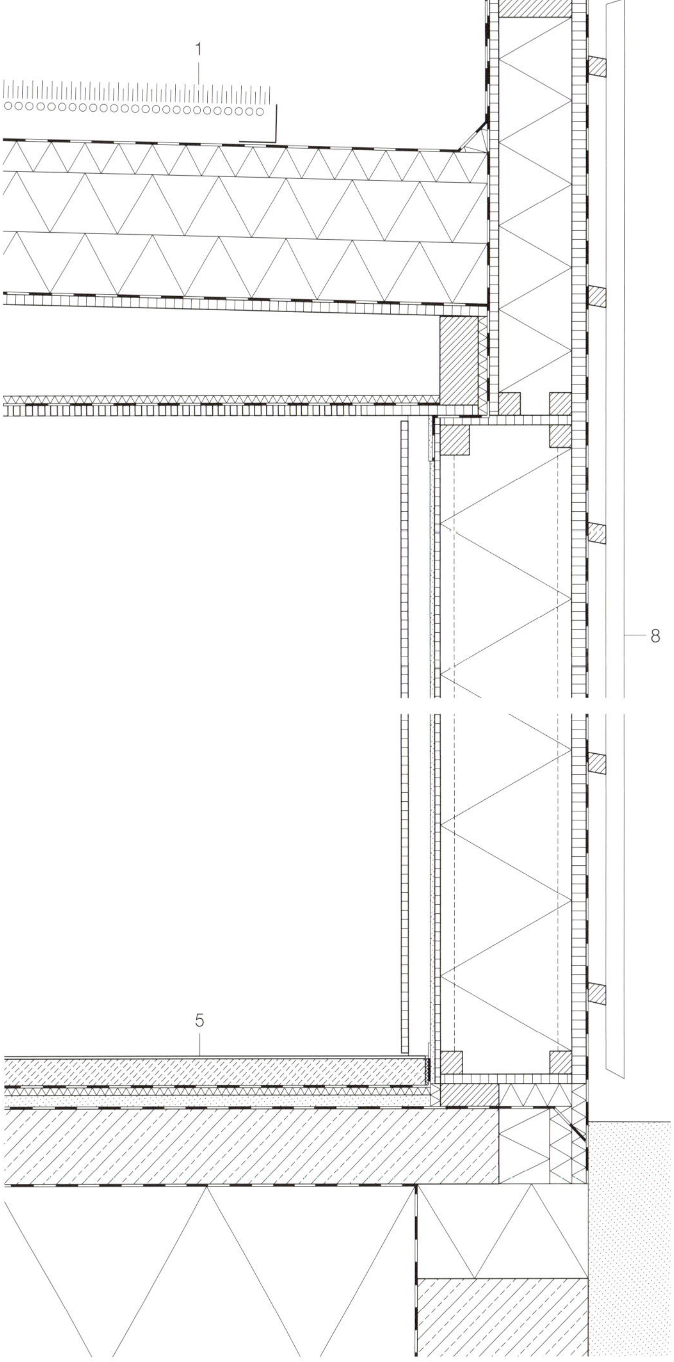

Kindertagesstätte in Rödelheim
Fassadenschnitt Maßstab 1:20

1 Kies 50 mm
Abdichtung Elastomerbitumenbahn
Gefälledämmung bis 400 mm
Dämmplatten Steinwolle hochverdichtet 80 mm
Dämmplatten Steinwolle 160 mm
Dampfsperre
Dachelement tragend, vorgefertigt: OSB-Platte 22 mm, Träger / Rippen BSH 260 mm dazwischen: Installationshohlraum, Akustikdämmung Schafwolle 20 mm, Vlies
Dreischichtplatte gelocht 27 mm
2 Brettsperrholz dreilagig 60 mm
3 Sonnenschutz Holzrollladen
4 Stütze Stahlrohr ⌀ 60/60 mm
5 Fenstertür Lärche 116 mm mit Dreifach-Wärmeschutzverglasung
6 Brüstung Flachstahl verzinkt 45/6 mm
7 Gitterrost, Träger aus Flachstahl 90/10 mm bzw. 2× 40/10 mm
8 Linoleum 5 mm, Zementestrich 60 mm, Trennlage PE-Folie
Trittschalldämmung Mineralwolle 30 mm, Betonplatten 50 mm
Rieselschutz, Deckenelement tragend, vorgefertigt: Brettsperrholz fünflagig 160 mm, Träger / Rippen BSH 400 mm, dazwischen Installationshohlraum, Akustikdämmung Schafwolle 60 mm, Vlies
Dreischichtplatte gelocht 27 mm
9 Linoleum 5 mm, Zementestrich 70 mm, Trennlage PE-Folie
Trittschalldämmung 20 mm
Ausgleichsschüttung 30 mm
Abdichtung Bitumenschweißbahn
Stahlbetonbodenplatte 250 mm
Trennlage, Dämmung Schaumglasschotter 500 mm, Vlies

Child Care Centre in Rödelheim
Section through facade scale 1:20

1 50 mm gravel; bit. sealing layer
max. 400 mm insulation to falls
80 mm compressed rock-wool slab thermal insulation
160 mm rock-wool thermal insulation
vapour barrier
prefab. load-bearing roof element: 22 mm OSB; 260 mm lam. timber beams with services cavity between; 20 mm sheep's wool acoustic insulation; layer of felt
27 mm perforated 3-ply sheeting
2 60 mm lam. timber cross-boarding
3 wooden roller blind
4 60/60 mm steel SHS column
5 116 mm larch facade element with triple low-E glazing
6 45/6 mm galvanised steel-flat balustrade
7 metal grating: 90/10 and 2× 40/10 mm galvanised steel flats
8 5 mm linoleum; 60 mm screed
polythene film separating layer
30 mm mineral-wool impact-sound insulation; 50 mm concrete slabs
trickle-proof barrier
160 mm prefab. 5-layer load-bearing floor element: 400 mm lam. wood joists with services cavity between
60 mm sheep's wool acoustic insulation; layer of felt
27 mm perforated 3-ply sheeting
9 5 mm linoleum; 70 mm screed
polythene film separating layer
20 mm impact-sound insulation
30 mm levelling layer
bituminous sealing layer
250 mm reinforced concrete floor
separating layer
500 mm crushed foam-glass thermal insulation; layer of felt

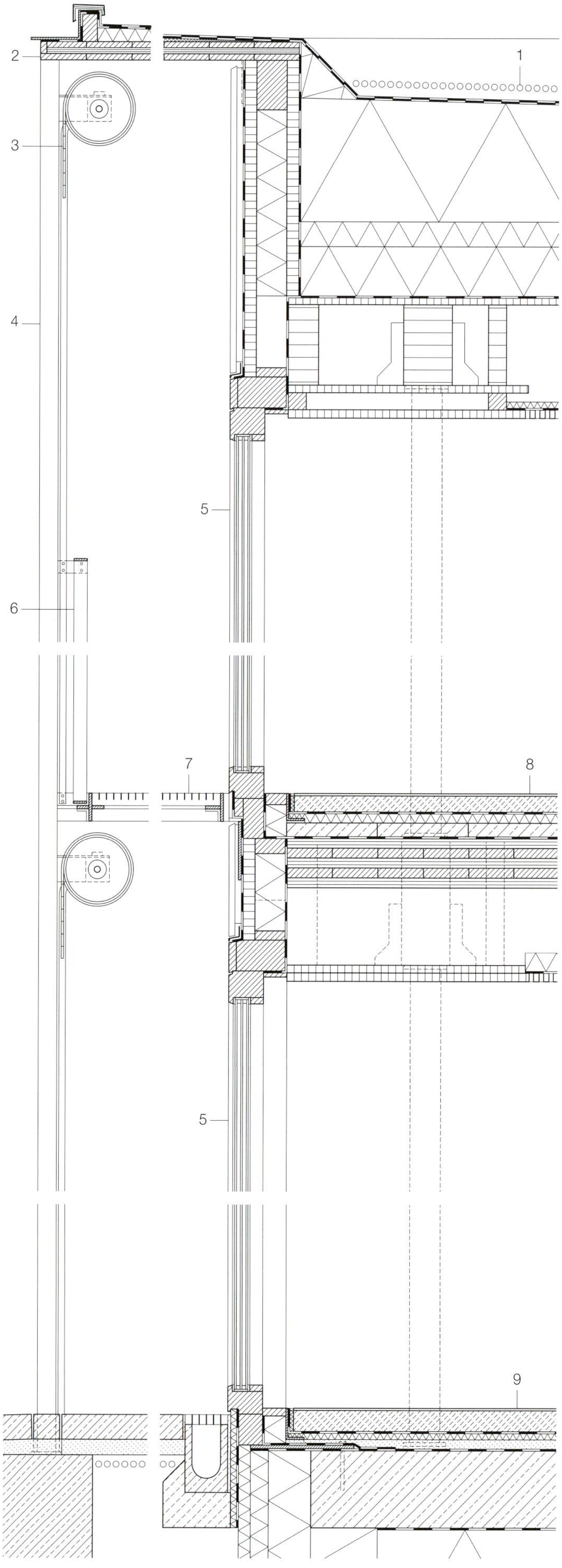

Kindertagesstätte in Rödelheim
Vertikalschnitt • Horizontalschnitt
Maßstab 1:20

Child Care Centre in Rödelheim
Vertical and horizontal sections
scale 1:20

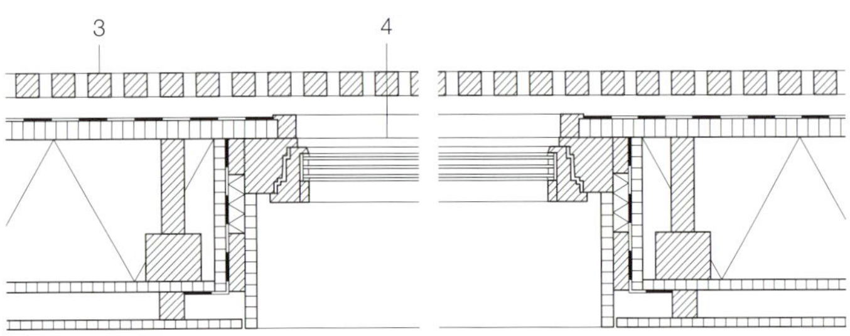

ee

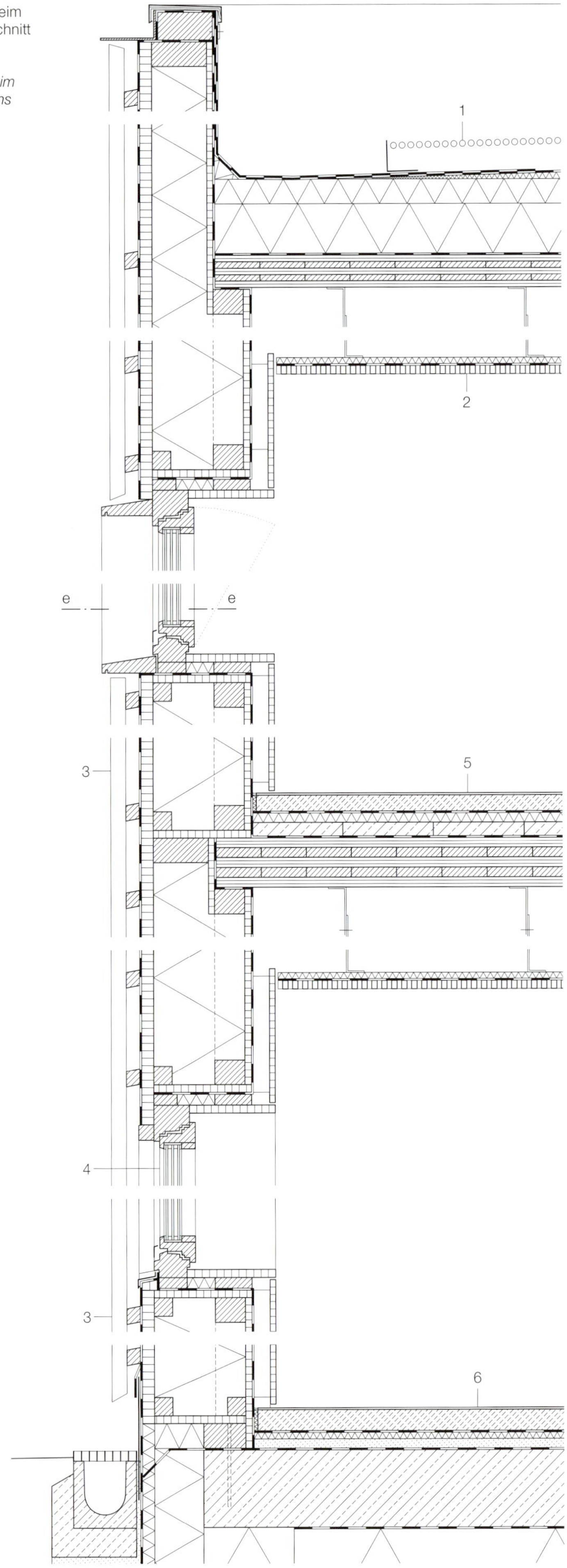

1 Kies 50 mm
Abdichtung Elastomerbitumen
Gefälledämmung bis 40 mm
Dämmung Steinwolleplatten hochverdichtet 80 mm
Dämmung Steinwolleplatten 160 mm
Dampfsperre
Brettsperrholz fünflagig 105 mm

2 abgehängte Decke:
Dreischichtplatte gelocht 27 mm
Vlies
Akustikdämmung Schafwolle 20 mm

3 Lattung Douglasie 50/50 mm
Konterlattung 50 mm
Unterspannbahn / Winddichtung
Fassadenelement vorgefertigt:
Holzweichfaserplatte bituminiert 40 mm mit Nut-und-Feder-Verbindung
Holzständer aus KVH 50/200 mm und 120/100 mm, dazwischen Wärmedämmung Steinwolle 300 mm
OSB-Platte 22 mm
Unterkonstruktion / Installationshohlraum 60 mm
Dreischichtplatte Douglasie 19 mm

4 Dreh-Kipp-Flügel Lärche mit Dreifach-Wärmeschutzverglasung, U_g = 0,52 W/m²K

5 Linoleum 5 mm
Zementestrich 60 mm
Trennlage PE-Folie
Trittschalldämmung Mineralwolle 30 mm
Betonplatten 50 mm
Rieselschutz
Brettsperrholz fünflagig 160 mm

6 Linoleum 5 mm
Zementestrich 70 mm
Trennlage PE-Folie
Trittschalldämmung 20 mm
Ausgleichsschüttung 30 mm
Abdichtung Bitumenschweißbahn
Stahlbetonbodenplatte 250 mm
Trennlage Noppenfolie
Dämmung Schaumglasschotter 500 mm, Vlies

1 50 mm bed of gravel; sealing layer
max. 40 mm insulation to falls
80 mm compressed rock-wool slab thermal insulation
160 mm rock-wool thermal insulation
vapour barrier
105 mm 5-layer lam. timber cross-boarding

2 suspended soffit:
27 mm perforated 3-ply sheeting
layer of felt
20 mm sheep's wool acoustic insulation

3 50/50 mm Douglas fir strips
50 mm counterbattens
waterproof/windproof layer
prefabricated facade element:
40 mm bituminised soft fibreboard with tongued and grooved connection
50/200 and 120/100 mm solid structural timbers with 300 mm rock-wool thermal insulation between; 22 mm OSB
60 mm supporting structure/services cavity
19 mm Douglas fir 3-ply sheeting

4 larch bottom-hung sash with triple low-E glazing (U_g = 0.52 W/m²K)

5 5 mm linoleum
60 mm cement and sand screed
polythene film separating layer
30 mm mineral-wool impact-sound insulation; 50 mm concrete slabs
trickle-proof barrier
160 mm 5-layer lam. timber cross-boarding
suspended soffit

6 5 mm linoleum
70 mm cement and sand screed
polythene separating layer
20 mm impact-sound insulation
30 mm levelling layer
bituminous sealing layer
250 mm reinforced concrete floor
nubbed foil separating layer
500 mm crushed foam-glass thermal insulation; layer of felt

Kindergarten in Lugano

Kindergarten in Lugano

Architekten / *Architects*:
Bruno Fioretti Marquez Architekten, Berlin
Piero Bruno, Donatella Fioretti,
José Gutierrez Marquez
Tragwerksplaner / *Structural engineers*:
Borlini & Zanini, Lugano

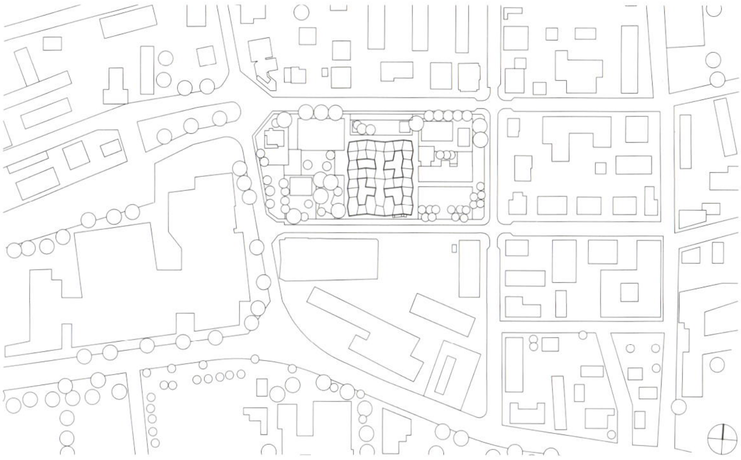

Lageplan
Maßstab 1:5000

Layout plan
scale 1:5,000

Heterogene, mehrgeschossige Wohnbebauung und ungefasster Straßenraum prägen das Bild des Stadtteils Cassarate am Ufer des Luganer Sees. Einen deutlichen Kontrast dazu bildet der in zwei Bauabschnitten errichtete Kindergarten: Bis auf den Eingangsbereich eingeschossig gehalten, grenzt er sich zum öffentlichen Raum klar ab und zeigt seine Eigenständigkeit auch durch die Wahl des hier untypischen Baumaterials. 46 trapezförmige Holzmodule mit geneigtem Dach sind so angeordnet, dass jeder Kindergartengruppe ein Garderoben- und Sanitärmodul, ein Speisesaal und zwei Aufenthaltsräume mit Innenhof zur Verfügung stehen. Eine zentrale Erschließungsachse, überdacht aber unbeheizt, dient als gemeinsamer Spielflur, der über Glaselemente zu den Höfen geöffnet werden kann. Dank einer ausgeklügelten Kombination der Module ergeben sich vielfältige Blickbeziehungen, die das Gebäude wie eine Miniatursiedlung erscheinen lassen. Auch die weithin sichtbare Dachlandschaft unterstützt dieses Bild und zeigt sich mit ihren trapezförmigen Holzrosten sorgfältig detailliert. Die aus Brettsperrholzplatten vorgefertigten Wände bestehen aus zwei Platten, deren Stoß als horizontale Schattenfuge ablesbar ist. An ihr orientierte sich die gesamte Ausbauplanung. Zurückhaltende Farbigkeit betont die räumliche Vielfalt, Farbe hält mit den kleinen Nutzern Einzug. DETAIL 01–02/2016

Cassarate is a neighbourhood in Lugano characterised by heterogeneous, multistorey apartment houses. The preschool, which was erected in two phases, stands in clear contrast to its surroundings: with the exception of the entrance area, it is a single-storey structure. And the structure presents a clear edge to the public realm. The predominant material (otherwise uncommon here) is a further sign of autonomy. The 46 trapezoidal wood modules with sloped roofs are arranged such that each group has two main spaces, a cloakroom-and-lavatory module, and a space for meals. A central hall, covered but unheated, serves as a shared play space; it can be opened to the courtyards by means of glazed elements.

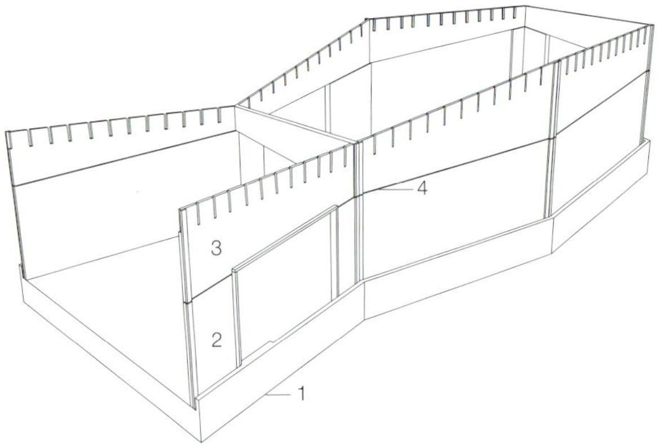
4
3
2
1

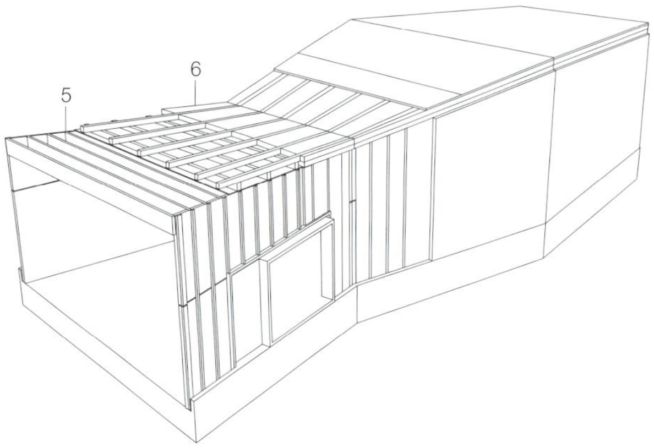
6
5

Perspektive Modul
ohne Maßstab

Schnitte • Grundriss
Maßstab 1:400

aa

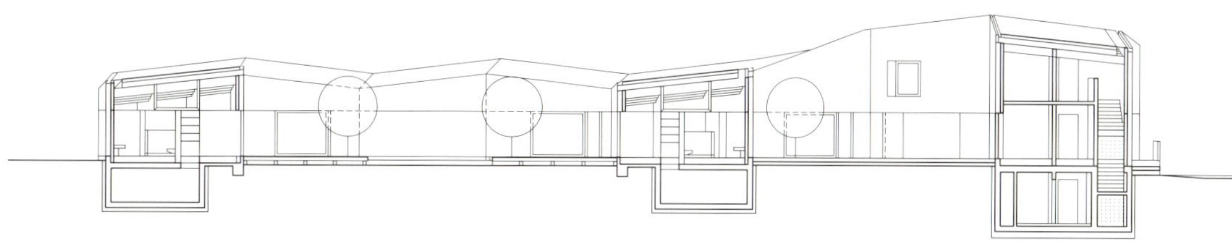

Perspective of module
not to scale

Sections • Layout plan
scale 1:400

bb

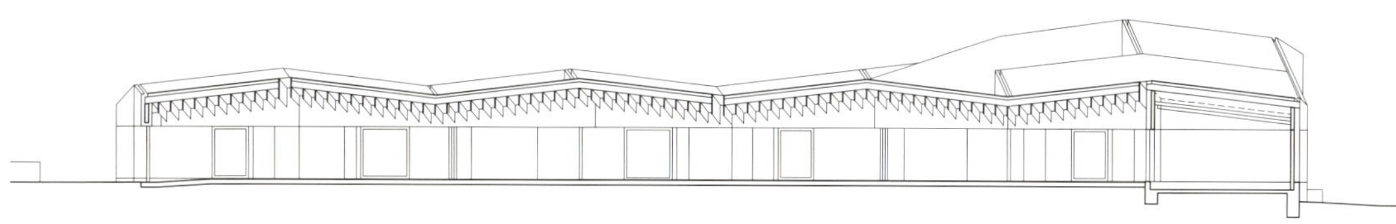

1 Betonsockel
2 unteres Wandelement
3 oberes Wandelement
4 umlaufende Fuge
5 Sparren BSH
6 Dämmebene
7 Spielflur
8 Speiseraum
9 Garderobe
10 Außenbereich
11 Gruppenraum
12 Bewegungsraum
13 Küche
14 Erste-Hilfe-Raum
15 Eingangsbereich
16 pädagogische Betreuung

1 Concrete base
2 Lower wall component
3 Upper wall component
4 Joint on all sides
5 CLT rafters
6 Positioning of insulation
7 Hall/Playspace
8 Refectory
9 Cloakroom
10 Outdoor area
11 Classroom
12 Active play
13 Kitchen
14 First aid
15 Entrance area
16 Pedagogic support

Vertikaldetail
Horizontaldetail
Maßstab 1:20

Vertical detail
Horizontal detail
scale 1:20

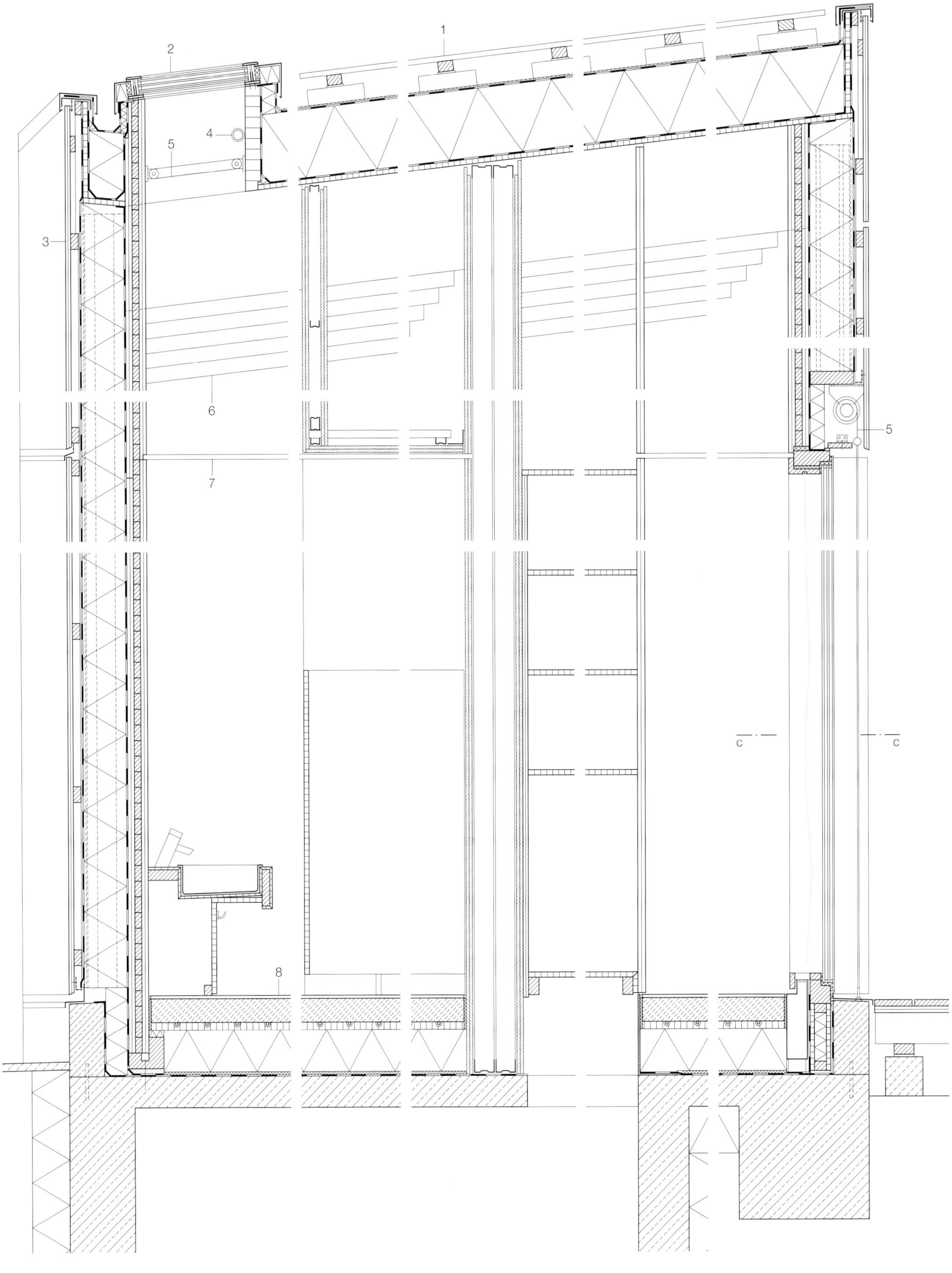

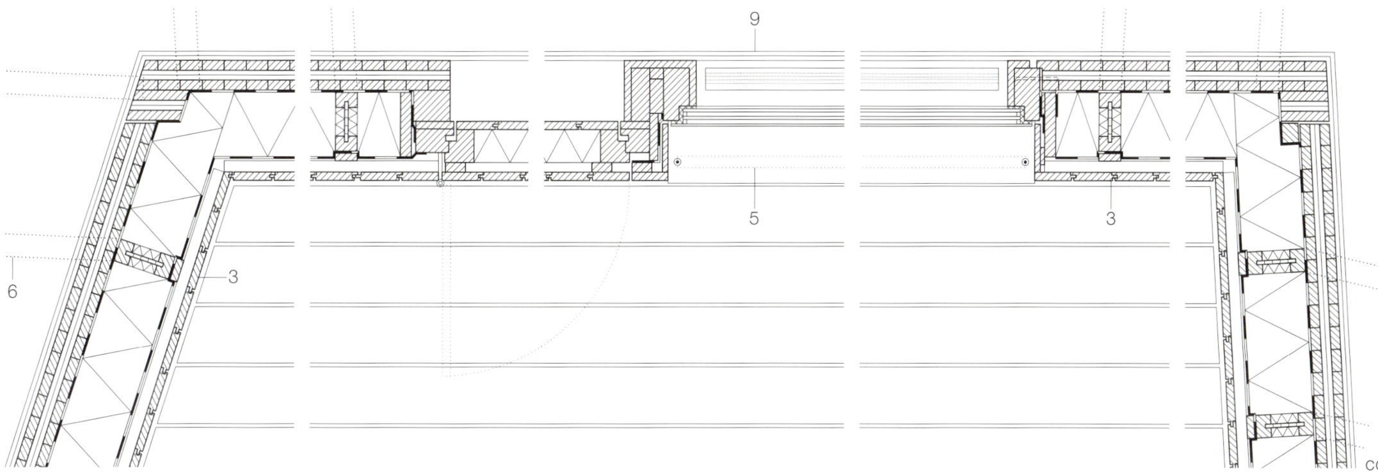

1 Rost aus Holzlatte Espe wärmebehandelt 60/20 mm bzw. 60/40 mm
Auflager Betonplatte 230/230/70 mm
Bautenschutzmatte, Dachabdichtung
Balken Brettsperrholz 80/260 mm
dazwischen Wärmedämmung 260 mm
Dampfsperre, Dreischichtplatte 19 mm
2 Oberlicht: Dreifachverglasung ESG 6 + SZR 14 mm + ESG 6 mm + SZR 14 mm + VSG 2× 6 mm in Rahmen Aluminium
3 Schalung Espe wärmebehandelt, vertikal profiliert 20 mm
Horizontallattung wärmebehandelt 30/60 mm
Vertikallattung wärmebehandelt 20/60 mm
Windpappe
Stegträger 60/160 mm
dazwischen Wärmedämmung Glaswolle 170 mm
Dampfsperre
Brettsperrholz 80 mm
4 Leuchtstoffröhre
5 Sonnenschutz textil
6 Sparren BSH 60/800 mm
7 Fuge umlaufend
8 Belag Hartsteinholz 12 mm
Estrich mit Fußbodenheizung 91 mm
Wärmedämmung 190 mm
Trittschalldämmung 10 mm
Dichtungsbahn
Decke Stahlbeton 250 mm
9 Konvektor

1 60/20 mm and 60/40 mm grating made of aspen, heat-treated, and wood profile
support for 230/230/70 mm cement board
protective mat;
roof seal
260 mm thermal insulation between 80/260 mm CLT beam
vapour barrier
19 mm lumber-core plywood (3-ply)
2 skylight: triple glazing
6 mm toughened glass + 14 mm cavity + 6 mm toughened glass + 14 mm cavity + 2× 6 mm lam. safety gl. in aluminium frame
3 20 mm aspen boarding, heat-treated, with vertical grooves
30/60 mm horizontal battens, heat-treated
20/60 mm vertical battens, heat-treated
house wrap
170 mm glass wool thermal insulation between 60/160 mm engineered wood beam
vapour barrier; 80 mm CLT
4 fluorescent tube
5 solar shading, fabric
6 60/800 mm glue-laminated rafters
7 joint on all sides
8 12 mm magnesium oxychloride flooring
91 mm screed with underfloor heating
190 mm thermal insulation
10 mm impact sound insulation; sealing layer
250 m reinforced concrete slab
9 convector

Kinderhaus in Tettnang

"Kinderhaus" in Tettnang

Architekten / *Architects*:
bächlemeid architekten stadtplaner, Konstanz
Martin Bächle, Karin Meid-Bächle
Tragwerksplaner / *Structural engineers*:
merz kley partner, Dornbirn

Lageplan
Maßstab 1:3000

Site plan
scale 1:3,000

An der Schnittstelle zwischen Altstadt, neuer Stadtmitte und kleinteiliger Wohnbebauung bietet das neue Kinderhaus mit Familienzentrum ergänzende Angebote zu den benachbarten kirchlichen Einrichtungen. Zugleich übernimmt es wichtige städtebauliche Aufgaben: Zum einen schirmt es durch die Lage am südlichen Grundstücksrand sowohl seinen Spielgarten als auch die dahinterliegenden Wohnhäuser von der Straße ab. Zum anderen definiert der 75 m lange Baukörper mit unregelmäßig gefaltetem Satteldach eine klare Kante, die dem heterogenen Stadtraum des ehemaligen Bahnhofsplatzes neuen Halt verleiht.
Durch die helle Klinkerfassade und die zahlreichen auf beiden Längsseiten eingeschnittenen Loggien erscheint das Kinderhaus einladend und durchlässig – ein Eindruck, der sich gleich nach Passieren des Haupteingangs im westlichen Gebäudeteil bestätigt. Hier befinden sich vor allem Teamräume sowie offene Multifunktions- und Essensbereiche, während im östlichen Teil Gruppen- und Nebenräume für Kinder im Alter von einem bis sechs Jahren liegen. Ein zweigeschossiger Spielflur mit großen Deckenausschnitten verknüpft zusammen mit verglasten Gruppenraumtrennwänden und Loggien Innen- und Außenräume.
Die Fassaden und Böden sowie die Seitenwände der als zusätzliche Außenspielflächen genutzten Loggien erhielten die gleiche Klinkerbekleidung – eine von den Architekten definierte Mischung aus rötlich-weißlichen Wasserstrichklinkern, die stets mit der produktionsbedingt unregelmäßigen Rückseite nach außen verbaut wurden. Dadurch entstand ein monolithisch wirkender Baukörper mit lebhaftem und haptisch sinnlichem Mauerbild. Um unerwünschte Farbabweichungen zu vermeiden, stammen sämtliche Klinker aus einer einzigen Produktionscharge. Für ein einheitliches Erscheinungsbild sorgen auch die farblich den Mörtelfugen entsprechenden, hellgrau besandeten Dehnfugen sowie die Betonfertigteil-Fensterstürze und -bänke, die mit eigens aus den Klinkern herausgesägten Riemchen verkleidet wurden. DETAIL 07–08/2015

At the intersection of the historic centre, the new central business district and small-scale residential neighbourhoods, this new "Kinderhaus" operates in concert with nearby church-run facilities. At the urban scale it fulfils two distinct functions. First, its location on the southern edge of the property screens the outdoor play area and the houses behind it from the street. Second, the 75 m long structure, topped with a folded roof, provides a clear edge in a heterogeneous urban space. The light-toned brick facade and numerous loggias cut out of the two long elevations give the building – for children aged one to six – an inviting, open appearance. The corridors double as play space; the openings in the floor, combined with the classrooms' glazed partition walls, interweave the interior and exterior spaces. The facades, floors and the sides of the loggias are all clad in the same brick – a mix of reddish-white water-struck bricks. The bricklayers were instructed to view what would normally be considered the back side of the clinkers as the "face". By working with bricks from a single lot, the architects ruled out unwanted colour deviations. The light-grey sand-surfaced expansion joints also play a role in the building's unified appearance: the colour matches the mortar joints and the precast concrete window lintels and sills. The brick veneer cladding the lintels and sills was made by sawing slices off the clinkers.

Schnitt • Grundrisse
Maßstab 1:500

Section • Layout plans
scale 1:500

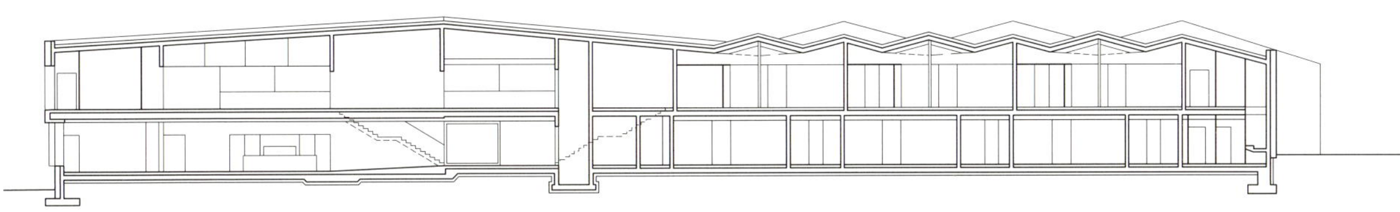

aa

1 Haupteingang
2 Foyer
3 Essensbereich
4 »Kontaktcafé«
5 Multifunktionsraum
6 Küche
7 Kinderküche
8 Büro
9 Spielflur
10 Bewegungsraum
11 Gruppenraum
12 Werkraum
13 Luftraum
14 Schlafraum

1 Main entrance
2 Foyer
3 Eating area
4 "Contact café"
5 Multipurpose space
6 Kitchen
7 Children's kitchen
8 Office
9 Corridor/ Play space
10 Gym
11 Group room
12 Crafts
13 Void
14 Nap room

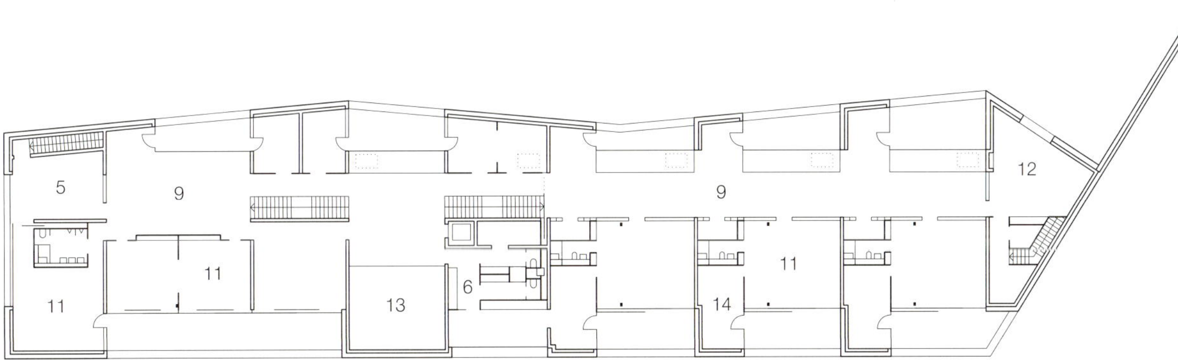

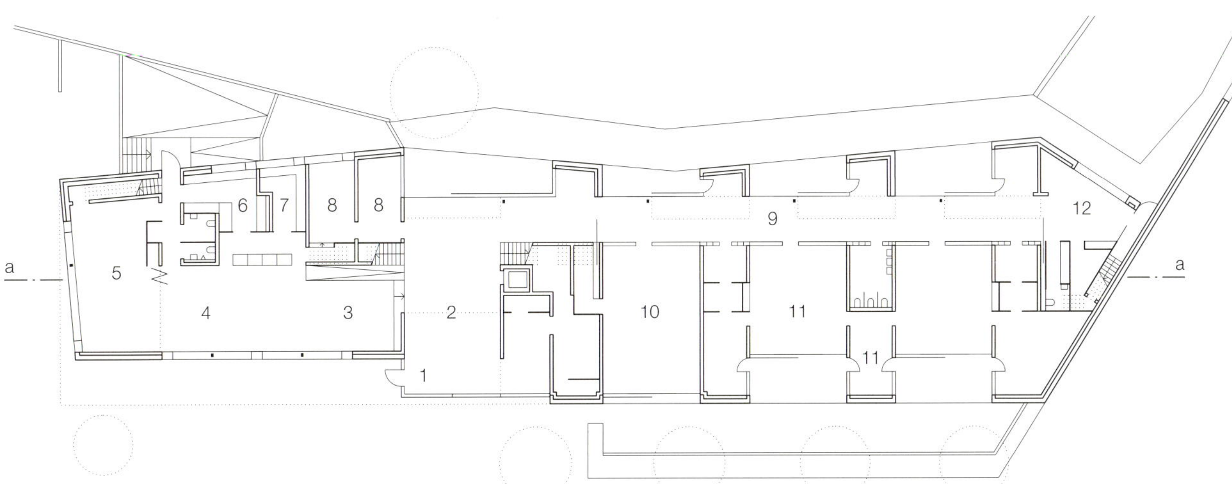

Vertikalschnitte
Fassade
seitlicher Anschluss Loggia
Maßstab 1:20

Vertical sections
Facade
Side connection to loggia
scale 1:20

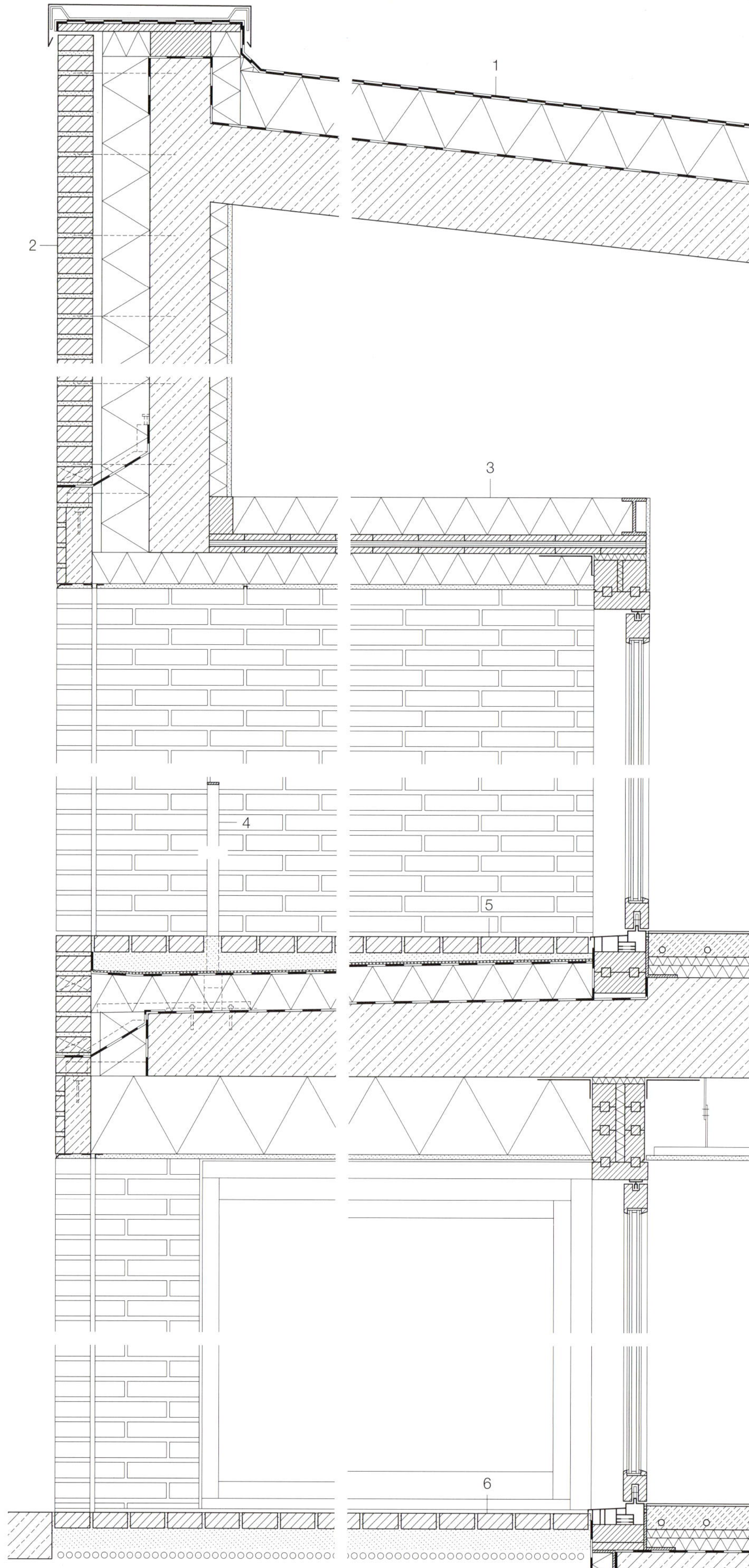

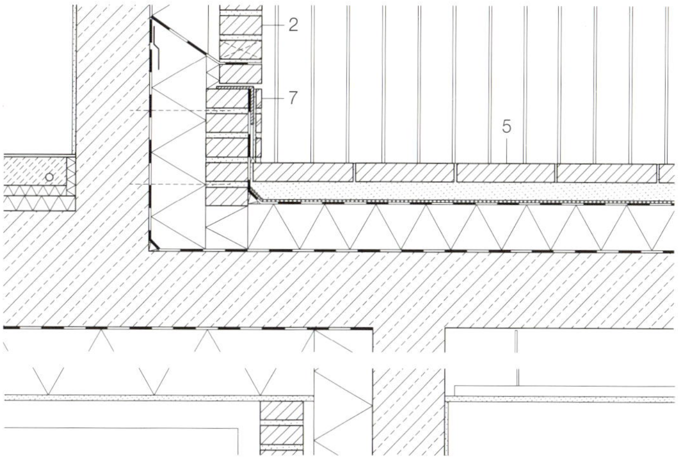

1 Dachdichtung Bitumenbahn zweilagig 25 mm
Wärmedämmung Mineralwolle 180 mm
Trennlage, Dampfsperre 20 mm
Stahlbeton 250 mm
2 Wasserstrichklinker Dünnformat im wilden Verband 115 mm, Luftschicht 30 mm
Wärmedämmung Mineralwolle 160 mm
Stahlbeton 200 mm,
Akustikdämmung Mineralwolle 60 mm
Gipskartonplatte gelocht 12,5 mm
3 Akustikdämmung Mineralwolle 120 mm
Dreischichtplatte 60 mm
Wärmedämmung PUR-Hartschaum 100 mm
Außenputz 15 mm
4 Geländer Flachstahl verzinkt 5/40 mm
5 Wasserstrichklinker Dünnformat 52 mm
Splittbett 20–60 mm, Bautenschutzmatte 6 mm
Dichtung Bitumenbahn wurzelfest 15 mm
Wärmedämmung PUR-Hartschaum 120 mm
Dichtung Bitumenbahn 5 mm
Bitumenvoranstrich
Stahlbetondecke 200–250 mm
Wärmedämmung Mineralwolle 250 mm
Außenputz 15 mm
6 Wasserstrichklinker Dünnformat im Gefälle 1,5 % 52 mm
Splittbett 30 mm
Kiesbett als kapillarbrechende Schicht 200 mm
Geotextil Unkrautvlies
7 Wasserstrichklinker-Riemchen 20 mm
Klebemörtel 5 mm, Zementfaserplatte 10 mm
auf Stahlprofil ∟ 100/100/5 mm
Dichtung Bitumenbahn 5 mm

1 25 mm bituminous sheeting, two layers
180 mm thermal insulation
separating layer; 20 mm vapour barrier
250 mm reinforced concrete
2 115 mm water-struck clinker, thin format, irregular bond; 30 mm air space
160 mm mineral wool thermal insulation
200 mm reinforced concrete wall
60 mm mineral wool acoustic insulation
12.5 mm plasterboard, perforated
3 120 mm mineral wool acoustic insulation
60 mm lumber-core plywood (3-ply)
100 mm PUR rigid foam thermal insulation
15 mm render
4 railing: 5/40 mm steel flat, galvanised
5 52 mm water-struck clinker, thin format
20–60 mm grit; 6 mm protective mat
15 mm bituminous seal, root-resistant
120 mm PUR rigid foam thermal insulation
5 mm bituminous sheeting
bitumen primer
200–250 mm reinforced concrete deck
250 mm mineral wool thermal insulation
15 mm render
6 52 mm water-struck clinker, thin format, 1.5 % gradient; 30 mm grit
200 mm gravel bed as capillary break
geotextile weed-control fabric
7 20 mm water-struck clinker closer
5 mm adhesive mortar
10 mm fibre-cement board on
100/100/5 mm steel angle
5 mm bituminous sheeting

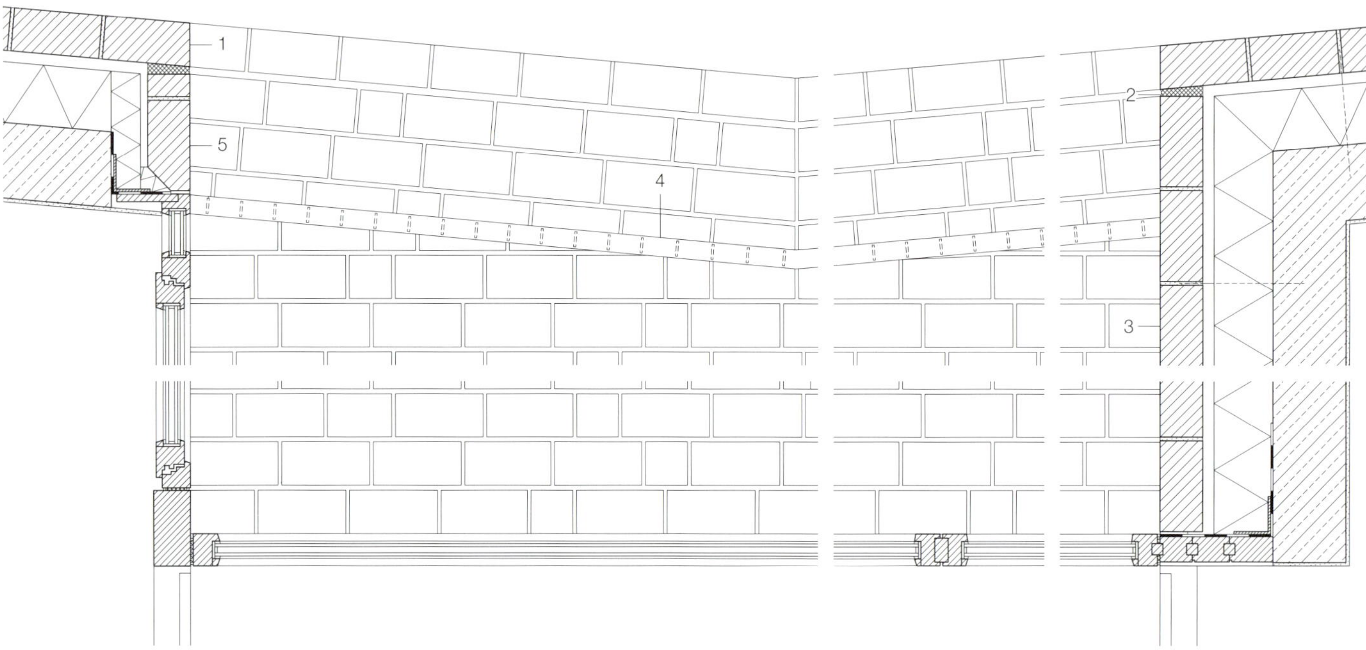

Horizontalschnitt Loggia
Maßstab 1:20

1 Wasserstrichklinker Form-Eckstein 115 mm
2 Dehnfuge besandet Farbton wie Mörtelfuge
3 Wasserstrichklinker Dünnformat im wilden Verband 115 mm
Luftschicht 30 mm
Wärmedämmung Mineralwolle 160 mm
Stahlbetonwand 200 mm
Innenputz 15 mm
4 Geländer Flachstahl verzinkt 5/40 mm
5 Wasserstrichklinker rückseitig geschnitten 115 mm

Horizontal section through loggia
scale 1:20

1 115 mm water-struck clinker corner brick
2 expansion joint, sand-surfaced colour attuned to mortar joint
3 115 mm water-struck clinker, thin format, irregular bond
30 mm air space
160 mm mineral wool thermal insulation
200 mm reinforced concrete wall
15 mm plaster
4 railing: 5/40 mm steel flat, galvanised
5 115 mm water-struck clinker, trimmed on back

Jugendzentrum in London

Youth Centre in London

Architekten / *Architects*:
RCKa, London
Tim Riley, Russell Curtis, Dieter Kleiner
Tragwerksplaner / *Structural engineers*:
Atelier One, London (Planung / planning);
Buxton Associates, Mitcham (Fundament / groundworks);
Engenuiti, London (Holz / timber)

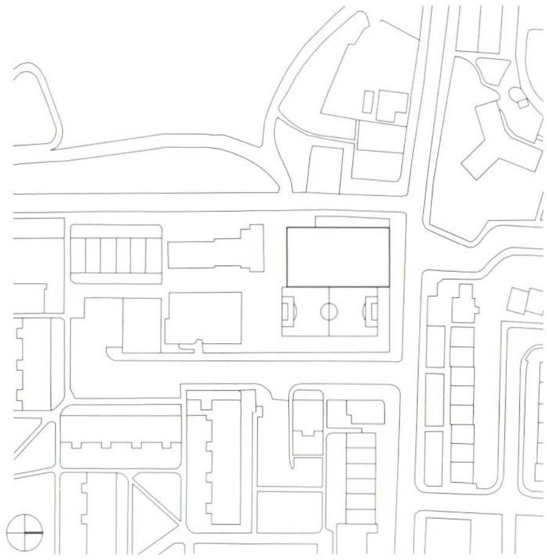

Lageplan
Maßstab 1:3000

Site plan
scale 1:3,000

Als Partizipationsprojekt unter intensiver Beteiligung der Jugendlichen vor Ort entstand im Londoner Stadtteil Lewisham das Jugendzentrum »The New Generation«. Nach außen kompakt und schlicht, zeigt sich der Baukörper im Inneren als vielgestaltige offene Raumlandschaft mit Angeboten für unterschiedlichste Freizeitaktivitäten. Wie ein semitransparenter gebäudehoher Vorhang umhüllt die leichte Fassade aus gewellten Polycarbonatplatten das dreigeschossige Haus. Diese erzeugen ein feines Streifenmuster, das sich je nach Lichtstimmung verändert. Bei den geschlossenen Wandflächen schimmert die aluminiumkaschierte Rückseite der Wärmedämmung durch, während der wintergartenähnliche, zum Sportplatz orientierte Bereich der Ostseite vollflächig über die Polycarbonatfassade belichtet wird. Die straßenseitigen Sockel-zonen und der Haupteingang sind mit Platten aus ultrahochfestem Beton verkleidet, die das Wellenprofil übernehmen: Hier dienten die Polycarbonatelemente als Schalung für die Betonfertigteile, die bei nur 16 mm Materialstärke sehr robust sind. Das Gebäude ist überwiegend in Elementbauweise konzipiert, mit Brettschichtholzstützen und -trägern im Raster von 3,75 × 3,75 m sowie tragenden Wänden aus massiven Brettsperrholztafeln. Die Holzoberflächen bleiben sichtbar und verleihen den Innenräumen eine warme Atmosphäre. Das Zentrum des komplexen Raumgefüges bildet das über drei Ebenen offene Foyer, das mit großzügiger Treppe und raumhohen Verglasungen einen Überblick über das Geschehen im gesamten Haus bietet. Neben Mehrzweckhalle, Wintergarten, Gemeinschaftsküche, Café und Kletterwand stehen auch ruhigere Bereiche auf Galerien und Balkonen zur Verfügung. Bei relativ geringem Budget verbindet der Entwurf eine disziplinierte Bauweise und ein vielfältiges räumliches Angebot zu einem Haus, das alle Nutzer, darunter auch Sport- und Seniorengruppen aus dem Stadtviertel, nach ihren Interessen bespielen können. DETAIL 04/2015

Schnitte • Grundrisse
Maßstab 1:500

1 Halle / Veranstaltungsraum
2 Wintergarten
3 Café
4 Gemeinschaftsküche
5 Kletterwand
6 Eingang
7 Foyer
8 Mitverwaltung
9 Balkon
10 Rückzugsbereich
11 Aufnahmestudio
12 Büro Leitung
13 Veranda
14 Besprechung / Kursraum
15 Chill-Out-Bereich
16 Mehrzweckspielbereich
17 Gesundheitsberatung
18 Behandlungszimmer
19 Berufsberatung

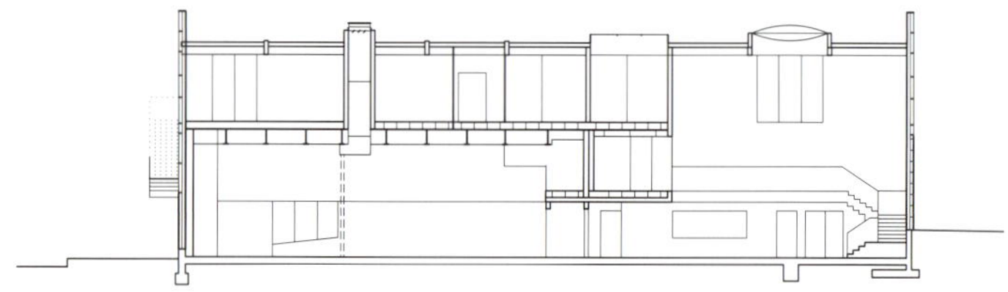

aa

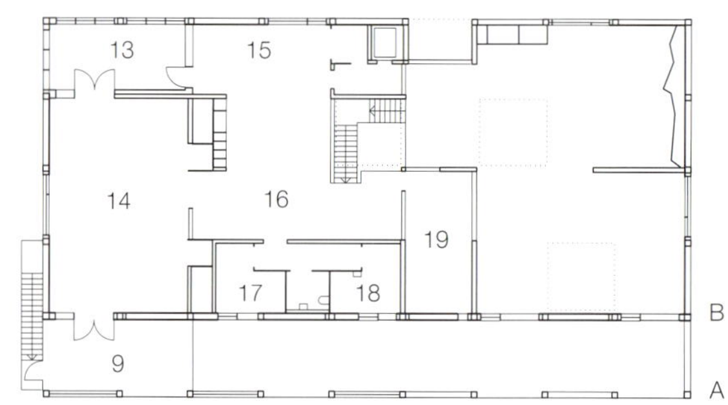

Obergeschoss / *Upper floor*

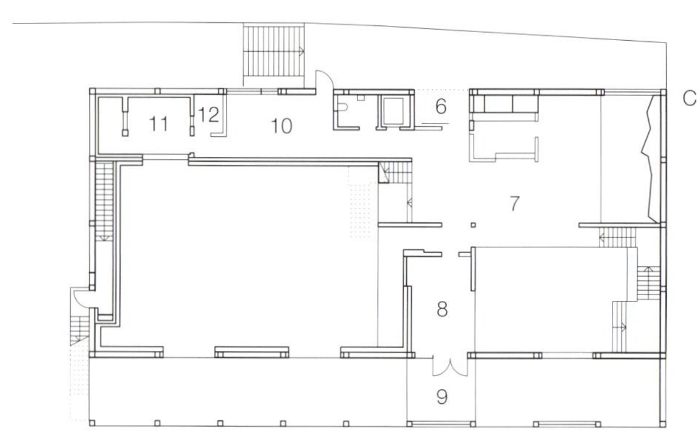

Eingangsgeschoss / *Entrance level*

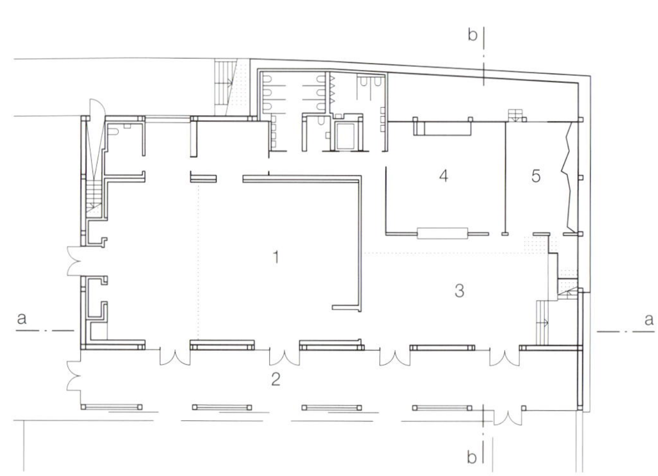

Sockelgeschoss / *Plinth storey*

Sections • Floor plans
scale 1:500

1 Hall / Events space
2 Winter garden
3 Cafe
4 Shared kitchen
5 Climbing wall
6 Entrance
7 Foyer
8 Youth base
9 Balcony
10 Break-out space
11 Recording studio
12 Office / Management
13 Loggia
14 Youth forum
15 Soft space
16 Multipurpose play area
17 Consultancy room
18 Treatment room
19 Employment advice

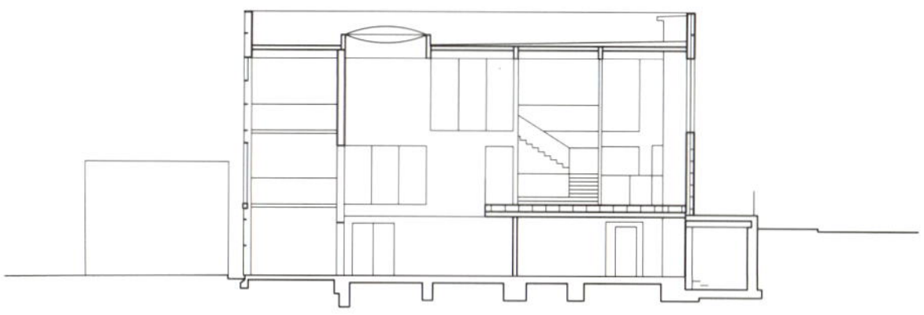

bb

The New Generation Youth Venue in the London borough of Lewisham was a project in which the young people concerned participated intensively. Compact and modest in appearance though it may seem externally, the volume reveals an interconnected, open spatial landscape internally, where various recreational activities are available.
The three-storey structure is enclosed within a lightweight facade of corrugated polycarbonate sheeting, not unlike a translucent curtain extending over the full height of the building and forming a vertically pinstriped pattern that changes in appearance according to the time of day and weather. Over the closed wall surfaces, the aluminium-clad rear face of the thermal insulation shimmers through, while an eastern winter garden is oriented to a playing field and illuminated over the full area of its polycarbonate surface.
The plinth zone on the street face and the facade area around the main entrance are clad with ultra-high-performance fibre-reinforced concrete panels that take up the corrugated cross section of the facade above and which are extremely resilient despite having a thickness of only 16 mm.
The structure was conceived largely as a panelised construction system, consisting of glue-laminated timber beams and columns – laid out to a grid of 3.75 × 3.75 metres – and load-bearing solid cross-laminated timber walls. The wooden surfaces are left exposed and lend the internal spaces a warm atmosphere. The centre of this complex spatial structure is formed by an open foyer extending over three levels, with a generous staircase and full-height glazing offering views and connections to events on all levels. In addition to a multipurpose hall, a winter garden, a cafe, a kitchen that can also be used for training purposes and a climbing wall, there are quieter areas to which one can withdraw on the galleries and balconies.
With a relatively small budget, the design combines a disciplined form of construction with a wide variety of spaces to form a structure that offers something of interest to all users, ranging from sports groups to senior citizens from the surrounding area.

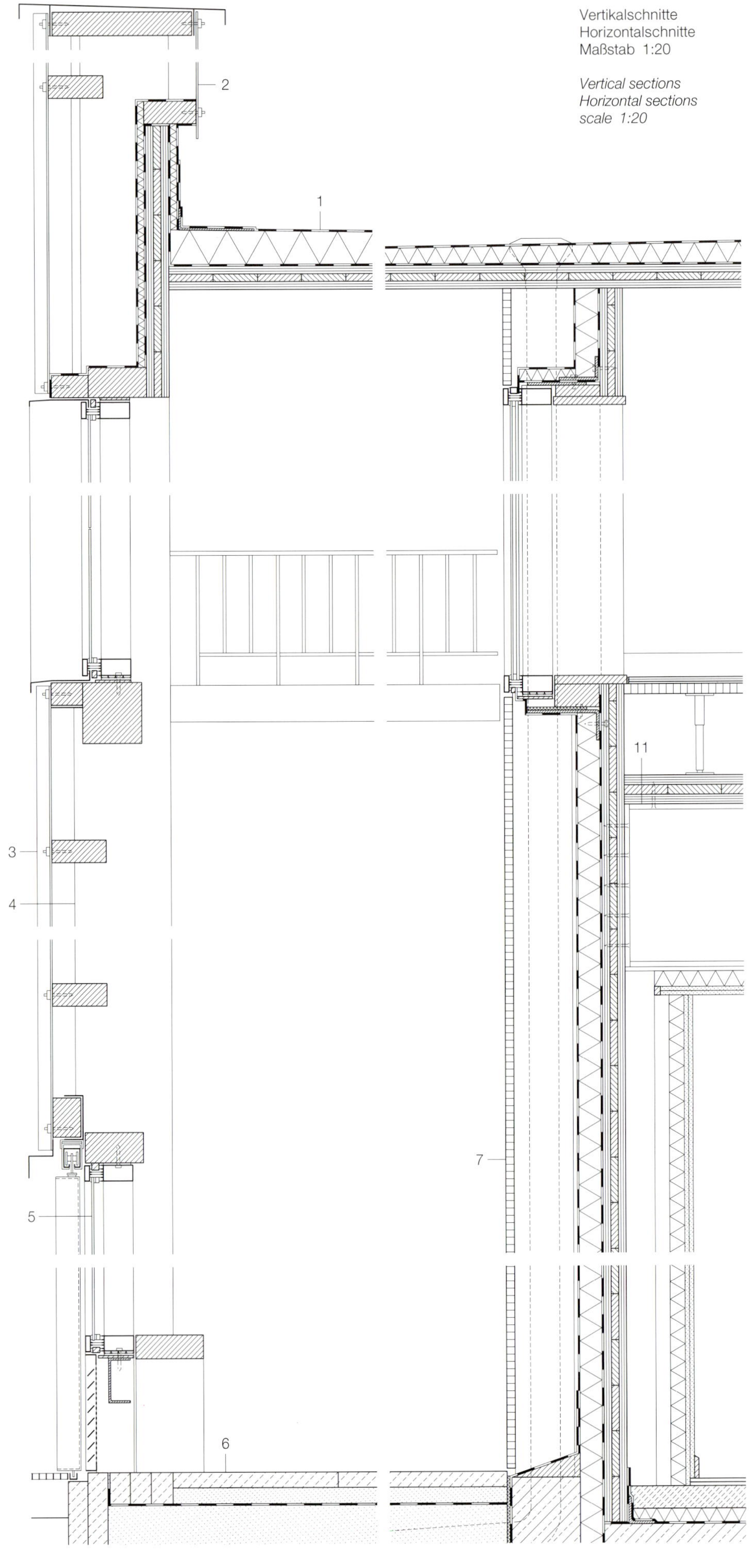

1 Abdichtung Kunststoffbahn 1,5 mm
Wärmedämmung PIR-Hartschaum 60–307 mm
Dampfbremse
Deckenelement Brettsperrholz 78 mm
2 Polycarbonatplatte transparent 4 mm
3 Dreifachstegplatte Polycarbonat gewellt transparent 6 mm, Lattung 40/70 mm, Riegel 175/75 mm
4 Stütze BSH 300/300 mm
5 Einfachverglasung in Aluminiumrahmen
6 Betonplatten 50 mm, Sand verdichtet
Membran geotextil, Sandbett
7 Dreischichtplatte 27 mm, Stütze BSH 300/300 mm, dazwischen Holzständer, Luftschicht, Unterspannbahn, Wärmedämmung PIR 80 mm, Dampfbremse, Wandelement Brettsperrholz 78 mm, Unterkonstruktion, Akustikdämmung 50 mm, Gipskartonplatte 2× 15 mm
8 Dreifachstegplatte Polycarbonat gewellt transparent 6 mm, Lattung 40/70 mm, Riegel 175/75 mm
Stütze BSH 300/300 mm, Luftschicht, Unterspannbahn, Wärmedämmung aluminiumkaschiert 80 mm, Dampfbremse,
Wandelement Brettsperrholz 78 mm
9 Isolierverglasung in Aluminiumrahmen
10 Verkleidung Sockelbereich:
Betonfertigteil faserbewehrt ultrahochfest, gewellt 16 mm, geklebt auf Aluminiumprofil
11 Träger Halle Stahlprofil I 533
12 Deckenträger BSH 360 mm
13 Deckenelement Brettsperrholz 95 mm
14 Eckabschluss Aluminiumblech gekantet, eloxiert 3 mm
15 Deckleiste Aluminium 5 mm

1 1.5 mm single-ply roof membrane
60–307 mm PIR rigid-foam thermal insulation
vapour-retarding layer
78 mm cross-laminated timber roof element
2 4 mm transparent polycarbonate fascia
3 6 mm transparent tri-wall polycarbonate corrugated sheeting; 40/70 mm battens; 175/75 mm rails
4 300/300 mm glue-laminated timber column
5 single glazing in aluminium frame
6 50 mm concrete slabs; compacted filling layer geotextile membrane; layer of sand
7 27 mm tri-board timber panel; 300/300 mm glue-laminated timber columns with timber posts between; cavity; waterproof membrane; 80 mm PIR thermal insulation; vapour-retarding layer 78 mm cross-laminated timber wall element furrings; 50 mm acoustic insulation; 2× 15 mm gypsum plasterboard
8 6 mm transparent tri-wall polycarbonate corrugated sheeting; 40/70 mm battens; 175/75 mm rails 300/300 mm glue-laminated timber columns cavity; waterproof membrane; 80 mm aluminium-lined thermal insulation; vapour-retarding layer 78 mm cross-laminated timber wall element
9 double glazing in aluminium frame
10 plinth cladding: 16 mm corrugated ultra-high-performance fibre-reinforced precast concrete elements adhesive fixed to aluminium sections
11 steel I-beam 533 mm deep over hall
12 360 mm glue-laminated timber beam
13 95 mm cross-laminated timber soffit element
14 3 mm anodized sheet-aluminium closing piece
15 5 mm aluminium cover strip

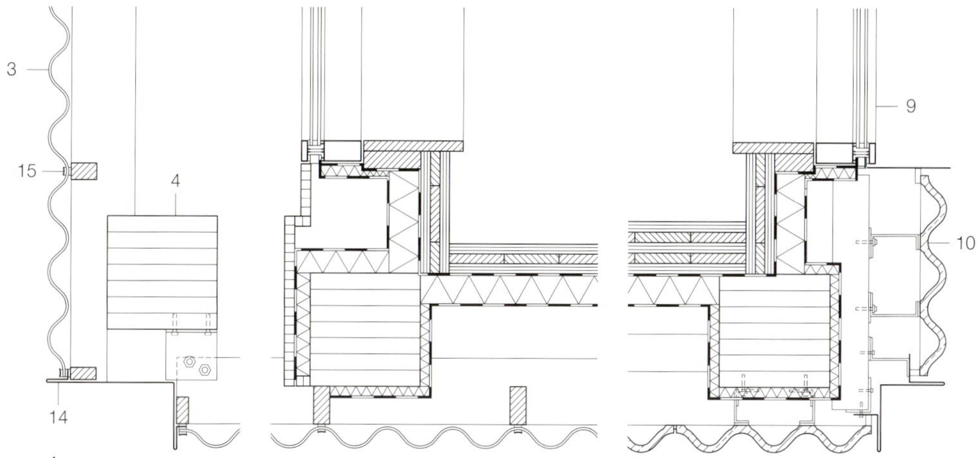

A B C

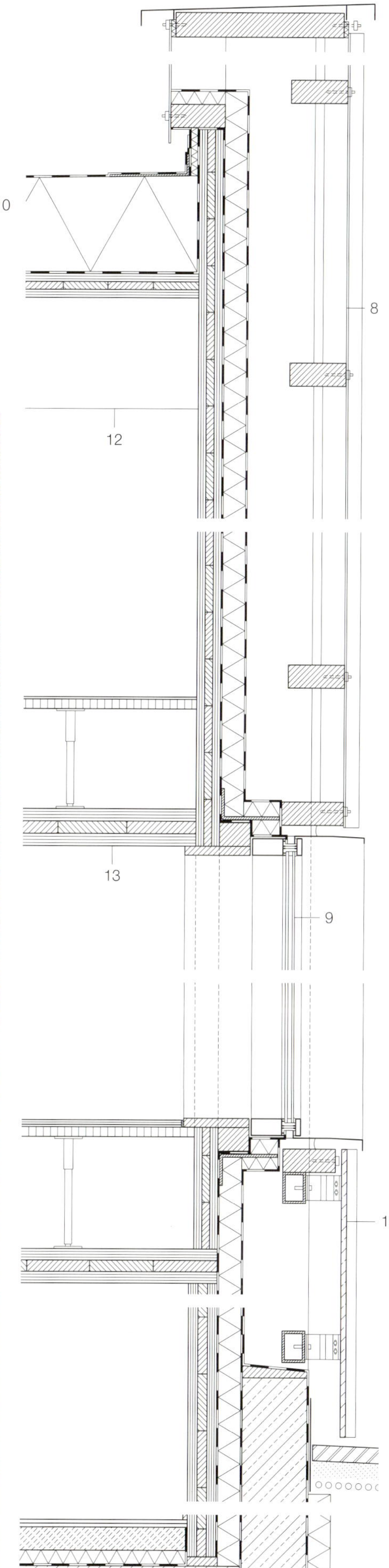

Jugend- und Nachbarschaftszentrum in Amsterdam

Youth and Neighbourhood Centre in Amsterdam

Architekten / *Architects*:
Atelier Kempe Thill, Rotterdam
André Kempe, Oliver Thill, David van Eck
Tragwerksplaner / *Structural engineers*:
BREED Integrated Design, Den Haag

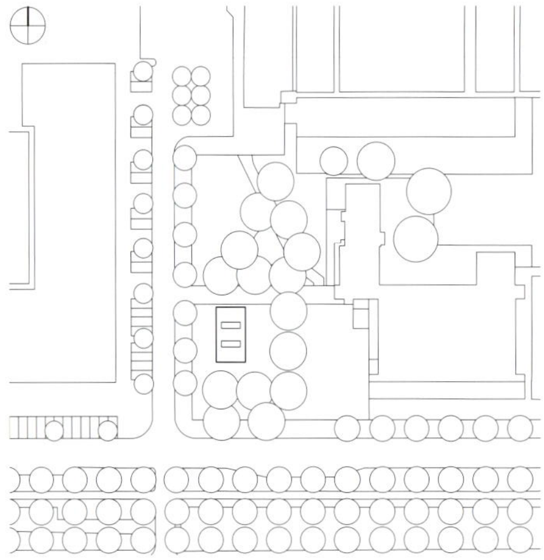

Der Stadtteil Osdorp entspricht so gar nicht den gängigen Klischees von Amsterdam – nach dem Zweiten Weltkrieg entstanden, prägen ihn großmaßstäblicher sozialer Wohnungsbau und autogerechte Erschließung. Seit den 1990er-Jahren ist Osdorp Teil eines Stadterneuerungsprojekts: Die städtebaulichen Sünden sollen beseitigt, Qualitäten wie die üppig bewachsenen Streifenparks erhalten werden. In einer dieser Grünzonen entstand auf Basis eines Wettbewerbs das kleine Jugend- und Nachbarschaftszentrum »De Hood«. Vorsichtig in den Baumbestand eingefügt und mit genügend Abstand zur Blockrandbebauung zeigt sich ein in Form und Material klar gestalteter Kubus. Das Raumkonzept erklärt sich von selbst: Ein vollständig verglastes Erdgeschoss öffnet sich seiner Umgebung und erweitert den Innenraum optisch nach außen. Als »öffentliches Wohnzimmer« von der Nachbarschaft genutzt, sind die Aktivitäten weithin sichtbar und schaffen Anreiz zur Interaktion. Im Gegensatz dazu ist der multifunktionale Saal im Obergeschoss allseitig geschlossen und jegliche Blickbeziehung nach außen unterbunden, sodass eine Konzentration auf die Handlungen im Inneren stattfindet. Das Tageslicht, das durch zwei Oberlichter fällt, wird durch die neutralen, weißen Oberflächen reflektiert und lässt den Saal überraschend hell erscheinen.
Um trotz des schmalen Budgets ein ansprechendes Bauwerk realisieren zu können, kamen viele kostengünstige Techniken und Materialien zum Einsatz: Wie im einfachen Industriebau besteht das Jugendzentrum aus einer Stahlkonstruktion mit Kalksandsteinausfachung. Im Erdgeschoss griffen die Architekten auf ein preiswertes Ganzglassystem mit Scheiben bis zu 5 m Länge zurück. Prägend ist die Wahl von Polyurethan als Fassadenmaterial. Der oft zum Dämmen von Tanks oder Ställen verwendete Kunststoff wurde flüssig auf den Kalksandstein gesprüht, schäumte auf und erhärtete in wenigen Stunden. Das sehr widerstandsfähige Material musste anschließend noch mit einem Anstrich versehen werden, um UV-beständig zu sein. Mit ihrer rauen, unregelmäßigen Oberfläche erzeugt die »schwebende Box« einen spannungsvollen Kontrast zu den glatten, spiegelnden Flächen des Glassockels. DETAIL 07–08/2011

Osdorp, a district in Amsterdam characterised by social housing estates and car-friendly infrastructure, has been undergoing urban renewal since the 1990s; the aim is to rid it of the remnants of a failed urban planning model, while maintaining positive elements, such as the luxuriant pocket parks. A youth and neighbourhood centre has been carefully inserted in one such green zone. The spatial concept is clear and simple: a fully glazed ground floor opens to the surrounding park. The activities occurring in this "public living room" are discernible from afar and provide a stimulus to interact with the public realm. In contrast, the hall on the upper storey is completely enclosed; daylight enters the space through two skylights and is reflected by the white surfaces. Due to the tight budget, a variety of economical techniques and materials were employed. A simple industrial construction type, a steel frame filled with stone slabs, was selected. On the ground floor, a low-cost, all-glass system with panes up to 5 metres in length was used. Above it polyurethane was sprayed on to the calcareous sandstone. An ultraviolet protective coating was then applied to the otherwise robust material.

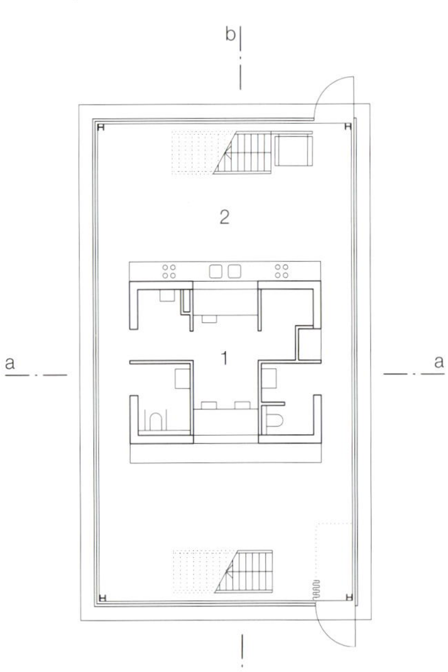

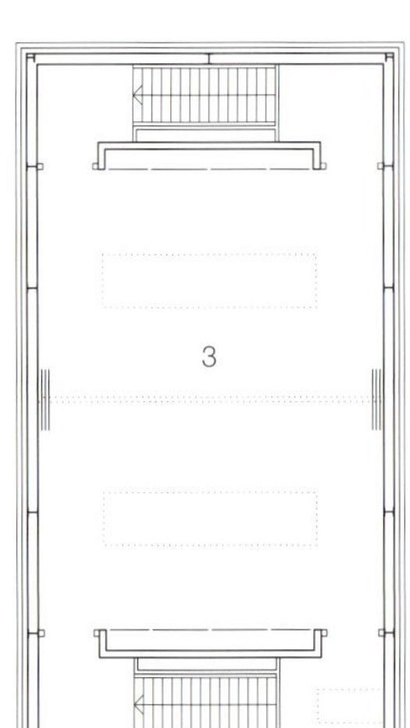

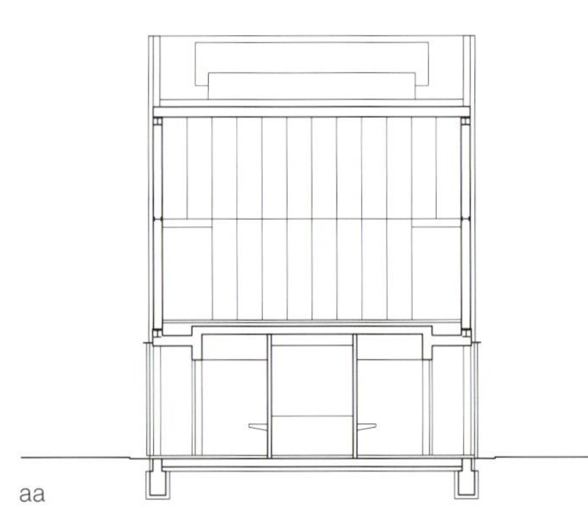

aa

Lageplan
Maßstab 1:2500
Grundrisse • Schnitt
Maßstab 1:250
1 Büro
2 Nachbarschaftstreff
3 Mehrzweckraum

Site plan
scale 1:2500
Floor plans • Section
scale 1:250
1 Office
2 Meeting place
3 Multipurpose room

101

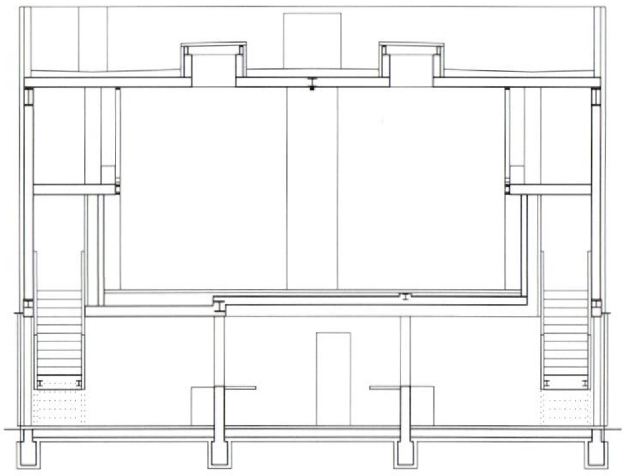

bb

Schnitt Maßstab 1:250
Section scale 1:250

Schnitte Maßstab 1:20
1 Kiesschicht 50 mm
Dachdichtung Bitumenbahn
Wärmedämmung Mineralwolle
140–220 mm, Dampfbremse
Aufbeton 50 mm, Stahlbetonhohldecke
200 mm, Akustikputz 32 mm
2 Hartschaumdämmung mit
UV-Schutzanstrich 120 mm
Kalksandstein 150 mm/Stahltragwerk
Dampfbremse, Gipskartonplatte
2× 12,5 mm auf Lattung 25/50 mm
3 Anhydritestrich bewehrt, kunstharzbeschichtet
mit Fußbodenheizung 70 mm
Wärmedämmung druckfest 65 mm
Stahlbetonelementdecke 200 mm
Gipskartonplatte 12,5 mm, Akustikputz 12 mm
auf Stahl-/Holzunterkonstruktion
4 Sonnenschutzverglasung VSG 2× 6 mm +
SZR 15 mm + VSG 2× 6 mm horizontal gehalten in Aluprofil, Blindrahmen Hartholz

Sections scale 1:20
1 50 mm gravel bed; bituminous sheeting
140–220 mm mineral wool thermal insulation
vapour retarder; 50 mm concrete topping; 200 mm reinforced-concrete hollow core slab
32 mm sound-absorbent plaster
2 120 mm rigid foam insulation with UV protective coating
150 mm calcareous sandstone/steel structure
vapour retarder; 12.5 mm gypsum board 2× on 25/50 mm battens
3 70 mm anhydrite screed, reinforced, synthetic resin coating with underfloor heating
65 mm thermal insulation, compression-resistant
200 mm reinforced-concrete composite element
12.5 mm gypsum board; 12 mm sound-absorbent plaster; steel/timber supporting structure
4 sun-protection glazing: 2× 6 mm laminated safety glass + 15 mm cavity + 2× 6 mm laminated safety glass held laterally in aluminium profile
hardwood concealed frame

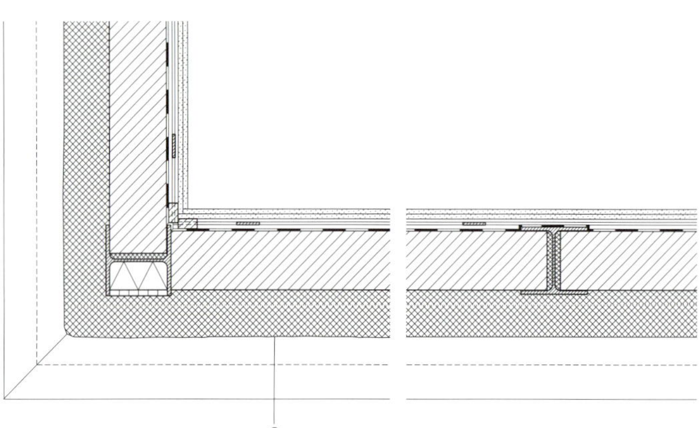

cc

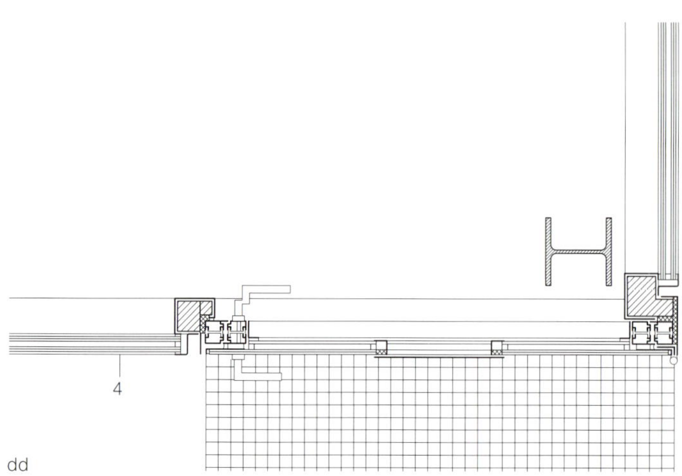

dd

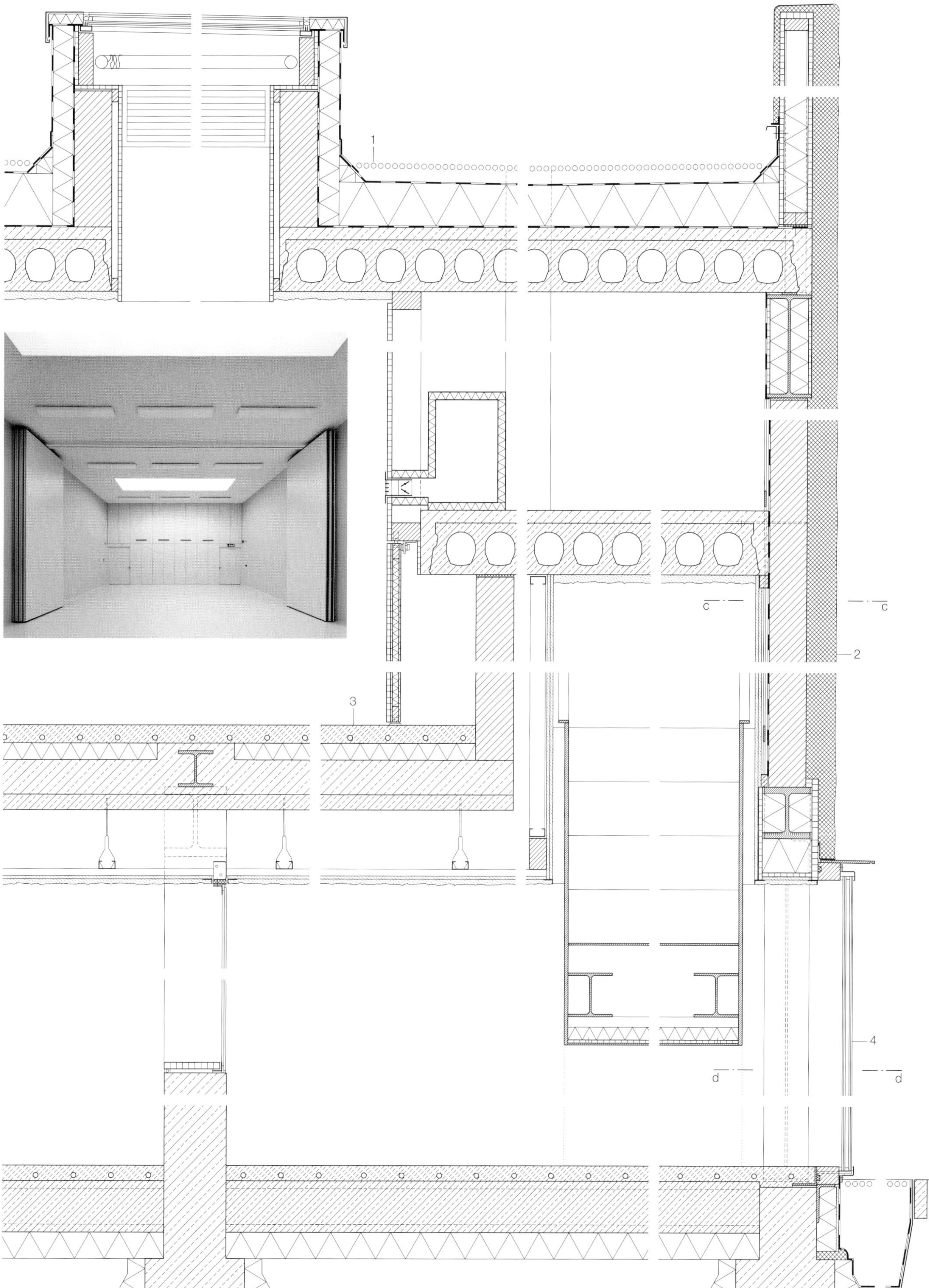
1
c
c
2
3
4
d
d

Kinderspital in Basel

Children's Hospital in Basel

Architekten / *Architects*:
Stump & Schibli Architekten, Basel
Tragwerksplaner / *Structural engineers*:
Schnetzer Puskas Ingenieure, Basel
Fassadenplaner / *Facade planning*:
Emmer Pfenninger Partner, Münchenstein

An der stark befahrenen Schanzenstraße in Basel galt es, neben der Aufgabe, zwei Klinikbereiche an einem Ort zu vereinen, einen prägnanten Baukörper zu schaffen, der sich neben den angrenzenden Solitärbauten behauptet. Das neue Universitäts-Kinderspital macht insbesondere durch eine markante Fassadengestaltung auf sich aufmerksam: Erscheinen die Brüstungsbänder von Weitem in einem strahlenden Gelbton, erlebt man diese in Augenhöhe in einem leuchtenden Orange, um sich dann bei einem Blick zurück über ein sanftes Grün zu wundern. Der Farbwechsel entsteht durch die Lichtbrechung in der reflektierenden, mehrschichtigen Farbfolie, die im Verbundsicherheitsglas einlaminiert ist. Die farbigen Brüstungen setzen sich im begrünten Hof fort. Hier wechselt Dreifachverglasung mit Öffnungsflügeln, die außen mit fest stehenden Sonnenschutzlamellen versehen sind. Straßenseitig schirmt eine vorgeblendete VSG-Verglasung den Lärm ab und tief eingeschnittene Loggien bieten Freiflächen für die kleinen Patienten. Die Gestaltung der Innenräume ist ganz auf die Bedürfnisse der Kinder ausgerichtet: In den Krankenzimmern schafft der Parkettboden eine wohnliche Atmosphäre und ein Sofa bietet den Eltern Sitz- und Schlafgelegenheit in der Nähe ihrer Kinder. In den Fluren erzählen Wandbemalungen heitere Geschichten.
DETAIL 07–08/2012

With its animated facade, this new clinic on a busy street literally turns heads. Passers-by experience a surprising phenomenon: from a distance the ribbon-like parapets appear to be yellow, but as one approaches the structure they become bright orange. And upon looking back at the facade, it turns light green. The change in colour is brought about through the use of multiple interlayers whose reflective surfaces refract the light. The colourful parapets also extend to the garden courtyard. Here the triple glazing alternates with operable sashes. The design of the interiors is oriented to the needs of the children: the parquet floors and sofas in the patients' rooms create an atmosphere reminiscent of home.

3. Obergeschoss / *Third floor*

1. Obergeschoss / *First floor*

Erdgeschoss / *Ground floor*

Grundrisse • Schnitte
Maßstab 1:1000

1 Haupteingang
2 Notfallstation
3 Therapie
4 Cafeteria
5 Poliklinik
6 OP-Station
7 Radiologie
8 Tagesklinik
9 Intensivpflege-abteilung
10 Loggia
11 Arztdienst
12 Pflegeabteilung

Layout plans • Sections
Scale 1:1,000

1 Main entrance
2 Emergency
3 Therapy
4 Cafeteria
5 Polyclinic
6 Surgery
7 Radiology
8 Day unit
9 Intensive-care ward
10 Loggia
11 Medical services
12 Nursing ward

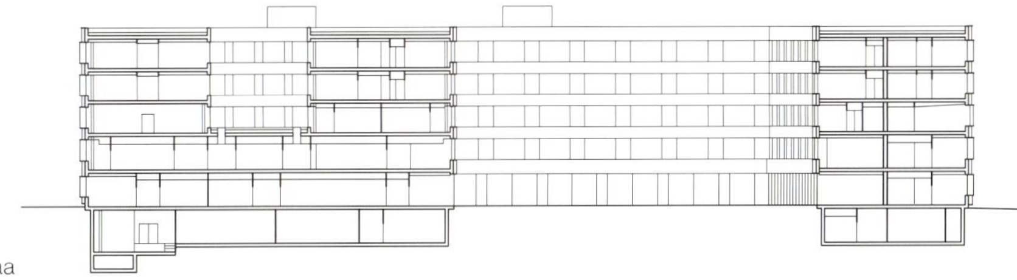

aa

bb

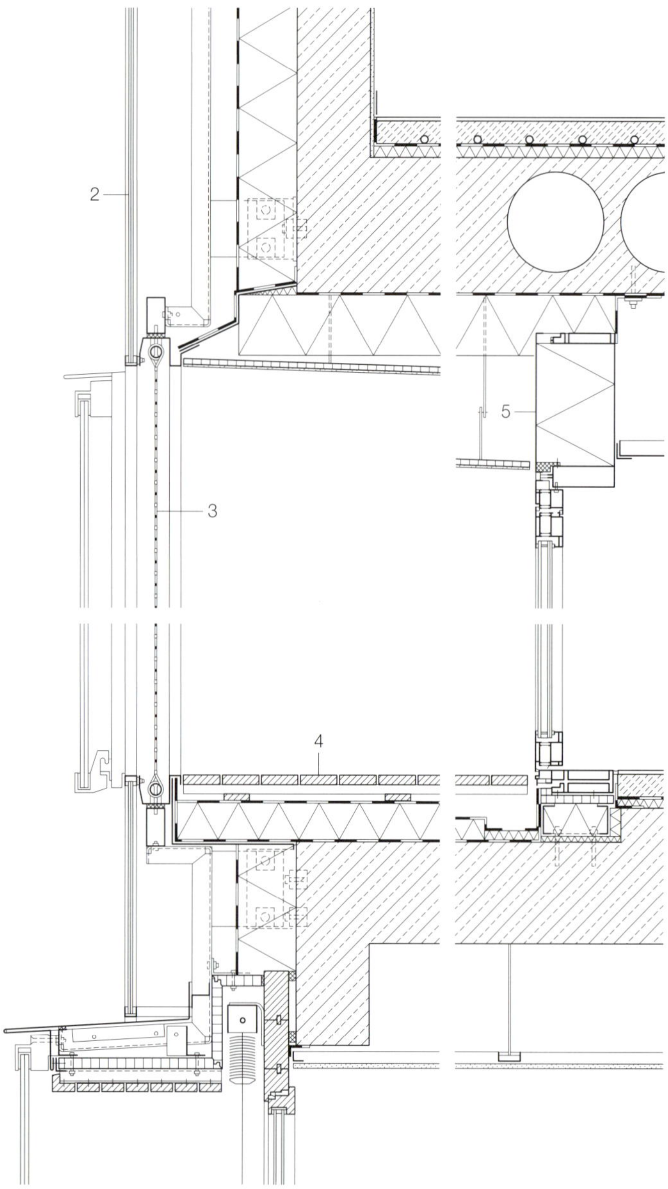
2
3
4
5

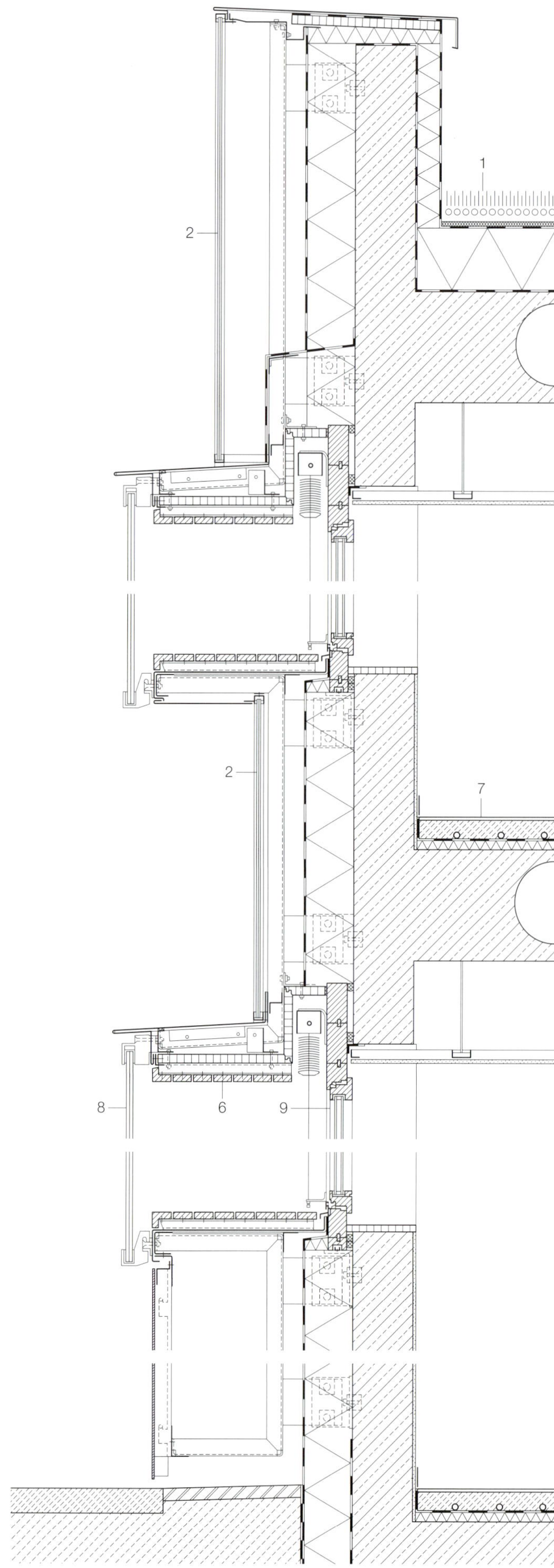
1
2
2
7
8
6
9

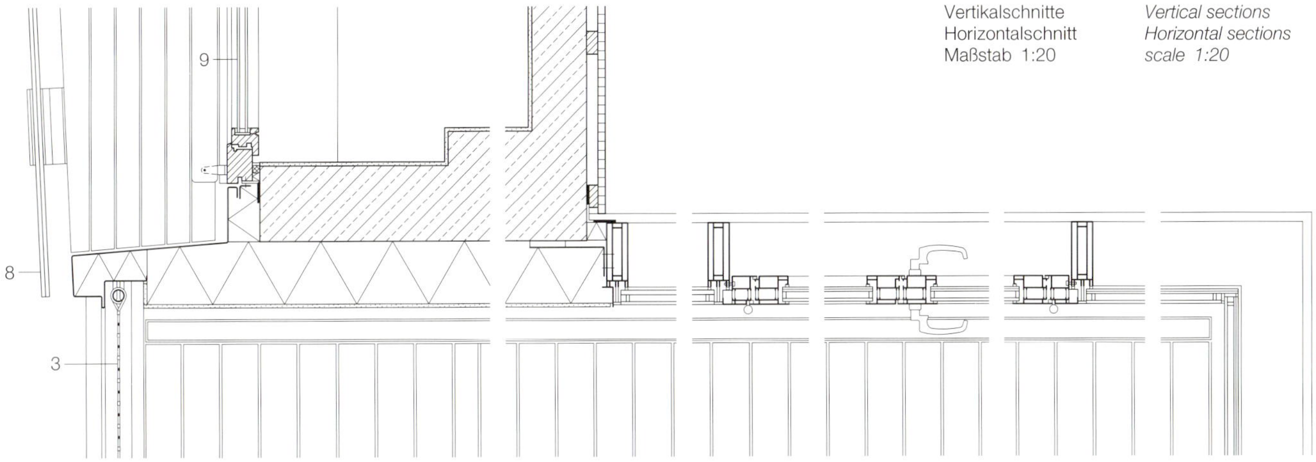

Vertikalschnitte
Horizontalschnitt
Maßstab 1:20

Vertical sections
Horizontal sections
scale 1:20

1 Begrünung extensiv ca. 100 mm
Dränage Schutzmatte 15 mm
Dichtungsbahn Bitumen zweilagig
Wärmedämmung PUR 200 mm
Dampfsperre
Hohlkörperdecke 360 mm
2 VSG 2× 6 mm TVG mit Farbfolie mehrschichtig, Polyester silikonisiert, einlaminiert
Hinterlüftung 142–465 mm
Vlies dunkel
Wärmedämmung Mineralwolle 160 mm
Stahlbeton 200 mm
3 Absturzsicherung Loggia Edelstahlnetz
4 Holzrost Esche 140/25 mm
Lattung 25 mm
Trennlage Gummischrotmatte 6 mm
Bitumenbahn zweilagig
Dämmplatte 60–100 mm
Dampfsperre
Stahlbeton 270 mm
5 Aluminiumblech 2 mm
Dämmung 200 mm, Stahlblech 1,5 mm
6 Holzrost 62/22 mm
Aluminiumprofil ∟ 39/39 mm
Holzzementplatte 30 mm
7 Bodenbelag 10 mm
Anhydritestrich mit Fußbodenheizung 60 mm
Trennlage PE-Folie
Trittschalldämmung 30 mm
Hohlkörperdecke 360 mm
8 VSG aus Float 2× 10 mm
9 ESG 8 mm + SZR 18 mm Argon + ESG 12 mm
U_g = 1,1 W/m²K

1 100 mm extensive green roof
15 mm drainage protection mat
two-layer bituminous seal
200 mm PUR thermal insulation
vapour barrier
360 mm hollow-core slab
2 2× 6 mm laminated safety glass with multiple colourful siliconised-polyester interlayers
142–465 mm ventilated cavity
fleece, dark tone
160 mm mineral-wool thermal insulation
200 mm reinforced concrete
3 loggia safeguarding: stainless-steel mesh
4 140/25 mm ash grating
25 mm battens
separating layer: 6 mm recycled rubber mat
bituminous seal, two layers
60–100 mm insulating board
vapour barrier; 270 mm reinforced concrete
5 2 mm aluminium sheet
200 mm insulation; 1.5 mm sheet steel
6 62/22 mm wood grating
∟ 39/39 mm aluminium angle
30 mm fibre-cement board
7 10 mm floor covering
60 mm anhydrite screed with underfloor heating
polythene separating layer
30 mm impact-sound insulation
360 mm hollow-core slab
8 laminated safety glass of 2× 10 mm float glass
9 8 mm toughened glass + 18 mm argon-filled cavity + 12 mm toughened glass, U_g *= 1.1 W/m²K*

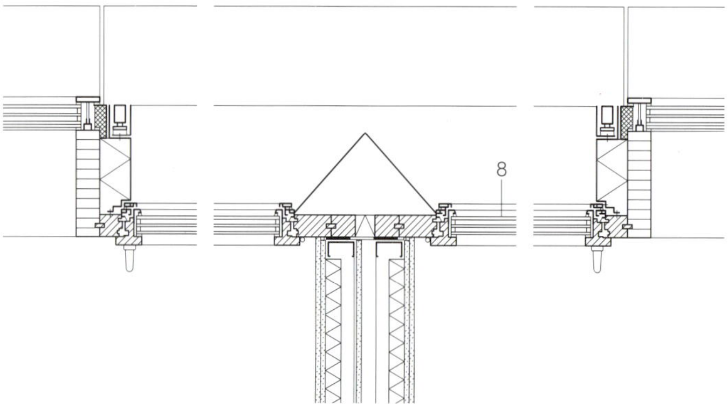
8

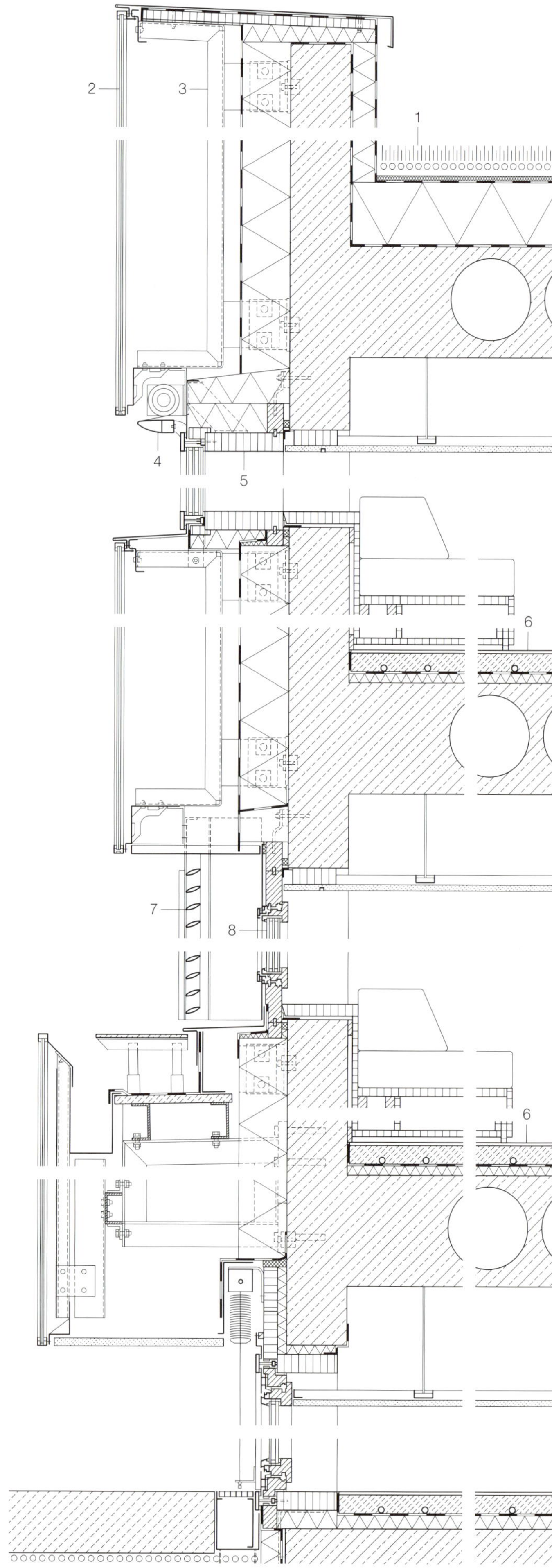
1
2
3
4
5
6
7
8
6

Horizontalschnitt
Vertikalschnitt
Maßstab 1:20

1 Begrünung extensiv ca. 100 mm
Dränage Schutzmatte 15 mm
Dichtungsbahn Bitumen zweilagig
Wärmedämmung PUR 200 mm
Dampfsperre
Hohlkörperdecke 360 mm
2 VSG 2× 6 mm mit
Farbfolie mehrschichtig,
Polyester silikonisiert
Hinterlüftung 142–465 mm
Vlies dunkel
Wärmedämmung
Mineralwolle 160 mm
Stahlbeton 200 mm
3 Stahlprofil [100/55/4 mm
4 Fallarm Markise
5 Tanne stabverleimt 261/60 mm
6 Bodenbelag 10 mm
Anhydritestrich
mit Fußbodenheizung 60 mm
Trennlage PE-Folie
Trittschalldämmung 30 mm
Hohlkörperdecke 360 mm
7 Sonnenschutz Aluminium eloxiert
Bronze matt
8 Float 6 mm + SZR 14 mm +
Float 4 mm + SZR 14 mm +
ESG 4 mm in Rahmen
Tanne lasiert
U_g = 0,5 W/m²K

Horizontal section
Vertical section
scale 1:20

1 100 mm extensive green roof
15 mm protection and drainage mat
two-layer bituminous seal
200 mm PUR thermal insulation
vapour barrier
360 mm hollow-core slab
2 2× 6 mm laminated safety glass with
multiple colourful interlayers
siliconised polyester
142–465 mm ventilated cavity
fleece, dark tone
thermal insulation
160 mm mineral wool
200 mm reinforced concrete
3 [100/55/4 mm steel channel
4 drop-arm awning
5 261/60 mm laminated solid fir
6 10 mm floor covering
60 mm anhydrite screed
with underfloor heating
polythene sheeting separating layer
30 mm impact-sound insulation
360 mm hollow-core slab
7 sun protection: aluminium,
bronze anodised, matt
8 6 mm float glass + 14 mm cavity +
4 mm float glass + 14 mm cavity +
4 mm toughened glass
in fir frame, scumbled finish
U_g = 0.5 W/m²K

Kulturhaus für Kinder in Kopenhagen

Cultural Centre for Children in Copenhagen

Architekten / *Architects*:
Dorte Mandrup Arkitekter, Kopenhagen / *Copenhagen*
Nøhr & Sigsgaard, Kopenhagen / *Copenhagen*
Tragwerksplaner / *Structural engineers*:
Dominia, Kopenhagen

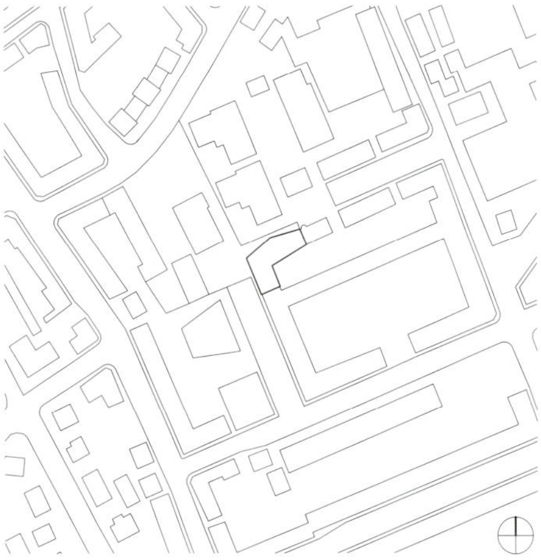

Lageplan
Maßstab 1:5000

Layout plan
scale 1:5,000

Als »Villa Kunterbunt« beschreiben die Architekten das neue Kinderkulturzentrum, das sich als offenes Haus für jedermann präsentiert, ausgestattet mit diversen Spielplätzen und einem vielfältigem Angebot an Kursprogrammen für Kinder und Jugendliche. Das Eckgebäude schließt direkt an die benachbarte Ziegelsteinbebauung an und vermittelt zwischen den unterschiedlich hohen Traufkanten, setzt sich jedoch in Form und Material bewusst ab. Eine silberne Aluminiumhaut, von quadratischen Holzfenstern durchbrochen, zieht sich gleichmäßig über Dach und Fassaden. Das zur Ecke leicht abgesenkte Dach lässt viel Sonnenlicht in den dahinterliegenden Hof dringen. Das Innere bietet eine Reihe von räumlichen Erfahrungen, von der Höhle zum Verstecken bis hin zur weitläufigen Kletterrampe. Die flexiblen, mit maßgeschneiderten Möbeln ausgestatteten Räume sind durch fantasievolle und dynamische Erschließungen miteinander verbunden. Bemerkenswert sind die vielen verschiedenen Blickbeziehungen, die sich von fast jedem Standpunkt aus sowohl im Innenraum als auch durch die Fenster nach draußen ergeben. Einen wichtigen Beitrag zum Entwurfsprozess der Architekten lieferte ein Workshop der Künstlerin Kerstin Bergendal, in dem Kinder ihre Ideen und Bilder zum Thema Kinderkulturhaus entwickeln konnten. DETAIL 12/2013

This new cultural centre offers various play facilities and programmes for young people. Located on a street corner, the structure mediates between the adjoining brick buildings, which are of different height. In its form and use of materials, however, the centre is quite distinct. A silvery aluminium skin, perforated by square windows, is drawn over the roof and outer walls, and the lower height at the corner allows sunlight to enter the rear courtyard. The interior provides a number of spatial experiences and fascinating visual links. An important contribution to the design was a workshop held by the artist Kerstin Bergendal that allowed children to develop their own ideas for a cultural centre for young people.

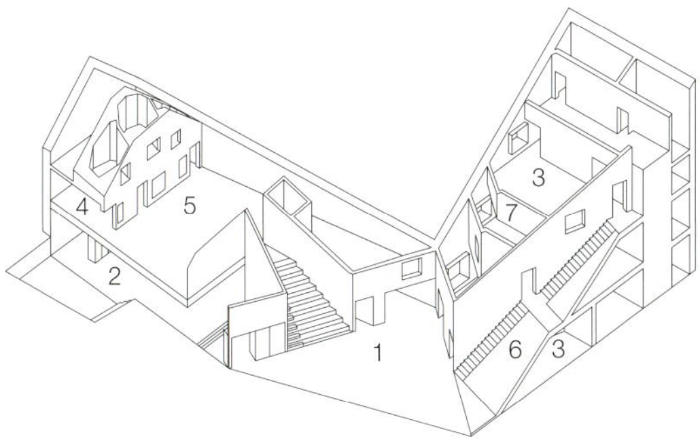

Isometrie / *Isometric*

Grundrisse • Schnitt
Maßstab 1:500
1 Foyer
2 Mehrzweckraum / Theater
3 Spiel- / Bastelraum
4 Verwaltung / Büros
5 Cafeteria
6 Kletterrampe
7 Tanzstudio

Section • Floor plans
scale 1:500
1 Foyer
2 Multipurpose space / Theatre
3 Play / Hobby space
4 Administration / Offices
5 Cafeteria
6 Climbing ramp
7 Dance studio

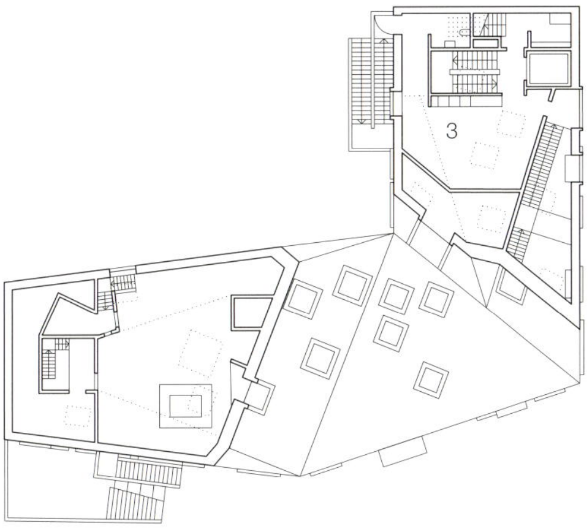

2. Obergeschoss / *Second floor*

aa

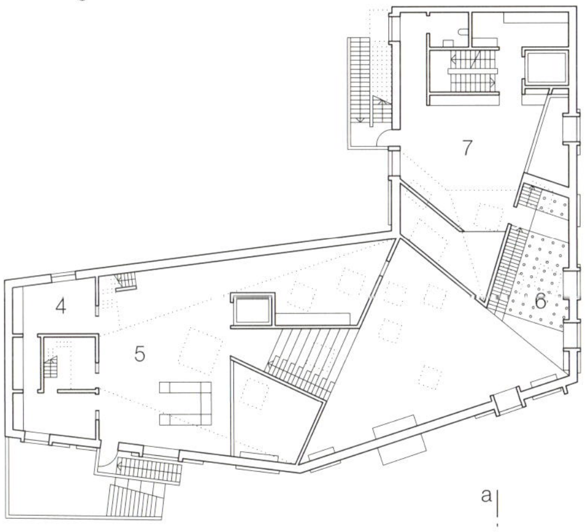

1. Obergeschoss / *First floor*

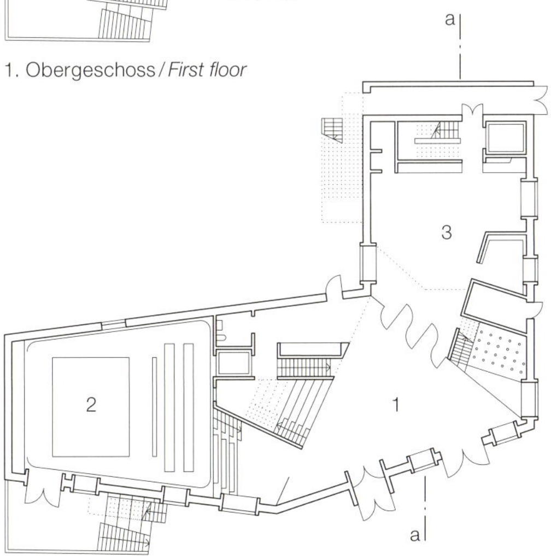

Erdgeschoss / *Ground floor*

1

2

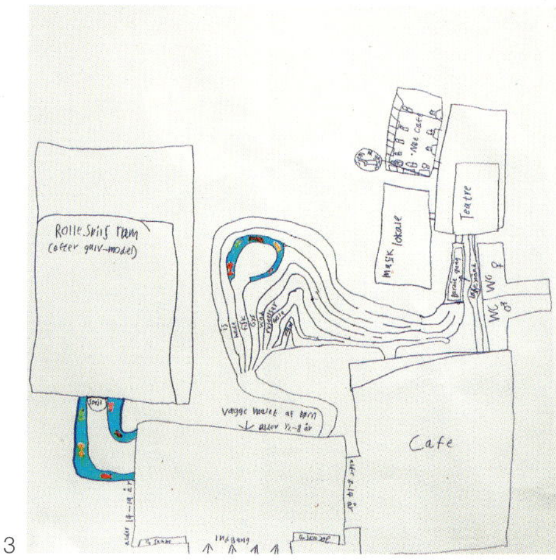

3

»Seifenblasen, die entstehen, vibrieren und verschwinden« – Ein Gespräch mit der Künstlerin Kerstin Bergendal

DETAIL: Wie kamen Sie als Künstlerin dazu, an der Planung des Kinderkulturhauses mitzuarbeiten?
Kerstin Bergendal: Der Bauherr, in diesem Fall die Stadt Kopenhagen, lud mich ein, einen Workshop mit Kindern zum Thema Architektur zu veranstalten. Das Ziel war, in Zusammenarbeit mit den Architekten ein Raumprogramm für das zukünftige Kulturhaus zu entwickeln.

DETAIL: Wer nahm an den Workshops teil?
Bergendal: Zunächst sollten nur Kinder teilnehmen, aber ich wollte auch Erwachsene einbeziehen, die die Welt der Kinder verstehen und deren Arbeit interpretieren. Der Ausschuss des Kinderkulturzentrums, das bereits als Institution existierte, wählte Kinder im Alter von 8 bis 14 Jahren aus. Auch Mitarbeiter des Kulturhauses und die Architektin Dorte Mandrup waren dabei. Zusätzlich lud ich Künstler aus den Bereichen Malerei, Musik und Theater ein. Schließlich fand eine ganze Reihe von Workshops statt, erst fünf mit Kindern, dann fünf mit Erwachsenen.

DETAIL: Wie lange dauerte ein Workshop?
Bergendal: Ein Workshop dauerte jeweils drei Stunden am Tag. Dazwischen ließen wir einige Tage verstreichen, sodass die Kinder Zeit hatten, über ihre Ideen weiter nachzudenken.

DETAIL: Wie arbeiteten Sie mit den Teilnehmern? Was war das Ergebnis?
Bergendal: Meine Aufgabe war es, die »geistige Struktur« des Projekts zu finden. Daher begann ich mit Fragen an die Kinder über ihre Erfahrungen und Erlebnisse mit Räumen: Wie stellt ihr euch den idealen Ort zum Spielen vor? Wie sieht euer Traumhaus aus? Die Teilnehmer wurden angeregt, sich an interessante Situationen zu erinnern und von für sie wichtigen Orten zu erzählen.
Es gab zwei unterschiedliche Arbeitsweisen. Zuerst stellten sowohl Kinder als auch Erwachsene ihre Ideen in Form von Modellen und Zeichnungen dar. Anschließend filmte ich jeden Teilnehmer dabei, wie er seine Arbeit und seine Ideen erläuterte. Das Ergebnis fasste ich in neun Prinzipien zusammen, die die Grundlage für das Raumprogramm bildeten (siehe S. 180). Die Workshops unterscheiden sich deutlich von einer klassischen Nutzerbefragung, weil hier abstrakte Prinzipien und irrationale Traumbilder am Ende stehen.

DETAIL: Können Sie ein Beispiel eines solchen Traumbilds beschreiben?
Bergendal: Ein solches Bild war z. B. ein blaues Sofa, das auf einem durchsichtigen Glasboden steht, darunter schwimmen Fische in einem Aquarium. Überraschend ist die Tatsache, dass sich die Kinder in keinster Weise für die Funktion von Räumen interessierten. Sie stellten eher fantastische Elemente dar. Kinder beschränken sich nicht auf eine Sache oder einen Raum, sondern stellen sich simultan ablaufende komplexe Geschichten und Abenteuer vor. Sie wünschen sich den idealen Spielplatz, wie z. B. einen Strand und keinen perfekt gestalteten Raum. Je merkwürdiger ein Ort wirkt, desto besser kann er mit fantasievollem Leben gefüllt werden.

DETAIL: Wie war die Zusammenarbeit zwischen Ihnen und der Architektin?
Bergendal: Dorte Mandrup besitzt ein ausgeprägtes Wissen über Kinder und deren Bedürfnisse und hat schon diverse Kindereinrichtungen realisiert. Daher war es eine sehr fruchtbare Zusammenarbeit. Sie nutzte meine neun Prinzipien als Ausgangspunkt für ihr Entwurfskonzept und übersetzte diese in architektonische Elemente. So inspirierte das Prinzip Strand sicherlich zur Planung der offenen fließenden Räume. Das neunte Prinzip, die Idee des Alleinseins, des Zurückziehens mit nur einem Freund, wurde im Gebäudeentwurf in Form eines kleinen roten nischenartigen Spielraums für beispielsweise Kissenschlachten umgesetzt.

4

5

6

Gedanken der Kinder zu ihren Zeichnungen und Modellen:
1 ein Labyrinth, das den Raum teilt, das unberechenbar ist und Spannung beim Spielen erzeugt
2 ein blaues Sofa, auf das man sich setzen und gleichzeitig seine Zehen ins Wasser eines Aquariums halten kann
3 Zeichnung eines Hauses mit Geheimgängen, dessen Böden und Wände schräg sind
4 Mädchen bauen einen Turm, auf den man klettern kann
5 ein Schlafplatz für zwei Freunde
6 ein Strand, der spielerisch temporäre Bereiche im offenen Raum schafft
7 ein Raum mit Hindernissen, die nur durch mehrfaches Üben überwunden werden können
8 ein turmartiger Rückzugsort zum Plaudern
9 roter nischenartiger Spielraum für Kissenschlachten

10 Architekturmodell des ersten Gebäudeentwurfs

Thoughts and ideas behind the children's drawings and models:
1 A space-dividing labyrinth that is unpredictable and makes play exciting
2 A blue sofa on which you can sit and at the same time dangle your toes in the water of an aquarium
3 Drawing of a house with secret passages, the floors and walls of which are askew
4 Little girls building a model of a tower you could climb up
5 A place where two friends could sleep
6 A beach where temporary territories and realms are created in a fun way within the open space
7 A room with obstacles that can only be overcome with repeated practice
8 A tower-like place for withdrawal where you can have chats
9 A red alcove-like play space for pillow fights and so on

10 Architectural model of the initial building design

10

"Bubbles that develop, vibrate and then vanish again" – an interview with the artist Kerstin Bergendal

DETAIL: How did you, as an artist, become involved in the planning of the centre?
Kerstin Bergendal: The client – in this case, the City of Copenhagen – invited me to organise a workshop with children on the subject of architecture. The aim was to develop a spatial programme for the proposed cultural centre in collaboration with the architects.

DETAIL: Who participated in the workshops?
Bergendal: Initially, the plan was that only young people should take part, but I wanted to bring in adults as well – people who understand the world of children and can interpret their activities. The committee for the cultural centre, which already existed as an organisation at that time, selected a number of children between the ages of 8 and 14 years. Members of the staff of the cultural centre were also involved, as well as the architect Dorte Mandrup. In addition, I invited a number of artists from the fields of painting, music and theatre to take part. In the end, a whole series of workshops was held – first of all, five with children, then five with adults.

DETAIL: How long were the workshops?
Bergendal: A workshop would last for three hours a day; and between these meetings we allowed a number of days to pass so that the children would have time to consider their ideas.

DETAIL: What did you develop with the participants? What was the actual outcome of the workshops?
Bergendal: My task was to find the "mental structure" of the project. That's why I began by asking the children about their experiences and adventures with space. How do you imagine the ideal place to play in? What would your dream house look like? The participants were encouraged to recall interesting situations and to describe places that were important to them.
There were two different approaches to the task. First of all, both the children and the grown-ups depicted their ideas in the form of models and drawings. Then, I filmed each participant in the course of describing his or her work and ideas. Subsequently, I compiled a summary of the outcome of this whole process in the form of nine principles, which ultimately served as a basis for the spatial programme (see page 180).
Clearly, the workshops were quite different from a classical user survey, because here, the ultimate considerations are abstract principles and irrational dream images.

DETAIL: Could you describe a dream image like this?
Bergendal: An image of this kind might, for example, be a blue sofa standing on a transparent glass floor with fish swimming underneath in an aquarium (ill. 2). The surprising thing is that the children were not in the least interested in the function of the spaces. They imagined more fantastic features instead. Children don't confine themselves to one particular thing or space; they dream up complex stories and adventures that take place simultaneously. What they want is an ideal playground – a beach, for instance – and not a perfectly designed space. The stranger a place seems, the better it can be filled with imaginative life.

DETAIL: How did your collaboration with the architects work out?
Bergendal: Dorte Mandrup has a remarkable knowledge of children and their needs, and she has implemented various facilities for young people. It was a very fruitful collaboration. She used my nine principles as a starting point for her design concept and translated these into architectural elements.
The "beach" principle, for instance, certainly influenced the planning of the flowing open spaces; and the ninth principle – the idea of being alone, of withdrawing with a single friend – was implemented in the building design in the form of a small, red, recess-like play space where pillow fights can take place, for example.

7

8

9

Schnitt
Maßstab 1:20

Vertical section
scale 1:20

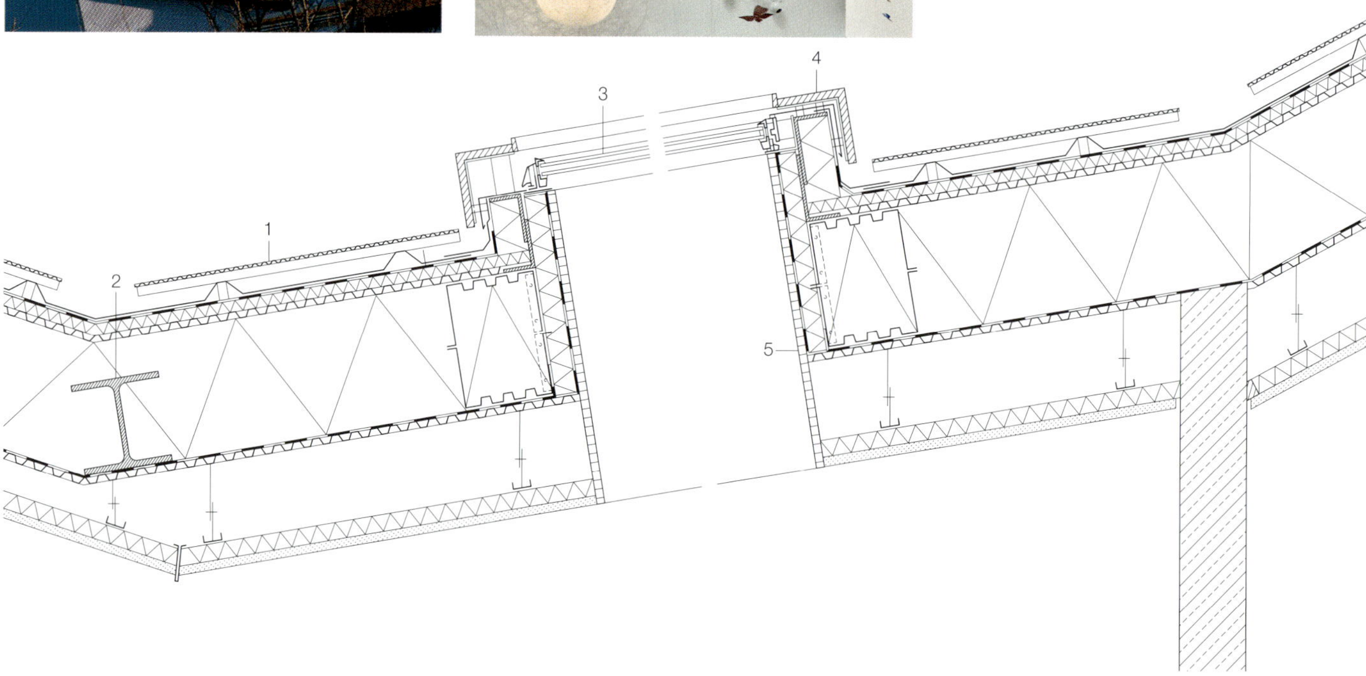

Neun Prinzipien – Das Resultat des Workshops
Nine Principles – The Outcome of the Workshop

Der Strand
Ein wandelbarer flexibler Raum. Entfaltung verschiedener Tätigkeiten nebeneinander.
The beach
An adaptable, flexible space; development of different activities parallel to each other.

Seifenblasen
Ein Raum, der einen unberechenbaren spontanen Verlauf unterstützt, ähnlich einer kurzlebigen Seifenblase, die zerstört werden kann oder aber unerwartete Wege geht.
Bubbles
A space conducive to unpredictable, spontaneous events – like a short-lived bubble that can easily burst or that can float off in quite unexpected directions.

Das aufmerksame Auge
Fußböden, Wände und Möbel, die spielerische Aktivitäten, kreative Prozesse fördern, z. B. Löcher in der Wand, wo sich Hände treffen, warme oder kalte Oberflächen.
The attentive eye
Floors, walls and furnishings that encourage playful activities and creative processes; for example, openings in a wall where hands can meet; warm and cold surfaces.

Wechselnde Haut/Oberfläche 1
Multifunktionalität und Flexibilität der Räume: Ein schnell verwandelbarer Raum, der hilft, die Konzentration der Kinder aufrechtzuerhalten.
Changing skin/Surface 1
Multifunctional and flexible spaces; a space that can be quickly adapted, that captures children's attention and keeps them alert.

Wechselnde Haut/Oberfläche 2
Nicht exakt definierte Möbel und Objekte als Sprungbrett für kreative Prozesse.
Changing skin/Surface 2
Imprecisely defined furnishings and other objects as a springboard for creative processes.

Wechselnde Haut/Oberfläche 3
Architektonische Überraschungen: Unerwartete Objekte, die am falschen Ort auftauchen und selbst erdachte Geschichten fördern, z. B. Böden auf Rollen.
Changing skin/Surface 3
Architectural surprises; unexpected objects that appear in the wrong place and stimulate made-up stories; e.g. floors that roll around.

Der Fantastische Raum 1
Komplexe kombinierte Räume: Klettern, Fangspiele, Hindernisse überwinden.
The fantastic space 1
Spaces combined in complex forms; clambering, games of tag, overcoming obstacles.

Der Fantastische Raum 2
Unberechenbare Räume, die in mehrere Richtungen offen sind, Rollenspiele fördern.
The fantastic space 2
Unpredictable, inspiring spaces that are open in a number of directions, that create excitement and encourage role playing.

Allein mit jemandem sein
Spielräume für kleine Gruppen, für nur zwei Freunde. Halbgeschlossener Raum, wo man sich zurückziehen, verstecken kann.
Being alone with someone
Play spaces for small groups, for just two friends alone; semi-closed spaces, into which one can withdraw and hide oneself.

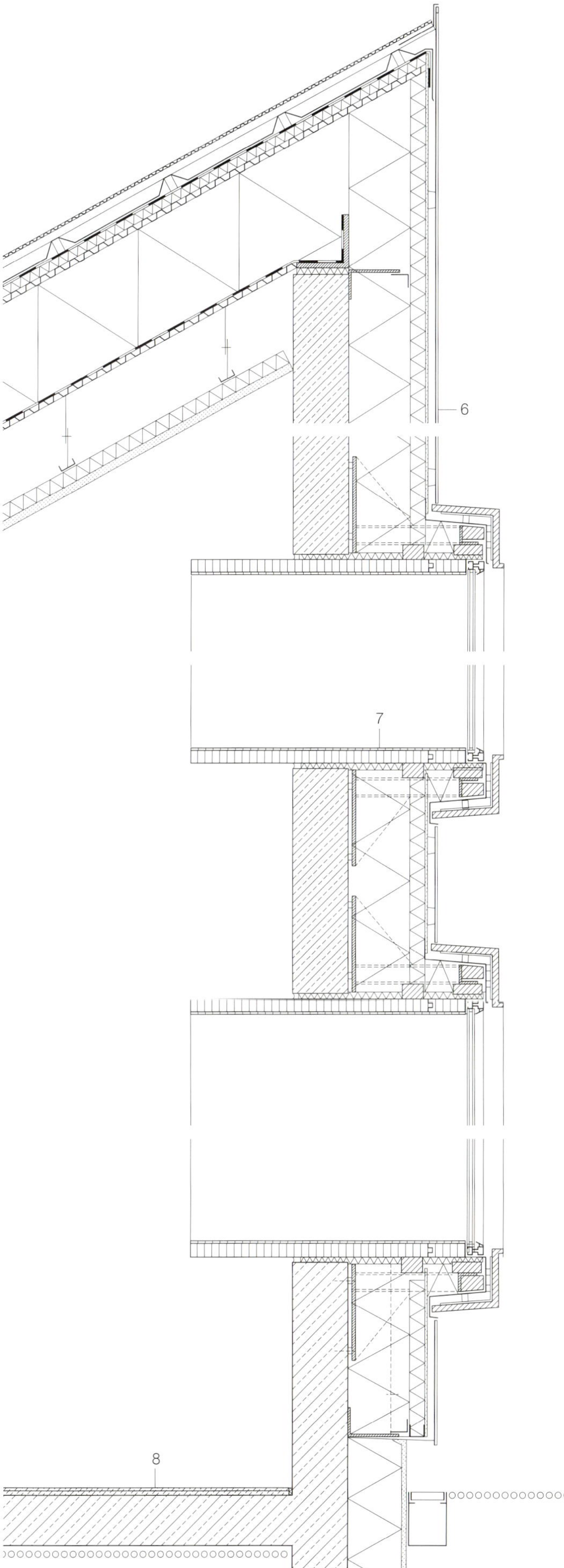

1 Wellblech Aluminium 8 mm
Aluminiumprofil ⊔ 25 mm
Trapezblech 45 mm, Abdichtung
Wärmedämmung 30 mm
Trapezblech Aluminium 18 mm
Kassettenträger 350/250 mm
dazwischen Dämmung 350 mm
Dampfsperre
Trapezblech Aluminium 18 mm
Akustikdecke HWL-Platte abgehängt
2 Stahlprofil I 240 mm
3 Oberlicht Isolierverglasung
4 Holzrahmen Akazie 200/200/20 mm
Aluminiumprofil ∟ 180/180/5 mm
5 Verkleidung MDF-Platte 22 mm
Dampfsperre, Dämmung 50 mm
6 Wellblech Aluminium 8 mm
Aluminiumprofil ⊔ 25 mm
Gipsfaserplatte 8 mm
Dämmung 50 mm
Stahlprofil ∟ 160/90
Stahlprofil ∟ 60/40 dazwischen
Dämmung 200 mm
Stahlbetonfertigteil 180 mm
7 Birkensperrholz 6 mm + 40 mm
8 Anhydritestrich 10 mm
Ausgleichsschicht 15 mm
Bodenplatte Stahlbeton 160 mm

1 corrugated alum. sheeting (8 mm)
25 mm aluminium channels
trapezoidal-section metal sheeting
sealing layer; 30 mm insulation
trapezoidal-section alum. sheeting
coffered beams (250/350 mm)/
350 mm thermal insulation
vapour barrier
trapezoidal-section alum. sheeting
wood-wool suspended acoustic soffit
2 240 mm steel I-beam
3 roof light with double glazing
4 200/200/20 mm acacia wood frame
on 180/180/5 mm alum. angle
5 22 mm MDF lining
vapour barrier; 50 mm insulation
6 corrugated alum. sheeting (8 mm)
25 mm aluminium channels
8 mm gypsum fibreboard
50 mm insulation
200 mm insulation between
160/90 mm and
60/40 mm steel angles
180 mm precast concrete element
7 6 + 40 mm two-layer birch plywood
8 10 mm anhydrite screed
15 mm levelling layer
160 mm reinforced concrete floor

Naturparkzentrum, Grundschule und Kindergarten in St. Magdalena

Natural Park Centre, Primary School, and Kindergarten in St. Magdalena

Architekten / *Architects*:
Burger Rudacs Architekten, München
Stefan Burger, Birgit Rudacs
Tragwerksplaner / *Structural engineers*:
Ingenieurteam Bergmeister, Vahrn

Lageplan
Maßstab 1:2000
Grundrisse • Schnitte
Maßstab 1:750

Site plan
scale 1:2,000
Floor plans • sections
scale 1:750

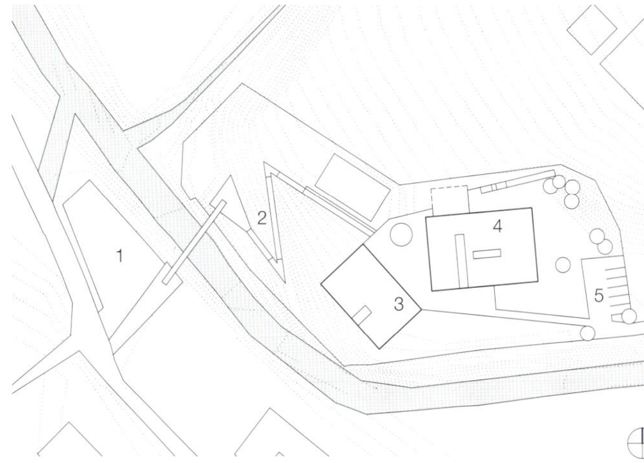

Am Rand des Südtiroler Naturparks »Puez-Geisler« mit seinen markant gezackten Gipfeln bildet die kleine Streusiedlung St. Magdalena den Abschluss des Villnößtals. An der Stelle eines Schulgebäudes aus den 1980er-Jahren sollte nicht nur eine neue Grundschule mit Kindergarten entstehen, sondern auch ein Besucherzentrum für den Naturpark. In die imposante Berglandschaft setzten die Architekten zwei steinerne, monolithisch wirkende Baukörper, deren durchgefärbte und per Hand bearbeitete Sichtbetonoberflächen mit den felsigen Bergen korrespondieren. Mit ihren präzise platzierten, von Lärchenholz umrahmten Öffnungen wirken sie ihrerseits wie aus einem Fels geschnitten. Die zwei schräg zueinander gestellten Baukörper nehmen die Hügelkanten des Wiesenhangs auf und folgen dem Verlauf des angrenzenden Bachs. Gleichzeitig bilden sie in der Mitte einen Platz und betonen so den öffentlichen Charakter des Gebäudeensembles. Der Parkplatz des Naturparkzentrums liegt bewusst ein Stück entfernt, sodass die Besucher zunächst einem Weg durch das Freigelände folgen müssen, um zum Eingang des Museums zu gelangen. In der auf zwei Ebenen angelegten Ausstellung können sie sich über den Naturpark informieren. Dabei inszenieren drei unterschiedlich ausgerichtete Panoramafenster die umgebende Landschaft. Grundschule und Kindergarten sind gemeinsam in dem größeren, dreigeschossigen Gebäude untergebracht, besitzen aber jeweils einen eigenen Eingang. Mensa, Bibliothek und der große, von den Schülern als Sporthalle verwendete Mehrzwecksaal sind räumlich der Grundschule zugeordnet, werden aber auch vom Kindergarten mitgenutzt. Ebenso ist eine Nutzung durch das Besucherzentrum möglich – insbesondere der Mehrzwecksaal dient gelegentlich als Veranstaltungs- oder zusätzlicher Ausstellungsraum. Die Fassadenmaterialien setzen sich im Innern als Wechselspiel fort: je nach Raumfunktion dominiert mal das warme Lärchenholz, mal der kühle Beton. DETAIL 11/2011

1 Besucherparkplatz
2 Fußweg
3 Naturparkzentrum
4 Grundschule/Kindergarten
5 Lehrerparkplatz
6 Eingang Naturparkzentrum
7 Büro
8 Ausstellung
9 Vortragsraum
10 Zugang vom Naturparkzentrum
11 Eingang Grundschule
12 Mensa
13 Küche
14 Umkleide
15 Eingang Kindergarten
16 Abstellraum/Lager
17 Personalraum
18 Bewegungsraum
19 Gruppenraum
20 Lüftungszentrale
21 Mehrzwecksaal
22 Lehrerzimmer
23 Klassenzimmer
24 Ausweichraum
25 Luftraum
26 Bibliothek

1 Visitor parking
2 Walkway
3 Natural park centre
4 Primary school/kindergarten
5 Teacher parking
6 Entrance natural park centre
7 Office
8 Exhibition
9 Lecture room
10 Access via natural park centre
11 Entrance primary school
12 Cafeteria
13 Kitchen
14 Locker room
15 Entr. kindergarten
16 Storage room
17 Personnel room
18 Activity room
19 Group room
20 Ventilation control room
21 Multi-use auditorium
22 Teachers' lounge
23 Classroom
24 Auxiliary room
25 Void
26 Library

Bordering the natural park "Puez-Geisler" in South Tyrol with its striking, jagged mountain ridges, the little hamlet of St. Magdalena comprises a dispersed settlement at the top of the Villnöß valley. On the location of a 1980s-era school building, planning called for both a new elementary school with kindergarten and a visitor centre for the national park. The architects designed two monolithic volumes with rock-like appearance and placed them within the impressive alpine landscape. Their tinted and manually treated exposed concrete surfaces correspond to the surrounding rocky ridges. With their precisely set openings framed by larch wood, they actually seem to be cut from stone. The two building volumes are juxtaposed at an angle and incorporate the ridgelines of the surrounding grassy hills in their design, as well as the course of the adjacent stream. At the same time, an open place between them unfolds and, thus, emphasises the public character of the building ensemble. The parking lot of the natural park centre is deliberately placed at a distance, so visitors at first have to walk across the open space to reach the entrance of the museum. On two floors of the building, an exhibition provides visitors with information on the natural park. From the interior, three differently oriented panorama windows offer dramatic views of the surrounding landscape. Elementary school and kindergarten are jointly located in the larger, three-storey building, yet are equipped with individual, separate entrances. Cafeteria, library, and the large multi-use auditorium that serves the students as gym are spatially allocated to the elementary school, yet are also used by the kindergarten. The elementary school and kindergarten building can also be accessed via the visitor centre – particularly the multi-use lecture room serves, on occasion, as an event space or additional exhibition space. The facade materials are continued within the interior, where they alternate according to the functional allocation of spaces: in some, larch wood with its warm character predominates, and elsewhere concrete with its cool impression.

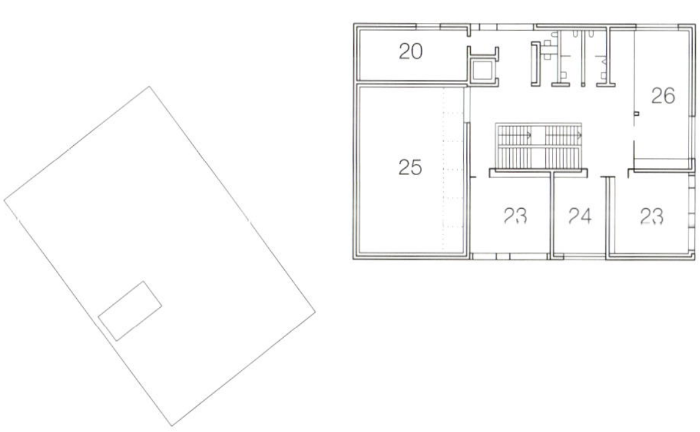

2. Obergeschoss / *Second floor*

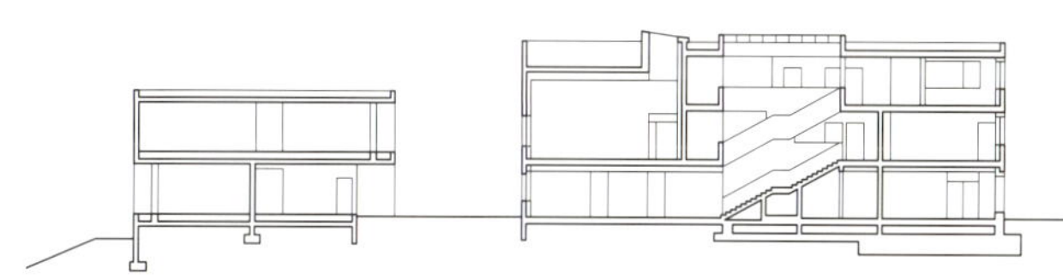

aa

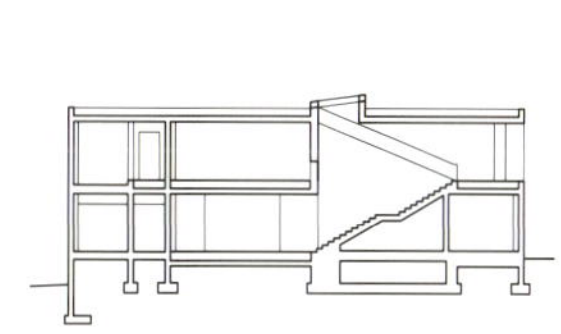

bb

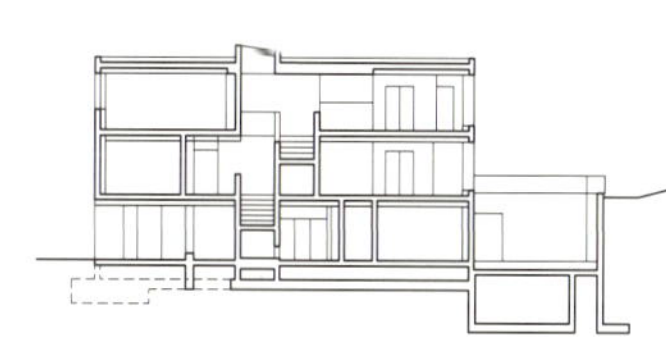

cc

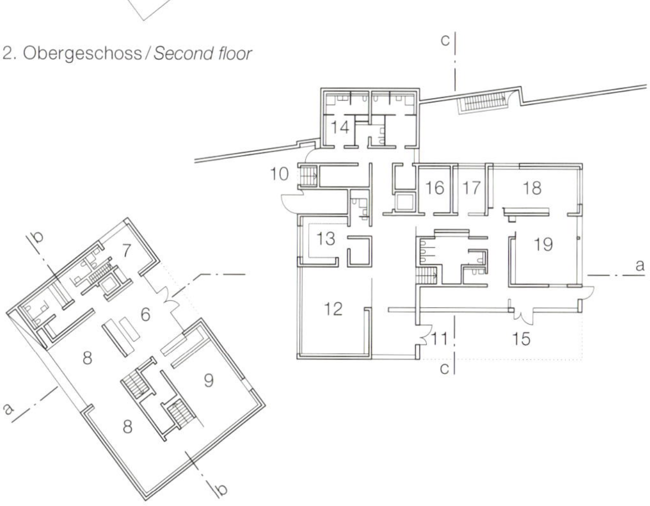

Erdgeschoss / *Ground floor*

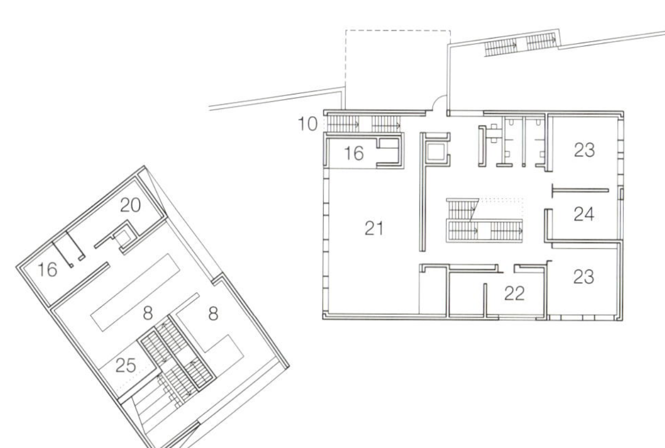

1. Obergeschoss / *First floor*

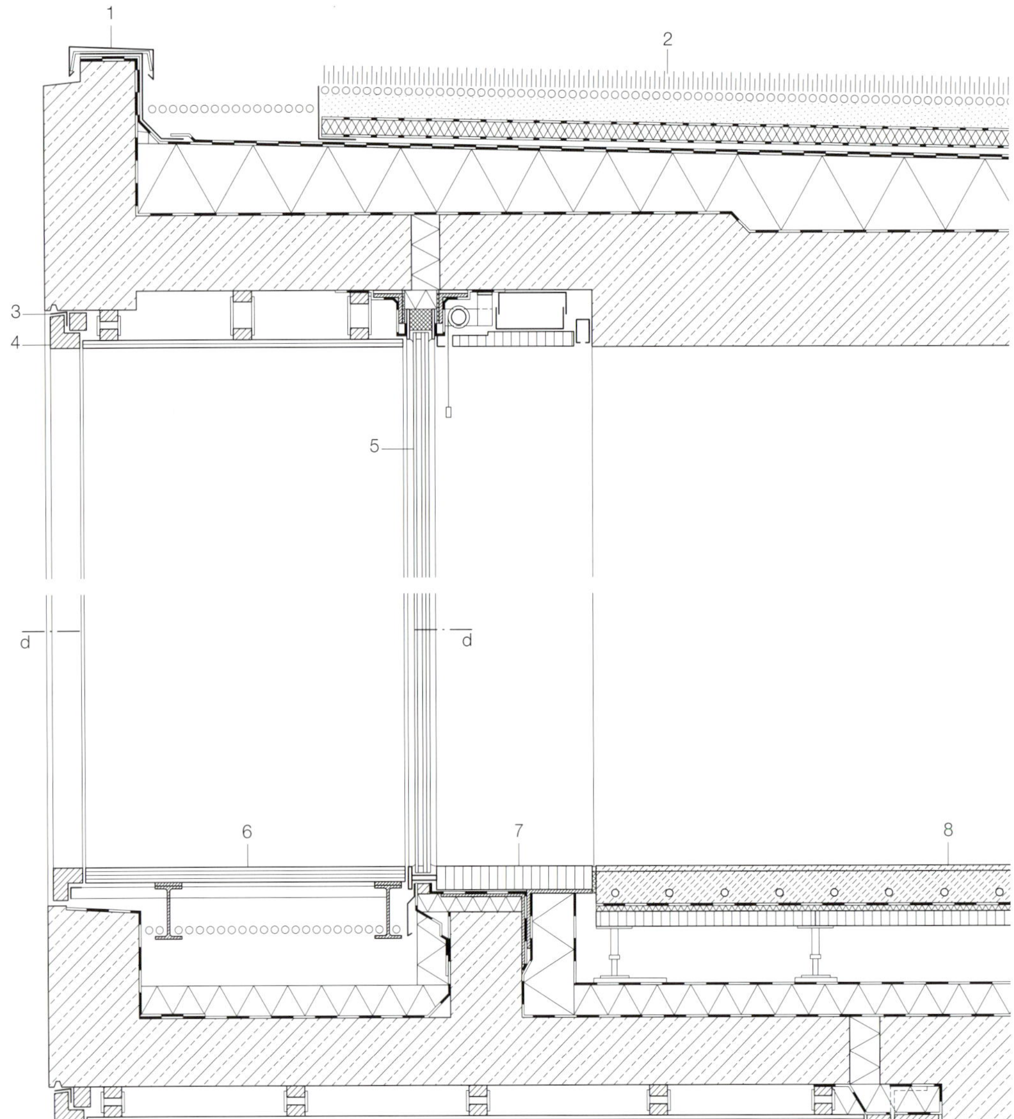

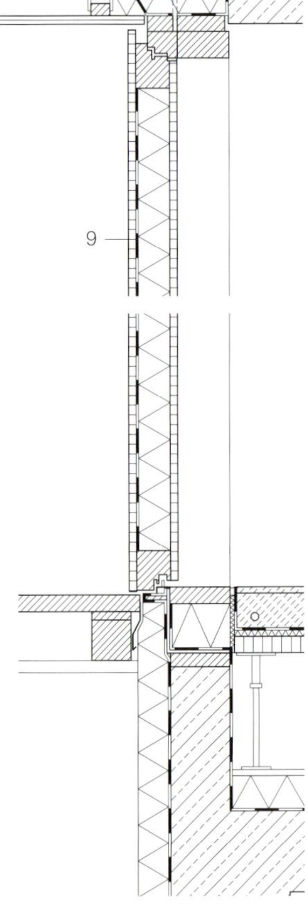

Vertikalschnitt • Horizontalschnitt
Maßstab 1:20

Vertical section • horizontal section
scale 1:20

1 Aluminiumblech eloxiert 2,5 mm
2 Begrünung extensiv
dazwischen Schotter
Substrat 60 mm, Filtervlies
Dränageschicht Blähschiefer
40 mm
Schutz- und Speichervlies
Bautenschutzmatte
Abdichtung Elastomerbitumen
mit Vlieseinlage
Dämmung PUR-Hartschaum
130–210 mm, 2 % Gefälle
Dampfsperre Elastomerbitumen
mit Aluminiumeinlage
Bitumenvoranstrich
Stahlbetondecke 300 mm
3 Metallwinkel eloxiert 30/40/1 mm
4 Randprofil Lärche 90/85 mm
5 ESG-H 8 mm + SZR 16 mm +
VSG 2× 10 mm, U = 1,1 W/m²K
6 Bohlen Lärche 40 mm
Flachstahl verzinkt 70/6 mm
IPE 140, Splittbett 52–125 mm
Wärmedämmung XPS 80 mm
Abdichtung bituminös, zweilagig
Stahlbetondecke 180 mm mit 1 %
Gefälle, Unterkonstruktion Fichte
Schalung Lärche massiv 22 mm
7 BFU Lärche furniert 60 mm
8 Verbundestrich lasiert 15 mm
Zementestrich 85 mm, PE-Folie
Trittschalldämmung 15 mm
Kalziumsulfatplatten 40 mm
Stützen Systemboden
9 Eingangstür: Dreischichtplatte
Lärche 19 mm (beidseitig)
Dampfsperre, Dämmplatte 80 mm
10 Schalung Lärche 20 mm
11 Fassadenpfosten BFU Lärche,
furniert 60/385
12 Pressleiste Aluminium eloxiert
60/10 mm
13 Versiegelung Silikon schwarz,
UV-beständig
14 Dreischichtplatte Lärche 19 mm

1 2.5 mm alum. sheet metal, anodised
2 extensive planting; infilled gravel
60 mm substrate; filter fleece
40 mm drainage layer, expanded shale; protection and storage fleece
protective mat; elastomer bitumen sealant with fleece lining
130–210 mm PUR rigid foam insulation, 2 % slope; elastomer bitumen vapour barrier with aluminium layer; bituminous primer
300 mm reinforced concrete slab
3 30/40/1 steel ∟-profile, anodised
4 90/85 mm larch frame
5 8 mm toughened glass + 16 mm cavity + 2× 10 mm laminated safety glass, U = 1,1 W/m²K
6 40 mm larch floor boards
70/6 mm flat steel, galvanised
140 mm steel I-profile
52–125 mm gravel bed
80 mm XPS thermal insulation
2-ply bituminous membrane
180 mm reinforced concrete slab, 1 % slope; spruce framing
22 mm solid larch cladding
7 60 mm larch veneer plywood
8 15 mm composite screed, clear fin.
85 mm cement screed; PE foil
15 mm impact sound insulation
40 mm calcium sulphate panels
columns, system floor
9 entrance door:
19 mm 3-ply panel, larch exterior
vapour barrier
80 mm insulation panel
10 20 mm larch cladding
11 60/385 facade post, larch veneer plywood
12 60/10 mm pressure plate, alum., anodized
13 silicone sealant, black, UV-resistant
14 3-ply panel, larch, 19 mm

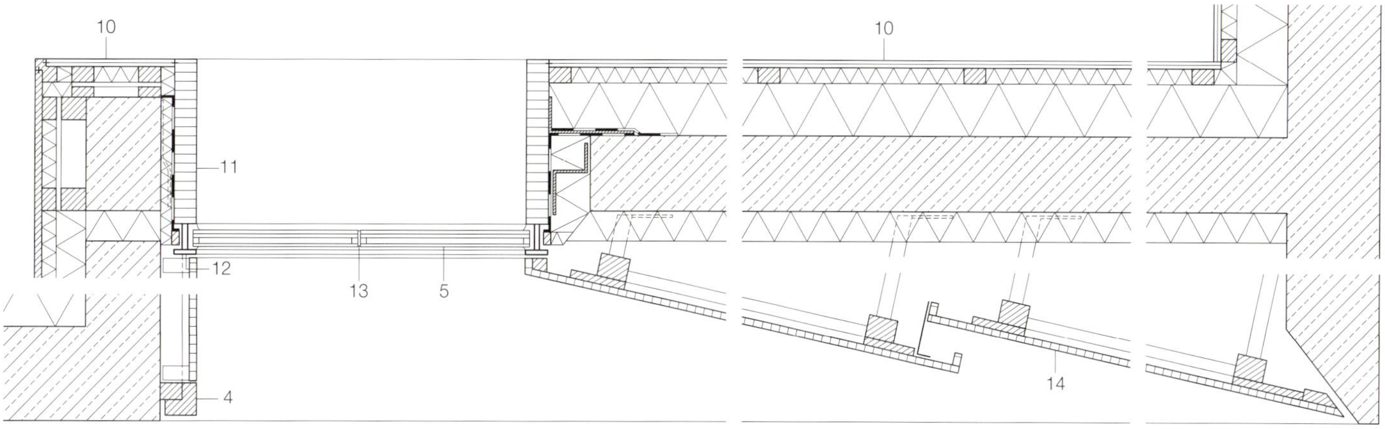

dd

1 Dachaufbau siehe S. 184
2 Gitterrost Stahl klappbar 30 mm auf Stahlunterkonstruktion
3 ESG-H 6 mm + SZR 16 mm + VSG 2× 8 mm, U = 1,1 W/m²K
4 Dreischichtplatte Lärche geölt 22 mm
5 Außenwand Sichtbeton pigmentiert 250 mm, Oberfläche gestockt
Dämmung Schaumglas 140 mm
Unterkonstruktion 60/40 mm dazwischen Dämmung Mineralwolle 40 mm
Schalung Lärche massiv 22 mm
6 Dreischichtparkett Lärche 15 mm
Blindboden 15 mm auf Doppelschwingträgern und Punktlagern
Trittschalldämmung Mineralwolle aluminiumkaschiert 30 mm
Stahlbetondecke 210 mm
7 Schalung Lärche massiv 22 mm
Akustikdämmung mit schwarzer Vlieskaschierung 30 mm
Unterkonstruktion Fichte
8 ESG 8 mm + SZR 16 mm + VSG 2× 6 mm, U = 1,1 W/m²K
9 Verbundestrich lasiert 15 mm
Zementestrich 85 mm
PE-Folie
Trittschalldämmung 15 mm
PE-Folie zweilagig
Wärmedämmung EPS-Hartschaum 2× 60 mm
Abdichtung Polymerbitumen mit Glasvlies und Aluminiumeinlage
Bodenplatte Stahlbeton 150 mm
10 Asphaltdeckschicht durchgefärbt, sandgestrahlt 35 mm
Bitumentragschicht 90 mm
Schottertragschicht 150 mm
Frostschutzschicht 380 mm
11 Holzrahmenkonstruktion BFU Lärche furniert 320/60 mm

1 roof construction see p. 184
2 30 mm metal grating, openable, on steel frame
3 6 mm toughened glass + 16 mm cavity + 2× 8 mm laminated safety glass, U = 1,1 W/m²K
4 22 mm 3-ply larch panel, oiled finish
5 250 mm exterior wall, concrete, tinted, bush-hammered
140 mm foam glass insulation
60/40 mm framing
40 mm infilled min. wool insulation
22 mm solid larch framing
6 15 mm 3-ply larch parquet flooring
15 mm subfloor on double rockers with point connection
30 mm impact sound insulation, mineral wool, aluminium foil-coated
210 mm reinforced concrete slab
7 22 mm solid larch framing
30 mm acoustic insulation, black fleece coated; spruce framing
8 8 mm toughened glass + 16 mm cavity + 2× 6 mm laminated safety glass, U = 1,1 W/m²K
9 15 mm composite screed, clear fin.
85 mm cement screed
PE foil
15 mm impact sound insulation
2-ply PE foil
2× 60 mm EPS rigid foam thermal insulation
polymer bitumen sealant with glass fleece and aluminum layer
150 mm reinforced concrete floor slab
10 35 mm asphalt top coat, tinted, sandblasted
90 mm bituminous base layer
150 mm crushed gravel base layer
380 mm anti-freeze layer
11 320/60 mm framing, larch veneer plywood

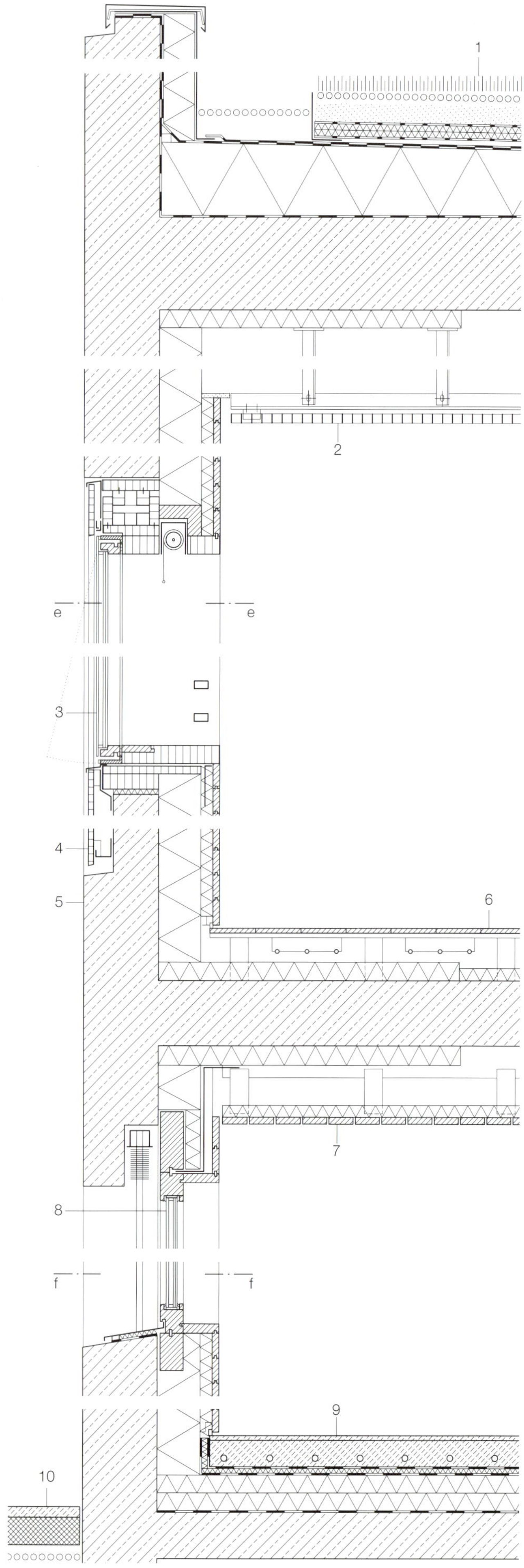

Vertikalschnitt • Horizontalschnitte
Maßstab 1:20

Vertical section • horizontal section
scale 1:20

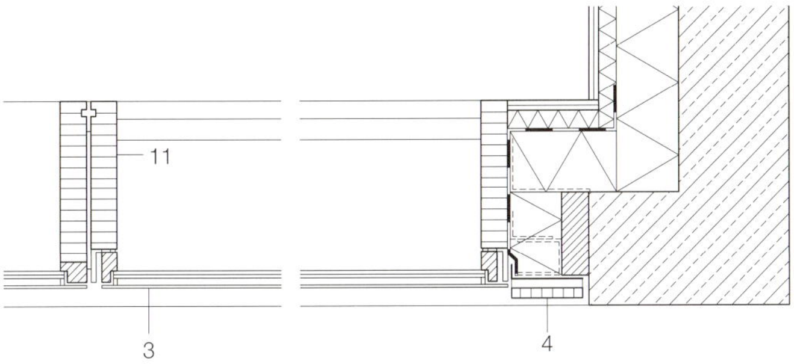

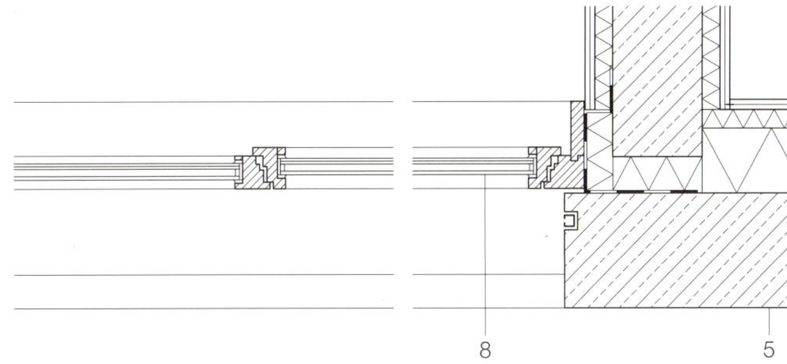

Schwimmhalle für eine Schule in Beaconsfield

Swimming Pool for a School in Beaconsfield

Architekten / *Architects*:
Duggan Morris Architects, London
Mary Duggan, Joe Morris
Tragwerksplaner / *Structural engineers*:
Elliott Wood Partnership, London

Alfriston School, eine Sekundar-Förderschule mit Schwerpunkt Sport, liegt etwas außerhalb von London am Rand eines Wohngebiets. Das bestehende Schulgebäude entwickelt sich von der Straße bis zu einem rückwärtigen Grünzug als linearer Cluster mit kleinteiligen Giebeldächern unterschiedlicher Ausrichtung. Nördlich davon dockt die neue Schwimmhalle mit expressiver Dachkrone an einen Turnsaal mit steilem Satteldach an. Dunkel verputzte Wand- und Sockelflächen und in der Längsansicht korrespondierende Dachneigungen verbinden den Sportkomplex, alter Baumbestand schirmt ihn vor fremden Blicken ab. Die Architekten sehen die Dachgeometrie aus gereihten und verschränkten Satteldachelementen als zeitgenössische Interpretation der Dächer vor Ort. Im Innern erzeugt die skulpturale Form eine bewegte Dachlandschaft, die auch akustisch dämpfend wirkt und damit einen entscheidenden Punkt der Ausschreibung erfüllt. Eine umlaufende, nur 1 m schmale Glasfuge akzentuiert das Dach. Gleichzeitig sichert diese Art des Außenbezugs den Kindern und Jugendlichen am Beckenrand eine gewisse Privatheit und gibt erst nach dem Sprung in das Becken den Panoramablick frei. Die Dachkonstruktion ist aus 26 dreieckigen Holzelementen zusammengesetzt, wobei Herstellung, Bauablauf und Transport eine Herausforderung darstellten. Um präzise Ausführung und hochwertige Oberflächen zu garantieren, sind die Bauteile im Werk vorgefertigt, nur ein Giebelelement musste aufgrund seiner Größe vor Ort zusammengesetzt werden. 3-D-Modell und fünfachsige CNC-Fräse stellten hohe Passgenauigkeit mit geringen Maßtoleranzen sicher, einzelne Knoten wurden anhand von Mock-ups vorab überprüft. Die tragenden Elemente wurden mit einer wetterfesten Membran angeliefert, sodass sofort nach der Montage die Dachdeckung aufgebracht werden konnte. Die inneren Oberflächen sind ab Werk fertig beschichtet. So dauerte die Montage lediglich vier Wochen, Gerüste wurden dabei nicht benötigt.
DETAIL 11/2014

Lageplan
Maßstab 1:5000
Schnitte • Grundriss
Maßstab 1:400

Site plan
scale 1:5,000
Sections • Layout plan
scale 1:400

1	Schulgebäude (Bestand)	*1*	*School building (existing)*
2	Schwimmhalle	*2*	*Swimming pool*
3	Turnhalle (Bestand)	*3*	*Sports hall (existing)*
4	Fitnessraum (Anbau)	*4*	*Fitness room (addition)*
5	Technik	*5*	*Building services*
6	Zugangsrampe	*6*	*Access ramp*
7	Haupteingang	*7*	*Main entrance*
8	Dusche	*8*	*Showers*
9	Umkleide / Schließfächer	*9*	*Dressing / Lockers*
10	Büro	*10*	*Office*
11	Lager / Schrank	*11*	*Storage / Closet*
12	Schwimmbecken	*12*	*Pool*

Alfriston School, a secondary school for pupils with special educational needs, is located outside London, on the edge of a residential neighbourhood. The existing school building is organised as linear cluster, running from the street to the vegetation in the rear, with small-scale gabled roofs of varying orientation. To its north a new swimming pool structure with expressive crown docks onto a sports hall with steep pitched roofs. Dark-grey rendered wall and plinth surfaces and, in the longitudinal elevation, corresponding sloping roofs tie this new sports complex together. Mature trees provide a screen to the schoolyard. The architects view the roof geometry, which consists of serial and interlocking pitched-roof elements, as a contemporary interpretation of the roofs present nearby. Inside, the sculptural form creates a ceiling with a wave-like roofscape. The ceiling also serves an acoustic purpose: it reduces the noise level – thereby fulfilling an important requirement from the client's brief. A band of glass just one metre in height accentuates the roof. This type of connection to the outdoors also provides the children and adolescents a measure of privacy. Moreover, the glazed ribbon affords them a panoramic view of the surroundings as they jump in the pool. The roof is made up of 26 triangular wood panels, which, once they have been mounted, constitute a stiff roof structure. The fabrication, construction sequence, and transport, however, all posed challenges. To guarantee precise execution and high-quality surfaces, the architects decided to have the panels produced off site. There was only one exception: due to its size, it was necessary to construct a gable element on site. Through the use of 3D modelling, in combination with 5-axis CNC milling, it was possible to secure a high degree of fitting accuracy with small dimensional tolerances; mock-ups were employed to test individual joints. The load-bearing elements were equipped with a weathertight membrane so that the roofing could be installed right after mounting was completed. The coatings on the inner surfaces were applied at the woodworking shop. Thus, the assembly lasted just four weeks, and no scaffolding was required.

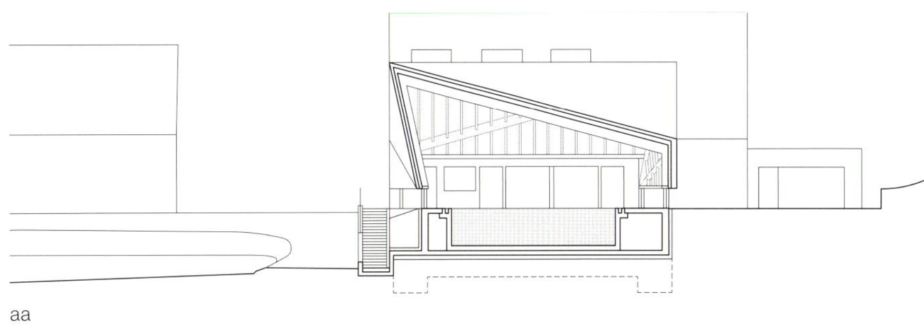

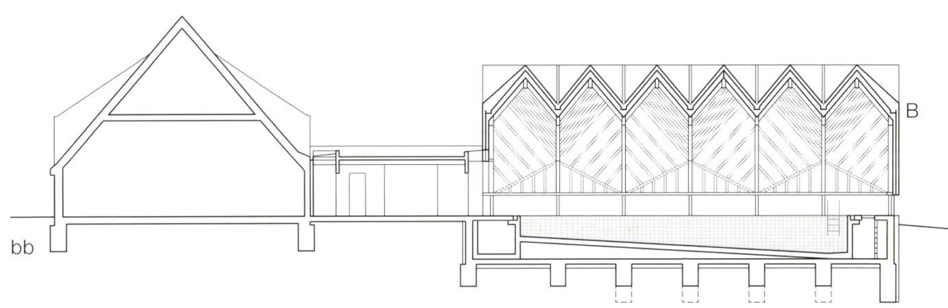

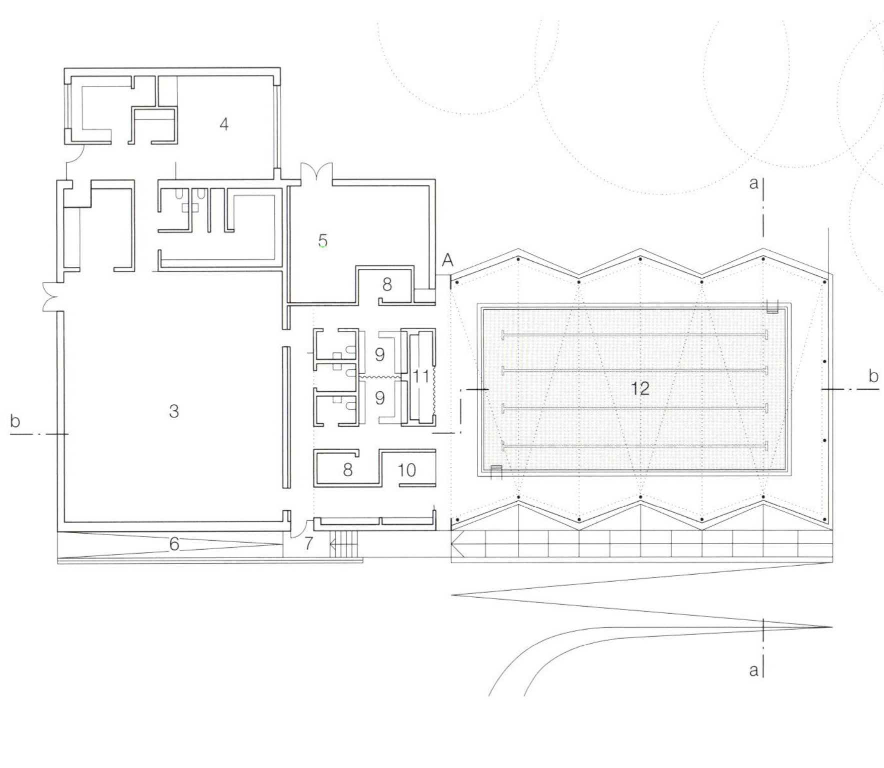

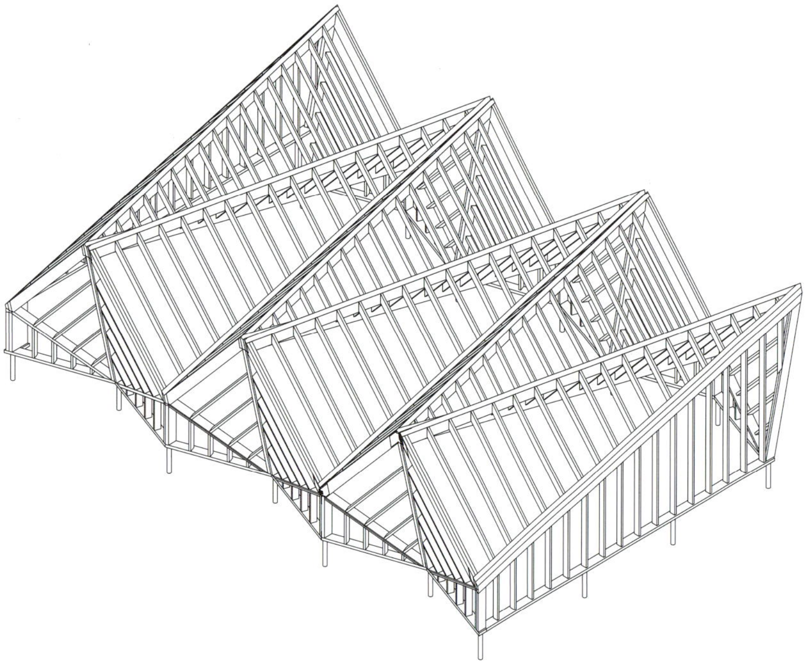

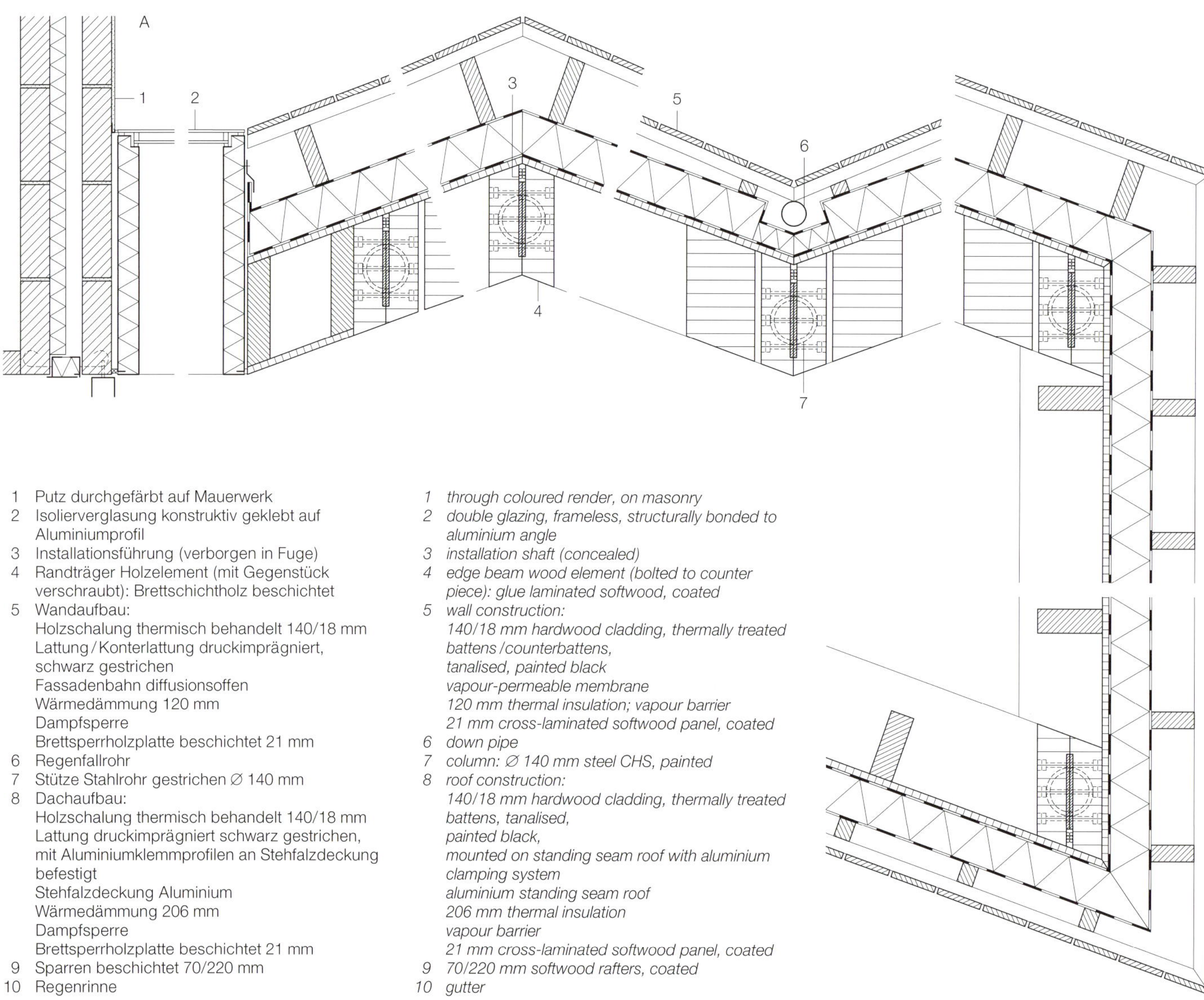

1 Putz durchgefärbt auf Mauerwerk
2 Isolierverglasung konstruktiv geklebt auf Aluminiumprofil
3 Installationsführung (verborgen in Fuge)
4 Randträger Holzelement (mit Gegenstück verschraubt): Brettschichtholz beschichtet
5 Wandaufbau:
Holzschalung thermisch behandelt 140/18 mm
Lattung/Konterlattung druckimprägniert, schwarz gestrichen
Fassadenbahn diffusionsoffen
Wärmedämmung 120 mm
Dampfsperre
Brettsperrholzplatte beschichtet 21 mm
6 Regenfallrohr
7 Stütze Stahlrohr gestrichen ∅ 140 mm
8 Dachaufbau:
Holzschalung thermisch behandelt 140/18 mm
Lattung druckimprägniert schwarz gestrichen, mit Aluminiumklemmprofilen an Stehfalzdeckung befestigt
Stehfalzdeckung Aluminium
Wärmedämmung 206 mm
Dampfsperre
Brettsperrholzplatte beschichtet 21 mm
9 Sparren beschichtet 70/220 mm
10 Regenrinne

1 through coloured render, on masonry
2 double glazing, frameless, structurally bonded to aluminium angle
3 installation shaft (concealed)
4 edge beam wood element (bolted to counter piece): glue laminated softwood, coated
5 wall construction:
140/18 mm hardwood cladding, thermally treated
battens/counterbattens,
tanalised, painted black
vapour-permeable membrane
120 mm thermal insulation; vapour barrier
21 mm cross-laminated softwood panel, coated
6 down pipe
7 column: ∅ 140 mm steel CHS, painted
8 roof construction:
140/18 mm hardwood cladding, thermally treated
battens, tanalised,
painted black,
mounted on standing seam roof with aluminium clamping system
aluminium standing seam roof
206 mm thermal insulation
vapour barrier
21 mm cross-laminated softwood panel, coated
9 70/220 mm softwood rafters, coated
10 gutter

Horizontalschnitt
Vertikalschnitt
Maßstab 1:20

Horizontal section
Vertical section
scale 1:20

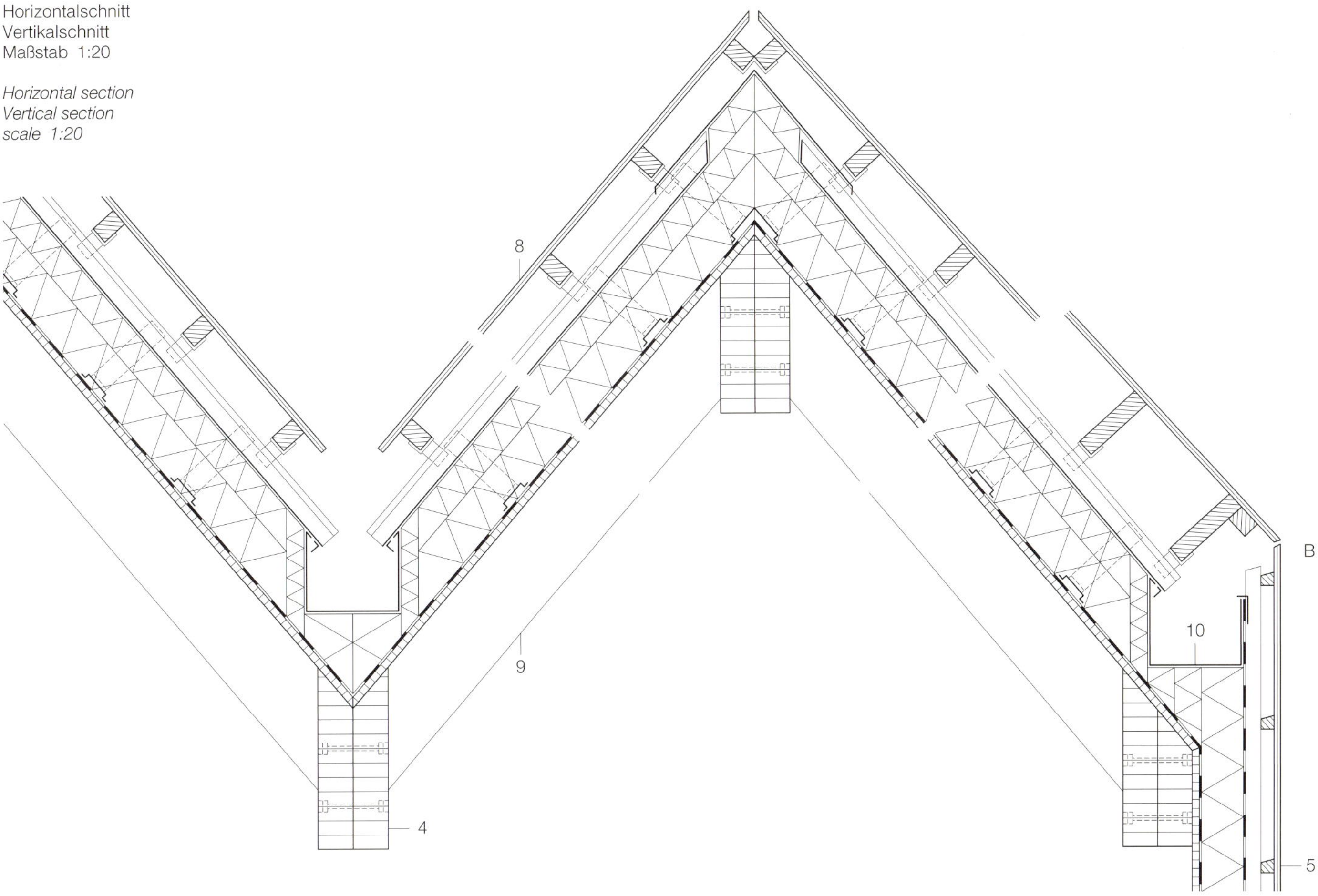

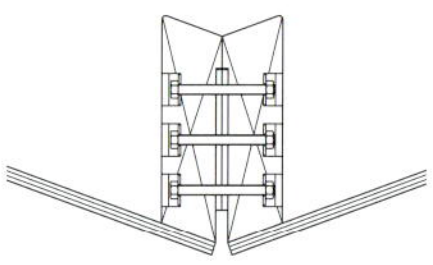

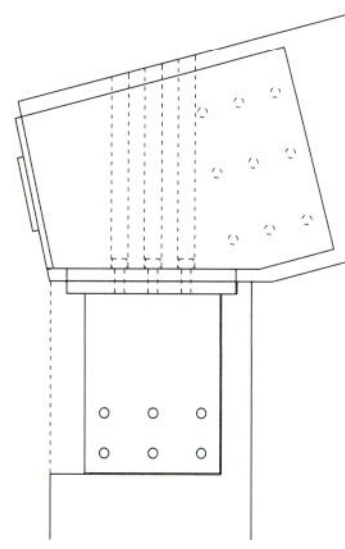

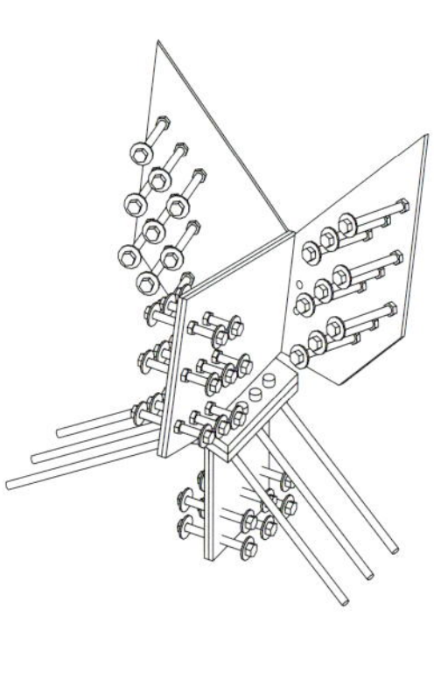

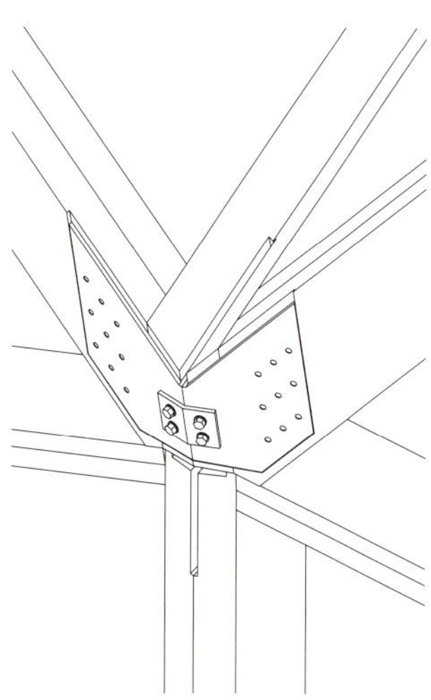

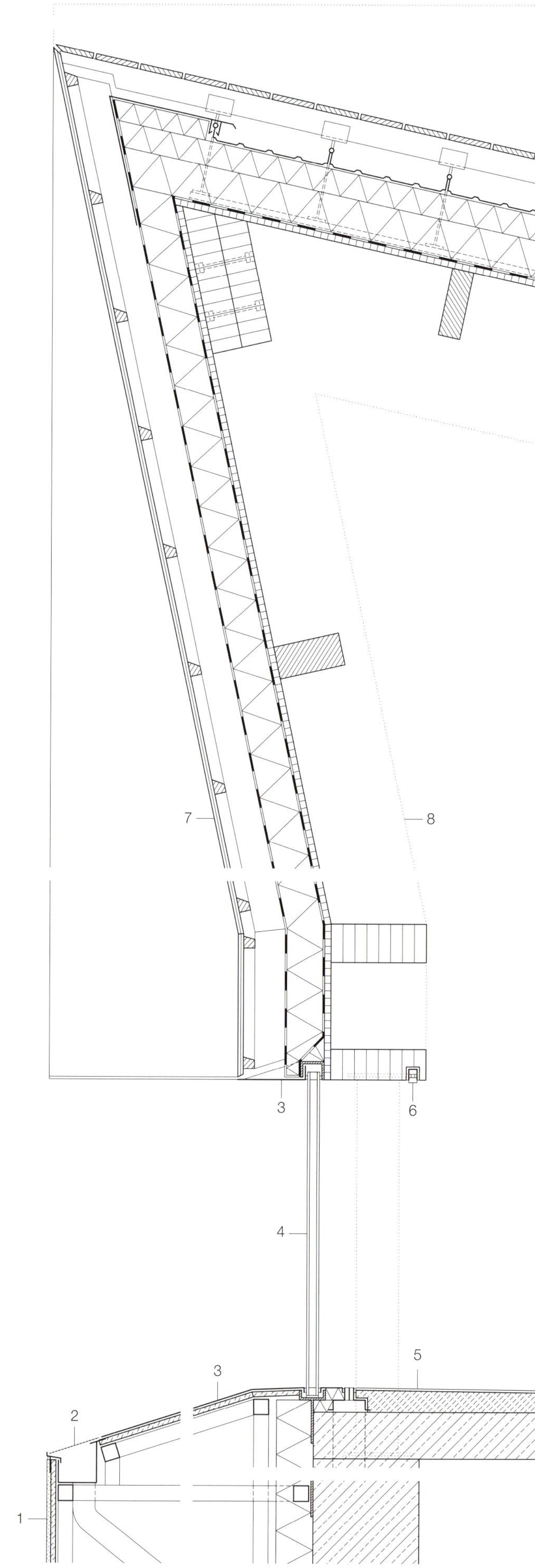
7
8
3
6
4
5
3
2
1

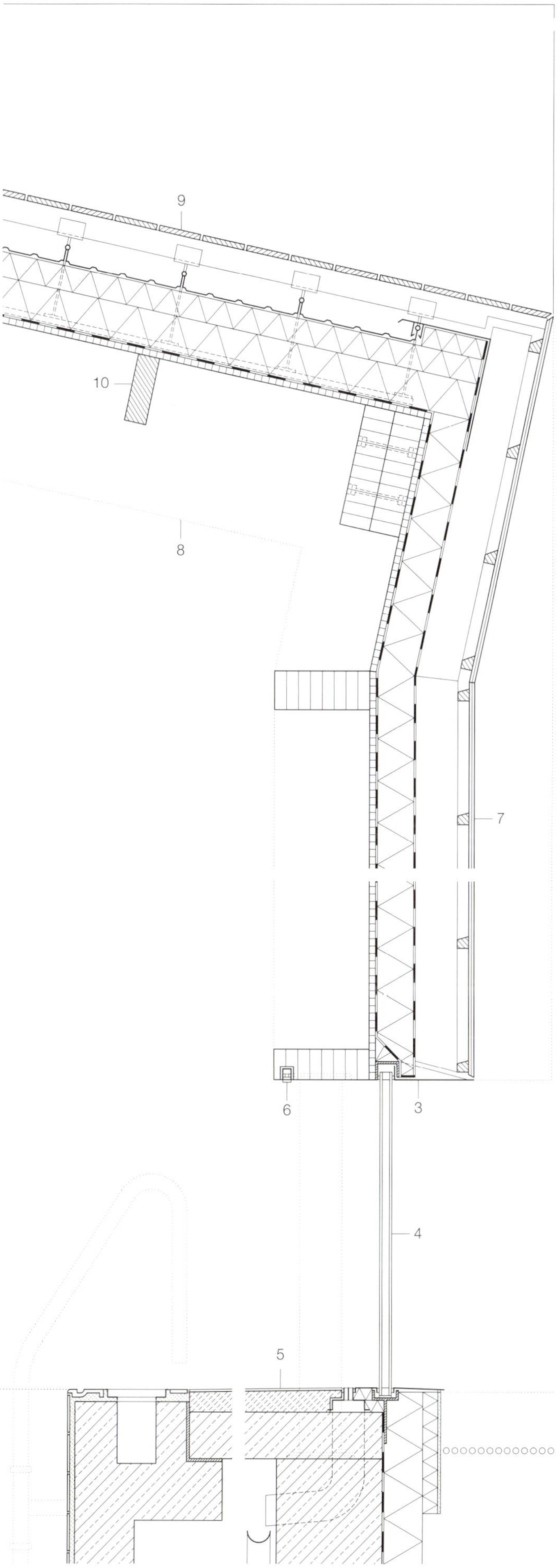

Darstellungen eines Knotens: Damit das fertige Tragwerk als homogene Struktur erscheint, sind die Verbindungsbleche im Innern der Konstruktion platziert und so nach der Montage nicht sichtbar. Die Schrauben wurden abschließend mit Holzpropfen abgedeckt. Ebenso sind Installationen verdeckt geführt.

Drawings of a node: in order to arrive at a homogeneous completed structure, the connecting plates are placed within it in such as manner that they are no longer visible once assembly has been completed. The screws are concealed with wood spiles. Installations are concealed, as well.

Querschnitte Maßstab 1:20

Cross sections scale 1:20

1 Putz durchgefärbt, Putzträgerplatte, Leichtmetallunterkonstruktion
2 Dreiecksblech Aluminium pulverbeschichtet, über Regenablauf perforiert, abnehmbar

1 through-coloured render on cement board, metal stud supp. structure
2 triangular aluminium plate over rainwater outlet, powder coated, perforated, removable

3 Aluminiumblech pulverbeschichtet
4 Isolierverglasung in verdecktem Aluminiumrahmen
5 Belag Vinyl rutschhemmend 3 mm
6 Leuchtstreifen LED
7 Holzschalung thermisch behandelt 140/18 mm
Lattung / Konterlattung druckimprägniert, schwarz gestrichen
Fassadenbahn diffusionsoffen
Wärmedämmung 120 mm, Dampfsperre, Brettsperrholzplatte beschichtet 21 mm
8 Randträger Holzelement: Brettschichtholz beschichtet
9 Holzschalung thermisch behandelt 140/18 mm
Lattung druckimprägniert, schwarz gestrichen, mit Aluminiumklemmprofilen an Stehfalzdeckung befestigt
Stehfalzdeckung Aluminium
Wärmedämmung 206 mm
Dampfsperre
Brettsperrholzplatte Fichte beschichtet 21 mm
10 Sparren beschichtet 70/220 mm

3 aluminium sheet, powder-coated
4 double glazing, concealed aluminium frame
5 3 mm vinyl sheet flooring, slip-resistant
6 LED light strip
7 140/18 mm hardwood cladding, thermally treated
battens / counterbattens, tanalised, painted black; vapour-permeable membrane; 120 mm thermal ins. vapour barrier
21 mm cross-laminated softwood panel, coated
8 edge beam wood element: glue laminated softwood, coated
9 140/18 mm hardwood cladding, thermally treated
battens, tanalised, painted black, mounted on standing seam roof with aluminium clamping system
aluminium standing seam roof
206 mm thermal ins.; vapour barrier
21 mm cross-lam. softwood panel, coated
10 140/18 mm rafters, coated

Projektbeteiligte und Hersteller • *Design and Construction Teams*

Seite 22 / *page 22*
Kinderkrippe in Ourense
Crèche in Ourense

Campus As Lagoas
E-32004 Ourense

- Bauherr / *Client*:
  Universidade de Vigo, Vicerreitoría de Ourense
- Architekten / *Architects*:
  Abalo Alonso Arquitectos, Santiago de Compostela
  www.abaloalonso.es
- Mitarbeiter / *Assistant*:
  Berta Peleteiro, A Coruña
- Tragwerksplaner / *Structural engineers*:
  Carlos Bóveda Casado, Santiago de Compostela
  www.bovedaarquitectos.com
- Haustechnik / *Building services*:
  Fernando Gago, A Coruña
- Geothermie / *Geothermal energy*:
  Xeoaquis, Ourense
  www.xeoaquis.com
- Bauleiter / *Construction management*:
  Francisco González Varela, Estrada

Seite 26 / *page 26*
Kinderkrippe und Kindergarten in Berlin
Crèche and Kindergarten in Berlin

Neptunstraße 10
D-12526 Berlin

- Bauherr / *Client*:
  Evangelische Kirchengemeinde Bohnsdorf-Grünau, Berlin
- Architekten / *Architects*:
  Winkens Architekten, Berlin
  www.winkens.de
- Projektleiter / *Project architect*:
  Marcel Klebs
- Tragwerksplaner / *Structural engineers*:
  Ingenieurbüro Rüdiger Jockwer GmbH, Berlin; www.jockwer-gmbh.de
- Haustechnik / *Building services*:
  BLS-Energieplan GmbH, Berlin
  www.bls-energieplan.de
- Brandschutz / *Fire protection*:
  Architektur- und Sachverständigenbüro, Peter Stanek, Berlin
- Bauleiter / *Construction management*:
  Wolfgang Laubinger, Marcel Klebs

Seite 30 / *page 30*
Kindergarten in Espoo
Kindergarten in Espoo

Kummelivuorentie 2
FIN-02330 Espoo

- Bauherr / *Client*:
  Stadt Espoo
- Architekten / *Architects*:
  JKMM Architects, Helsinki; www.jkmm.fi
- Projektleiter / *Project architect*:
  Katja Savolainen
- Mitarbeiter / *Team*:
  Edit Bajsz, Aaro Martikainen, Ilona Palmunen, Merita Soini
- Bauleiter / *Construction manager*:
  Christopher Delany
- Innenarchitekt / *Interior designer*:
  Päivi Meuronen
- Tragwerksplaner / *Structural engineers*:
  Finnmap Consulting, Helsinki
  www.finnmapcons.fi
- Landschaftsplaner / *Landscape planning*:
  Loci Landscape architects, Haverfordwest; www.locidesign.info
- Grafik, Deckenbilder / *Graphic, ceiling paintings*: Aimo Katajamäki

Seite 36 / *page 36*
Kinderkrippe, Kindergarten und Hort in Wien
Crèche, Kindergarten and Child Care Centre in Vienna

Schukowitzgasse 85
A-1220 Wien / *Vienna*

- Bauherr / *Client*:
  Stadt Wien
- Architekten / *Architects*:
  Kirsch ZT, Wien
  www.ckirsch.at
- Mitarbeiter / *Team*:
  Clemens Kirsch, Hannah Feigl, Oliver Perlinghoff
- Tragwerksplaner / *Structural engineers*:
  werkraum wien ingenieure ZT, Wien
  www.werkraumwien.at
- Landschaftsplaner / *Landscape planning*:
  Rajek Barosch, Wien
  www.rajek-barosch.at
- Haustechnik / *Building services*:
  Bauklimatik Gmbh, Linz
  www.bauklimatik.at
  Technisches Büro Braun, Amstetten
  www.tb-braun.at

Seite 24 / *page 24*
Kindertagesstätte in Prince Alfred Hamlet in Südafrika
Child Care Centre in Prince Alfred Hamlet in South Africa

1 Skuinsbaai Ave.
ZA-6835 Prince Alfred Hamlet

- Bauherr / *Client*:
  Vuya! Investments Ltd., Kapstadt
  www.vuyainvestments.co.za
- Architekten / *Architects*:
  Studenten und Mitarbeiter am Lehrstuhl für Gebäudelehre, RWTH Aachen Universität, Aachen
  www.gbl.arch.rwth-aachen.de/ddb
- Projektleiter / *Project architects*:
  Bernadette Heiermann, Judith Reitz
- Tragwerksplaner / *Structural engineers*:
  Lehrstuhl für Tragkonstruktion, RWTH Aachen Universität, Aachen
  Martin Trautz, Christoph Koj, Arne Künstler
  www.gbl.arch.rwth-aachen.de/ddb
- Beratung Lehmbau / *Claywork consultant*:
  Justin Descoins, Somerset West

Seite 28 / *page 28*
Kindergarten in Guntramsdorf
Kindergarten in Guntramsdorf

Taborgasse 1
A-2353 Guntramsdorf

- Bauherr / *Client*:
  Marktgemeinde Guntramsdorf
- Architekten / *Architects*:
  g.o.y.a., Wien; www.goya.at
- Projektleiter / *Project architect*:
  Paul JE Preiss
- Mitarbeiter / *Team*:
  Stefan Schütz, Iva Simonovic
- Tragwerksplaner, Bauphysik, Bauaufsicht / *Structural engineers, Building physics, Site supervision*:
  KS Ingenieure ZT, Wien
  www.ks-ing.com
  mit / *with* g.o.y.a, Wien
- Landschaftsplaner / *Landscape planning*:
  EGKK Landschaftsarchitektur, Wien
  www.egkk.at
- Haus- und Elektrotechnik / *Building and electrical services*:
  KS Ingenieure ZT, Wien
  www.ks-ing.com
  mit / *with* g.o.y.a, Wien

Seite 34 / *page 34*
Kindergarten in Nîmes
Kindergarten in Nîmes

431 Rue des Anciens Combattants d'Afrique du Nord
F-30000 Nîmes

- Bauherr / *Client*:
  Stadt Nîmes
- Architekten / *Architects*:
  Tectoniques, F-Lyon
  www.tectoniques.com
  Atelier GA, Saint-Jean du Gard
  www.atelierga.com
- Projektleiter / *Project architects*:
  Max Rolland and Iana Stoyanova (Tectoniques)
  Stéphane Goasmat and Françoise Arnold (Atelier GA)
- Tragwerksplaner / *Structural engineers*:
  Anglade Structures Bois, Port-Vendres
  www.anglade-structures-bois.fr
- Landschaftsplaner / *Landscape planning*:
  Itinéraire bis, Lyon
  www.itineraire-bis.net
- Lichtplaner / *Lighting designer*:
  Les Eclaireurs, Lyon
  www.leseclaireurs.net

Seite 38 / *page 38*
Bildungshaus am Westpark in Augsburg
Westpark Learning Centre in Augsburg

Grasiger Weg 8
D-86157 Augsburg

- Bauherr / *Client*:
  Bildungs- und Schulreferat der Stadt Augsburg
- Architekten / *Architects*:
  Hausmann Architekten GmbH, Aachen
  www.hausmannarchitekten.de
- Projektleiterin / *Project architect*:
  Julia David
- Mitarbeiter / *Team*:
  Daniel Bey, Gisa Gellermann, Corinna Lauth, Arne Schiefer, Emilia Schulz, Guido Schwark, Florence Verspay
- Tragwerksplaner / *Structural engineers*:
  Ing.-Büro Gailhofer und Bauer, Augsburg; www.sgb-statik.de
- Landschaftsplaner / *Landscape planning*:
  Latz+Partner LandschaftsArchitekten Planer, Kranzberg
  www.latzundpartner.de

- Bauphysik / *Building physics*:
  Eboek Haustechnik, Tübingen
  www.eboek.de
- Elektrotechnik / *Electrical services*:
  Ing.-Büro Rebholz, Augsburg
  ib-rebholz.de
- Aufzugsplanung / *Lift planning*:
  Jappsen Ingenieure, Zusmarshausen
  www.jappsen-ingenieure.com
- Lüftungs- und Heizungstechnik / *Ventilation and heating*:
  Ing.-Büro Donik, Gersthofen
  www.donik-gbr.de

Seite 41 / *page 41*
Grundschule und Kindertagesstätte in Hamburg
Primary School and Child Care Centre in Hamburg

Dalmannkai 12–18
D–20457 Hamburg

- Bauherr und Projektsteuerung / *Client and Project management*:
  Otto Wulff PPP HafenCity Schule, Hamburg
- Architekten / *Architects*:
  Spengler-Wiescholek Architekten Stadtplaner, Hamburg
  www.spengler-wiescholek.de
- Projektleiter / *Project architect*:
  Jens Tepel
- Mitarbeiter / *Team*:
  Birgit Ascher, Sven Dunker, Johannes Gaußmann, Gesine Seyffert, Michal Zierau
- Tragwerksplaner / *Structural engineers*:
  Otto Wulff Bauunternehmung, Hamburg; www.otto-wulff.de
- Landschaftsplaner / *Landscape planning*:
  Hunck + Lorenz Freiraumplanung Landschaftsarchitekten, Hamburg
  www.hl-freiraum.de
- Haus- und Elektrotechnik / *Building and electrical services*:
  Ingenieurbüro Sommer, Schmilau
  www.ib-sommer-schmilau.de

Seite 44 / *page 44*
Kindergarten und Grundschule in Saint-Denis
Kindergarten and Primary School in Saint-Denis

3 rue Cristino Garcia
F–93000 Saint-Denis

- Bauherr / *Client*:
  Stadt Saint-Denis und Aubervilliers
- Architekten / *Architects*:
  Atelier d'Architecture Vincent Parreira, Paris; www.aavp-architecture.com
- Projektleiter / *Project architect*:
  Vincent Parreira
- Mitarbeiter / *Assistant*:
  Frédérique Le Bras
- Tragwerksplaner / *Structural engineers*:
  Incet, Paris; www.incet.fr
- Bauleitung / *Construction management*:
  Elise Reiffers, Thomas Rault
- Umweltingenieur / *Environmental engineer*:
  Oasiis, Aubagne; www.oasiis.fr
- Akustik / *Acoustics*:
  Impedance, Gometz-la-Ville
  www.impedance.fr
- Signaletik / *Orientation system*:
  Atelier 59, Paris; www.ateliers59.com

Seite 47 / *page 47*
Sprachheilschule in Griesheim
Speech Therapy School in Griesheim

Am Kiefernwäldchen 2
D–64347 Griesheim

- Bauherr / *Client:*
  Da-Di-Werk Eigenbetrieb Gebäude- und Umweltmanagement des Landkreises Darmstadt-Dieburg
- Architekten / *Architects*:
  Ramona Buxbaum Architekten, Darmstadt
  www.ramonabuxbaum.de
- Mitarbeiter / *Team*:
  Melanie Urstöger, Sandra Rützel, Jens Beck, Nadine Ressel, Esther Thiam, Kerstin Büschl
- Bauleitung / *Construction management*:
  Ramona Buxbaum, Melanie Urstöger
- Tragwerksplaner / *Structural engineers*:
  Schlier und Partner Ingenieurbüro für Tragwerksplanung und Konstruktion, Darmstadt; www.schlierundpartner.de
- Statik Holzbau / *Wood construction statics:*
  Dipl.-Ing. Bernhard Güth, Rennerod
- Technische Gebäudeausrüstung / *Building technology*:
  BBS GmbH, Ing.-Büro für technische Gebäudeausrüstung, Griesheim
  www.ing-buero-bbs.de
- Lichtplanung / *Lighting design*:
  e-Plan, Elektro- und Planungsbüro, Griesheim, www.e-plan-online.de
- Akustik / *Acoustics*:
  Ing.-Büro von Rekowski + Partner, Weinheim; www.rekowski.de

Seite 48 / *page 48*
Kindertagesstätte in Völklingen
Child Care Centre in Völklingen

Röntgenstraße 2
D–66333 Völklingen

- Bauherr / Client:
  Stadt Völklingen
- Architekten / *Architects*:
  Arus Willi Latz, Püttlingen
  www.arus.info
- Tragwerksplaner und Bauphysik / *Structural engineers and building physics*:
  Ingenieurbüro von Fragstein, Landau
  www.von-fragstein.com

Seite 52 / *page 52*
Grundschule in Bad Blumau
Primary School in Bad Blumau

Bad Blumau 130
A–8283 Bad Blumau

- Bauherr / *Client*:
  Orts- und Infrastrukturentwicklungs-KG Thermenort Gemeinde Bad Blumau
- Architekten / *Architects*:
  Wolfgang Feyferlik, Susanne Fritzer, Graz
- Projektleiter / *Project architect*:
  Wolfgang Feyferlik
- Mitarbeiter / Team:
  Elisabeth Stoschitzky, Bertold Henzler, Veronika Schnedl
- Tragwerksplaner / *Structural engineers*:
  IKK ZT, Graz; www.ikk.at
  Karl Glatz, Graz
- Projektsteuerung / *Project management*:
  Hans Lechner ZT, Wien
  www.hlechner.at
- Baustellenkoordination / *Site supervision*:
  Werner Puffing, Graz
  www.puffing.at
- Bauphysik / *Building physics*:
  Dr. Pfeiler, Graz
  www.zt-pfeiler.at
- HLS / *Building services*:
  ARGE Optech-Klaus
  Ing. Bruno Stadlhofer, Graz
- Elektroplanung / *Electrical planning*:
  Optech-Klaus
  Dipl.-Ing. Oswald Petschenig, Graz

Seite 63 / *page 63*
Kindertagesstätte in Sierre
Child Care Centre in Sierre

Av. Max Huber, 5
CH–3960 Sierre

- Bauherr / *Client*:
  Stadt Sierre
- Architekten / *Architects*:
  Giorla & Trautmann Architectes, Sierre
  www.giorla-trautmann.ch
- Mitarbeiter / *Team*:
  François Savioz, Blandine Menoud, Larissa Jean Richard, Martin Latham, Saba Christoforidis, Sylvie Delalay, Emanuel Amaral, Marcio Mendes, Sophie Hermann
- Landschaftsplaner / *Landscape planning*:
  Paysagestion, Lausanne
  www.paysagestion.ch

Seite 76 / *page 76*
Spiel- und Schlafmöbel
Furnishing Unit for Sleep and Play

F–Paris, 10. Arrondissement

- Bauherr / *Client*:
  privat
- Architekten / *Architects*:
  h2o architectes, Paris
  www.h2oarchitectes.com

Seite 78 / *page 78*
Spielhaus für Kinder in Bonneuil-sur-Marne
Children's Playhouse in Bonneuil-sur-Marne

14 rue Michel Goutier
F–94380 Bonneuil-sur-Marne

- Bauherr / *Client*:
  Stadt Bonneuil-sur-Marne
- Architekten / *Architects*:
  LAN Architecture, Paris
- Projektleiter / *Project architects*:
  Umberto Napolitano, Benoit Jallon
- Tragwerksplaner / *Structural engineers*:
  Cabinet MTC, La Varenne-Saint-Hilaire
- Bauleitung / *Construction management*:
  Cabinet MTC, La Varenne-Saint-Hilaire
- Koordination / *Coordination*:
  Cdk, Bagneux

Seite 81 / *page 81*
Sonderschule mit Internat in Kramsach
Boarding School for Handicapped Children in Kramsach

Mariatal 1
A–6233 Kramsach

- Bauherr / *Client*:
  Landesbaudirektion Innsbruck

- Architekten / *Architects*:
  Marte.Marte Architekten, Weiler
- Projektleiter / *Project architect*:
  Robert Zimmermann
- Mitarbeiter / *Team*:
  D. Hahn, C. Metzler, A. Fink, S. Martin, C. Albrecht, D. Uhl, S. A. Marth, M. Jung, N. Moser, H. Pohl, A. Walecka, P. Bechter, T. Bereiter, S. Watzenegger, K. Breitfuss
- Tragwerksplaner / *Structural engineers*:
  M+G Ingenieure, Feldkirch
- Bauleitung / *Construction management*:
  Helmut Baumgartner, Innsbruck
- Haustechnik / *Building services*:
  Wolfgang Schösser, Igls
- Elektroplaner / *Electrical planning*:
  Karl Strizsik, Schwaz
- Bauphysik / *Building physics*:
  Bernhard Weithas, Hard

Seite 85 / *page 85*
Grundschule in München
Primary School in Munich

Helsinkistraße 55–57
D–81829 München-Riem

- Bauherr / *Client*:
  Landeshauptstadt München, vertreten durch MRG München
- Architekten / *Architects*:
  Fink + Jocher, Architekten und Stadtplaner, München; www.fink-jocher.de
- Projektleiter / *Project architect*:
  Jörg Radloff
- Tragwerksplaner / *Structural engineers*:
  AJG Ingenieure, München
  www.ajg-ing.de
- Projektsteuerung / *Project management*:
  MRG Maßnahmeträger München-Riem
  www.messestadt-riem.com
- Technisches Management / *Technical management*:
  Architekturbüro Wallner, München
  www.wallner-architekten.de
- Haustechnik / *Building services*:
  Zickler + Jakob Planungen, München
  www.zickler-jakob.de
- Elektroplaner / *Electrical planning*:
  Ingenieurbüro Kasprowski, Grünwald
  www.ib-kasprowski.de
- Landschaftsplaner / *Landscape planning*:
  Irene Burkhardt Landschaftsarchitekten, München; www.irene-burkhardt.de

Seite 88 / *page 88*
Schule in Zürich
School in Zurich

Saatlenfussweg 3
CH–8050 Zürich-Schwamendingen

- Bauherr / *Client*:
  Stadt Zürich, Amt für Hochbauten
- Architekt / *Architect*:
  Christian Kerez, Zürich
- Projektleitung / *Project architect*:
  Christian Scheidegger
- Mitarbeiter / *Team*:
  A. Casiraghi, L. Camponovo, U. Degen, M. Eidenbenz, S. Lemmerzahl, A. Skambas, M. Agné, M. Baer, U. Burdelski, D. Gianinazzi, R. Grillo, C. Hahn, E. Herren, K. Hirasawa, L. Lemoine, D. Massute, F. Schwartz, E. Sommerin, F. Takahama, D. Wehrli, T. Yamaji, C. Wiedemeyer
- Team Wettbewerb / *Competition team*:
  A. Büchli, S. Ammann, S. Lemmerzahl, F. Sauter, S. Walder
- Tragwerksplaner / *Structural engineers*:
  Dr. Schwartz Consulting, Zug
  mit: dsp, Zürich
- Bauleitung / *Construction management*:
  BGS, Rapperswil
- Landschaftsplaner / *Landscape planning*:
  4d AG, Bern
- Haustechnik / *Building services*:
  Waldhauser Haustechnik, Basel
- Fassadenplaner / *Facade planning*:
  gkp Fassadentechnik, Aadorf
- Lichtplanung / *Lighting design*:
  Amstein & Walthert, Zürich
- Akustikplanung / *Acoustics*:
  Martin Lienhard
- Bauphysik / *Building physics*:
  Bakus, Zürich

Seite 93 / *page 93*
Schul- und Kulturzentrum in Feldkirchen an der Donau
School and Cultural Centre in Feldkirchen / Donau

Schulstrasse 12,
A–4101 Feldkirchen an der Donau

- Bauherr / *Client:*
  Verein zur Förderung der Infrastruktur der Marktgemeinde Feldkirchen
- Architekten / *Architects*:
  fasch&fuchs.architekten, Wien
  www.faschundfuchs.com
- Projektleiter Bauphase 1 / *Project architect construction phase 1*:
  Regina Gschwendtner
- Projektleiter Bauphase 2 / *Project architect construction phase 2*:
  Martina Ziesel
- Mitarbeiter / *Team*:
  M. Ziesel, R. Breinesberger, B. Mann, C. Menke, M. Ornetzeder, S. Schwertassek, E. Tornquist, H. Weichselbaumer, E. Winkler
- Tragwerksplaner / *Structural engineers*:
  werkraum wien ingenieure, Wien
  www.werkraumwien.at
- Bauphysik / *Building physics*:
  Dr. Pfeiler, Graz
  www.zt-pfeiler.at
- Brandschutz / *Fire protection*:
  IBS Technisches Büro, Linz
  www.ibs-tb.at
- Küchenplaner / *Kitchen planner*:
  Firma Fritsch, Ilztal
  www.cookandchill.at
- Haustechnik- und Elektroplanung Bauphase 1 / *Mechanical and electrical planning construction phase 1*:
  HPD Planungsdienst, Vösendorf
  www.hpd.at
- Haustechnikplanung Bauphase 2 *Mechanical engineering construction phase 2*:
  Thermoprojekt, Wien
  www.thermo-projekt.at
- Elektroplanung Bauphase 2 / *Electrical planning construction phase 2*:
  tgaplan gebäudetechnik, Grein
  www.tgaplan.at

Seite 98 / *page 98*
Schule in Guildford
College in Guildford

Larch Avenue
GB–Guildford GU1 1JY

- Bauherr / *Client*:
  The Diocese of Guildford
- Architekten / *Architects*:
  DSDHA Deborah Saunt and David Hills Architects, London
- Mitarbeiter / *Team*:
  C. McDonald, W. Haggard, M. Pearson
- Tragwerksplaner / *Structural engineers*:
  Adams Kara Taylor, London
- Bauleitung / *Construction management*:
  Wates Construction, Leatherhead
- Haustechnik, Elektroplaner / *Building services, Electrical planning*:
  Atelier Ten, London
- Landschaftsplaner / *Landscape planning*:
  Robert Townshend, London
- Projektmanagement, Kosten / *Project management, Cost consultant*:
  Davis Langdon, Milton Keynes, Alan Seddon
- Akustikplanung / *Acoustics*:
  Sandy Brown Associates, London
- Brandschutz / *Fire protection*:
  Fire Design Solutions, London

Seite 104 / *page 104*
Grundschule in Founex
Primary School in Founex

Chemin de la Ferme 2
CH–1297 Founex

- Bauherr / *Client*:
  International School of Geneva Foundation, Genf
- Architekten / *Architects*:
  Jean-Baptiste Ferrari et Associés S.A., Lausanne; www.ferrari-architecte.ch
- Mitarbeiter / *Team*:
  S. Zwissig, C. Billaud, F. Meisser, S. Bussard, M. Schopfer, B. Phan
- Tragwerksplaner / *Structural engineers*:
  Ingeni S.A., Carouge; www.ingeni.ch
- Mitarbeiter / *Team*:
  J. Pochat, A. Dubuis, A. Spasojevic
- Bauleitung / *Construction management*:
  Losinger Marazzi S.A., Cointrin
  www.losinger-marazzi.ch
- Haustechnik / *Building services*:
  Weinmann-Energies S.A., Echallens
  www.weinmann-energies.ch
- Elektroplaner / *Electrical planning*:
  BG Ingénieurs-Conseils S.A., Châtelaine, www.bg-21.com
- Landschaftsplaner / *Landscape planning*:
  Hüsler & Associés, Lausanne

Seite 109 / *page 109*
Grundschule in Rodeneck
Primary School in Rodeneck

Fraktion Vill 3
I–39030 Rodeneck

- Bauherr / *Client*:
  Gemeinde Rodeneck
- Architekten / *Architects*:
  Pedevilla Architekten, Bruneck
  www.pedevilla.info
- Projektleiter / *Project architect*:
  Armin Pedevilla
- Mitarbeiter / *Team*:
  Matthias Seitz, Alice Hüttl, Sabine Ortner Geiss
- Tragwerksplaner / *Structural engineers*:
  Ingenieurteam Bergmeister, Vahrn
  www.bergmeister.it
- Haustechnik / *Building services*:
  Energytech, Bozen; www.energytech.it

Seite 114 / *page 114*
Schulerweiterung in Marburg
School Expansion in Marburg

Biegenstraße 15
D–35037 Marburg

- Bauherr / *Client*:
  Universitätsstadt Marburg
- Architekten / *Architects*:
  Hess / Talhof / Kusmierz Architekten und Stadtplaner, München
  www.hot-architekten.de
- Mitarbeiter / *Team*:
  Wettbewerb / *Competition*:
  W. Schürer, V. Seitz, H. Unger; Ausführungsplanung / *Execution*: W. Schürer, V. Seitz, S. Michels, B. Schneck
- Tragwerksplaner / *Structural engineers*:
  A. Hagl Ingenieurgesellschaft, München; www.a-hagl-ingenieure.de
- Bauleitung / *Construction management*:
  Planungsbüro für Bauwesen Walter

Dörr, Lohra
www.walterdoerr.de
- Haustechnik, Elektroplaner / *Building-services, Electrical planning*:
Müller & Partner Ingenieure TGA, Gießen; www.mueller-partner.net
- Landschaftsplaner / *Landscape planning*:
Büro für Garten und Landschaftsarchitektur, München; www.erdmannkicherer.de
- Energieberater / *Energy consultant*:
Passivhaus Dienstleistung, Darmstadt
www.passivhaus-info.de
- Akustikberater / *Acoustical consultant*:
GSA Limburg, Limburg a. d. Lahn

Seite 119 / *page 119*
Schule in Berlin
School in Berlin

Radikestraße 43–49
D–12489 Berlin

- Bauherr / *Client*:
Bezirksamt Treptow-Köpenick, Berlin
- Architekten und Bauleitung / *Architects and Construction management*:
AFF architekten, Berlin
www.aff-architekten.com
- Projektleiter / *Project architect*:
Jan Musikowski
- Mitarbeiter / *Team*:
F. Boninsegna, M. Frahn, U. Dix, F. Sturm, S. Schulz, R. Zeimer
- Tragwerksplaner / *Structural engineers*:
HEG Beratende Ingenieure, Berlin
www.ingenieure-heg.de
- Haustechnik, Elektroplaner / *Building services, Electrical planning*:
PI Passau Ingenieure, Berlin
www.pi-berlinonline.de
- Landschaftsplaner / *Landscape planning*:
Grün + Bunt, Berlin; www.gruen-bunt.de

Seite 122 / *page 122*
Schule in Cabo Delgado
School in Cabo Delgado

MOZ–Pemba

- Bauherr / *Client*:
Aga Khan Foundation Mozambique
- Architekten / *Architects*:
Ziegert Roswag Seiler Architekten Ingenieure, Berlin
www.zrs-berlin.de
- Projektleiter / *Project architect*:
Arne Tönißen
- Mitarbeiter / *Team*:
A. Sohn, E. Holtz, N. Hißnauer, J. Guimarães, H. Schultz, A. B. Gonzáles
- Tragwerksplaner / *Structural engineers*:
Ziegert Roswag Seiler Architekten Ingenieure, Berlin

Seite 126 / *page 126*
Mensa in Berlin
Cafeteria in Berlin

Schulenburgring 7
D–12101 Berlin

- Bauherr / *Client*:
Bezirksamt Tempelhof-Schöneberg, Berlin
- Architekten / *Architects*:
ludloff + ludloff Architekten, Berlin
www.ludloffludloff.de
- Projektleiterin / *Project architect*:
Corinna Noack
- Mitarbeiter / *Assistants*:
Michael Stollenwerk, Pilar Muñoz
- Tragwerksplaner / *Structural engineers*:
Arup Ingenieure, Berlin; www.arup.com
- Bauleiter / *Construction manager*:
Dennis Hawner
- Haustechnik / *Building services*:
Riethmüller Plan, Berlin
- Bauphysik / *Building physics*:
Müller BBM, Planegg
www.muellerbbm.de
- Akustikplanung / *Acoustic planning*:
Akustik-Ingenieurbüro Moll, Berlin
www.mollakustik.de

Seite 130 / *page 130*
Kindergarten in Hirzenbach
Kindergarten in Hirzenbach

Grosswiesenstr. 135 / Luchswiesenstr. 188
CH–8051 Zürich Schwammendingen

- Bauherr / *Client*:
Stadt Zürich, Amt für Hochbauten
- Architekten / *Architects*:
Boltshauser Architekten, Zürich
- Mitarbeiter / *Team*:
Daniel Christen, Hermann Fritschi
- Tragwerksplaner / *Structural engineers*:
BKM Ingenieure, St. Gallen
- Bauleitung / *Construction management*:
Bau AG Baumanagement, Zürich
- Haustechnik / *Building services*:
Calorex, Widmer & Partner, Will
- Elektroplaner / *Electrical planning*:
IBG Engineering, Winterthur
- Landschaftsplaner / *Landscape planning*:
Mettler Landschaftsarchitektur, Gossau
- Fassadenplaner / *Facade planning*:
Emmer & Pfenninger, Münchenstein
- Kunst am Bau / *Artwork*:
Alex Herter, Yves Netzhammer, Bernd Schurer

Seite 134 / *page 134*
Kinderkrippe in Paris
Crèche in Paris

19, rue Malte Brun
F–75020 Paris

- Bauherr / *Client*:
Stadt Paris
- Architekt / *Architect*:
Pascale Guédot, Paris
- Mitarbeiter / *Assistant*:
Béatrice Brun
- Tragwerksplaner / *Structural engineers*:
GEC Ingénierie, Boulogne-Billancourt
- Haustechnik, Elektroplaner / *Building services, Electrical planning*:
GEC Ingénierie, Boulogne-Billancourt
- Landschaftsplaner / *Landscape planning*:
Carolina Fois, Paris
- Fassadenplanung / *Facade planning*:
V2A, Colombelles
- Lichtplanung / *Lighting design*:
Speeg et Michel, Paris

Seite 138 / *page 138*
Kinderkrippe in Hamburg
Crèche in Hamburg

Bredenbekkamp 20
D–22397 Hamburg

- Bauherr / *Client*:
KITA Kinderkreisel e. V. Ohlstedt Hamburg
- Architekten / *Architects*:
Kraus Schönberg Architekten, Hamburg; www.kraus-schoenberg.com
- Projektleiter / *Project architect*:
Timm Schönberg
- Mitarbeiter / *Team*:
Masa Ogrin, Sebastian Hammerling
- Tragwerksplaner / *Structural engineers*:
Ingenieurbüro Cornelius Back Lübeck; www.ing-back.com

Seite 142 / *page 142*
Zwei Kindertagesstätten in Frankfurt
Two Child Care Centres in Frankfurt

- Architekten / *Architects*:
MGF Architekten, Stuttgart
www.mgf-architekten.de
- Projektleiter / *Project architect*:
Jan Kliebe
- Mitarbeiter / *Team*:
Susanne Kliebe, Heike Woller-Fuchs, Jan Baumeister, Jochen Schmelz
- Tragwerksplaner / *Structural engineers*:
Merz Kley Partner, Dornbirn
www.mkp-ing.com
- Passivhausplanung / *Passive-energy engineering*:
EnergiePlanerTeam, Seeheim-Jugenheim; www.passivhaus-info.eu

Kindertagesstätte / *Children Centre* »Zur Waldau«:
- Bauherr / *Client*:
Kita Frankfurt, Frankfurt am Main
- HLSE / *Building services and electrical planning*:
Ing. Wilfling + Partner, Offenbach
mit / *with*:
ibb Burrer & Deuring Ingenieurbüro, Neu Isenburg; www.ibb-burrer-deuring.de
- Landschaftsplaner / *Landscape planning*:
Freiraum x Landschaftsarchitektur, Frankfurt am Main; www.freiraumx.de
- Bauphysik / *Building physics*:
ITA Ing.ges. für Technische Akustik mbH, Wiesbaden; www.ita.de
- Brandschutz / *Fire protection*:
Lenz Weber Ingenieure GmbH Frankfurt am Main; www.ingweber.de

Kindertagesstätte / *Children Centre* »Praunheimer Spatzen«:
- Bauherr / *Client:*
Stadtschulamt, Frankfurt a. M.
- HLS / *HVP:*
IGS Weinheim, Weinheim
www.igs-weinheim.de
- Elektroplanung / *Electrical planning*:
EPL, Wiesbaden
www.eplgmbh.de
- Landschaftsplaner / *Landscape planning*:
Ipach Landschaftsarchitekten BDLA, Neu-Isenburg
www.id-landschaftsarchitekten.de
- Bauphysik / *Building physics*:
IB Heinrichs, Hürth-Efferen
www.ibheinrichs.de
- Brandschutz / *Fire protection*:
Hilla, Frankfurt a. M.
www.hilla-brandschutz.de

Seite 151 / *page 151*
Kindergarten in Lugano
Kindergarten in Lugano

Via Concordia 7
CH–6900 Lugano

- Bauherr / *Client*:
Stadt Lugano
- Architekten / *Architects*:
Bruno Fioretti Marquez Architekten Berlin; www.bfm-architekten.de
- Projektleiter / *Project architect*:
Inken Blum, Regina Maria Münstermann, Fabian Wichers
- Mitarbeiter / *Team*:
Piero Bruno, Sidney Bollag, Vito Priolo
- Tragwerksplaner / *Structural engineers*:
Zanini & Borlini SA, Lugano
www.borlini-zanini.ch

Seite 156 / *page 156*
Kinderhaus in Tettnang
"Kinderhaus" in Tettnang

Wilhelmstraße 6
D-88069 Tettnang

- Bauherr / *Client*:
  Stadt Tettnang
- Architekten / *Architects*:
  bächlemeid architekten bda, Konstanz
  www.baechlemeid.de
- Mitarbeiter / *Team*:
  Alexander Herbener
- Projektleiter / *Project architect*:
  Lisa Kimling
- Tragwerksplaner und Brandschutz
  Structural engineers and fire protection:
  merz kley partner ZT, Dornbirn
  www.mkp-ing.com
- Elektroplanung / *Electrical planning*:
  Miller und Stucke,Tettnang
  www.pb-miller-stucke.de
- HLS / *Building services*:
  Rentschler Riedesser Ingenieurgesellschaft mbH, Stuttgart; www.ren-rie.de
- Bauphysik / *Building physics*:
  GN Bauphysik Finkenberger + Kollegen, Stuttgart; www.gn-bauphysik.de
- Kunst / *Artwork*:
  Harald F. Müller, Öhningen
  www.haraldfmueller.de
- Landschaftsplaner / *Landscape planning*:
  lohrer.hochrein landschaftsarchitekten und stadtplaner bdla, München
  www.lohrer-hochrein.de
- Lichtplanung / *Lighting design*:
  Stromlinie Lichtdesign, Konstanz
  www.stromlinie-lichtdesign.com

Seite 161 / *page 161*
Jugendzentrum in London
Youth Centre in London

111 Wells Park Road
GB-London SE26 6AD

- Bauherr / *Client*:
  London Borough of Lewisham
- Architekten / *Architects*:
  RCKa, London
- Projektleiter / *Project architect*:
  Dieter Kleiner
- Mitarbeiter / *Team*:
  Sei Takanaka, Tim O'Callaghan, Alan Beveridge
- Generalunternehmer / *General contractor*:
  Mansell Construction
- Tragwerksplaner / *Structural engineers*:
  Atelier One, London
  www.atelierone.com
- Tragwerksplaner Fundament / *Structural engineers groundworks*:
  Buxton Associates,Mitcham
  www.buxtonassociates.co.uk
- Tragwerksplaner Holz / *Structural engineers timber*:
  Engenuiti, London; www.engenuiti.com
- Haustechnik / *Building Services*:
  VZDV, Hertfordshire; www.vzdv.com
- Akustik / *Acoustics*:
  Ion Acoustics, Bristol
  www.ionacoustics.co.uk

Seite 166 / *page 166*
Jugend- und Nachbarschaftszentrum in Amsterdam
Youth and Neighbourhood Centre in Amsterdam

Reimerswaalstraat 101
NL-1069 Amsterdam

- Bauherr / *Client*:
  Ymere Ontwikkeling, Amsterdam
- Architekten / *Architects*:
  Atelier Kempe Thill, Rotterdam
  www.atelierkempethill.com
- Mitarbeiter / *Team*:
  A. Raguotis, R. Smeelen, B. Sanchez Babe, G. Terraneo
- Tragwerksplaner / *Structural engineers*:
  BREED Integrated Design, Den Haag
  www.breedid.nl
- Haustechnik / *Building services*:
  Adviesbureau Nieman BV, Utrecht
  www.nieman.nl
- Elektroplaner / *Electrical planning*:
  Adviesbureau Nieman BV, Utrecht
  www.nieman.nl

Seite 170 / *page 170*
Kinderspital in Basel
Children's Hospital in Basel

Spitalstraße 33
CH-4056 Basel

- Bauherr / *Client*:
  Kantone Basel-Stadt und Basel-Land
- Architekten / *Architects*:
  Stump & Schibli Architekten, Basel
  www.stumpschibliarch.ch
- Tragwerksplaner / *Structural engineers*:
  Schnetzer Puskas Ingenieure, Basel
  www.wggsp.com
- Fassadenplaner / *Facade planning*:
  Emmer Pfenninger Partner, Münchenstein; www.eppag.ch
- Bauleitung / *Construction management*:
  Proplaning Architekten, Basel
  www.proplaning.net
- Haustechnik / *Building services*:
  Stokar + Partner AG, Basel
  www.stokar-partner.ch
- Elektroplaner / *Electrical planning*:
  Semoni Ingenieure, Basel
- HLS, Bauphysik / *MEP, Building physics*:
  Waldhauser Haustechnik, Basel
  www.waldhauser.ch
- Medizinplanung / *Hospital-planning consultants*:
  IBG, Institut für Beratungen im Gesundheitswesen, Aarau; www.ibg-ag.ch
- Sanitärplaner / *Sanitary engineering*:
  Bogenschütz, Basel
  www.bogenschuetz.ch
- Landschaftsplaner / *Landscape planning*:
  Berchtold.Lenzin, Liestal
- Lichtplaner / *Lighting planning*:
  mosersidler Lichtplanung, Zürich
  www.mosersidler.ch
- Signaletik / *Orientation system*:
  Integral Ruedi Baur, Zürich
  www.integral.ruedi-baur.eu
- Akustikplanung / *Acoustic planning*:
  Martin Lienhard Bau & Raumakustik, Langenbruck; www.kitsuka.ch
- Brandschutz / *Fire protection*:
  A + F Brandschutz, Pratteln
  www.af-brandschutz.ch
  Professional Security Design, Allschwil
  www.securitydesign.ch
- Gastronomieplanung / *Restaurant planning*:
  Hosta, Basel

Seite 176 / *page 176*
Kulturhaus für Kinder in Kopenhagen
Cultural Centre for Children in Copenhagen

Øresundsvej 8B
DK-2300 Kopenhagen

- Bauherr / *Client*:
  Stadt Kopenhagen
- Entwurfsplanung / *Design team*:
  Dorte Mandrup Arkitekter Kopenhagen
  www.dortemandrup.dk
- Projektleitung / *Project management*:
  Anders Brink
- Ausführungsplanung / *Construction design*:
  Nøhr & Sigsgaard, Kopenhagen
  www.nsark.dk
- Projektleitung / *Construction manager*:
  Berit Thorup, Kopenhagen
- Tragwerksplanung, Elektroplanung, Haustechnik / *Structural engineering, Electrical planning, Building services*:
  DOMINIA A/S Rådgivende Ingeniørfirma Kopenhagen
  www.dominia.dk

Die Nennung der Projektbeteiligten und Hersteller erfolgt nach Angabe der jeweiligen Architekten

Details of design and construction teams are based on information provided by the respective architects

Seite 182 / *page 182*
Naturparkzentrum, Grundschule und Kindergarten in St. Magdalena
Natural Park Centre, Primary School, Kindergarten in St. Magdalena

St. Magdalena 114
I-39040 Villnöß

- Bauherr / *Client*:
  Autonome Provinz Bozen Südtirol und Gemeinde Villnöß
- Architekten / *Architects*:
  Burger Rudacs Architekten, München
  www.burger-rudacs.de
- Mitarbeiter / *Assistant*:
  André Frühoff
- Tragwerksplaner, Bauleiter, Elektroplaner / *Structural engineering, Construction management, Electrical planning*:
  Ingenieurteam Bergmeister, Vahrn
  www.bergmeister.it
- Haustechnik / *Building services*:
  Duschl Ingenieure GmbH & Co KG, Rosenheim; www.duschl.de
- Landschaftsplaner / *Landscape planning*:
  Burger Rudacs Architekten, München
- Bauphysik / *Building physics*:
  Müller-BBM, Bernd Grözinger, Planegg
  www.muellerbbm.de
- Betontechnologie / *Concrete technology*:
  Ingenieurbüro Schießl-Gehlen-Sodeikat, München; www.ib-schiessl.de

Seite 188 / *page 188*
Schwimmhalle für eine Schule in Beaconsfield
Swimming Pool for a School in Beaconsfield

Penn Road, Knotty Green,
GB-Beaconsfield HP9 2TS

- Bauherr / *Client*:
  Alfriston School
- Architekten / *Architects*:
  Duggan Morris Architects, London
  www.dugganmorrisarchitects.com
- Projektleiter / *Project architect*:
  David Storring
- Tragwerksplaner / *Structural engineers*:
  Elliott Wood Partnership, London
  www.elliottwood.co.uk
- Umweltingenieur / *Environmental engineer*: Skelly and Couch, London
  www.skellyandcouch.com
- Kosten- und Sicherheitsberater / *Cost consultants and CDM coordinator*:
  Appleyard and Trew, London
  www.appleyardandtrew.com
- Bauüberwachung / *Building control inspector*: Butler & Young;
  www.butlerandyoung.co.uk

Bildnachweis • *Picture Credits*

Fotos, zu denen kein Fotograf genannt ist, sind Architektenaufnahmen, Werkfotos oder stammen aus dem Archiv DETAIL.
Trotz intensiven Bemühens konnten wir einige Urheber der Abbildungen nicht ermitteln, die Urheberrechte sind jedoch gewahrt. Wir bitten in diesen Fällen um entsprechende Nachricht.
Sämtliche Zeichnungen in diesem Werk stammen aus der Zeitschrift DETAIL.

Photographs not specifically credited were taken by the architects or are works photographs or were supplied from the DETAIL archives.
Despite intensive endeavours we were unable to establish copyright ownership in just a few cases; however, copyright is assured. Please notify us accordingly in such instances.
All drawings were originally published in DETAIL.

Seite /*page* 5:
Torben Eskerod, DK-Kopenhagen

Seite /*page* 8, 9, 10 oben / *top:*
Adam Mørk, DK-Kopenhagen

Seite /*page* 10 unten / *bottom*, 12 unten rechts / *bottom right*:
Seeberger.Buss Photographie

Seite /*page* 11 oben / *top*, 12 oben / *top:*
labor b designbüro nach Vorlage von Jochem Schneider; aus / *from:* Montag Stiftung Jugend und Gesellschaft / Montag Stiftung Urbane Räume (Hrsg.), Schule planen und bauen – Grundlagen und Prozesse, Jovis / Friedrich 2012

Seite /*page* 11 unten / *bottom:*
Walter Mair / Stadt Zürich, CH-Zürich

Seite /*page* 12 unten links / *bottom left*, 13:
Stefan Bayer, D-Essen

Seite /*page* 14:
Stefan Oláh, A-Wien

Seite /*page* 15 oben / *top:*
Birgit Rufer

Seite /*page* 15 unten / *bottom:*
Christian Schittich, D-München

Seite /*page* 16 links / *left*:
bild_raum, Stephan Baumann

Seite /*page* 16 rechts / *right:*
Artur Wolfrum, D-München

Seite /*page* 17 links / *left:*
Michael Reisch, D-Düsseldorf

Seite /*page* 17 rechts / *right:*
Hirner & Riehl Architekten, D-München

Seite /*page* 18:
Günter Richard Wett, A-Innsbruck

Seite /*page* 19 oben / *top:*
Andreas Reich, D-Weimar

Seite /*page* 19 unten / *bottom:*
Henning Köpke, D-München

Seite /*page* 20:
Hermann Horvath, A-Kufstein

Seite /*page* 21 links / *left:*
Michael Heinrich, D-München

Seite /*page* 21 Mitte / *middle:*
Barbara Bühler, FL-Vaduz

Seite /*page* 22, 23:
Héctor Santos-Diez I BISimages

Seite /*page* 24 unten / *bottom*, 25:
Iwan Baan, NL-Amsterdam

Seite /*page* 28, 29:
Kurt Hörbst, A-Rainbach

Seite /*page* 30, 32 oben rechts / *top right:*
Marc Goodwin, GB-Dorking

Seite /*page* 31, 32 unten / *bottom*, 33:
Mika Huisman

Seite /*page* 32 oben links / *top left:*
Heide Wessely, D-München

Seite /*page* 34, 35:
Jérome Ricolleau, F-Lyon

Seite /*page* 36, 37:
Hertha Hurnaus, A-Wien

Seite /*page* 38–40:
Seeberger.Buss Photographie

Seite /*page* 41, 42 Mitte / *middle:*
Klaus Frahm / arturimages

Seite /*page* 42 unten / *bottom:*
Jochen Helle / arturimages

Seite /*page* 44–46:
Luc Boegly, F-Paris

Seite /*page* 47:
Thomas Eicken, D-Mühltal

Seite /*page* 48, 49:
Norbert Miguletz, D-Frankfurt

Seite /*page* 53, 55 unten / *bottom*, 56–61, 62 links / *left:*
© paul ott photografiert, A-Graz

Seite /*page* 54:
Frank Büttner

Seite /*page* 55 oben / *top:*
Helmut Tezak, A-Graz

Seite /*page* 62 rechts / *right:*
Claudia Fuchs, D-München

Seite /*page* 65 oben links / *top left*, 65 unten / *bottom*, 66 unten / *bottom*, 67, 68 unten / *bottom*, 69 unten / *bottom*, 73:
Thomas Jantscher, CH-Colombier

Seite /*page* 68 oben links / *top left*, 70 unten / *bottom*, 72 unten / *bottom:*
Sabine Drey, D-München

Seite /*page* 69 oben / *top*, 70 oben / *top*, 70 Mitte / *middle:*
Hannes Herz, CH-Zürich

Seite /*page* 76, 77:
Stéphane Chalmeau, F-Nantes

Seite /*page* 78–80:
Jean-Marie Monthiers, F-Paris

Seite /*page* 81–83:
Bruno Klomfar, A-Wien

Seite /*page* 84:
Kim Ahrend, D-Saarbrücken

Seite /*page* 85, 86:
Michael Heinrich, D-München

Seite /*page* 88, 89, 90 oben / *top*, 90 Mitte / *middle*, 91:
Dario Pfammatter / Christian Kerez, CH-Zürich

Seite /*page* 90 unten / *bottom:*
huberlehndorff Fotografie, CH-Zürich

Seite /*page* 92:
Hannes Henz, CH-Zürich

Seite /*page* 93–97:
Hertha Hurnaus, A-Wien

Seite /*page* 98, 99, 101, 102:
Hélène Binet, GB-London

Seite /*page* 103 links / *left:*
Dennis Gilbert, GB-London

Seite /*page* 100, 103 rechts / *right:*
Christian Schittich, D-München

Seite /*page* 104–108:
Duccio Malagamba, E-Barcelona

Seite /*page* 109–113:
Gustav Willeit, I-Corvara

Seite /*page* 114 oben / *top*, 114 Mitte / *middle*, 115–117, 118 oben / *top:*
Florian Holzherr, D-München

Seite /*page* 119–121:
Hans-Christian Schink, D-Leipzig

Seite /*page* 123–125:
Paula Holtz

Seite /*page* 126:
Nathan Willock, GB-London / D-Berlin

Seite /*page* 127–129:
Werner Huthmacher, D-Berlin

Seite /*page* 130–133:
Beat Bühler, CH-Zürich

Seite /*page* 134–137:
Jean-Marie Monthiers, F-Paris

Seite /*page* 138–141:
Hagen Stier, D-Hamburg

Seite /*page* 142–144, 146–150:
Christian Richters, D-Münster

Seite /*page* 151–155:
Alessandra Chemollo, I-Venedig

Seite /*page* 156–160:
Roland Halbe, D-Stuttgart

Seite /*page* 161, 162 unten / *bottom:*
Jakob Spriesterbach, GB-London

162 oben / *top*, 163, 165:
Ioana Marinescu, GB-London

Seite /*page* 166–169:
Ulrich Schwarz, D-Berlin

Seite /*page* 171–175:
Roger Frei, CH-Zürich

Seite /*page* 176, 177 oben / *top:*
Jens Lindhe, DK-Kopenhagen

Seite /*page* 177 Mitte / *middle*, 180 links / *left*, 181 unten / *bottom:*
Torben Eskerod, DK-Kopenhagen

Seite /*page* 179 unten rechts / *bottom right*, 180 rechts / *right:*
Bo Bolther, DK-Kopenhagen

Seite /*page* 178, 179 oben / *top*, 179 unten links / *bottom left*, 179 unten Mitte / *bottom middle:*
Kerstin Bergendal, DK-Kopenhagen

Seite /*page* 177 unten / *bottom*, 181 oben / *top:*
Frank Kaltenbach, D-München

Seite /*page* 182–187:
© paul ott photografiert, A-Graz

Seite /*page* 188–193:
Jack Hobhouse, GB-London

Rubrikeinführende Aufnahmen • *Full-page plates:*

Seite / *page* 7: Kinderkrippe in Hamburg / Crèche in Hamburg
Architekten / *Architects*:
Kraus Schönberg Architekten, Hamburg
Fotograf / *Photographer*: Hagen Stier, Hamburg

Seite / *page* 51: Kindertagesstätte in Sierre / *Child Care Centre in Sierre*
Architekten / *Architects*: Giorla & Trautmann Architectes, Sierre
Fotograf / *Photographer*: Thomas Jantscher, Colombier

Seite / *page* 75: Schulerweiterung in Marburg / *School Expansion in Marburg*
Architekten / *Architects*: Hess / Talhof / Kusmierz Architekten und Stadtplaner, München
Fotograf / *Photographer*: Florian Holzherr, München

Cover • *Cover:*

Grundschule in Bad Blumenau / *Primary School in Bad Blumenau*
Architekten / *Architects*: Feyferlik / Fritzer, A-Graz
Fotograf / *Photographer*: © paul ott photografiert, A-Graz